ANTÓNIO MONTALVÃO MACHADO

O DISPOSITIVO E OS PODERES DO TRIBUNAL À LUZ DO NOVO CÓDIGO DE PROCESSO CIVIL

(2.ª Edição, revista e actualizada)

ALMEDINA

TÍTULO:	O DISPOSITIVO E OS PODERES DO TRIBUNAL À LUZ DO NOVO CÓDIGO DE PROCESSO CIVIL
AUTOR:	ANTÓNIO MONTALVÃO MACHADO
EDITOR:	LIVRARIA ALMEDINA – COIMBRA www.almedina.net
DISTRIBUIDORES:	LIVRARIA ALMEDINA ARCO DE ALMEDINA, 15 TELEF. 239 851900 FAX 239 851901 3004-509 COIMBRA – PORTUGAL LIVRARIA ALMEDINA – PORTO RUA DE CEUTA, 79 TELEF. 22 2059773 FAX 22 2039497 4050-191 PORTO – PORTUGAL EDIÇÕES GLOBO, LDA. RUA S. FILIPE NERY, 37-A (AO RATO) TELEF. 21 3857619 FAX 21 3844661 1250-225 LISBOA – PORTUGAL LIVRARIA ALMEDINA ATRIUM SALDANHA LOJA 31 PRAÇA DUQUE DE SALDANHA, 1 TELEF. 21 3712690 atrium@almedina.net
EXECUÇÃO GRÁFICA:	G.C. – GRÁFICA DE COIMBRA, LDA. PALHEIRA – ASSAFARGE 3001-453 COIMBRA Email: producao@graficadecoimbra.pt MARÇO, 2001
DEPÓSITO LEGAL:	163114/01

Toda a reprodução desta obra, por fotocópia ou outro qualquer processo, sem prévia autorização escrita do Editor, é ilícita e passível de procedimento judicial contra o infractor.

A meus Pais

PREFÁCIO – 2.ª Edição

A 2.ª Edição de **O Dispositivo e os Poderes do Tribunal à Luz do Novo Código de Processo Civil** é uma actualização do texto publicado em 1998, o qual, por deficiente distribuição, não chegou convenientemente aos seus destinatários.

Esta nova edição tomou em consideração as relevantes alterações legislativas que, desde 1998, foram introduzidas no Código de Processo Civil, na Organização Judiciária e em legislação avulsa.

Aproveitei ainda a oportunidade para proceder a alguns ajustamentos no tratamento de certas questões.

Espero, sinceramente, que o Jurista, o Magistrado, o Advogado ou até o Estudante que me dê a honra de ler esta nova edição de **O Dispositivo e os Poderes do Tribunal à Luz do Novo Código de Processo Civil** encontre nela algo de proveitoso.

Porto, Janeiro de 2001

António Montalvão Machado

PREFÁCIO – 1.ª Edição

O trabalho que ora publico é, fundamentalmente, a reprodução da tese final de Mestrado em Ciências Jurídicas, que apresentei em 1997 (e defendi em 16 de Abril de 1988) na Faculdade de Direito da Universidade de Lisboa.

Agradeço o apoio sempre pronto e esclarecido que me prestou o Orientador, o Professor Doutor Miguel Teixeira de Sousa.

Ao Júri, constituído pelo próprio Orientador (que presidiu), pelos Professores Doutores Lebre de Freitas e Pedro Paes de Vasconcelos (que foram arguentes) e pelos Professores Doutores Calvão da Silva e Saldanha Sanches (que foram vogais), os meus respeitosos agradecimentos.

Porto, Outubro de 1998

António Montalvão Machado

I. INTRODUÇÃO

(APRESENTAÇÃO E JUSTIFICAÇÃO DO TEMA.
ENUNCIAÇÃO DAS QUESTÕES A TRATAR)

Quando dava os primeiros passos na advocacia – já lá vão mais de vinte anos – assisti a um episódio que não posso deixar de relatar como nota introdutória deste trabalho.

No decurso de uma audiência de julgamento de uma determinada acção de despejo, uma testemunha apresentada pelo senhorio uma respeitável senhora de provecta idade, que se vinha mostrando tranquila e seguramente conhecedora das questões que lhe iam sendo colocada – começou a aludir a determinados factos que não "constavam" do processo, por não haverem sido alegados na altura e em sede próprias.

O advogado do autor –que inquiria a testemunha – deixou-a falar o mais que pôde, evidentemente, perante o desconforto (e até a surpresa) do mandatário do réu.

Foi por momentos...

Subitamente, a testemunha foi interrompida pelo juiz.

Este "sentenciou":

– "A testemunha faz favor de responder só ao que lhe foi perguntado. Esses factos que está a relatar não constam do processo".

Respeitosamente, retorquiu a senhora:

"Poderão não constar do processo, Senhor Juiz, mas são a verdade".

Pacientemente, o magistrado tentou explicar-lhe:

"Sabe, para mim, neste momento, só conta e existe o que está quesitado".

Rematou, finalmente, a testemunha:

"Desculpe-me, Senhor Juiz, não sei bem o que é isso. Pensei que aqui se tinha de dizer toda a verdade".

Esta situação – que, depois, vi acontecer várias vezes ao longo dos anos – pareceu-me, na altura, um pouco insólita.

Seria que o princípio do dispositivo – que eu estudara como uma das virtudes desenvolvidas pelo Código de Processo Civil de 1961 (CPC de 61 [1]), atenta a imparcialidade que proporcionava ao julgamento – podia ser assim tão prejudicial?

Seria que o juiz estava de todo em todo impossibilitado de se aproximar de outra verdade, que não apenas da relativa aos factos alegados em juízo?

Porque não poderia aquele senhorio aproveitar-se de um facto extremamente relevante (e que o processo gerara transparentemente), apesar de o mesmo não ter sido anteriormente alegado?

Estas dúvidas foram-se dissipando com o decorrer dos tempos.

Os diplomas anteriores ao Código de Processo Civil de 1995 (CPC de 95 [2, 3, 4]) haviam perfilhado um sistema de rígido dispositivo que impos-

---

[1] Vamos aceitar que o código que fez parte do DL n.º 44.129, de 28 de Dezembro de 1961, constituiu, de facto, um verdadeiro código novo, porque a doutrina, como se sabe, não é unânime em assim o considerar. Castro Mendes, por exemplo (*Direito...*, Vol. I, p. 163), defendeu que o diploma de 1961 apenas representou uma mera actualização (e, afinal, apenas uma nova redacção) do Código de Processo Civil de 1939 (CPC de 39). Neste sentido, sempre esteve, também, Lebre de Freitas (cfr., v.g., *Inconstitucionalidades...*, p. 30 e *Em Torno da Revisão...*, p. 7). Em sentido contrário, e não esquecendo algumas relevantes modificações introduzidas no ordenamento jurídico-instrumental português (como a eliminação da tentativa obrigatória de conciliação prévia, a criação dos articulados supervenientes como figura geral, uma maior clarificação na fase do saneamento ou condensação do processo e em toda a matéria dos recursos, a obrigatoriedade de fundamentação das decisões sobre matéria de facto, o sistema misto de reclamação de créditos na acção executiva, etc.), pronunciaram-se E. Lopes-Cardoso (*CPC Anotado*, p. 5 – advertência prévia), Manuel de Andrade (*op. cit.*, p. 23), Varela/Bezerra/Nora (*Manual...*, ps. 34-38), Adelino da Palma Carlos (*op. cit.*, ps. 41-42) e Luso Soares (*Direito...*, p. 118). Também, recentemente, D. Moura Vicente (*op. cit.*, p. 82) fez alusão à autonomia do CPC de 1961. O próprio Supremo Tribunal de Justiça (STJ) também se referiu à existência dos dois Códigos de Processo Civil, o de 1939 e o de 1961 (cfr. o Assento n.º 14/84, de 16.10.1984 –*BMJ*, 340.º-157). Em coerência com o que já (anterior e singelamente) escrevi sobre a questão (*Processo...*, Vol. I, p. 36), adiro à maioria da doutrina acima citada, reconhecendo no diploma de 1961 um verdadeiro CPC novo. De resto, para o trabalho que pretendo desenvolver, a autonomia do CPC de 61 ganhará relevo, como se constatará facilmente.

[2] Os autores do diploma de 1995 não o consideram como um novo Código de Processo Civil (cfr. o preâmbulo do DL n.º 329-A/95, de 12 de Dezembro), pois que (dizem) assenta na mesma estrutura conceptual e sistemática consagrada no diploma

sibilitava o tribunal (salvo raríssimas excepções) de conhecer de quaisquer factos que não tivessem sido conveniente e oportunamente alegados pelas partes nos articulados.

Portanto, embora o art. 341.º do Código Civil de 1966 (CC) referisse (e refira) que as provas têm por função a demonstração da realidade dos factos", o certo é que a prova não podia visar a descoberta da verdade sobre certo evento, mas antes a confirmação de um certo número de afirmações (fácticas) previamente feitas pelas partes acerca desse evento [5].

Por isso, os críticos de tal sistema não se cansaram de referir que um dispositivo fechado como o que estava consagrado impedia o tribunal de encontrar a verdade material (real e verdadeira) subjacente ao litígio. O tribunal devia "perseguir" apenas a verdade dos factos espontaneamente alegados em juízo pelas partes, isto é, uma verdade puramente processual. A verdade judicial a que se chegava era, enfim (e apenas), uma verdade possível [6].

E a experiência demonstrou-me que esta "falta fatal" de alegação dos factos ficava, como regra, a dever-se a duas circunstâncias: – ou era a parte que não os transmitia, em tempo oportuno, ao seu advogado (ou

---

anterior. Não concordo, e entendo que se trata, sem dúvida, de um novo CPC, tantas e tão relevantes são as alterações introduzidas. De resto, mais uma vez por razões de coerência com posições anteriormente assumidas, se considerei o texto de 1961 como um autónomo CPC, mais depressa agora terei também de considerar como tal o texto de 1995, pois que as diferenças entre este e o de 1961 são bem maiores (segundo creio) do que as que se verificaram entre os textos de 1961 e 1939. Também neste sentido, Lebre de Freitas/João Redinha/Rui Pinto (*op. cit.*, Prefácio).

[3] Por outro lado, optei por atribuir ao novo diploma a data de 1995, por ele ter sido publicado nesse ano, embora tivesse prevista a sua entrada em vigor apenas para 1 de Março de 1996, posteriormente alterada para 15 de Setembro desse ano (cfr. o art. 1.º da Lei n.º 6/96, de 29 de Fevereiro) e, face à necessidade de nele serem introduzidas algumas correcções, a entrada em vigor do diploma foi finalmente adiada para 1 de Janeiro de 1997 (cfr. o art. 4.º do DL n.º 329-A/95, com a redacção que lhe foi dada pelo DL n.º 180/96, de 25 de Setembro).

[4] Acresce que sempre que aludir ao CPC sem lhe acrescentar a respectiva data, deve entender-se que me refiro ao Código de Processo Civil de 1995.

[5] No CC de 1867, o art. 2404.º era ainda mais claro: "A prova consiste na demonstração da verdade dos factos alegados em juízo".

[6] A velha dicotomia entre os conceitos de "verdade formal" e "verdade material" tende, hoje, a desusar-se, como refere Lebre de Freitas (*A Confissão...*, p. 556, em nota de rodapé e *Introdução...*, p. 122, também em nota de rodapé). Acrescenta o autor que "a verdade, como relação de adequação do intelecto à realidade, é só uma, diversos sendo apenas os meios de a alcançar".

até os omitia intencionalmente, às vezes [7]), ou eram estes profissionais forenses que, no momento de os alegar, os não consideravam minimamente pertinentes para o desfecho da lide. Seguramente que sempre se verificou mais a primeira do que a segunda destas circunstâncias...

Fosse como fosse, o enorme rigor formal e temporal a que estava sujeita a alegação dos factos impedia que se pudessem carrear para o processo mais factos do que aqueles que, em tempo, haviam sido apresentados pelas partes nos articulados, e o princípio do dispositivo obstava a que o juiz conhecesse de outra matéria fáctica que não exactamente essa, mesmo que tal matéria resultasse, claramente, da actividade instrutória da causa.

Ora, o CPC de 95, com o objectivo de remediar ou minorar alguns dos males de que demos conta [8], pretendeu alterar (e alterou) substancialmente o tratamento das questões anunciadas, colocando à disposição das partes e dos operadores judiciários (como agora se lhes chama [9]) diversas e inovadas medidas, quer ao nível da própria exposição da matéria de facto integradora do litígio, quer ao nível dos poderes cognitivos do tribunal.

O trabalho que nos propomos apresentar visa, assim, dar conta (e apreciar) essas novas medidas, comparando-as, naturalmente, com a "situação processual" que, para elas, estava prevista nos diplomas anteriores ao novo CPC.

Supomos, por isso, que os temas a tratar (o dispositivo e os poderes do tribunal, nos âmbitos da apresentação da matéria de facto e dos poderes

---

[7] Por alguma razão – e muito curiosamente –, Vasco da Gama Fernandes (*op. cit.*, p. 26) alertou os jovens advogados portugueses, há já mais de trinta anos, para o seguinte: "...os clientes são homens propensos às simulações intelectuais, à ocultação da verdade por deficiência de expressão ou de presença, ou ainda por artimanha maldosa e perigosa".

[8] E passa agora a falar-se na primeira pessoa do plural, pois que este trabalho não é resultado apenas do estudo do seu subscritor. Servir-nos-emos também, parcialmente, dos resultados de um pequeno inquérito que lançámos a várias dezenas de experientes magistrados, advogados e outros juristas e de algumas sugestões recolhidas em vários debates em que, modestamente, interviemos sobre o assunto.

[9] Embora Antunes Varela (*A Reforma...*, RLJ n.º 3872, p. 329, em nota de rodapé) alerte para a infelicidade da expressão, "pela impressão que pode dar de colocar em planos paralelos os agentes da administração da justiça, de um lado, e os manipuladores da arte das imagens, do outro". Também Pais de Sousa e Cardona Ferreira (*op. cit.*, p. 17) rejeitam a expressão. Não partilhamos inteiramente da crítica do professor Varela, não obstante não "simpatizarmos" também, particularmente, com a expressão.

cognitivos propriamente ditos) têm actualidade (e, nessa medida, utilidade), para além de pensarmos que tais temas possuem a relevância necessária para um trabalho (pretensamente) científico como este.

Por outro lado, as questões enunciadas têm também a importância real que lhes concede o quotidiano forense, pois que elas "tocam" na decisão judicial de facto e jamais esquecemos que esta condiciona (a enorme maioria das vezes) a solução jurídica da causa e, portanto, se aquela estiver primeiramente errada, esta será, consequentemente, injusta. Ou seja – e numa palavra –, a correcta decisão de facto permite (depois) a futura realização material acertada do direito.

Vamos dividir o trabalho em dois grandes capítulos:

– No primeiro capítulo (e inicialmente), abordaremos as relações existentes entre o princípio do dispositivo e os poderes do tribunal, a propósito da apresentação (alegação e impugnação) da matéria de facto, à luz dos diplomas anteriores ao CPC de 95, a fim de detectarmos a enorme influência que aquele princípio exerce na questão (e, consequentemente, constatarmos também os escassíssimos poderes exercidos, no mesmo âmbito, pelo tribunal), designadamente a propósito da responsabilidade de alegação genérica e específica dos factos que impendia sobre as partes, da espontaneidade de alegação desses factos, dos ónus de contestar, de impugnar e de impugnar especificadamente, da função essencial e do número dos articulados, da técnica formal de alegação dos factos, etc.

Em segunda linha, mas ainda dentro do primeiro grande capítulo, reflectiremos sobre o mesmo relacionamento entre o dispositivo e os poderes do tribunal, mas ao nível dos poderes cognitivos propriamente ditos deste, igualmente à luz dos diplomas anteriores ao CPC de 95. Constataremos, mais uma vez, a força do princípio do dispositivo. Ela era tal que o tribunal estava praticamente impedido (salvo raras excepções) de conhecer de matéria de facto que não tivesse sido expressa e espontaneamente alegada pelas partes nos articulados (como já se disse), inibindo-se dessa forma a desejada aproximação da decisão judicial à verdade.

No segundo grande capítulo, analisaremos os temas anteriormente tratados, mas à luz do CPC de 95.

Assim, em primeiro lugar, reflectiremos sobre as inúmeras alterações introduzidas pelo novo diploma, demonstrativas de uma atenuação (pelo menos, aparente) da influência do dispositivo (e, consequentemente, de um relevante aumento dos poderes do tribunal) ao nível da exposição da matéria de facto integradora do litígio, designadamente a propósito dos ónus de alegação e de impugnação dos factos, da espontaneidade dessa alegação, dos regimes da revelia, da essencialidade da função dos articulados, etc.

Depois, constataremos (e apreciaremos) também os inovados e relevantes poderes cognitivos que foram reconhecidos ao tribunal pelo novo diploma, na sequência de um hodierno pensamento que nos pode ir afastando dos "malefícios" derivados de um princípio do dispositivo rigidamente reconhecido, e ir potencializando a dita aproximação da "verdade judicial" à "verdadeira verdade".

Acontece que o aumento dos poderes e da actividade do tribunal não pode ser excessivo, nem descontrolado.

Uma "intromissão" desajeitada do juiz na exposição da matéria de facto integradora do litígio pode ser desaconselhável.

Um poder cognitivo do tribunal absoluto e ilimitado pode gerar radicalismos e extremismos, sendo, por isso, também indesejável.

Assim, procuraremos demonstrar o equilíbrio e a harmonia projectados pelo CPC de 95, a propósito dos temas anteriormente anunciados.

É indiscutível que o tribunal tem mais poderes do que outrora.

Pode "intrometer-se" na exposição da matéria de facto, ora convidando as partes ao completamento ou à correcção do que alegaram, ora marcando audiências para o efeito.

Pode, por outro lado, conhecer de outros factos relevantes para o desfecho da lide, que não apenas dos alegados pelas partes nos articulados.

E tudo isso sempre em nome da aproximação da decisão à verdade....

Mas, o efeito útil daquelas tentativas de beneficiação expositiva e o exercício destes novos poderes cognitivos do tribunal devem derivar sempre de uma única realidade: – a vontade das partes.

Assim se conseguirá (no entender dos novos legisladores) uma compensação saudável entre um aligeiramento (ou uma atenuação) da força do dispositivo e um correspondente aumento dos poderes do tribunal.

Em 1991 – e na sequência de um pensamento doutrinário que há muito se vinha desenvolvendo–, determinado magistrado português [10]

---

[10] Salazar Casanova (*op. cit.*, p. 109). Recentemente, um outro magistrado, Rui Rangel (*op. cit.*, p. 27), reproduziu, pura e simplesmente, a frase que acima se deixa dita.

escreveu que "lhe não parecia adequado, nem justo, que o tribunal se limitasse, no plano da averiguação e apreciação da prova, apenas, à consideração dos factos que as partes houvessem trazido aos autos, quando outros chegassem ao conhecimento do tribunal durante a lide".

Concordamos. Não é adequado, nem justo.

Mas, para tais adequação e justeza não basta reconhecer ao tribunal novos e alentados poderes. É necessário que as partes aceitem ou queiram que ele (tribunal) possa exercê-los.

É necessário, por exemplo, que as partes aquiesçam aos convites de beneficiação expositiva a que anteriormente se aludiu. É necessário também, para que o tribunal possa exercer os tais novos poderes cognitivos, que a chamada "parte interessada" o deseje, como teremos a oportunidade de verificar.

Já o dissemos: – Com esta nova atitude do tribunal, pode estar sempre mais próxima a verdade. Mas, tal atitude só surte efeitos se as partes quiserem.

Aligeira-se o dispositivo. Mas, não se abandona o princípio.

Aumentam-se os poderes do tribunal, mas muito controladamente.

E tudo isto porque ainda hoje se reconhece que **hão-de ser sempre as partes, aligeire-se ou aumente-se o que se quiser, as melhores defensoras dos seus próprios interesses.**

Relembre-se, a propósito, o ainda actual ensinamento de Chiovenda[11]: – "Os nosso juízes são muito propensos a fundamentar as suas decisões em factos que as partes não hajam alegado, com o pretexto de que «surgem dos autos», temendo de outra forma não dignificar bem o seu alto juízo e não exercitar com absoluta independência o seu talento... Este exercício desenfreado é perigoso. Se ao juiz lhe repugna sentir-se amarrado pelos limites da vontade dominadora das partes, ao menos deve aceitar o vínculo de uma consideração prática, isto é, que as partes são os melhores juízes da sua própria defesa e que ninguém pode conhecer melhor do que elas quais os factos que devem e quais os que não devem ser alegados"[12].

Deixou-se atrás (em resumo) o conteúdo de "O DISPOSITIVO E OS PODERES DO TRIBUNAL (NO ÂMBITO DA APRESENTAÇÃO

---

[11] Giuseppe Chiovenda (*op. cit.*, Tomo II, p. 191).

[12] A tradução do ensinamento de Chiovenda é, evidentemente, nossa e, por isso, passível de incorrecções.

E DA COGNIÇÃO DA MATÉRIA DE FACTO), À LUZ DO NOVO CÓDIGO DE PROCESSO CIVIL".

Pretende este trabalho constituir apenas um singelo contributo para a compreensão das novidades legislativas introduzidas pelo CPC de 95, a propósito das questões enunciadas [13].

Nesses e noutros âmbitos, o CPC de 95, bem como as diversas alterações que já lhe foram introduzidas, trouxeram inúmeras e relevantes alterações à disciplina instrumental portuguesa e, quando assim é, nem todos estão (ou querem estar) preparados para as receber.

Por nós, daremos naturalmente as boas-vindas a grande parte dessas novas medidas. Mas igualmente – sem querermos ser pessimistas (nem críticos por tendência [14]) – manifestaremos alguma discordância relativamente a outras. Seria excelente que, no tocante a estas – como em tantas outras coisas da vida – estivéssemos enganados...

Uma coisa é o que a lei prevê e deseja. Outra, bem diferente, é o que a prática forense recebe e aplica.

---

[13] E basearemos normalmente as nossas reflexões, como parece lógico, a propósito da tramitação da acção declarativa comum ordinária – por ser essa a "acção-mãe" do nosso código –, sem prejuízo de, nos pontos que nos pareçam mais relevantes, aludirmos igualmente às outras formas do processo declarativo comum e até à própria acção executiva.

[14] Antunes Varela (*A Reforma...*, RLJ n.º 3870, p. 262 e n.º 3872, p. 327*)* vinha publicando uma crítica violentíssima ao novo código, apelidando, por exemplo, o preâmbulo de "um pastelão de todo o tamanho" e o próprio código de "o maior mastodonte da história da legislação portuguesa". A história encarregar-se-á de demonstrar de que lado está a razão. Não vemos motivos, porém, para uma crítica tão cerrada, embora reconheçamos que o preâmbulo do diploma é de difícil e fastidiosa leitura.

II. O DISPOSITIVO E OS PODERES DO TRIBUNAL ANTES DA ENTRADA EM VIGOR DO NOVO CÓDIGO DE PROCESSO CIVIL

A) NO ÂMBITO DA APRESENTAÇÃO DA MATÉRIA DE FACTO

1. A Exclusividade de Alegação dos Factos pelas Partes

1.1. *O Ónus de Alegação Genérica dos Factos*

O direito processual civil engloba, como é sabido, o conjunto das regras que acompanham a vida de uma acção em tribunal, desde que ela é instaurada pelo autor (através da apresentação da petição inicial) até ao seu ponto final, isto é, até que seja proferida a desejável sentença que materialmente ponha cobro ao conflito que a própria acção espelha [15].

Mas, o direito processual civil não se limita a acompanhar a referida vida da acção em tribunal. Na verdade, ele impõe-lhe uma marcha e uma tramitação próprias, "conduzindo a sua própria vida", desde logo reunindo as normas que exigem a verificação dos requisitos ou pressupostos básicos necessários à sua instauração e, depois, englobando as regras que controlam a actividade processual das partes e do tribunal e a regularidade dos próprios actos judiciais.

A tramitação da acção não está, pois, votada ao improviso. Tudo sucede, afinal, com um mínimo de método e rigor que a lei determina.

Por isso, Kish definiu o processo *lato sensu* como a disciplina que facilita a aplicação e a execução do direito e Goldschmidt enunciou o processo civil como um método que os tribunais seguem para definir a

---

[15] Nem sempre esse desiderato se concretiza, como sabemos, pois casos há em que a acção termina com outros desfechos, sobretudo, formais.

existência do direito da pessoa que demanda perante o Estado e conceder-lhe a tutela jurídica, se for caso disso.

A tramitação da acção sempre esteve, pois, sujeita ao cumprimento de determinadas regras procedimentais.

Isso nunca implicou, porém, qualquer limitação do chamado "direito à acção" do autor [16], nem qualquer limitação da possibilidade de o autor basear a sua pretensão nos factos que entendesse.

O mesmo se diga do réu. Ele podia ou não contestar a acção e podia contestá-la da forma objectivamente fáctica que entendesse.

Por isso, podemos desde já concluir o seguinte: – **eram exacta e exclusivamente as partes que fixavam os factos concretos em disputa**.

E sendo assim, o processo civil mais não seria do que a sequência lógica dos actos judiciais que se destinavam à justa composição do litígio – tal como ele era apresentado pelas partes em juízo –, mediante a intervenção de um órgão imparcial de autoridade: – o tribunal [17].

Portanto, o que sempre estava em causa no processo civil era o diferendo, o "litígio" entre as partes, tal como elas o exibiam e apresentavam espontaneamente ao tribunal, e o que se pedia é que este fosse o árbitro desse litígio e lhe pusesse côbro através de uma sentença.

A estrutura do processo civil consistia, pois, nessa relação triangular (Oscar Bulow e Wach), cujo vértice superior era constituído pela própria "posição" do juiz relativamente aos dois vértices inferiores [18] e a linha imaginária de ligação entre estes dois vértices é que exibia, afinal, a **relação material controvertida** [19], e era esta – tal como era rigorosamente descrita pelas partes – que relevava, como se disse, no processo civil.

Era às partes, pois, que cabia a responsabilidade genérica de alegação dos factos em juízo, numa consequência clara do **princípio do dispositivo** e, *como regra*, a decisão judicial só podia basear-se neles.

---

[16] Durante décadas visto exclusivamente como um direito concreto à tutela jurídica do Estado, como o definiu Barbosa de Magalhães (*op. cit.*, ps. 316 e ss.), na esteira da orientação clássica de Chiovenda, de o considerar como um direito concreto de obter dos tribunais uma sentença favorável (citado por F. Ramos Méndez, *op. cit.*, p. 194).

[17] Definição de Castro Mendes (*Direito...*, Vol. I, p. 41).

[18] Neste sentido, também, E. Gutiérrez de Cabiedes (*op. cit.*, p. 52).

[19] A "fundamentação da diversidade de posições das partes quanto a um ponto com relevância jurídica substantiva", como definiu M. Teixeira de Sousa (*Estudos de Processo Civil*, p. 41, em nota de rodapé). É a relação jurídica que constitui o objecto da causa.

Com efeito – e não obstante a existência das raras excepções de que daremos conta oportunamente –, embora o juiz não estivesse sujeito às alegações das partes no tocante à indagação, interpretação e aplicação das regras de direito, **ele só podia servir-se dos factos articulados pelas partes**, como se referia nos arts. 664.º dos CPC de 39 e de 61.

Assim sendo, conforme as partes tinham a livre disponibilidade para demandar e contestar, também elas tinham a livre disponibilidade (mas também a concomitante responsabilidade [20]) de alegar os factos que entendessem.

Na verdade, as normas processuais civis, por serem reguladoras da conduta dos particulares, dirigiam-se essencialmente aos cidadãos e, por isso, o processo civil era fundamentalmente dispositivo, isto é, estava dependente da livre disponibilidade das partes, podendo estas instaurá-lo ou não (*dominus litis*), fazê-lo ou não continuar e, inclusivamente, pôr-lhe cobro através da celebração de uma transacção [21] (o que tudo ainda hoje é amplamente permitido, como se sabe, sem embargo das restrições derivadas das matérias juridicamente indisponíveis).

O princípio e a própria questão em si mesma puderam sempre sintetizar-se numa única frase: – **as partes dispunham do processo como coisa sua, assim como dispunham da relação jurídica material**.

Este princípio do dispositivo era como que a projecção, no campo processual, da autonomia privada, a expressão do poder atribuído aos particulares de dispor da sua esfera jurídica própria.

E se eram as partes que dominavam o processo, pois que este lhes pertencia, também eram elas que fixavam os contornos fácticos em que ele assentava.

Na verdade, porque o direito de acção constituía a pura satisfação de um direito ou interesse juridicamente tutelado, era às partes que competia definir o seu objecto, ou seja, era às partes que competia delimitar o âmbito do interesse que assim pretendessem assegurar [22].

---

[20] Tratava-se, portanto, de um poder das partes que se transformava num verdadeiro "ónus" (esse fenómeno miscelado de obrigação e faculdade).

[21] Cfr. a definição de transacção constante do art. 1248.º do CC.

[22] Era o "princípio da disponibilidade do objecto" ou da "disponibilidade objectiva", como lhe chamou M. Teixeira de Sousa (cfr., respectivamente, *Introdução...*, p. 49 e *Apreciação...*, ps. 357 e ss.). Anteriormente, o mesmo autor escrevera que o princípio do dispositivo implicava a "circunscrição do objecto da causa pelas partes" (*Sobre a Teoria...*, p. 65).

Isto, que tem a ver com a afirmação da vontade do cidadão ou da pessoa jurídica (a quem cabe realizar livremente a sua personalidade) sempre determinou, por outro lado, que o tribunal, apesar de legitimado para fazer assegurar o direito objectivo, jamais pudesse concluir também quanto a objecto diverso do pedido ou em quantidade superior à solicitada pelo autor (cfr. os arts. 661.º dos CPC de 39 e de 61). Com efeito, e como ensinou Rosenberg [23], "a sentença deve sempre corresponder à demanda, determinando-se por ela na sua espécie e medida". No mesmo sentido, Chiovenda [24], ao afirmar que há um limite absoluto aos poderes do tribunal, qual seja o "da correspondência necessária entre o pedido e o resultado". Por isso, os espanhóis "falam" num "dever de congruência" entre a sentença e o pedido [25].

Portanto – em jeito de síntese liminar –, podemos reafirmar que era por força do princípio do dispositivo que cabia exclusivamente às partes a alegação dos factos integradores do litígio.

1.2. *O Ónus de Alegação Específica dos Factos*

1.2.1. Nota Liminar

Anteriormente, vimos que cabia às partes o ónus genérico de alegação dos factos em juízo.

Importa agora tratar o tema concreta e especificamente, de modo a podermos saber quais eram, exactamente, os factos que o autor devia invocar e, inversamente, quais eram aqueloutros cuja alegação cabia ao réu.

A alusão (embora sumária) a este ónus específico parece importante por quatro razões que se passam a expor:

1.º Em primeiro lugar, porque o trabalho dirige-se essencialmente aos factos em disputa judicial e, por isso, ele ficaria naturalmente incompleto se aludíssemos apenas ao ónus de alegação genérica dos factos que impendia sobre as partes;

2.º Em segundo lugar, porque detectaremos a existência de importantíssimas alterações (históricas) na chamada "repartição do ónus de alegação específica dos factos", ocorridas essencialmente a partir da entrada em vigor do CC de 1966;

3.º Em terceiro lugar, porque adiante iremos fazer uma reflexão acerca da evolução do número e do conteúdo dos articulados desde o CPC de 39 até ao de 1995 e, como veremos, a dita repartição exacta do ónus de alegação específica dos factos é absolutamente imprescindível para o tratamento dessa matéria;

4.º Em quarto e último lugar, porque as alterações introduzidas pelo CPC de 95 também se repercutiram no ónus de alegação específica dos factos, designadamente, as derivadas do já anunciado abrandamento da influência do dispositivo, intencionalmente consagrado no novo diploma.

Portanto, iremos agora atentar, concretamente, nos factos exactos e precisos que cada uma das partes devia alegar em juízo.

Uma primeira análise (naturalmente singela) da questão levar-nos-ia a dizer que às partes caberia alegar os factos que, potencialmente, dessem consistência às suas pretensões. Tal considerando seria, porém, meramente abstracto, para além de, evidentemente, muito insuficiente.

Já se sabe que, em termos teóricos, ninguém alega factos contrários às pretensões formuladas, embora a experiência demonstre que, por vezes, eles revertem em benefício da parte contrária, o que de alguma forma se assemelha às habituais consequências práticas do princípio da aquisição processual, desde sempre previsto na lei (cfr. o § único do art. 519.º do CPC de 39 e o n.º 2 do art. 515.º do CPC de 61, na sua versão original).

Passemos, por isso, ao concreto, para verificarmos quais os factos que cada parte devia alegar. E isso é tão importante quanto recordamos que era normalmente à parte que cabia alegar determinado facto em juízo que correspondia depois (e corresponde ainda, genericamente) também o ónus de apresentar as respectivas e correspondentes espécies de provas[26, 27],

---

[23] Leo Rosenberg (*op. cit.*, Tomo II, p. 4).

[24] Giuseppe Chiovenda (*op. cit.*, Tomo II, p. 185).

[25] Neste sentido F. Ramos Méndez (*op. cit.*, p. 617) e J. Almagro Nosete e outros (*op. cit.*, Tomo I, ps. 332 e 376).

[26] Já no início do século passado, Almeida e Sousa (*op. cit.*, Tomo I, p. 363) referiu que as "provas são as maneiras reguladas pelas leis para descobrir e para estabelecer com certeza a verdade do facto disputado". É, pois, um mecanismo destinado a estabelecer uma convicção sobre um ponto incerto, como referiu H. Lévy-Bruhl, citado por Fernando Gil (*op. cit.*, p. 8).

[27] Habitualmente, portanto, o ónus de alegação e o ónus da prova sempre recaíram sobre a mesma parte, como referiu M. Teixeira de Sousa (*As Partes...*, p. 50). É o princípio a que a doutrina chamou de "auto-responsabilidade probatória das partes". Neste sentido, cfr. Figueiredo Dias (*op. cit.*, p. 189) e A. Baltazar Coelho (*op. cit.*, p. 389).

ou seja, era (e é) sobre elas que vai recair, como regra, o chamado "ónus da prova", que Manuel de Andrade definiu como "a necessidade imposta pela ordem jurídica a uma pessoa de proceder (processualmente) de certo modo para conseguir obter ou manter uma vantagem"[28]. Assim, o ónus é um imperativo do próprio interesse, porque a parte sobre quem ele recai está implicitamente compelida a assumir determinada conduta, como resulta da lição de Eduardo Couture[29].

O ónus é, assim, um embaraço e a parte desembaraça-se dele, actuando.

Em todo o caso, o ónus de alegação (genérica e específica) dos factos é uma coisa. E o ónus da prova desses factos é outra[30].

Como demonstraremos mais adiante, até à entrada em vigor do CPC de 1995, o juiz não podia substituir-se às partes, ou com elas, sequer, colaborar (salvo uma raríssima excepção), relativamente à alegação dos factos propriamente dita, o mesmo não se passando, contudo, quanto à produção dos meios de prova, na medida em que a partir das reformas da década de vinte (e, fundamentalmente, com a entrada em vigor do CPC de 39) começaram a ser reconhecidos ao juiz, nesse âmbito, alguns poderes.

Mas, quanto à alegação dos factos não havia, salvo a anunciada excepção, qualquer poder interventivo do tribunal. De resto, se bem notarmos (e já o dissemos), o ónus de alegação dos factos que impendia sobre os litigantes era, ao mesmo tempo, o resultado de um poder das partes. Ou melhor, por força do dispositivo, eram as partes (e só elas) que podiam alegar os factos integradores do litígio. Mas, se tal poder não fosse exercido, isso provocava desvantajosas consequências para as partes, quais fossem as de se não poderem tomar em consideração os factos

---

[28] Manuel de Andrade (*op. cit.*, p. 196). Numa interpretação inversa (acertadamente inversa, como supomos), Lebre de Freitas (*Introdução*..., p. 32, em nota de rodapé) referiu que "ter o ónus da prova significa que é aconselhável ter a iniciativa da prova, a fim de evitar a consequência desfavorável da falta de prova". Cfr. ainda o mesmo autor (*Acção Executiva e Caso Julgado*, p. 243, em nota de rodapé e *A Confissão*..., p. 487, também em nota de rodapé). No mesmo sentido, também se pronunciou a Relação de Coimbra, definindo o ónus da prova como o "dever de fornecer a prova do facto visado, sob pena de sofrer as desvantajosas consequências da sua falta" – Ac. de 17.11.1987 (*Col. Jur.*, 1987, 5.º-80).

[29] Vertida para português por J. Frederico Marques (*op. cit.*, Vol. I, ps. 140-141).

[30] Acerca do relacionamento entre tais ónus, cfr. ainda Carnelutti (*op. cit.*, ps. 264-265).

assim não alegados e, por os mesmos poderem ser relevantes para o desfecho da lide, a pretensão formulada ser susceptível de naufragar.

Portanto, era também como consequência do dispositivo que este poder das partes se transformava num verdadeiro ónus [31].

1.2.2. O Ónus de Alegação Específica dos Factos no Código de Processo Civil de 1939

Ligámos intencionalmente a questão em análise ao chamado "ónus da prova" porque era já também do conteúdo do corpo do art. 519.º do CPC de 39 que "detectávamos" os factos que deviam, exactamente, ser alegados, ora pelo demandante, ora pelo demandado. Ou seja, embora aquele segmento normativo regulasse directamente o ónus da prova, tal preceito indicava também, afinal, a repartição previamente específica (normal) do ónus de alegação dos factos em juízo [32], sem embargo, é claro, desta constar igualmente de outros preceitos.

Atentemos, portanto, nesse comando normativo:

"Incumbe ao autor fazer a prova dos factos, positivos ou negativos, que servem de fundamento à acção; incumbe ao réu fazer a prova dos factos, positivos ou negativos, que servem de fundamento à excepção".

Daqui podíamos extrair, portanto, que era também ao demandante (o que formulava uma concreta pretensão de tutela jurisdicional) que cabia a alegação exacta dos factos positivos que constituíssem o fundamento da acção por si instaurada, fosse esta de condenação, de simples apreciação positiva ou constitutiva.

Assim (e por exemplo), se o autor pedia a condenação do réu no pagamento de uma indemnização derivada de determinada conduta ilícita assumida por este, era àquele demandante que caberia a alegação (e, posteriormente, a prova) dos elementos fácticos positivos que fossem constitutivos da responsabilidade civil.

Inversamente, ao réu caberia a alegação (e a prova, já se sabe) dos factos positivos que servissem de fundamento à defesa por excepção,

---

[31] Neste sentido, M. Teixeira de Sousa (*Introdução...*, p. 60).

[32] Como referiu J. Alberto dos Reis (*CPC Anotado*, Vol. III, p. 271), o ónus da prova pressupõe um outro ónus: – o da afirmação. Tais ónus, como já vimos, são normalmente paralelos, como também referiu Chiovenda (*op. cit.*, Tomo II, p. 258).

dissesse ela respeito as então já admitidas excepções dilatórias, dissesse ela respeito às então já igualmente consagradas excepções peremptórias [33].

Sucede, porém, que do preceito acima referido retirava-se ainda que competia também ao autor a alegação e a prova dos factos negativos que fossem fundamento da acção por si instaurada.

Ora, era exactamente o que sucedia nas acções de simples apreciação negativa, referidas na alínea a) do art. 4.º do diploma [34], através das quais o autor pedia tão somente que o juiz pusesse côbro a uma situação de incerteza jurídica e declarasse por sentença a inexistência de um direito ou de um facto [35].

Assim, competiria ao autor a alegação concreta e, depois, a prova, dos factos negativos que serviam de fundamento à acção, ou seja, ele tinha que alegar e provar a inexistência do direito (ou melhor, dos factos constitutivos deste) ou a inexistência do referido facto jurídico.

A teoria era esta: – se o fundamento da acção era constituído por factos negativos, competiria ao autor as respectivas alegação e prova dos mesmos, pois não havia razão alguma (dizia-se [36]) para o exonerar desse encargo.

Até porque (acrescentava-se) se os factos negativos constituíssem o fundamento de excepções, também era ao réu que caberiam as respectivas alegação e prova.

Ou seja e numa palavra, estabeleceu-se para os factos negativos que eram fundamento da acção e da defesa por excepção o mesmo princípio que se prevenira para os factos positivos.

---

[33] As dilatórias obstavam, como hoje, a que o tribunal conhecesse do mérito da causa e as peremptórias consistiam na alegação de factos impeditivos ou extintivos do efeito jurídico dos factos articulados pelo autor (cfr. o respectivo art. 488.º).

[34] As acções de simples apreciação negativa "nasceram" para o nosso ordenamento jurídico-processual, precisamente, no CPC de 39.

[35] Não um facto qualquer, já se sabe, antes um que fosse objecto de uma relação jurídica concreta, isto é, um facto que estivesse intimamente conexionado com certa relação jurídica, em suma, um facto juridicamente importante, pois que a instauração de uma acção de simples apreciação sempre implicou a existência de um real interesse em agir, como referiu Chiovenda (*op. cit.*, Tomo I, ps. 227-230).

[36] Neste sentido, J. Alberto dos Reis (*CPC Anotado*, Vol. III, p. 268).

1.2.3. O Ónus de Alegação Específica dos Factos no Código de Processo Civil de 1961

O CPC de 61 veio confirmar esta orientação, "beneficiando-se" (como deixou subentendido E. Lopes-Cardoso [37]) o preceituado na lei anterior.

Assim, do n.º 1 do art. 515.º de tal diploma ficou a constar que "Incumbe ao autor fazer a prova dos factos, positivos ou negativos, que sejam constitutivos do seu direito; incumbe ao réu fazer a prova dos factos, positivos ou negativos, que sirvam de causa impeditiva, modificativa ou extintiva do direito do autor".

Quer isto significar, portanto, que igualmente cabia ao autor a alegação dos factos positivos e negativos constitutivos do direito por si invocado e ao réu a alegação das excepções (positivas e negativas) impeditivas, modificativas e extintivas desse direito.

Temos de reconhecer que o conteúdo objectivo dos dois artigos (o previsto no CPC de 39 e o previsto no CPC de 61) é extremamente semelhante [38].

Mas não o é o terminológico, porquanto passou a dizer-se que competia ao autor a prova (e, portanto, a alegação – já se sabe) dos factos negativos que fossem constitutivos do seu direito, o que se prestou a algumas confusões no âmbito do tratamento das já referidas acções de simples apreciação negativa [39].

É que neste tipo de acções, o autor não invocava (nem invoca) propriamente um direito [40]. O que ele pede é que se declare tão somente que determinado direito não existe.

---

[37] E. Lopes-Cardoso (*CPC Anotado*, p. 327), referindo que no diploma de 1961 se repetiu (a propósito desta matéria) o que estava previsto no CPC de 39, "...mas por outras palavras, mais claras". Procuraremos demonstrar a nossa concordância apenas parcial sobre este apontamento.

[38] Apenas no preceito do CPC de 61 se fez alusão exclusiva às excepções peremptórias e nestas se integraram também os factos modificativos do efeito jurídico retirável dos factos articulados pelo autor. De resto, tais factos modificativos sempre se reduziram aos impeditivos ou aos extintivos, como se sabe.

[39] E por isso dissemos que só concordamos com o melhoramento parcial (do texto da lei) introduzido pelo CPC de 61.

[40] São as acções propostas "por quem não tem nenhum direito", como referiu Rosenberg (*op. cit.*, Tomo II, p. 57). A não ser que se aceite (o que tem a sua lógica) que o autor tem e exerce, de facto, contra o réu um direito: – o de ver o demandado

Ou seja, o direito que, em princípio e por assim dizer, se vai "discutir" neste tipo de acções não é um direito do autor, mas sim do réu.

Portanto, em bom rigor, os factos negativos que o autor devia alegar e provar não eram propriamente constitutivos de um seu direito, mas antes os constitutivos de determinado direito potencial do réu, justamente, o direito que o demandante pretendia ver declarado como inexistente.

Em todo o caso (insiste-se), continuou o autor, neste tipo de acções, a ter de alegar e provar a inexistência dos factos (negativamente, portanto) constitutivos de um direito, não propriamente de um direito seu (como já vimos que a lei poderia fazer presumir e a "história legislativa" se encarregou, depois, de corrigir), antes um direito que ele não reconhecia existir na titularidade do réu.

Portanto, o CPC de 61 em nada beneficiou o esquema previsto para o ónus de alegação (e prova) nas acções de simples apreciação negativa, para além de continuar a omitir um pormenor absolutamente fundamental: – é que, referindo-se sempre apenas ao autor e ao réu e, exactamente, aos factos que competia provar (e alegar) a cada um deles, este diploma (tal como o anterior) "esqueceu" pura e simplesmente a chamada "demanda reconvencional"[41].

---

convencido da inexistência de determinado direito de que este se arrogava ou da inexistência de determinado facto jurídico.

[41] Sim, porque a reconvenção, apesar de ser uma das modalidades (a par da outra, a defesa) da contestação, sempre aconteceu quando o réu não se limita a defender do pedido original formulado contra si pelo autor e passa (nessa curiosa visão de Manuel Andrade – *op. cit.*, p. 126) ao "contra-ataque", apresentando ele (também) um pedido (ou mais do que um) autónomo e substancial contra o autor, isto é, quando ele formula uma nova pretensão, gerando aquilo a que J. Alberto dos Reis chamou de um "cruzamento de acções" (*Comentário* ..., Vol. 3.º, p. 96). Em bom rigor, pois, a reconvenção constitui uma ampliação do objecto litigioso. Acrescente-se que, primordialmente, ela fôra tratada como um incidente da instância (cfr. os arts. 331.º e ss. do CPC de 1876, integrados no Título II do Livro II do Código, epigrafado aquele de "Dos incidentes das causas em geral"), o qual deveria ser autuado por apenso ao da causa onde fôra suscitado, motivador, por isso, de duas sentenças – cfr. o § 2.º do art. 333.º respectivo e o Acórdão da Relação dos Açores de 12.1.1892, vertido no CPC de 1876 citado – e a que Trindade Coelho (*op. cit.*, p. 98) chamara de "acção de reconvenção", para a distinguir da "acção principal". No ordenamento francês (cfr. os arts. 63.º e 64.º do *Nouveau Code de Procédure Civile*), a reconvenção (*La demande reconventionelle*) é ainda um incidente da instância, mas com particularidades próprias: – É que ela, apesar de consistir numa verdadeira demanda formulada contra o autor, é também uma forma de defesa. Quer dizer, o réu defende-se, atacando. Neste sentido, Gérard Couché (*op.*

Ora, quando o pedido reconvencional era formulado, é óbvio que não competiria ao autor da acção a alegação e a prova dos factos constitutivos do direito invocado por essa via, nem ao réu reconvinte a alegação e a prova dos factos impeditivos, modificativos ou extintivos desse direito.

Pelo contrário, nessa circunstância haveria lugar a uma natural inversão dos ónus de alegação e prova desses factos, embora isso não resultasse, expressamente, do texto do n.º 1 do art. 515.º do CPC de 61.

1.2.4. O Ónus de Alegação Específica dos Factos após a Entrada em Vigor do Código Civil de 1966

A omissão anteriormente referida (relativa à reconvenção), bem como as deficiências (entretanto constatadas) do esquema de repartição dos ónus de alegação e prova nas acções de simples apreciação negativa só vieram a ser ultrapassadas com a entrada em vigor do novo CC.

Assim, abrangendo não só os autores que demandavam, mas também os réus que reconvinham, e repartindo adequadamente os ónus de alegação e prova nas acções de simples apreciação negativa – e tudo isso regulando, adequadamente, no Capítulo das "Provas", inserido no Subtítulo relativo ao "Exercício e tutela dos direitos", da Parte Geral do diploma – o novo CC veio consagrar, no seu art. 342.º, que à parte que invocar um direito cabe fazer a prova dos factos constitutivos do direito alegado, cabendo a prova dos factos impeditivos, modificativos ou extintivos desse direito àquele contra quem a invocação é feita e, no n.º 1 do seu art. 343.º, que nas acções de simples apreciação ou declaração negativa, compete ao réu a prova dos factos constitutivos do direito de que se arroga.

São várias as conclusões que daqui podemos retirar e que ainda hoje, pode assim dizer-se, têm inteira utilidade.

Umas, são muito breves. Outras, tornaram-se extensas:

1.ª A primeira é a de que o n.º 1 do art. 515.º do CPC de 61 deixou de ter razão de existir. Daí que o DL n.º 47.690, de 11 de Maio de 1967[42] o tivesse "revogado";

---

cit., p. 124). Entre nós, a admissibilidade da reconvenção sempre esteve sujeita a requisitos apertados de natureza processual e objectiva, mas também sempre se justificou face à economia processual que envolve. Cfr., hoje, a propósito dos requisitos de admissibilidade da reconvenção (mais aligeirados, de resto), os actuais arts. 98.º e 274.º do CPC.

[42] Que introduziu alterações em cerca de meio milhar de artigos do CPC de 61, por força da entrada em vigor do novo CC.

2.ª A segunda é a de que foi visível o intencional "abandono" da lei às referências expressas ao autor e ao réu, aquando da regulamentação da repartição normal do ónus da prova. Assim, integrou-se também no esquema, como já se disse, o réu que deduz um pedido reconvencional e que, nessa medida, invoca igualmente um direito contra o autor.

Na verdade (e por exemplo), quando o demandado invoca hoje o direito ao divórcio, peticionando, reconvencionalmente, a dissolução do seu casamento, caber-lhe-á também (e muito naturalmente) a alegação e a prova dos factos constitutivos desse direito.

Ou seja, não é só o autor que, normalmente, tem de alegar e provar os factos constitutivos do direito que invoca na pretensão que, originalmente, formula; é também o réu que, normalmente, tem de fazer o mesmo em relação aos factos constitutivos do direito que invoca na pretensão que, reconvencionalmente, apresenta.

Mas, esta referência dicotómica ao direito que se invoca e à pretensão que se formula (realidades que não confundimos) leva-nos a reflectir sobre a seguinte questão:

– O que sucederá processualmente se autor ou o réu reconvinte não invocarem, formal e expressamente, determinado direito?
– Ou, por outras palavras, o art. 342.º do CC, ao referir-se à invocação de um direito, implica que ela tenha de ser, formal e expressamente, consagrada na petição inicial e na reconvenção?

Cremos que não, necessariamente. O que a lei processualmente obriga é, como se sabe, que o autor e o réu reconvinte formulem um pedido concreto de tutela jurisdicional, ou melhor, uma pretensão exacta de concessão de determinada providência judiciária (sob pena de ineptidão, como sabemos).

Ora, sempre defendemos a opinião de que não é de todo em todo imprescindível que daqueles articulados conste, expressa e formalmente, a invocação do direito, porque também nunca tivemos dúvidas de que tal invocação está sempre, pelo menos, implícita no próprio pedido que se formula.

Já o dissemos: – uma coisa é o direito que se invoca; outra, a pretensão que se apresenta. Aquele, dirige-se ao réu; esta, ao tribunal.

O que pretendemos deixar claro, porém, é que essas duas "realidades" estão natural e intrinsecamente ligadas, derivando esta normalmente daquela, podendo, nessa conformidade, dizer-se que quando a parte apresenta o seu pedido, ela está a invocar e a pretender fazer valer, ainda que implicitamente, determinado direito. Um direito concretamente manifestado e exercido assim contra a parte contrária.

Em todo o caso – insiste-se –, expressa ou implícita e subtilmente (como referimos), tem sempre a parte de invocar o direito que pretende fazer valer em juízo.

Voltando à regra consagrada no n.º 1 do art. 342.º do CC, e aplicando-a às acções declarativas, dir-se-á que compete ao autor a alegação e a prova dos factos constitutivos do direito violado nas acções de condenação, a dos mesmos factos relativos ao direito que se pretende ver declarado como existente nas acções de simples apreciação positiva e a dos factos indispensáveis para a obtenção de um novo efeito jurídico nas acções constitutivas [43].

Nunca foi tão simples a aplicação deste princípio nas acções executivas. Utilizemos, para o efeito, o exemplo das execuções pecuniárias.

O direito que se invoca sempre foi, como se sabe [e igualmente sempre resultou da alínea e) do art. 4.º do CPC de 39 e do n.º 3 do art. 4.º do CPC de 61], o atinente à reparação efectiva do crédito, isto é, à materialização própria desse direito à custa do devedor e o que se sempre se solicitou ao tribunal é que este tomasse as providências (reais e coercivas) adequadas àquela reparação, "invadindo", se para tal fosse necessário, o património do executado.

Ora, a doutrina discutiu abundantemente sobre a identificação do "mais relevante" facto constitutivo do direito invocado na acção executiva, ou seja, sobre a identificação exacta da causa de pedir dessa acção [44, 45].

---

[43] Nas acções de simples apreciação negativa, como já se anunciou, haverá um importante especificidade, a propósito desta regra.

[44] Para uns, ela era o título executivo como documento em si mesmo – entre outros, J. Alberto dos Reis (*Comentário...*, Vol. 1.º, p. 98), E. Lopes-Cardoso (*Manual...*, ps. 13 e ss.) e Ary Elias da Costa (*op. cit.*, p. 69, em nota de rodapé). Para outros, ela era o acto ou o facto jurídico subjacente ao documento. Neste sentido, Castro Mendes (*Acção Executiva*, p. 7) e Lebre de Freitas (*DPC II*, p. 33 e *A Acção Executiva*, p. 60). Para o efeito, o primeiro destes professores invocou o conhecido argumento da litispendência [utilizado também por G. Marques da Silva (*Curso de Processo Civil...*, ps. 28-29)], dizendo que os perfilhadores da tese antagónica à sua não poderiam admitir a suscitação de tal excepção dilatória no caso de o exequente dispor de dois títulos executivos demonstrativos da mesma obrigação e instaurar, por isso, duas execuções

Durante longo tempo, seguimos a opinião que considerámos dominante (também acompanhada vulgarmente, por singeleza, pelos tribunais), a qual considerava o título em si mesmo como a condição necessária e suficiente para a instauração da acção executiva [46] e, nessa medida, dizíamos que ele constituía a causa de pedir de tal acção, até porque "demonstrava por si só a existência de um direito, dispensando assim quaisquer averiguações por parte do juiz" [47].

Dessa forma, porém – e apesar de alertados, pelo menos, duas vezes por Lebre de Freitas [48] –, éramos levados a confundir o título executivo com um acto ou um facto jurídico, o que na verdade e em bom rigor, não era adequado.

---

distintas, pois que nesse caso faltaria a "identidade das causas de pedir", exigida pelo art. 498.º do CPC de 61. Lebre de Freitas, como se disse, sendo embora a favor desta interpretação acerca do conceito de causa de pedir na acção executiva, não perfilhou o argumento prático utilizado por Castro Mendes, por entender que se conseguiria alcançar finalidade idêntica à obtida com a litispendência através da dedução de embargos de executado demonstrativos da referida "duplicidade", suscitados ao abrigo do art. 815.º do CPC de 61. M. Teixeira de Sousa (*A exequibilidade...*, ps. 41-42), concordando com a orientação destes professores de Lisboa, acrescentou ainda o seguinte: – nas "pretensões causais", que seriam aquelas que só poderiam ser exigidas ao devedor com a invocação por parte do credor do respectivo título de aquisição, ou seja, do respectivo "facto gerador" (v.g., um contrato), seria precisamente este o fundamento que justificava o recebimento e, por isso, tal acto ou negócio "provocador" do título executivo é que constituiria a verdadeira causa de pedir da acção executiva; pelo contrário, nas "pretensões abstractas", que seriam aquelas que poderiam ser exigidas ao devedor sem alegação da causa que justificasse o recebimento (v.g., as emergentes de negócios cambiários, constantes de letras ou livranças, pois que até da própria definição destes documentos resulta, inevitavelmente, o tipo de negócio que se celebrou, ficando ele assim "automaticamente" alegado), embora parecesse que a causa de pedir pudesse ser o título executivo em si mesmo, M. Teixeira de Sousa esclareceu que ela era o documento "incorporado" da pretensão exequenda, ou seja, "esse documento considerado como título cambiário e não como título executivo".

[45] E este dilema derivou também de uma outra polémica, que foi histórica, acerca da natureza do título executivo, protagonizada entre Carnelutti (para quem o título era o documento em si mesmo) e Liebman (para quem o título era o acto documentado). Apelidando a polémica de "serrada" e "fecunda", cfr. Carnelutti (*op. cit.*, p. 300).

[46] Neste sentido, Anselmo de Castro (*A Acção Executiva...*, p. 13).

[47] Como já teria ensinado Dias da Silva no ano lectivo de 1894/95, na Faculdade de Direito da Universidade de Coimbra, como apurámos da consulta a apontamentos da época.

[48] J. Lebre de Freitas (*DPC II*, p. 33 e *A Acção Executiva*, p. 60).

Em todo o caso, assim fomos entendendo, no sentido de que (na nossa contemporaneidade com o CPC de 61) bastava ao exequente juntar o respectivo título executivo, não se tornando necessária qualquer referência à *causa debendi*.

Ao pedir que o tribunal citasse o executado para pagar ou nomear bens à penhora, ou ao pedir a imediata apreensão de bens se o título que se executasse fosse uma sentença de condenação transitada há não mais de um ano [49], estava o exequente a apresentar a sua pretensão. Ao juntar e referir-se ao título executivo, estava o exequente a alegar o facto constitutivo do direito invocado (o direito de ser pago e de ser pago à custa do executado). Fizemo-lo (como advogado) durante anos e anos e não nos recordamos de algum dia o tribunal ter indeferido os respectivos requerimentos iniciais das execuções de títulos extrajudiciais (pois era com estes que o problema ganhava relevância prática, na medida em que se o título fosse uma sentença, a *causa debendi* fazia sempre parte integrante dela, ainda que, em certos casos, muito sucinta ou resumidamente).

Como veremos, o CPC de 95 introduziu alterações significativas nesta matéria, beneficiando-a sobremaneira, de modo a que, concordando com o enquadramento que o novo diploma trouxe, deveremos alterar a nossa posição e seguir aquela por que Castro Mendes e Lebre de Freitas pugnaram.

> 3.ª Por outro lado, do n.º 2 do art. 342.º do CC pode extrair-se ainda que compete àquele contra quem determinado direito é invocado a prova (e, portanto, previamente a alegação) dos factos impeditivos, modificativos ou extintivos desse direito.

Assim, se referimos que é normalmente ao autor que cabe a alegação dos factos constitutivos do direito que invoca, devemos agora dizer que é também normalmente ao réu que cabe a alegação dos referidos factos impeditivos, modificativos ou extintivos desse direito, o mesmo se dizendo, mas em sentido subjectivamente inverso, relativamente ao direito invocado por via reconvencional [50].

---

[49] Hipótese esta que passou a ser permitida apenas a partir da chamada "Reforma Intercalar" de 1985, introduzida pelo DL n.º 242/85, de 9 de Julho (cfr. o n.º 3 do art. 811.º do CPC de 61, com a redacção que lhe foi dada por esse diploma), o qual entrou, acertadamente, em vigor na data da abertura do ano judicial seguinte, ou seja (e nessa altura), em 1 de Outubro de 1985.

[50] É o critério da normalidade a que se referiram Pires de Lima/Antunes Varela (*op. cit.*, Vol. I, p. 306), a propósito concretamente do ónus da prova: "Aquele que

Ao proceder de tal forma, aquele contra quem foi invocado o direito não está evidentemente a negar ou contrariar os factos constitutivos dele [51]. Está antes a acrescentar-lhes novos factos que "lhes teriam excluído ou paralisado desde logo a potencialidade jurídica ou posteriormente lhes teriam alterado ou suprimido os efeitos que chegaram a produzir", como ensinou Manuel de Andrade [52].

Na verdade, são exemplos clássicos de factos impeditivos da constituição válida do direito invocado os que consubstanciem o erro, o dolo, a coacção ou a simulação do negócio jurídico [53], são exemplos de factos modificativos dos termos do direito suscitado a mudança de uma servidão ou a concessão de uma moratória ao devedor, e são exemplos de factos extintivos desse direito o perdão, a renúncia, o pagamento, os que configurem a caducidade, a prescrição, etc.

Ao apresentar tais factos, aquele contra quem foi invocado o direito está no fundo a defender-se por excepção peremptória, tal como sempre definiu a lei (cfr. a parte final do corpo do art. 498.º do CPC de 39 e a parte final do n.º 2 do art. 487.º e o n.º 3 do art. 493.º do CPC de 61 [54]), o que quer significar, como já se disse, que se aceitam os factos alegados por aquele que invocou o direito, mas que se lhes adicionam outros tendentes à paralisação, modificação ou extinção dos efeitos jurídicos daqueles.

Imaginemos um singelo exemplo: – Invocando um direito de crédito insatisfeito, A. propõe em tribunal a competente acção de dívida, alegando como facto constitutivo daquele direito a existência de um negócio jurídico celebrado com o réu, do qual emergiu determinada obrigação que este não cumpriu. Defender-se-á o demandado da forma a que vimos aludindo

---

invoca determinado direito tem de provar os factos que «normalmente» o integram; a parte contrária terá de provar, por seu turno, os factos «anormais» que excluem ou impedem a eficácia dos elementos constitutivos".

[51] É claro que se o réu se limita a negar os factos alegados pelo autor, sobre si não recai qualquer ónus da prova. Atente-se, a propósito do tema, no ensinamento de Jaime Guasp (*op. cit.*, p. 351): "Pode afirmar-se que ao autor corresponde normalmente o ónus da prova dos fundamentos da sua pretensão; Ao demandado, tendo em conta a sua oposição, ele estará isento de prova no que se refere à mera negação, mas suportará o risco correspondente no que diz respeito à excepção".

[52] Manuel de Andrade (*op. cit.*, p. 130).

[53] São os *fatti invalidativi*, para a doutrina italiana. Nesse sentido, Carnelutti (*op. cit.*, p. 265).

[54] Estes artigos do CPC de 61 não se mostram alterados pelo CPC de 95.

se aceitar os factos que o autor referiu a propósito do dito negócio (o dia, a hora, o local, a obrigação dele emergente, o incumprimento etc.), mas se acrescentar factos (novos) que, por exemplo, permitam concluir que o celebrou sob coacção.

Quer dizer, desta maneira, o réu não "belisca" os factos alegados pelo autor; apenas acrescenta outros pretensamente fatais para o direito invocado.

Por isso é que se todos eles (uns e outros) forem dados como provados, a tutela jurisdicional solicitada não é concedida e aquele contra quem foi invocado o direito é absolvido do pedido, seja ele o original ou o reconvencional, como se sabe.

Em sede executiva, sempre foi incontroverso que se a acção se baseasse num título executivo judicial e, portanto, vigorasse o sistema restritivo de defesa, o demandado só podia invocar – tendo em atenção apenas a questão que vimos tratando – os factos modificativos ou extintivos da obrigação, desde que respeitasse ainda dois requisitos, um de natureza temporal (a necessidade de tais factos terem objectivamente ocorrido depois do encerramento da discussão declarativa) e outro de natureza documental (a necessidade da sua prova ser feita por documento [55]).

Se, pelo contrário, a execução se baseasse num título extrajudicial, já poderia o executado (também em sede de embargos, naturalmente) invocar todos os meios que lhe seria lícito deduzir como defesa em processo declarativo, ou seja, alegar os factos impeditivos, modificativos ou extintivos da obrigação exequenda e sem necessidade de respeitar aqueles dois requisitos anteriormente referidos (aliás, o primeiro deles inaplicável ao caso) – cfr. os arts. 813.º e 815.º dos CPC de 39 e de 61.

Em processo executivo, portanto, também sempre se admitiu que impende sobre o executado um ónus de excepcionar [56].

---

[55] Excepto os factos consubstanciadores da prescrição do direito ou da obrigação, que não estavam sujeitos aos referidos requisitos, como implicitamente resultava da conjugação do § 2.º do art. 812.º com o n.º 8 do art. 813.º do CPC de 39 e, expressamente, resultou da parte final da alínea h) do mesmo artigo do CPC de 61. Por isso, não se compreende inteiramente a razão de E. Lopes-Cardoso (*CPC Anotado,* p. 482) ao referir que a parte final deste último segmento normativo constituiu uma disposição nova.

[56] Sobre as diferenças entre a não observância deste ónus do processo executivo e a não observância do ónus de contestar e do de impugnar em processo declarativo (acerca dos quais reflectiremos adiante), pronunciou-se, incontroversamente, Lebre de Freitas (*Acção Executiva e Caso Julgado,* p. 243).

4.ª Uma quarta conclusão importantíssima (a que já várias vezes fizemos referência) consiste na especificidade (que o novo CC veio consagrar) dos ónus de alegação e da prova nas acções de simples apreciação negativa, as tais acções em que o autor pede apenas que se declare judicialmente a inexistência de um direito ou de um facto jurídico, partindo do princípio de que há uma situação de incerteza jurídica que urge aclarar, derivada da circunstância de o réu, extrajudicialmente, se vir arrogando como titular desse direito ou vir alegando a existência desse facto.

Assim, ao propor esta acção, competirá ao autor, na petição inicial, alegar essa arrogância extrajudicial assumida pelo réu [57], demonstrando, assim, o seu interesse em agir, cabendo ao demandado a alegação dos factos constitutivos do direito de que se vinha arrogando. Ou seja, já que o réu se assumia, extrajudicialmente, como titular de determinado direito, ele terá agora, em sede judicial, de alegar os respectivos factos constitutivos dele.

E por isso é que o n.º 1 do art. 343.º do CC veio referir que "nas acções de simples apreciação ou declaração negativa, compete ao réu a prova dos factos constitutivos do direito que se arroga", isto é, do direito que se arrogava extrajudicialmente e que, agora, se justifica que o arrogue e demonstre judicialmente.

Por outro lado, alegados pelo réu tais factos constitutivos do direito, caberá, depois, ao autor a alegação dos factos impeditivos ou extintivos dele. E se é sobre o demandante que recai este ónus de alegação, sobre ele incidirá igualmente o respectivo ónus da prova.

A especialidade destes ónus reside, pois, no seguinte: – nesta espécie de acções, não é só ao réu que cabe a alegação e a prova dos factos constitutivos do direito que as partes "discutem". É também ao autor que compete a alegação e a prova dos factos impeditivos ou extintivos desse direito [58].

E isto é assim porque todos hoje reconhecemos que é muito difícil, se não impossível, alegar pela negativa factos constitutivos de direitos de

---

[57] Um Acórdão da RL, de 15.01.1969, seguido por muitos tribunais, decidiu que o requisito fundamental para a instauração das acções de simples apreciação negativa consiste, precisamente, nesta arrogância extrajudicial.

[58] Em sentido (apenas) parcialmente diverso, M. Teixeira de Sousa (*As Partes...*, ps. 220-221), referindo que o n.º 1 do art.º 343.º do CC não implica que o autor esteja puramente desonerado da alegação e da prova "da inexistência da situação jurídica".

outrém e fazer a prova negativa dos mesmos, isto é, demonstrar que eles não existem [59]. Como já se disse, é o réu que há-de alegar e provar – pela positiva – os factos constitutivos do direito de que se vinha arrogando extrajudicialmente, segundo a boa orientação de Vaz Serra [60], contra a qual se manifestou Manuel de Andrade [61] (seguindo de perto a lição de Chiovenda [62]), argumentando que "não era correcto impor-se ao demandado a prova positiva de um direito, para o qual poderia ser preciso um período de tempo superior àquele que estava previsto para a contestação". Precisamente para contrariar este argumento é que o DL n.º 47.690 "acrescentou" um n.º 4 ao art. 486.º do CPC de 61, nele prevendo a possibilidade de – neste tipo de acções – o prazo da contestação ser alargado (possibilidade que, depois, veio a ser "revogada" pela Reforma Intercalar de 1985).

Como vimos, no caso concreto das acções de simples apreciação negativa, a especificidade do ónus da prova está evidentemente ligada à especificidade do ónus de alegação dos factos [63].

Acontece que há outras situações em que a regra geral de repartição do ónus da prova se mostra afastada. Sobre elas reflectiremos agora (embora singelamente), procurando detectar potenciais ligações a correspondentes desvios à regra geral de repartição do ónus de alegação específica dos factos.

Uma delas é meramente aparente e ocorre nas acções que devem ser propostas dentro de certo prazo a contar da data em que o autor teve conhecimento de determinado facto [64]. Nestes casos, o n.º 2 do art. 343.º do CC refere que compete ao réu a prova desse prazo ter já decorrido (salvo se for outra a solução especialmente consagrada na lei), não cabendo, portanto, ao autor a prova da circunstância de esse prazo não ter sido ainda esgotado. Quer dizer, embora não esteja impedido de o fazer, não é o autor de tem que alegar e provar (pela negativa) que o prazo ainda

---

[59] Neste sentido, Pires de Lima/Antunes Varela (*op. cit.*, Vol. I, p. 307).
[60] Seguida por Castro Mendes (*Direito...*, Vol. I, p. 282), Anselmo de Castro (*DPC Declaratório*, Vol. I, ps. 122-125 e Vol. III, p. 354) e por muita jurisprudência.
[61] Manuel de Andrade (*op. cit.*, p. 204).
[62] Giuseppe Chiovenda (*op. cit.*, Tomo I, p. 224).
[63] Cfr. ainda, sobre o tema, a anotação de Vaz Serra ao Ac. do STJ de 26.7.1966 (*RLJ*, 100.º-3335, ps. 31-32).
[64] Há, como sabemos, inúmeras acções deste tipo previstas na lei (v.g., acções de preferência – cfr. o art. 1410.º do CC; acções possessórias – cfr. o art. 1282.º do CC; acções de divórcio – cfr. o art. 1786.º do CC, etc.).

não foi excedido, é antes o réu (pela positiva) que tem de alegar e provar os factos consubstanciadores da caducidade do direito invocado (pois que, no fundo, é disso que se trata).

Ora, poderia pensar-se que a não ultrapassagem de tal prazo representa um facto constitutivo do direito que se invoca e, nessa medida, seríamos tentados a reconhecer no caso um importante desvio às regras gerais repartidoras do ónus de alegação dos factos e do ónus da prova, porquanto não caberia ao demandante (ao contrário do que essas regras indicam) a alegação e a prova de um facto constitutivo do direito por si invocado. Sucede, porém, que tal pensamento resulta de um pequeno vício de raciocínio. É que, em bom rigor, a não ultrapassagem do prazo legal não representa um facto constitutivo do direito que se pretende fazer valer em juízo. Muito pelo contrário, a circunstância de tal prazo ter sido excedido é que representa um facto extintivo desse direito. Nessa conformidade, as regras gerais repartidoras do ónus de alegação dos factos e do ónus da prova não sofrem qualquer inversão, nem mesmo qualquer desvio, na medida em que continua a competir ao réu a alegação e a consequente prova desse facto extintivo do direito. O direito existia, mas ocorreu um facto que o fez cair, qual tenha sido o decurso e a excedência de determinado prazo que a lei impunha que fosse respeitado para que ele pudesse ter sido exercido. Ao alegar que entre a data em que os factos chegaram ao conhecimento do autor e a data da propositura da acção passou mais tempo do que o autorizado por lei, está o réu a suscitar a caducidade do direito invocado[65], como fenómeno extintivo que ela representa, ou seja, está o réu a defender-se por excepção peremptória e, nessa medida, não vislumbramos qualquer desvio às regras gerais anteriormente analisadas.

O mesmo se diga do constante do n.º 3 do art. 343.º do CC. Ao ter que alegar e provar a verificação da condição suspensiva ou do termo inicial a que estava sujeito o direito invocado, estará o autor a cumprir a regra geral conhecida, porque dessa forma estará ele a alegar e a provar um facto concretamente constitutivo do seu direito. Se, pelo contrário, o direito estiver sujeito a determinada condição resolutiva ou a termo final, competirá ao réu alegar e provar que tal condição ou termo se verificaram e, nessa medida, a regra geral também não se mostra desviada, porquanto

---

[65] Como se sabe, a caducidade do direito interrompe-se com a propositura da acção, ao contrário da prescrição que só se interrompe com a citação do réu (cfr. o n.º 2 do art. 267.º do CPC e o n.º 1 do art. 323.º do CC).

tais fenómenos são claramente extintivos do direito invocado. E tais alegação e prova são sempre feitas, como se constata, pela positiva.

Em todo o caso, há realmente outros desvios ao ónus da prova, os quais implicam (ou parecem implicar) idênticos efeitos (embora retroagidos) no ónus de alegação específica dos factos.

Atentemos neles, ainda que muito sumariamente [66]:

– assim parece acontecer, nos termos do n.º 1 do art. 344.º do CC, quando haja presunções legais (cfr. os arts. 349.º a 351.º do CC), dispensa ou liberação de provas [67, 68].

As presunções implicam que se a prova não for feita *a contrario* considerar-se-á como assente o facto presumido (cfr. os n.ºs 1 e 2 do art. 350.º do CC). Nestes casos, parece que o autor tem apenas de alegar e provar o facto que serve de base à presunção [69].

Assim – e utilizando o tradicional exemplo constante do n.º 3 do art. 503.º do CC –, parece que bastaria ao autor alegar e provar (além da titularidade do crédito indemnizatório e dos próprios danos, é claro) que o condutor de determinada viatura interveniente no acidente a tripulava

---

[66] Não seguiremos exactamente a ordem utilizada por Vaz Serra (*op. cit.*, ps. 97 e ss.), embora perfilhemos o conteúdo fundamental de tal ensinamento. Sobre tema tão complexo, cfr. ainda Vittorio Denti (*op. cit.*, ps. 709-713).

[67] Um exemplo de liberação do ónus da prova é o constante do n.º 1 do art. 1270.º do CC, por conjugação com o n.º 2 do art. 1260.º do mesmo diploma, na medida em que aí se dispensa a prova da boa-fé àquele que tem uma posse titulada para fazer seus os frutos naturais recebidos.

[68] Sobre a difícil distinção entre "presunção da prova" e "dispensa da prova", pronunciou-se Lebre de Freitas (*Introdução...*, p. 140, em nota de rodapé). A primeira é a que se estabelece entre um facto que é objecto de prova e outro que dela é dispensado, considerando a ligação que, de acordo com a experiência, existe entre ambos. A segunda é a que se estabelece por razões diversas da verificação de uma regra de experiência.

[69] "O facto de onde nasceu a presunção", como ensinou (adaptadamente) Galvão Telles (*op. cit.*, p. 278). Cfr. ainda a lição deste autor (*op. cit.*, p. 280) a propósito da aplicação do regime às presunção judiciais a que alude o art. 351.º do CC, as chamadas "presunções do homem", como também lhes chamou Vaz Serra (*op. cit.*, p. 125), ou seja, aquelas "que assentam em regras da experiência, não constituindo propriamente meios de prova, mas antes processos mentais do julgador para a descoberta dos factos, numa verdadeira dedução decorrente dos factos provados", como igualmente esclareceu o STJ (cfr. o Ac. de 25.11.1988 – *AD*, 326.º-256).

por conta de outrém, pois que este se presume responsável pelos danos, nos termos do normativo anteriormente citado [70].

Mas, apesar de presumida a culpa do lesante (e de esta se considerar provada pela simples circunstância de se ter demonstrado que a viatura era tripulada por conta de outrém), estará o autor desobrigado de alegar o facto correspondente àquela, como facto constitutivo do direito que é?

Cremos que não.

De outra forma, bem poderíamos dizer que a petição inicial era inepta, por falta de causa de pedir [71].

Quer dizer, a presunção implica a inversão (ou a modificação) do ónus da prova, mas não dispensa o ónus de alegação.

Utilizemos ainda um outro exemplo: – Se determinado credor peticiona em juízo uma indemnização derivada do cumprimento defeituoso de uma obrigação, só tem ele de alegar (mas não também de provar), que tal defeito procede de culpa do réu originariamente devedor, na medida em que tal culpa também se presume, nos termos do n.º 1 do art. 799.º do CC.

Quer dizer, as presunções alteram o ónus da prova, mas não também o da correspondente alegação.

Nos dois exemplos anteriormente citados, competirá aos réus, com o objectivo de destruir a prova feita através das presunções, alegar e fazer a prova do contrário, isto é, dos factos que serviram de base às presunções (no primeiro exemplo, que o condutor da viatura o tripulava por sua própria conta; no segundo, que não era o réu o originário devedor), ou dos próprios factos presumidos (que não houve culpa do condutor, no primeiro exemplo, nem culpa do originário devedor, no segundo);

- A inversão do ónus da prova a que vimos aludindo acontece ainda quando tenha sido celebrada uma convenção válida nesse sentido (cfr. o n.º 1 do art. 344.º do CC, sendo que os casos de nulidade da convenção constam do artigo seguinte [72]);

---

[70] Cfr., a propósito do tema e do próprio exemplo, o Ac. do STJ de 12.7.1979 (*BMJ*, 289.º-298).

[71] Neste sentido, Lebre de Freitas (*A Confissão...*, ps. 389-391).

[72] Casos a saber: – quando a convenção verse sobre direitos indisponíveis, quando torne excessivamente difícil o exercício do direito, quando exclua algum meio legal de prova, quando se pretenda admitir um meio de prova diverso dos legais e sempre que as determinações legais quanto à prova tiverem por fundamento razões de ordem pública.

– O mesmo sucede quando a lei expressamente o determine (cfr. a parte final do n.º 1 do art. 344.º do CC);
– E, finalmente, quando a parte contrária tiver culposamente tornado impossível a prova ao onerado (cfr. o n.º 2 do mesmo art. 344.º).

Assim sendo – e sem embargo das especificidades apontadas – podemos referir que:

– se era por força do dispositivo que competia exclusivamente às partes o ónus de alegação genérica dos factos;
– se era igualmente por força desse princípio que a decisão do tribunal só podia basear-se nos factos que as partes tivessem alegado em juízo; e
– se, por outro lado, a regra repartidora do ónus da prova assentava num critério conveniente e lógico (justo e adequado), com o objectivo de dar consistência à relação entre a posição da parte e aquilo que ela desejava fosse o desfecho da lide, *podemos, por isso, concluir ainda – mas igualmente apenas em jeito de síntese liminar – que, como regra, era também por força do princípio do dispositivo que à parte que invocava um direito cabia o ónus de alegação específica dos respectivos factos constitutivos e à parte contra quem tal direito era invocado o ónus de alegação específica dos factos impeditivos, modificativos ou extintivos desse direito.*

Ou seja, cabia ao demandante alegar e provar a "regra geral", correspondendo ao demandado a alegação e a prova do que é excepcional.

2. A Espontaneidade de Alegação dos Factos pelas Partes

Mas a influência do princípio do dispositivo estendia-se para além do simples ónus de alegação genérica e específica dos factos que impendia sobre as partes.

Na verdade, não só competia unicamente às partes a alegação dos factos que davam consistência às suas pretensões, como também lhes competia proceder a tal alegação de forma espontânea, ou seja, as partes deviam carrear para os autos aqueles factos sem qualquer intervenção "colaboradora" do tribunal.

O tribunal era apenas o árbitro do litígio e, por isso, não lhe competia intrometer-se nele, a não ser essencialmente para o decidir, gozando, tão somente, de alguns poderes tendentes à descoberta da verdade dos factos alegados e, a final, do poder decisório.

Mas, em relação à exposição fáctica das partes, o tribunal não se "intrometia". Assistia ao desenrolar dessa exposição, seleccionava depois os factos com relevo para o desfecho da lide, analisava a produção da prova (e determinava algumas providências para esse efeito) e, no final, exercia a sua primordial função arbitral, decidindo o pleito.

As partes tinham, pois, a livre disponibilidade de demandar e contradizer, podiam-no fazer conforme lhes aprouvesse, mas deveriam igualmente fazê-lo espontânea e responsabilizadamente (o tal poder transformado em ónus).

Em bom rigor, porém, esta regra sofria igualmente uma excepção, qual fosse a derivada de determinado despacho liminar que deveria ser proferido pelo juiz.

Ora, os despachos liminares que incidiam sobre as petições iniciais, à excepção do de citação (que assegurava o imediato prosseguimento da acção e determinava a interpelação do réu para contestar – cfr. os arts. 483.º e 478.º, n.º 1 dos CPC de 39 e de 61, respectivamente), eram os seguintes [73]:

a) O de indeferimento liminar, nos seguintes casos: – quando a petição inicial fosse inepta, quando fossem manifestas a incompetência absoluta e as faltas de personalidade e de capacidade judiciárias das partes ou a sua ilegitimidade, quando a acção tivesse sido instaurada fora de tempo, quando fosse manifesta a inviabilidade da pretensão e quando o autor tivesse usado um meio processual impróprio inadaptável ao meio adequado (cfr. os arts. 481.º e 474.º dos CPC de 39 e de 61, respectivamente);

b) O de convite ao aperfeiçoamento para que o autor viesse completar a sua petição inicial verdadeiramente irregular com os requisitos legais ou determinados documentos que lhe faltassem (cfr. as primeiras partes dos arts. 482.º e 477.º, n.º 1 dos CPC de 39 e de 61, respectivamente); e

c) O de convite ao aperfeiçoamento para que o autor viesse corrigir a sua petição meramente deficiente, melhorando, emendando ou sanando as deficiências ou obscuridades detectadas na exposição dos factos, que fossem susceptíveis de comprometer o êxito da

---

[73] Aludiremos rapidamente aos que não relevam para a questão.

acção (cfr. as segundas partes dos arts. 482.º e 477.º, n.º 1 dos CPC de 39 e de 61, respectivamente).

Ora, era precisamente este último o despacho que mais excepcionava a dimensão do dispositivo a que anteriormente se referiu [74], pois que desta forma intervinha o juiz no sentido de que a exposição dos factos fosse, pelo menos, beneficiada, convidando o autor a proceder às reparações que se tornassem necessárias.

Nestes casos, a petição não era inepta nem falheira de quaisquer requisitos legais ou de documentos essenciais. Pelo contrário, ela dispunha de tudo o necessário para que a acção prosseguisse. O que acontece é que ela padecia de defeitos na sua alegação fáctica [75], ora porque os factos eram, por exemplo, apresentados de forma demasiadamente vaga e abstracta, ora porque todo o envolvimento fáctico descrito era confuso ou desordenado, ora por qualquer outro motivo eventualmente comprometedor do êxito da acção

Nesses casos, aceitava-se que o juiz pudesse [76] apelar ao autor para que ele viesse corrigir a sua peça, sanando os defeitos referidos que, não sendo embora decisivos, eram susceptíveis de inquinar a pretensão.

---

[74] Utilizámos a expressão "mais excepcionava" porque pode entender-se que outros despachos, como, por exemplo, o de indeferimento liminar baseado na manifesta inviabilidade da pretensão, fossem passíveis de constituir também uma excepção à regra anteriormente anunciada, na medida em que eles potencializavam a apresentação de uma nova petição beneficiadora da primeira (cfr. o § 3.º do art. 481.º do CPC de 39 e o n.º 1 do art. 476.º do CPC de 61).

[75] Era a "petição defeituosa", como lhe chamou J. Alberto dos Reis (*Comentário...*, Vol. 3.º, p. 64).

[76] Tratava-se de um poder-faculdade e não de um poder-dever. No nosso entender, embora sem exacta e expressa cobertura legal, o despacho de convite ao aperfeiçoamento de petições iniciais meramente deficientes foi sempre facultativo, ao contrário do despacho de convite ao aperfeiçoamento de petições verdadeiramente irregulares, o qual sempre considerámos obrigatório, para se não permitirem ilegalidades ou o prosseguimento de acções desacompanhadas de determinados documentos que fossem considerados absoluta e liminarmente fundamentais. Neste sentido, Castro Mendes (*Direito...*, Vol. III, ps. 66-69). No sentido de serem facultativos ambos os despachos, J. Alberto dos Reis (*Comentário...*, Vol. III, ps. 56 e ss.). Como terceira via e no sentido de serem obrigatórios ambos os despachos, Paulo Cunha (*op. cit.*, Tomo I, ps. 283-284) e Pinheiro Farinha (*op. cit.*, Vol. I, p. 447, citando o Ac. da RP de 13.4.1955, onde se reproduziu a lição do anterior autor, esclarecendo-se que a expressão "pode", constante da lei, devia entender-se no sentido de que é lícito, mas uma licitude de aplicação obrigatória para o juiz).

E a doutrina aceitava esta "intromissão" do juiz e este abrandamento da força do dispositivo por duas razões fundamentais:
- em primeiro lugar, porque dessa forma o juiz estaria a prestar um bom serviço ao processo (e à causa), ajudando-se a si próprio na tarefa jurisdicional ligada à descoberta da verdade material, que decerto resultaria mais facilmente de uma alegação perfeita dos factos do que de uma alegação defeituosa dos mesmos;
- por outro lado, dessa forma, o juiz estaria a tentar evitar que uma acção, cuja pretensão era passível de estar comprometida, continuasse (porventura, inutilmente) a sua marcha, promovendo, assim, a economia processual.

A verdade é que, bem vistas as coisas, ao convidar o autor a vir beneficiar a sua petição inicial, o juiz estava, objectivamente, a ajudá-lo, exercendo, por assim dizer, uma "função tutelar" que sempre foi muito discutível. E ao ajudar o autor, prejudicava, correspondentemente, o réu. Ou seja, em nome de uma pretensa verdade material e de uma possível economia processual, a lei permitia este abrandamento do dispositivo, o qual uma parte da doutrina sempre receou aceitar.

Quanto a nós [77], sempre manifestámos algumas dúvidas, não propriamente pela diminuição da força do dispositivo em si mesma, antes por tal despacho redundar nos ditos benefício do autor e prejuízo do réu, violentando-se dessa forma a paridade das partes (ou a equidistância jurisdicional [78]), essencialmente, porque em parte alguma dos CPC de 39 e de 61 estava previsto comportamento igual do tribunal dirigido ao demandado, ou seja, tais diplomas não admitiam que as contestações dos réus pudessem ter o apoio dessa "mão amiga" e, nessa conformidade, pudessem igualmente ser beneficiadas quanto ao seu conteúdo fáctico, quer no que dissesse respeito à defesa, quer no que dissesse respeito à reconvenção [79, 80].

---

[77] A. Montalvão Machado/Paulo Pimenta (*Processo...*, Vol. III, p. 63, em nota de rodapé).

[78] Que mais não é do que uma manifestação do princípio da igualdade dos indivíduos perante a lei, como referiu Eduardo Couture (*op. cit.*, p. 26).

[79] Neste sentido (pelo menos, levantando a dúvida sobre o acerto da admissibilidade do despacho que vimos analisando), Castro Mendes (*Direito...*, Vol. III, p. 67). Esta questão vai ter grande relevo quando analisarmos as alterações introduzidas na matéria pelo CPC de 95.

[80] Por isso, os AP´s de CPC de 1988 e de 1990 – este só distribuído a público em 1993 [como lembram Pais de Sousa e Cardona Ferreira (*op. cit.*, p. 9) e nós próprios pudemos constatar] – terminavam com tais despachos liminares convidativos da correcção de petições meramente deficientes (cfr., respectivamente, os arts. 370.º e 372.º).

Acresce que este convite ao aperfeiçoamento podia não dar "resultado". Bastava, para o efeito, que o autor não aquiescesse ao convite que lhe era formulado, pois que nesse caso o juiz tinha de ordenar o seguimento da acção e a citação do réu para contestar [81], na medida em que isso significava que o demandante queria manter os factos tal como os alegara e, apesar de tudo, ele era o dono da sua "posição" no litígio, ou seja, o dispositivo retinha, naturalmente, muitas das suas forças...[82]

Na verdade, não fazia sentido que a acção não tivesse seguimento só porque o juiz levantara a hipótese (uma mera eventualidade, portanto) de o êxito dela poder estar comprometido. Um despacho desses (de desautorização do prosseguimento da acção) nunca poderia ser proferido com base em meras eventualidades ou em meras susceptibilidades (para usarmos a expressão da lei) [83].

Era esta, na verdade, a única excepção à regra que onerava as partes com a espontaneidade de alegação dos factos integradores do litígio, de tal sorte que podemos chegar a uma outra conclusão liminar:

— *como consequência do princípio do dispositivo (ou por causa da sua força), antes do Código de Processo Civil de 1995 não cabia apenas e exclusivamente às partes alegar os factos em juízo. Também lhes cabia alegá-los espontaneamente.*

---

[81] Ao contrário da não aquiescência ao convite para completar a petição verdadeiramente irregular, que implicava um despacho de não recebimento, como lhe chamaram J. Alberto dos Reis (*Comentário...*Vol. 3.º, p. 60) e Manuel de Andrade (*op. cit.*, p. 118) ou mesmo de indeferimento, como lhe chamaram Varela/Bezerra/Nora (*Manual...*, p. 264), cujas consequências eram iguais às do indeferimento liminar, como lembrou Anselmo de Castro (*DPC Declaratório*, Vol. III, p. 203). Concordamos com todas estas expressões utilizadas pela doutrina para o despacho derivado desta não aquiescência do autor, embora preferíssemos a expressão "indeferimento subsequente", ou "indeferimento mediato", como recentemente lhe chamou A. Abrantes Geraldes (*Temas...*, p. 210). Com a que nunca "simpatizámos", porém, foi com uma que era vulgarmente utilizada pelos tribunais e que derivava da lição de Castro Mendes (*Direito...*, Vol. III, p. 67), seguida também por Luso Soares (*Direito....*, p. 287): – "indeferimento liminar", pois que liminar (ou seja, o primeiro) havia sido o despacho de convite ao aperfeiçoamento e não este, evidentemente.

[82] Talvez por isso, mas sobretudo também porque os juízes mantinham o seu subconsciente quotidiano completamente dominado pela força do dispositivo, este despacho de convite ao aperfeiçoamento de petições meramente deficientes raramente era proferido, ou seja, raramente os nossos magistrados pretendiam intrometer-se, por essa forma, na exposição fáctica do litígio que o demandante desenvolvera.

[83] No sentido que acaba de se expor, embora com outra fundamentação, J. Alberto dos Reis (*Comentário...*, Vol. 3.º, p. 60), Castro Mendes (*Direito...*, Vol. III,

3. Os Ónus de Contestar, de Impugnar e de Impugnar Especificadamente

3.1. *O Ónus Genérico de Contestar e os Regimes da Revelia*

Verificámos oportunamente a quem competia (exclusiva e espontaneamente) alegar os factos constitutivos do direito que se invocava em juízo e, inversamente, a quem competia alegar os factos impeditivos, modificativos ou extintivos desse direito.

O que acontece é que em processo civil, não competia APENAS às partes a alegação dos factos. Também lhes cabia expressa e formalmente impugnar [84] todos aqueles que a parte contrária tivesse alegado, pois que – em processo civil e como regra– os factos que hajam sido alegados por uma das partes e não sejam (mais ou menos) expressa e formalmente impugnados pela outra, consideram-se, de imediato, confessados e, por isso, como assentes.

Sempre recaiu, pois, sobre as partes este ónus de impugnação dos factos, sendo certo que, em princípio e desde logo, tal ónus incide naturalmente sobre o réu, relativamente aos factos constitutivos do direito invocado pelo autor [85].

Todavia, antes mesmo disso (ou melhor, antes de colocarmos essa questão), importa referir que sobre o réu sempre recaiu ainda (e desde logo) um outro ónus, que é genérico: – o de simplesmente contestar a própria acção que contra si é instaurada [86].

---

p. 69) e Paulo Cunha (*op. cit.*, Tomo I, p. 290), que curiosamente referiu o seguinte: "se o autor não atende a sugestão do juiz e prefere correr o risco de vir a perder a acção por obra de má feitura da petição inicial, não há remédio senão deixar correr o processo; por isso deverá o juiz acabar por mandar citar o réu. É um caso em que o juiz não pode ser... *mais papista que o Papa*... é o próprio autor que quer correr o risco e... então é deixá-lo correr". Duvidando do acerto desta orientação, pronunciaram-se Manuel de Andrade (*op. cit.*, p. 118) e Anselmo de Castro (*DPC Declaratório*, Vol. III, p. 203, em nota de rodapé).

[84] Impugnar quer significar, como sabemos, pugnar contra, refutar, contrariar ou disputar.

[85] E sendo também certo que tal ónus se inverterá relativamente aos pedidos reconvencionais e nas acções de simples apreciação negativa, pelas razões já conhecidas e como ainda adiante iremos verificar.

[86] Sempre existiu, pois, para o réu, uma verdadeira *necessitas defensionis*, como escreveu Eduardo Couture (*op. cit.*, p. 26).

Como é sabido, citado que se mostre o réu, "deve" ele apresentar a sua contestação no prazo que a lei lhe determina, sob pena de entrar em revelia e sofrer as naturais (e historicamente "agressivas") consequências dessa omissão.

Ora, os ónus a que agora se alude também sempre resultaram do dispositivo, pois que se eram os litigantes que – por força de tal princípio – dominavam exclusiva e espontaneamente esta fase do processo, onde eram alegados os factos que integravam o litígio (e dispondo o juiz nesse âmbito – como já vimos – de poucos ou nenhuns "poderes"), era indirecta ou inversamente mais do que razoável que tais litigantes tivessem que se sujeitar a apertados critérios de "responsabilidades processuais recíprocas". Ou seja, aos amplos "direitos" das partes correspondiam, proporcional e inversamente, rigorosos ónus.

Ora, o CPC de 95 alterou substancialmente esta matéria e, por isso, importa para já referirmo-nos aos regimes da revelia que os diplomas anteriores consagravam, a fim de, na altura própria, podermos detectar e apreciar tais inovações.

Comecemos, naturalmente, pelo regime da revelia consagrado para o processo ordinário.

Para esta forma de processo, referiam os arts. 488.º do CPC de 39 e 484.º do CPC de 61, genericamente, que não havendo dúvidas acerca da regularidade e pessoalidade da citação do réu, deveriam os factos alegados pelo autor ser considerados imediatamente como confessados.

Acabava então a fase dos articulados, suprimiam-se as fases do saneamento e da instrução do processo (pois que os factos estavam todos assentes, chamemos-lhe assim), resumia-se a discussão a umas meras alegações escritas e jurídicas e julgava-se a causa conforme fosse de direito, sem necessidade, evidentemente, de qualquer julgamento prévio sobre a matéria de facto, pela circunstância de (insista-se) os factos se encontrarem plenamente confessados.

Como vemos, o comportamento puramente omissivo do réu provocava esta confissão a que pode chamar-se de tácita ou ficta, ou até de presumida [87], porque tal comportamento não era apreciado livremente

---

[87] Como preferiram Manuel de Andrade (*op. cit.*, p. 245) e Varela/Bezerra/Nora (*Manual...*, ps. 543-545). Lebre de Freitas (*A Confissão...*, ps. 483-484 e *A acção declarativa...*, p. 75) não aceita, com toda a propriedade, que à situação concreta se aplique a expressão "confissão", antes a apelidando apenas de "admissão". Sobre as diferenças (não apenas terminológicas) entre "confissão", "admissão" e "reconhecimento", cfr. ainda, resumidamente, H. Chaves da Silva (*op. cit.*, ps. 33-38).

pelo tribunal, na medida em que as consequências que ele determinava estavam rigorosamente fixadas na lei.

Esta confissão, pois, distinguia-se (e distingue-se, porque no caso concreto não foram introduzidas alterações de vulto pelo CPC de 95), da chamada confissão judicial expressa (espontânea ou provocada), a qual consistia, pelo contrário, numa verdadeira declaração de ciência, através da qual se reconhecia um facto cuja prova pertencia à parte contrária. É, todavia, importante realçar que tal confissão judicial expressa devia (e deve) ser considerada apenas como *uma declaração representativa com eficácia probatória*, um acto jurídico e não propriamente um negócio jurídico, na medida em que nela se dispensa a vontade ou a consciência dos respectivos efeitos legais, ou seja, para ela não é necessária a vontade ou a exacta consciência de assumir qualquer vinculação jurídica[88]. Aliás, neste acto jurídico não se requer que exista, sequer, o *animus confitendi*[89], ou seja, a vontade e a consciência da verdade do facto que se confessa, nem a "consciência das consequências do acto em si mesmo". Para tal confissão basta, pois, a vontade de emitir a respectiva declaração, a vontade de reconhecer a existência do facto que é objecto da declaração.

É, por isso, apenas uma simples declaração voluntária, um acto (uma acção jurídica) cujos efeitos resultam da lei e não da vontade privada (como aconteceria se de um negócio se tratasse)[90].

Ora, a confissão "presumida" a que anteriormente se aludiu é, como vimos, aquela que deriva de um puro comportamento omissivo por parte do réu, não sendo exigida, sequer, qualquer declaração nesse sentido. Basta que o demandado nada faça. Ou seja, não é preciso qualquer acto, basta uma pura omissão.

E se o que justificava a força probatória da confissão genericamente analisada (cfr. o art. 358.º do CC) era a probabilidade de ser certo determinado facto que era admitido pela pessoa contra quem era invocado[91],

---

[88] Como ensinou Lebre de Freitas (*A Confissão...*, ps. 579 e ss. e 761-762).

[89] Ao contrário do que referiu Salvatore Satta (*op. cit.*, Vol. I, ps. 322-323) e J. Frederico Marques (*op. cit.*, Vol. II, ps. 197-198).

[90] Seguiu-se de muito perto a lição de Lebre de Freitas referida nas notas anteriores. Também no sentido do que acaba de se expor, Rosenberg (*op. cit.*, Tomo II, ps. 216-217). Cfr. ainda sobre o tema, resumidamente, Chiovenda (*op. cit.*, Tomo II, ps. 306-308).

[91] Neste sentido, toda a doutrina portuguesa e, também, a estrangeira, designadamente, F. Ramos Méndez (*op. cit.*, p. 539).

ou pela pessoa a quem só podiam prejudicar as respectivas consequências jurídicas (cfr. a definição de confissão constante do art. 352.º do CC), o que justificava e justifica a "confissão presumida" é também o provável fundamento e justeza da pretensão formulada pelo demandante, derivado da circunstância de não ter havido, sequer, contestação. Ou seja, a conduta omissiva do réu pode apontar para a conclusão provável de ele próprio considerar igualmente fundada e justa a pretensão formulada pelo autor.

Portanto, em processo ordinário, tendo sido o réu citado pessoalmente e não tendo contestado, consideravam-se imediatamente os factos como confessados, o que constituía a enorme maioria das vezes (embora não necessariamente, porque o juiz continuava a poder julgar de direito), um passo mais do que decisivo para a procedência da causa.

E era precisamente por esta salvaguarda da possibilidade de o juiz manter a liberdade de julgar a causa conforme fosse de direito (e não, obrigatoriamente, como o autor pretendia) que a doutrina dava a esta confissão a designação de **"confissão semi-plena"** [92].

Todavia, este efeito cominatório semi-pleno não se verificava nos seguintes casos:

a) Quando, havendo vários réus, algum deles contestasse, como referiam o n.º 1 do art. 489.º do CPC de 39 e a alínea a) do art. 485.º do CPC de 61, e sendo que, neste caso, só não se dariam como confessados os factos que efectivamente o réu contestante houvesse impugnado, como se "disse" expressamente na alínea citada do CPC de 61 e, embora não constasse do número referido do CPC de 39, a doutrina, logicamente, já preconizava [93]. Bastava, pois, que um dos réus contestasse a acção para que os factos que ele impugnasse não pudessem ser considerados como confessados, assim se evitando uma eventual discrepância acerca do seu

---

[92] Na verdade, apesar de os factos alegados pelo autor se considerarem como confessados, o juiz ficava "liberto" para, naturalmente, julgar a acção materialmente procedente, mas também (e por exemplo) para se abster de conhecer do mérito da causa e absolver o réu da instância (quando constatasse a violação de determinados pressupostos processuais não detectados no despacho liminar), para julgar a acção apenas parcialmente procedente (se, imagine-se, o autor houvesse formulado dois pedidos, sendo um deles manifestamente infundado) e até para reduzir aos justos limites determinada indemnização peticionada com base em danos morais [como lembra Rosenberg (*op. cit.*, Tomo II, p. 171)].

[93] Neste sentido, J. Alberto dos Reis (*CPC Anotado*, Vol. III, p. 12).

julgamento, pois que se eles se dessem como confessados em relação ao ou aos réus que não houvessem contestado, era perfeitamente possível darem-se depois como não provados, após a consequente falta de prova, em relação ao réu que os houvesse impugnado. Para obviar a esta possível contraditoriedade, os réus não contestantes beneficiavam da contestação do réu que a houvesse apresentado [94];

b) O efeito cominatório referido também não se verificava quando o réu ou algum dos réus fosse uma "pessoa moral", como lhe chamaram os CPC de 39 e de 61 [cfr., respectivamente, o n.º 2 do art. 489.º e a alínea b) do art. 485.º, esta na sua versão original], considerando-se como tais todas "...as associações ou corporações temporárias ou perpétuas, fundadas com algum fim ou por algum motivo de utilidade pública, ou de utilidade pública e particular conjuntamente, que nas suas relações civis representassem uma individualidade jurídica", como se referia no art. 32.º do CC de 1867.

Portanto, bastava que algum dos réus fosse uma destas "pessoas morais" [95] para que a falta de contestação (dela e a dos outros réus) não provocasse o efeito cominatório referido.

Na verdade, o legislador quis proteger essas "pessoas" que perseguiam objectivos públicos (e que, por isso, interessavam à comunidade) de inadvertências ou descuidos processuais dos seus representantes. Por isso, a falta de contestação nada ocasionava de imediatamente negativo para elas no processo. E era pela circunstância de ser a "utilidade pública" que justificava a concessão de tal benefício que este não era extensível às pessoas colectivas que perseguissem fins particulares.

---

[94] E fosse qual fosse a situação litisconsorcial dos réus, a facultativa ou a necessária.

[95] Expressão que depois (com o DL n.º 47.690) foi alterada, com alguma infelicidade terminológica, para "pessoas colectivas", tendo em conta que as "pessoas morais", formalmente, desapareceram do CC de 1966. Em todo o caso, o sentido que se passou a dar a tais "pessoas colectivas" era mais do que semelhante ao que se dera às "pessoas morais" do Código de Seabra, nele estando abrangidas apenas as pessoas colectivas de utilidade pública, as associações que não tivessem por fim o lucro dos associados e as fundações de interesse social. Neste sentido, Manuel de Andrade (*op. cit.*, p. 165), Anselmo de Castro (*DPC Declaratório*, Vol. III, p. 231), Castro Mendes (*Direito...*, Vol. III, p. 129), Varela/Bezerra/Nora (*Manual...*, p. 349) e, apelando a uma interpretação restritiva da expressão "pessoa colectiva", Luso Soares (*Direito...*, p. 312).

Por outro lado, os co-réus da "pessoa moral" colhiam igualmente tal benefício pelas mesmas razões referidas na alínea anterior, ou seja, para se evitar dois possíveis julgamentos diferentes acerca da mesma questão fáctica;

c) Em terceiro lugar, o efeito cominatório semi-pleno a que fizemos referência também não tinha lugar quando o réu ou algum dos réus fosse um incapaz. Para isso, porém, era necessário que a causa estivesse no âmbito da sua incapacidade, ou seja, que ela versasse sobre matéria para a qual o réu estivesse carecido de capacidade jurídica, como expressamente se veio a consagrar na mesma alínea b) do art. 485.º do CPC de 61 e, embora não constasse, expressamente, no n.º 2 do art. 489.º do CPC de 39, a jurisprudência também já admitia (e até anteriormente a este diploma [96]).

d) Em quarto lugar, também não se dariam os factos como provados, por falta de contestação, quando a acção tivesse por objecto relações jurídicas subtraídas ao domínio da vontade das partes, ou seja, quando ela envolvesse matéria de natureza indisponível, sob pena de as partes conseguirem, dessa forma, um efeito jurídico que jamais poderiam obter extrajudicialmente, através da celebração de negócio. Seria realmente um contra-senso, como referiu J. Alberto dos Reis [97], que a lei proibisse a confissão judicial expressa (a que já aludimos) quando estivessem em causa estas relações jurídicas indisponíveis e admitisse para a mesma situação a simples confissão tácita;

e) A quinta excepção à aplicação da sanção cominatória semi-plena derivada da falta de contestação em processo ordinário tinha lugar quando se tratasse de factos para cuja prova se exigisse documento autêntico ou autenticado, como se referiu no n.º 4 do art. 489.º do CPC de 39 e na alínea d) do art. 485.º do CPC de 61, e sendo certo que esta alínea foi, depois, corrigida pelo DL n.º 47.690, passando dela a constar que, apesar de não "contestados", não se dariam como confessados os factos para cuja prova fosse exigido "documento escrito", assim se adaptando a lei instrumental ao art. 364.º do CC que, entretanto, entrara em

---

[96] Cfr. o Ac. do STJ de 15.7.1938 (*Rev. de Leg.*, 72.º- 117).
[97] J. Alberto dos Reis (*CPC Anotado*, Vol. III, p. 15).

vigor, e assim se introduzindo uma diferença substancial no regime anteriormente consagrado.

Importa ainda acrescentar que aludimos ao caso de o réu não ter contestado, mas ter sido citado pessoalmente (ou como tal devendo considerar-se, como sabemos), pois que se o réu fosse citado pela via edital e não contestasse, também em relação a ele não se poderiam dar os factos como provados [98], justamente por jamais se poder ter como certo que ele tivesse, efectivamente, tomado conhecimento da acção que contra si estava pendente e, por isso, jamais se poder garantir que, no caso, estivesse efectiva e eficazmente respeitado o contraditório.

A lei recomendava várias medidas técnicas tendentes à publicidade da acção, o tribunal materializava-as, mas era impossível garantir que a "notícia" tivesse chegado ao seu destinatário. Perante isso, não seria curial que o demandado fosse processualmente tratado como o réu que, citado pessoalmente, "desprezava" o processo. Assim, igualmente neste caso, a falta de contestação não gerava a confissão dos factos articulados pelo autor.

A única dúvida que pairava na doutrina [99] consistia no seguinte: – e se numa mesma acção instaurada contra dois réus, um fosse citado por éditos e o outro pessoalmente, e nenhum deles contestasse?

Os factos considerar-se-iam como controvertidos em relação ao primeiro e como confessados em relação ao segundo?

Ou seja, a revelia era inoperante para o primeiro réu e operante para o segundo?

Ou a revelia era inoperante para ambos?

Sempre nos inclinámos para esta última solução [100], uma vez que obstava à incongruência a que a primeira conduzia, tratando diferentemente os mesmos factos na mesma acção e (ainda) porque o justificava a analogia contida nas alíneas a) e b) do art. 485.º do CPC de 61.

---

[98] Excepto, a partir do CPC de 61, se o réu constituísse mandatário no processo (cfr. o n.º 1 do respectivo art. 484.º), pois que deu-se a esse acto "o mesmo valor que tinha a citação regular do réu na sua própria pessoa para o efeito de se considerarem confessados os factos quando o réu não contestasse", como referiu E. Lopes-Cardoso (*CPC Anotado*, p. 310).

[99] Suscitada por Varela/Bezerra/Nora (*Manual...*, p. 349, em nota de rodapé).

[100] A. Montalvão Machado/Paulo Pimenta (*Processo...*, Vol. III, p. 170).

Portanto, se o réu ou algum dos réus tivesse sido citado editalmente (e não tivesse constituído mandatário), ou se os réus tivessem sido citados pessoalmente, mas apenas um deles contestasse, ou se um deles fosse uma "pessoa colectiva" (com o entendimento a que já se aludiu), ou um incapaz (e a causa estivesse no âmbito da sua incapacidade), ou se estivéssemos perante matéria da indisponibilidade das partes, ou – finalmente – fosse necessária a prova por documento escrito, antes do CPC de 95, a falta de contestação não implicava a confissão dos factos alegados pelo autor, nem a tramitação reduzida a que, anteriormente, nos referimos (de supressão do saneamento e da instrução e de limitação da discussão e da decisão).

Pelo contrário, nestes casos, os factos alegados pelo autor deviam supor-se todos impugnados[101], ficando a aguardar a consequente prova que sobre eles se produzisse. E por isso é que, nestes casos, quer o CPC de 39, quer o de 61 (na sua versão original) impunham que, apesar de terminarem os articulados, deveria o processo entrar, normalmente, na fase da condensação, para que o juiz elaborasse o respectivo despacho saneador e seleccionasse os factos com interesse para o desfecho da lide que se mostrassem provados e controvertidos. Numa palavra, o juiz devia igualmente elaborar a especificação e o questionário que aqueles diplomas previam, sobre este incidindo depois as actividades probatórias respectivas. Ou seja, o processo seguia, naturalmente, para a fase da instrução e, depois, para a da discussão.

Nestes casos, a final, e ao contrário daqueles em que a revelia operava, havia lugar ao julgamento da matéria de facto antes da elaboração da sentença, julgamento que devia ser feito pelo tribunal colectivo, tal como se a acção tivesse sido contestada (cfr. o art. 647.º do CPC de 39 e o n.º 1 do art. 646.º do CPC de 61, na sua versão original).

Quer isto significar que estas acções em que a revelia do réu não operava submetiam-se a um trajecto processual absolutamente igual ao das acções normalmente contestadas, o que só veio a simplificar-se (muito adequadamente, de resto) com a Reforma Intercalar de 1985, nos seguintes termos:

---

[101] Ressalvada a hipótese de, sendo a acção proposta contra vários réus, apenas algum ou alguns deles contestassem, hipótese em que os réus não contestantes só beneficiavam da impugnação fáctica apresentada pelos contestantes, como já se disse, e ressalvada ainda a hipótese da exigibilidade da prova por documento escrito só "atingir", naturalmente, determinado ou determinados factos.

1.º Suprimiu-se a especificação e o questionário nas acções não contestadas em que tivesse que produzir-se prova sobre os factos alegados pelo autor, fosse porque o réu houvesse sido citado editalmente, fosse porque estivéssemos perante um dos casos das alíneas *b)*, *c)* e *d)* do art. 485.º do CPC de 61 (cfr. *a contrario* o n.º 1 do art. 511.º do CPC de 61, com a redacção que lhe foi dada pelo DL n.º 242/85, de 9 de Julho). Portanto, em vez de se produzir prova sobre os factos constantes do questionário, nesses casos passava a produzir-se prova sobre os factos constantes da petição inicial [102], evitando-se, dessa forma, um questionário que era, as mais das vezes, quase uma cópia desse articulado e colaborando-se, dessa maneira, com a singeleza e a celeridade processuais;

2.º Nos casos em que as acções não contestadas houvessem de prosseguir, nos termos das alíneas *b)*, *c)* e *d)* do art. 485.º do CPC de 61 [103], passou a poder dispensar-se a intervenção do tribunal colectivo no julgamento da matéria de facto (cfr. o n.º 2 do art. 646.º desse código, com a redacção que igualmente lhe foi dada pelo DL n.º 242/85), assim se caminhando também em direcção da simplicidade processual e até da própria celeridade, se não do processo em questão, decerto que de muitos outros, pois que, dessa forma, se passaram a dispensar magistrados que podiam, pois, utilizar o correspondente tempo em apreciação jurisdicional de outras questões.

Desde sempre a revelia do réu no processo sumário foi tratada de forma diferente daquela que a lei previa para o processo ordinário.

Assim, os arts. 783.º e 784.º, quer do CPC de 39, quer do CPC de 61, previam a imediata condenação do réu que, tendo sido citado pessoal e regularmente, não contestasse [104].

---

[102] E, por isso, o DL n.º 242/85 devia ter acrescentado essa ressalva ao art. 513.º do CPC de 61.

[103] Portanto, não também no caso de o réu ter sido citado editalmente, nem no da alínea a) desse art. 485.º.

[104] O mesmo sucedendo ao autor quando não contestasse o pedido reconvencional, conforme parte da doutrina preconizava já na vigência do CPC de 39, por não haver norma exactamente reguladora da situação. Nesse sentido, J. Alberto dos Reis (*CPC Anotado*, Vol. VI, p. 457). Em sentido contrário, João Lopes Cardoso (*op. cit.*, ps. 162-167), preconizando a inaplicabilidade da cominação imediatamente condenatória ao

Ou seja, esta omissão do demandado não implicava apenas a confissão semi-plena prevista para o processo ordinário, mas a doutrinariamente chamada **confissão plena ou total**, por ser geradora da imediata condenação do demandado no pedido, o que, em 1939, encontrou justificação não em critérios jurídicos, mas antes em critérios políticos, ligados à celeridade processual que se pretendeu imprimir à tramitação das acções que se submetessem a tal forma de processo [105].

Agora, não ficava o juiz livre quanto ao direito e quanto ao desfecho jurídico a conceder ao litígio. Ele tinha que julgar a acção materialmente procedente e, por via disso, condenar o réu no pedido concretamente formulado pelo autor [106].

Este efeito cominatório sofria também algumas excepções, não sendo, portanto, de aplicar nos seguintes casos:

1.º Quando o réu não contestante fosse uma das "pessoas colectivas" a que anteriormente se aludiu, sendo que, neste caso, a cominação se aplicava aos demais réus não contestantes. Em nome da prontidão da decisão, a lei não se importava com a incongruência de, porventura, aquela "pessoa colectiva" ser posteriormente absolvida e os demais demandados serem imediatamente condenados, apesar de ser exactamente o mesmo o litígio e potencialmente o mesmo o envolvimento de cada réu nele;

2.º Também não era aplicável o efeito cominatório pleno quando o réu não contestante fosse um incapaz, não obstante tal efeito

---

reconvindo, por ele jamais poder ser considerado como um revél, por não ser ele prévia e judicialmente avisado de tal efeito (ao contrário do réu que não contestava, que o era aquando da citação) e ainda por outras razões essencialmente literais. O CPC de 61 resolveu o "diferendo", consagrando expressamente a condenação do autor que não contestasse o pedido reconvencional, remetendo-a, contudo, para a sentença final, atento o eventual efeito compensatório da reconvenção (cfr. a parte final do respectivo art. 786.º).

[105] Conforme argumentou J. Alberto dos Reis (*CPC Anotado*, Vol. VI, p. 452).

[106] O que podia ser gerador de algumas situações insólitas, designadamente, levar à declaração de direitos efectivamente inexistentes, dado não ser possível indeferir liminarmente as petições iniciais perante manifestas inviabilidades das pretensões (cfr. o corpo do art. 784.º do CPC de 39 e o n.º 1 do mesmo art. 784.º do CPC de 61). Quer dizer, o juiz tinha, liminarmente, de deixar prosseguir a acção, apesar de detectar a inviabilidade da pretensão, e (depois) se o réu não contestasse, tinha de o condenar. Numa palavra: – o réu era condenado a satisfazer uma pretensão que o próprio juiz considerara (e considerava) claramente infundada. No sentido da crítica, Varela/Bezerra//Nora (*Manual...*, p. 739) e Anselmo de Castro (*DPC Declaratório*, Vol. III, p. 379).

atingir os demais réus que igualmente não contestassem e (é claro) fossem capazes, pelos mesmos motivos referidos no número anterior (cfr., para ambas as hipóteses, o § único do art. 784.º do CPC de 39 e o n.º 3 do art. 784.º do CPC de 61);

3.º Igualmente era inaplicável o efeito cominatório pleno quando estivessem em causa direitos indisponíveis (cfr. o corpo do mesmo art. 784.º)[107];

Quanto às outras situações que em processo ordinário geravam a inoperância da revelia, há que referir o seguinte:

1.º Se fossem vários os réus (e agora nenhum deles uma "pessoa colectiva" ou um incapaz) e apenas alguns deles contestassem, o efeito cominatório pleno era aplicado aos não contestantes, a não ser que estivéssemos perante um caso de litisconsórcio necessário [108], ou o não contestante fosse um simples garante da obrigação, situação esta última que só foi consagrada no CPC de 61 (cfr. o § único do art. 784.º do CPC de 39 e a parte final do n.º 3 do art. 784.º do CPC de 61) e se compreendeu perfeitamente a fim de se evitar a hipotética (mas também risível) situação de

---

[107] Anselmo de Castro (*DPC Declaratório*, Vol. III, p. 378) alertou (sem razão, segundo supomos) para o facto de esta situação não ser verificável no processo sumário e, portanto, tratar-se de um equívoco da lei, pela circunstância de as acções em que se discutissem direitos indisponíveis deverem ser todas de valor superior à alçada da Relação (cfr. os arts. 317.º e 312.º dos CPC de 39 e de 61, respectivamente) e, por isso, jamais poderem ser qualificáveis como processo sumário. Salvo o devido respeito, não é correcto este entendimento. Nem todas as acções que versavam (e versam) sobre direito indisponíveis seguiam (e seguem) os termos do processo ordinário. O exemplo da acção de alimentos cujo valor (o quíntuplo da anuidade pedida) não excedesse a alçada da Relação demonstrava-o (e demonstra-o). É (ainda hoje) uma acção sumária e versa sobre direitos indisponíveis (cfr. o art. 2008.º do CC). Por outro lado, a circunstância de as regras do processo sumário se poderem aplicar subsidiariamente a alguns processos especiais, onde eventualmente se pudessem discutir matérias daquela natureza, poderá também ter levado os legisladores a consagrar a dita excepção ao efeito cominatório pleno. Por isso, dissemos que ao professor de Coimbra não terá assistido razão na crítica que apresentou. Varela/Bezerra/Nora (*Manual...*, p. 739, em nota de rodapé) dão conta da observação de Anselmo de Castro; infelizmente, porém, não se pronunciam sobre ela.

[108] Ao contrário do previsto para o processo ordinário, que abrangia igualmente os casos de litisconsórcio voluntário, como vimos.

o devedor principal poder ser absolvido do pedido e o simples garante automaticamente condenado no mesmo pedido [109];

2.º Quanto aos factos para cuja prova fosse necessário documento autêntico ou autenticado (nos CPC de 39 e de 61) ou documento escrito (na redacção do DL n.º 47.690), porque aqueles diplomas não se referissem à situação concreta no âmbito do processo sumário, é frequente ler-se na doutrina e na jurisprudência que essa excepção à operância da revelia do processo ordinário não era extensível ao processo sumário, precisamente por não constar dos arts. 784.º daqueles diplomas e por força das já ditas celeridade e simplicidade processuais pretendidas imprimir a esta forma de processo [110].

Desejávamos não ter defendido tal orientação [111].

Pretenderíamos ter opinado assim: – A confissão plena ou total abrangia duas situações, a confissão de facto e a confissão de direito. Ambas estariam intimamente ligadas, porém. Por isso, poderíamos entender que se não fosse possível confessar os factos, também o correspondente direito era "inconfessável".

Ora, como haveriam de dar-se como confessados os factos e, consequentemente, os respectivos direitos, se a lei exigia, para prova daqueles, determinados documentos?

E atentámos na evolução da lei substantiva.

Os CPC de 39 e de 61 (este na sua versão original) estavam harmonizados com o CC de 1876, onde se dizia que a falta de documentos autênticos não podia ser suprida por outra espécie de prova, salvo nos casos em que a lei assim o determinasse expressamente (cfr. o respectivo art. 2428.º). Ora, ainda que admitíssemos que a "lei" a que o Código de Seabra se referia pudesse ser a lei instrumental, temos de convir que, em

---

[109] Parece que esta "filosofia" beneficiadora do réu não contestante era ainda (e logicamente) aplicável ao caso de serem vários os réus, nenhum deles contestar, haver entre eles um litisconsórcio necessário e um deles ser uma "pessoa moral" ou um incapaz. Neste sentido, F. Ferreira Pinto (*Lições...*, p. 228).

[110] Neste sentido, Manuel de Andrade (*op. cit.*, p. 364, em nota de rodapé) e, indirectamente, Varela/Bezerra/Nora (*Manual...*, p. 739). Cfr., ainda, os Acs. da RC de 7.7.1976 (*Col. Jur.*, 1976, 2.º-330) e 24.5.1988 (*Col. Jur.*, 1988, 5.º -80) e do próprio STJ de 26.11.1985 (*BMJ*, 351.º- 358).

[111] Também Castro Mendes manifestou as suas reservas a esta orientação, sem contudo, infelizmente, as explanar (*Direito...*, Vol. III, p. 320, em nota de rodapé).

lado algum desta, se autorizava – e muito menos expressamente – que, em processo sumário, fosse dispensável a junção dos ditos documentos para prova dos correspondentes factos, prova a concretizar dessa forma por a lei, assim o exigir (insistia-se).

E esta provisória conclusão ganhava relevo se analisássemos a questão à luz do novo CC e do DL n.º 47.690, pois que dos n.ᵒˢ 1 e 2 do art. 364.º do primeiro daqueles diplomas passaram a constar, exactamente, as hipóteses e as condicionantes em que a exigida prova por junção dos documentos (agora já não apenas os autênticos e os autenticados, mas também os particulares não autenticados) podia ser substituída por outro meio, e em caso algum dessas hipóteses ou condicionantes tal prova podia ser substituída pela simples confissão ficta ou presumida, outrossim pela confissão expressa (a que já anteriormente aludimos) e apenas em determinadas situações muito concretas (cfr. o n.º 2 do artigo citado).

Portanto, tendo em consideração a referida ligação entre a confissão dos factos e a confissão do direito, desejávamos ter defendido que a excepção da alínea *d)* do art. 485.º do CPC de 61 (em qualquer das suas versões) era para respeitar no âmbito de aplicação do processo sumário, sob pena de violarmos quer o art. 2428.º do Código de Seabra, quer o art. 364.º do CC de 1966. Aliás, aduziríamos – ainda que encontrássemos qualquer conflito entra a omissão da lei instrumental acerca do problema e a(s) norma(s) substantiva(s) em apreço – que aquela sempre haveria de ceder perante estas, como seria de boa hermenêutica jurídica.

O que acontece é que, em bom rigor, essas duas confissões não estavam indissoluvelmente ligadas.

Já dissemos que a improcedência manifesta da pretensão não permitia o indeferimento liminar da respectiva petição inicial. E que se o réu não contestasse era imediatamente condenado no pedido, não obstante aquela detectada inconcludência.

Imaginemos um simples exemplo: – Em determinada acção de despejo com a forma sumária [o que passou a ser possível a partir da entrada em vigor do Regime do Arrendamento Urbano (RAU)[112]], o senhorio invocava, como causa de pedir, o facto de o inquilino ter o hábito de se deitar, invariavelmente, às vinte e duas horas.

---

[112] Aprovado, como se sabe, pelo DL n.º 321-B/90, de 15 de Outubro, rectificado em 30.11.90 (cfr. a declaração publicada na Série I do DR n.º 277) e alterado pelos seguintes diplomas: – DL n.º 278/93, de 10 de Agosto, Lei n.º 13/94, de 11 de Maio, DL n.º 163/95, de 13 de Julho e DL n.º 257/95, de 30 de Setembro.

O pedido era manifestamente inviável. Mas, se o réu não contestasse, era condenado a despejar o arrendado. Ao não contestar, o réu confessava o facto e confessava o direito.

E, então, perguntar-se-ia:

– Mas, o despejo era decretado por o réu se deitar, invariavelmente, às vinte e duas horas?

Não. O despejo era decretado por o réu não ter contestado a acção. O despejo era decretado por o réu ter "confessado o direito", sendo irrelevante o motivo fáctico invocado.

Daqui se retirava que a confissão dos factos e a confissão do direito não eram realidades indesligáveis.

Daqui se retirava que a procedência da acção não derivava da confissão dos factos, mas antes da pura revelia operante.

Por força da lei, eram, pois, irrelevantes os factos. E se eram irrelevantes os factos, irrelevante era a sua prova.

Assim, embora a contra-gosto, não pudemos deixar de acompanhar a doutrina e a jurisprudência, aceitando a condenação imediata do réu não contestante, ainda que o autor tivesse alegado factos para prova dos quais a lei substantiva exigisse determinados documentos não juntos aos autos.

Acresce ainda referir que, tal como no processo ordinário, se o réu fosse citado pela via edital, a sanção cominatória plena a que vimos aludindo não era igualmente aplicável, exactamente pelas mesmas razões que, oportunamente, se aduziram (derivadas da possibilidade de não se encontrar assegurado, efectivamente, o contraditório) e sem embargo de ser agora irrelevante, atenta a "violência" da sanção prevista, a circunstância de o réu juntar ou não procuração a advogado, ao contrário do previsto para o processo ordinário, a partir da entrada em vigor do CPC de 61, como vimos [113].

Por último, dir-se-á que nos casos de a acção prosseguir, não obstante não ter havido contestação (e fosse qual fosse o motivo de tal prosseguimento), a acção "avançava" para a fase do saneamento, com elaboração

---

[113] Neste sentido, Castro Mendes (*Direito...*, Vol. III, p. 319 – em nota de rodapé), Varela/Bezerra/Nora (*Manual...*, p. 739 – parecendo, no entanto, entrar em "colisão" com a conclusão a que chegam na nota de rodapé respectiva) e F. Ferreira Pinto (*Lições...*, p. 327 – em nota de rodapé n.º 1003).

de despacho saneador com especificação e questionário (e supressão destes "temas" do saneador a partir da entrada em vigor do DL n.º 242/85, de 9 de Julho, como já vimos que passou a ocorrer em processo ordinário e se passou a aplicar então, naturalmente de forma subsidiária, ao processo sumário), sendo certo que a segunda acertada medida introduzida a este propósito pelo referido diploma (a dispensa do tribunal colectivo, em processo ordinário) aqui não teve o mesmo alcance, pois que (ou obrigatória, ou tendencialmente) a instrução, a discussão e o julgamento da causa sempre pertenceram ao juiz singular (cfr., a este propósito, o art. 791.º do CPC de 39 e o mesmo art. 791.º do CPC de 61, na sua versão original e na que derivou da entrada em vigor do DL n.º 47.690 –versão esta que, embora inversa à original, possibilitava igualmente a dispensa do tribunal colectivo [114]).

Relativamente ao processo sumaríssimo, dir-se-á apenas que à revelia do réu (não citado editalmente, já se sabe) se aplicavam as mesmas consequências cominatórias (e correspondentes excepções) previstas para processo sumário, excepto no que dizia respeito às "pessoas morais" e aos incapazes que, não contestando, eram igualmente condenados no pedido, ou seja, não beneficiavam do privilégio desse seu "estatuto", ao contrário do que acontecia, abrangentemente, no processo ordinário e, individualmente, no processo sumário (cfr. o art. 799.º do CPC de 39 e o n.º 1 do art. 795.º do CPC de 61).

3.2. *O Ónus de Impugnação e o Ónus de Impugnação Especificada*

Como se disse, além de dever satisfazer o ónus genérico de contestar a acção, tinha ainda o réu de respeitar outro "encargo", qual fosse o de impugnar os factos constitutivos do direito invocado pelo autor, para além de (como já vimos) alegar os factos impeditivos, modificativos e extintivos desse direito.

---

[114] Só que na versão original do art. 791.º do CPC de 61 era necessário a ambas as partes a manifestação da vontade de prescindir da intervenção do colectivo. Pelo contrário, na versão consagrada pelo DL n.º 47.690, bastava que tal intervenção não fosse requerida. Em todo o caso, em ambas as situações – e como se vê –, essa intervenção era sempre dispensável, embora tecnicamente de forma diversa. Acresce dizer que estas hipóteses só se colocavam se a acção admitisse recurso, pois que em caso contrário a instrução, a discussão e o julgamento da causa cabiam sempre ao juiz singular.

Assim, além de alegar estes factos que lhe competia, o réu podia (também ou só, portanto) contrariar os factos aduzidos pelo autor ou, ao menos, o efeito jurídico que deles pretendesse extrair tal demandante. Se o réu, por exemplo, não impugnasse concretamente os factos constitutivos do direito invocado, mas alegasse que eles não permitiam a conclusão jurídica "desenhada" pelo autor, essa forma de defesa cabia também no conceito de impugnação, tal como, de resto, estava expressamente previsto na lei (cfr. o corpo do art. 491.º do CPC de 39 e a primeira parte do n.º 2 do art. 487.º dos CPC de 61). Neste caso, o réu não estaria a contrariar a veracidade dos factos alegados por aquele que invocara o direito, mas tão só a argumentar que eles, efectivamente, não seriam constitutivos desse mesmo direito. No fundo, o réu estaria a aduzir a falta de "bondade" jurídica da demanda.

Portanto, desde o CPC de 39 que sempre se reconheceram duas formas de impugnação, a fáctica e a jurídica e, dentro da primeira, três modos de contraditar factos:

- negando-os rotunda e genericamente, apelidando-os puramente de falsos. A isso sempre se chamou a "inexactidão absoluta"[115], ou a "negação directa";
- negando-os indirectamente, isto é, integrando-os numa outra panorâmica fáctica naturalmente propiciadora de outro desfecho jurídico da lide. A isso também sempre se chamou a "inexactidão relativa", ou a "negação indirecta"; ou
- invocando em relação a eles a figura do "simples desconhecimento", no caso de tais factos não serem pessoais nem deverem ser do especial conhecimento do impugnante (cfr. o § 1.º do art. 494.º do CPC de 39 e o n.º 2 do art. 490.º do CPC de 61)[116].

Estes três modos de impugnar factos, apesar de material e tecnicamente distintos, sempre tiveram um denominador comum, qual fosse o de neles jamais se aceitarem como verdadeiros (e por isso se contradizerem) os factos aduzidos pelo autor, ora porque constituíssem puras inverdades, ora porque se não tivessem passado da forma alegada mas sim de outra geradora de distinto resultado, ora porque simplesmente se desconhecessem.

---

[115] Como a apelidou J. Alberto dos Reis (*CPC Anotado*, Vol. III, p. 53).

[116] O "simples desconhecimento" não constitui, propriamente, uma forma de impugnação. É antes uma modalidade de defesa que pode equivaler a ela.

Acontece que a impugnação a que vimos aludindo constituiu sempre também um ónus para o réu, o qual não sendo acatado (para não dizer respeitado, por mais uma vez não se tratar de um dever jurídico) sempre implicou que os factos alegados pelo autor (que não tivessem sido, assim, refutados) devessem ser admitidos por acordo, isto é, confessados.

A isso aludia o corpo do art. 494.º do CPC de 39.

Mas não só.

Na vigência desse diploma, não bastava ao réu impugnar os factos articulados pelo autor. Era ainda imperioso impugná-los especificadamente, ou seja, separadamente, ou melhor ainda, individualmente [117], assumindo-se, assim, uma posição clara e definidamente refutadora perante cada um deles. Por isso, aquele preceito referia expressamente que se consideravam admitidos por acordo os factos que não fossem impugnados especificadamente.

O "ónus de impugnação especificada" vigorou igualmente no CPC de 61 e ainda com mais realce, na medida em que para além de se ter continuado a fazer referência terminante à impugnação especificada, a expressão "o réu deve tomar posição definida quanto aos factos articulados pelo autor", que havia sido consagrada no CPC de 39, foi substituída (no n.º 1 do art. 490.º respectivo) pela expressão "o réu deve tomar posição definida perante *cada um* [118] *dos* factos articulados na petição", o que só pode querer demonstrar a exigência reforçada da lei acerca do respeito pela impugnação especificada [119].

---

[117] Isto é, facto a facto, *uti singuli*, como escreveu Calvão da Silva (*Estudos...*, ps. 247-248).

[118] O itálico é evidentemente nosso.

[119] O princípio sempre conheceu excepções que já constavam do texto de 1939 e foram, depois, aperfeiçoadas no de 1961. Assim, a confissão dos factos não ocorria por falta de impugnação especificada, nos seguintes casos: – quando eles estivessem em oposição com a defesa considerada no seu conjunto; – quando eles constituíssem os chamados "factos inconfessáveis" [cfr., a este propósito, em primeiro lugar, o art. 565.º do CPC de 39 e o art. 561.º do CPC de 61 (na sua versão original) e, depois, o art. 354.º do actual CC]; – quando eles só pudessem ser provados por documento (simplesmente "documento", no corpo do art. 494.º do CPC de 39; "documento autêntico ou autenticado", no n.º 1 do art. 490.º da versão original do CPC de 61; e "documento escrito", na versão dada a esse número pelo DL n.º 47.690); – e quando o réu fosse o Estado, um ausente, um incapaz, ou um incerto, representados estes pelo MP, ou quando a defesa do ausente ou do incapaz fosse apresentada por um advogado oficiosamente nomeado para o efeito, nos termos do art. 15.º dos CPC de 39 e de 61, segundo uma interpretação restritiva do conceito de "advogado oficioso", com a qual se concorda, manifestada por

Portanto, embora a lei não impusesse ao réu o dever de refutar os factos alegados pelo autor, antes se tratando (simplesmente) de um ónus, como sabemos – do qual resultava que a impugnação ou não desse factos dependia da livre disponibilidade do demandado –, no caso de este os querer, na verdade, impugnar, a lei (agora sim) exigia determinada conduta técnica e processual para a validade de tal impugnação, qual fosse a da já dita manifestação de uma posição claramente impugnatória dirigida (individualizadamente) a cada um daqueles factos.

Ou seja, embora continuassem a ser os litigantes os "dominadores" desta fase do processo – e até por isso mesmo – era também mais do que lógico que eles tivessem (ao menos) que se submeter a este exacto formalismo, concretamente destinado a que não ficassem dúvidas acerca dos factos que, efectivamente, se impugnavam e daqueleoutros que, tacitamente, se admitiam.

Por isso é que pode igualmente dizer-se que esta "rigorosa" técnica formal de impugnação constituía também uma derivada (embora inversa ou indirecta) do princípio do dispositivo.

Assim – e tendo em consideração o rigor previsto na lei –, era frequente ver os réus (mais concretamente os seus advogados) sentirem necessidade de impugnar um a um os factos alegados pelo autor que não pretendessem ver considerados como assentes, reproduzindo o teor exacto deles na contestação, *maxime* quando queriam utilizar a "negação directa", pois que ao querer apelidar de falso determinado facto, tinham os réus que aludir expressa, clara e especificadamente a ele e, por isso, afinal, tinham de o repetir.

Para evitar este fastidioso comportamento repetitivo, mas sem beliscar o conteúdo do "ónus da impugnação especificada", a Reforma Intercalar de 1985 veio acrescentar ao art. 490.º do CPC de 61 um novo número (o n.º 5) permitindo que a impugnação pudesse passar a fazer-se por simples menção dos artigos da petição inicial em que se narrassem os factos refutados [120]. Quer dizer, esta reforma manteve o princípio, mas aligeirou-o técnica e relevantemente.

Rodrigues Bastos (*op. cit.,* Vol. III, p. 53), não englobadora, portanto, dos casos de nomeação concretizada ao abrigo dos arts. 44.º e 43.º dos CPC de 39 e de 61, respectivamente. Cfr., a propósito desta excepção, o § 3.º do art. 494.º do CPC de 39 e o n.º 4 do art. 490.º do CPC de 61.

[120] O que já vinha sendo, de resto, recomendado pela jurisprudência (cfr. Ac. do STA, de 2.2.1984 –*BMJ*, 334.º-456). Mas a recomendação não era recente. Já na vigência do CPC de 39, Paulo Cunha (*op. cit.*, Tomo I, ps. 480-481) aceitava que, para impugnar

Como iremos analisar, o CPC de 95 introduziu no tema alterações de vulto, não só a propósito da técnica formal de impugnação, como a propósito da falta dela e até – e muito principalmente – a propósito da pura falta de contestação.

Voltando ao ónus de impugnação em si mesmo, ainda diremos que quando procedia este tipo de defesa isso implicava o naufrágio da pretensão do autor, pois que não fazia sentido reconhecer-se o direito invocado por ele, nem conceder-lhe a tutela solicitada, se os factos alegadamente constitutivos desse direito não fossem verdadeiros ou não permitissem o desfecho jurídico pretensamente "desenhado".

Assim, podemos concluir que, em condições normais, o réu obtinha o mesmo resultado absolutório, através de duas maneiras: – ou conseguindo provar os factos impeditivos, modificativos ou extintivos do direito invocado pelo autor; – ou conseguindo impugnar, com êxito, os factos constitutivos de tal direito (ou o próprio efeito jurídico que deles pretendia retirar o demandante, já se sabe).

E tudo o que se disse até agora relativamente à impugnação propriamente dita (ou falta dela) e à impugnação especificada dos factos constitutivos do direito invocado pelo autor era naturalmente aplicável, mas em sentido subjectivamente inverso, aos factos constitutivos do direito invocado pelo réu, sempre que este deduzia um pedido reconvencional.

Por outro lado – e no âmbito destes mesmos ónus –, às partes não competia apenas refutar e refutar especificadamente os factos constitutivos dos direitos, mas também os factos impeditivos, modificativos ou extintivos alegados por aqueles contra quem tais direitos eram invocados, por serem estes verdadeiras excepções peremptórias e, nessa medida, constituírem factos novos cuja falta de impugnação sempre implicava confissão idêntica àquela que vimos analisando, nos termos do art. 511.º do CPC de 39 e do n.º 1 (versão original) do art. 505.º do CPC de 61.

Portanto, se normalmente era à parte contra quem determinado direito era invocado que cabia impugnar os respectivos factos constitutivos, também normalmente era ao próprio invocante desse direito que cabia a impugnação dos referidos factos impeditivos, modificativos ou extintivos dele.

---

especificadamente, o réu devia refutar o facto alegado pelo autor, repetindo-o, ou (ao menos) referindo-se ao artigo da petição inicial de onde ele constasse (v.g., não é verdadeiro o facto do artigo X da petição).

Finalmente, ainda se dirá que as referências feitas até agora a propósito do ónus de impugnação propriamente dito e do ónus de impugnação especificada se estenderam muito naturalmente às já referidas acções de simples apreciação negativa, pois que nelas (a partir da entrada em vigor do DL n.º 47.690, como sabemos) competia ao autor a impugnação dos factos constitutivos do direito invocado pelo réu e a alegação dos factos impeditivos ou extintivos de tal direito, devendo estes últimos, inversamente e por sua vez, ser especificadamente impugnados pelo demandado.

Assim, ainda em jeito de síntese prévia – e por também não caber ao tribunal qualquer tipo de conduta a propósito das questões que vimos abordando – podemos concluir que era ainda (embora indirecta ou inversamente) por força do dispositivo que:

- *recaía sobre o réu o ónus genérico de contestar;*
- *recaía sobre as partes o ónus de impugnar; e*
- *recaía igualmente sobre as partes o ónus de impugnar especificadamente cada um dos factos alegados pela parte contrária que não se pretendessem ver considerados como confessados.*

4. Os Articulados

4.1. *A Função Essencial dos Articulados*

O princípio do dispositivo não manifestava a sua grande dimensão apenas em relação aos temas a que já aludimos.

Na verdade, era também por força dele que os articulados constituíam peças absolutamente fundamentais do processo, já que eles eram utilizados pelas partes, justamente, para a dita alegação espontânea (bem como para a impugnação) dos factos.

Com efeito, as partes sempre carrearam para o processo os factos em que assentavam as suas pretensões (e sempre os impugnaram) exactamente nos articulados e por isso é que estes sempre estiveram definidos na lei como sendo as peças em que as partes expunham os fundamentos da acção e da defesa e formulavam os pedidos correspondentes (cfr. os arts. 151.º dos CPC de 39 e de 61).

Na verdade, logo no início do processo, as partes (naturalmente, primeiro o autor e, depois, o réu) sempre apresentaram o litígio ao tribunal através dessas peças escritas, as quais – diga-se a propósito – deviam ser elaboradas e assinadas por advogados nos casos do art. 33.º do CPC de 39 (e, posteriormente, nos casos do art. 32.º do CPC de 61)[121].

Em face do que anteriormente se deixou dito, esta fase introdutória da lide visava, por um lado, instaurar o pleito e, por outro, definir os seus termos[122].

E quando nos referimos à "definição dos termos do pleito", queremos aludir, essencialmente, aos termos fácticos em que ele assentava e não, necessária e imperativamente, também às condicionantes jurídicas em que, eventualmente, os factos se pudessem subsumir.

Na verdade – e em tese geral –, era nos articulados que as partes, fundamentalmente, deviam apresentar as suas deduções ou afirmações relativas aos factos que davam potencialmente consistência às suas pretensões.

Era precisamente essa **a função e a missão essencial dos articulados**, os quais podiam ter a minúcia e a amplitude fáctica que se lhes quisesse dar, salvo (evidentemente) os limites impostos pela boa fé, como referiu José Osório[123], a qual se mostrava consagrada nos arts. 465.º e 456.º dos CPC de 39 e de 61, respectivamente.

A liberdade de alegação fáctica era total, mas estes preceitos implicavam que o autor não formulasse um pedido e que o réu não deduzisse uma oposição cuja falta de fundamento não ignorassem, que ambas as partes não alterassem conscientemente a verdade dos factos e que, igualmente, ambas não omitissem quaisquer factos essenciais. Tratava-se, pois, de um verdadeiro dever de litigância de boa-fé (material), o qual implicava,

---

[121] Os casos de obrigatoriedade do patrocínio judiciário, a partir da vigência do CPC de 61, passaram a ser os seguintes: – quando a acção, face ao seu valor, admita recurso; – quando a acção admita recurso, independentemente do valor; – quando a acção deva ser proposta directamente nos tribunais superiores (v.g., uma acção de revisão de sentença estrangeira); – e na tramitação dos próprios recursos. Os advogados sempre actuaram, pois, como representantes técnicos das partes. Manuel Rodrigues (*op. cit.*, p. 98) terá ensinado, no ano lectivo de 1944/45, que "na base da advocacia está sempre esta ideia: – nenhuma causa pode ser bem conduzida no tribunal sem um técnico do direito. Na verdade, quando uma pessoa quer que lhe seja dada razão, pode suceder uma de duas coisas: – ou a pessoa pratica actos que mais a vão comprometer ou deixa de praticar aqueles que são necessários. É que na base do processo está uma questão técnica". Eis, pois, um dos históricos motivos da obrigatoriedade do patrocínio judiciário.

[122] Era esta, portanto, a fase da "apresentação" do litígio ao tribunal, como expressamente lhe chamou J. Alberto dos Reis (*CPC Anotado*, Vol. II, p. 330).

[123] José Osório (*op. cit.*, p. 207).

assim, que as partes litigassem com verdade, quer dizer, que alegassem e impugnassem com verdade, não a falseando, não a distorcendo, nem a omitindo. Sobre as partes impendia, pois (e impende), este "dever de veracidade" [124], o qual tinha e tem antecedentes históricos longínquos [125]. E a violação deste dever [126] sempre implicou a condenação da parte em multa e até numa indemnização à parte contrária, se esta a pedisse (naturalmente), sendo ainda certo que tal violação só ocorria quando se demonstrasse, claramente, a existência de dolo na actuação da parte, e não também quando fosse visível apenas o erro grosseiro ou a culpa grave (por muito grave que fosse) nessa litigância, como sempre defendeu a doutrina e seguiu a jurisprudência [127]. A má-fé traduzia-se (e traduz-se), afinal, na violação do dever de probidade que os arts. 264.º dos CPC de 39 e 61 impunham às partes [128].

[124] Expressão utilizada por Elísio de Cresci Sobrinho (*op. cit.*, ps. 100-103), lembrando que o Código de Processo Civil brasileiro consagrou também expressa e formalmente tal dever (cfr. os respectivos arts. 14.º a 18.º).

[125] É um legado do direito romano, do direito canónico e do direito germânico, e justifica-se por três ordens de razões: – em primeiro lugar, por funcionar como uma medida preventiva da mentira processual, a todos os títulos indesejável; – em segundo lugar, por resultar da própria natureza do processo civil, que visava dirimir este, aquele e aqueleoutro litígio e, nessa medida, "participar na paz social" e mal parecia que esta pudesse assentar na mentira processual (isso gerava um autêntico absurdo lógico, moral e político); – em terceiro e último lugar, por causa do próprio princípio do dispositivo, na medida em que não cabendo ao juiz averiguar a verdade objectiva, mas tão só a verdade dos factos alegados, lógico seria que devessem ser as partes obrigadas a alegá--los com verdade. Portanto, as partes não deviam alegar o que queriam, mas apenas o que, verdadeiramente, sabiam

[126] E não esquecendo que a falta de verdade nunca era (nem é) de presumir previamente, como recordou E. Gutiérrez de Cabiedes (*op. cit.*, p. 48). Note-se, todavia, a propósito da referência a este autor, que a doutrina espanhola (e o próprio ordenamento jurídico-processual espanhol) sempre tiveram muita relutância em aceitar, expressa e formalmente, um puro dever de veracidade impendente sobre as partes. Como escreveu F. Ramos Méndez (*op. cit.*, p. 328, em nota de rodapé), "Não pode assinalar-se nenhum princípio de ética ou dever de veracidade das partes no processo. A parte, por definição, é parcial e a sua única responsabilidade são as custas e, em alguns casos, outras sanções pecuniárias e o resultado final do próprio processo".

[127] Neste sentido, J. Alberto dos Reis (*CPC Anotado*, Vol. II, p. 263). Jurisprudencialmente, cfr. os seguintes Acórdãos: – do STJ, de 24.10.1961 (*BMJ*, 110.º-400), de 17.11.1972 (*BMJ*, 221.º-164) e de 28.10.1975 (*BMJ*, 250.º-156), da RP, de 8.10.1975 (*BMJ*, 252.º-197), da RC, de 11.1.1983 (*Col. Jur.*, 1983, 1.º-28) e de 4.10.1988 (*BMJ*, 380.º-551) e da RE, de 23.1.1986 (*BMJ*, 355.º-455).

[128] Um dever de lealdade, como prefere chamar-lhe a doutrina brasileira, concretamente J. Frederico Marques (*op. cit.*, Vol. I, ps. 142-143).

À excepção do que agora se deixou dito, as partes utilizavam, pois, os articulados para apresentarem, livre e essencialmente, as suas deduções ou afirmações relativas aos factos e não, imperativamente (também), para aduzirem condicionantes ou justificações jurídicas.

Acerca desta questão, todavia, interessa reflectir no seguinte:

- é que no art. 480.º do CPC de 39 dizia-se que na petição inicial devia o autor, além do mais, expor, com a maior clareza e concisão, os factos e as **razões de direito** sobre que assentavam as conclusões e o art. 492.º do mesmo diploma impunha que na contestação o réu expusesse também, com a maior clareza e concisão, os factos, as **razões de direito** e as conclusões da defesa.

Também depois, na alínea *d)* do n.º 1 do art. 467.º do CPC de 61, ficou a constar que, na petição, devia o autor expor os factos e as **razões de direito** que serviam de fundamento à acção, o mesmo sucedendo em relação ao réu, na contestação, porquanto o art. 488.º do CPC de 61, quer na sua versão original, quer na versão derivada da Reforma de 1985, "exigia" também que ele expusesse as **razões** de facto e **de direito** por que se opunha à pretensão do autor.

Isto quer significar que a lei sempre se exibiu, formalmente, como imperativa, no sentido de que as partes fossem obrigadas a alegar não apenas os factos que, pretensamente, davam consistência às suas pretensões, mas também as razões, fundamentos ou condicionantes de direito [129], ao contrário do que acima tínhamos deixado subentendido.

O que acontece é que, desde sempre, a doutrina portuguesa se foi pronunciando no sentido de que a alusão às razões de direito (que as partes tinham de fazer nos seus articulados) deveria ser algo de muito simplificado e sintético, de modo a jamais se poderem elas confundir com as chamadas "alegações de direito" [130]. Bastava que singelamente se

---

[129] O que também está previsto em outros ordenamentos. Assim, no ponto III do art. 282.º e no art. 300.º do Código de Processo Civil brasileiro, prevê-se que, na petição inicial e na contestação, devem autor e réu alegar não só as razões de facto, como também os fundamentos jurídicos das suas pretensões. No *Progetto di «Codice Tipo» de Procedura Civile per l'America Latina*, da iniciativa do *Instituto Ibero Americano de Derecho Procesal*, também se prevê a obrigação de alegação, na petição e na contestação, dos fundamentos jurídicos da acção e da defesa (cfr. os respectivos ponto 4.º do art. 110.º e o n.º 1 do art. 120.º).

[130] Convém não confundir, como recomenda J. Almagro Nosete (*op. cit.*, Tomo I, ps. 408-409), "alegações de direito" com os "fundamentos legais" que estamos a

focasse esse aspecto, sem grandes exaustões [131], ou se fizesse apenas uma pura referência articular [132, 133].

Em todo o caso, bastasse o que bastasse, era sempre necessário referir-se algo...

O próprio professor Alberto dos Reis chegou a considerar que as partes cometeriam verdadeiras nulidades se omitissem (nos seus articulados) as ditas razões de direito, porquanto não teriam elas realizado uma formalidade que a lei determinava [134].

O que sucedeu foi que nem sempre os tribunais portugueses seguiram, rigorosamente, tal recomendação doutrinária [135], pouca importância dando à circunstância de as partes não fazerem, nos seus articulados, quaisquer argumentações jurídicas.

E isso sucedeu assim, exactamente porque desde sempre se reconheceu que os juízes não estavam (e não estão) minimamente sujeitos às alegações das partes no tocante à indagação, interpretação e aplicação das regras de direito, como sempre se referiu nos arts. 664.º dos CPC de 39 e de 61.

---

tratar. Aquelas devem ser feitas quando o direito assim alegado seja condição do direito judicialmente reclamado contra a parte contrária (por exemplo, a alegação do direito de propriedade de um prédio como condição da reivindicação judicialmente reclamada). Por seu turno, os fundamentos legais consistem apenas em simples "alegações normativas", como imediatamente verificaremos.

[131] Como recomendou Paulo Cunha (*op. cit.*, Tomo I, p. 114).

[132] Como recomendou Rosenberg (*op. cit.*, Tomo II, p. 73) e, entre nós, J. Alberto dos Reis (*CPC Anotado*, Vol. II, p. 356).

[133] A doutrina sul-americana, pelo menos, em parte, tem sido rigorosa. Assim (e por exemplo), no México, o art. 255.º do título VI do *Código de Procedimientos Civiles del Distrito Federal* (aplicável directamente à petição inicial e, por remissão do art. 260.º respectivo, à contestação) prevê que, na petição, devam exprimir-se os fundamentos de direito, procurando citar-se os preceitos legais ou os princípios jurídicos aplicáveis ao caso. Desta forma, a doutrina é de opinião que a petição e a contestação devem conter um capítulo autónomo de direito, onde se citem as disposições normativas que sirvam de base às pretensões. Neste sentido, C. Arellano Garcia (*op. cit.*, ps. 149, 163 e 187).

[134] J. Alberto dos Reis (*CPC Anotado*, Vol. II, p. 356). Na verdade, tal autor escreveu que se a falta fosse cometida pelo demandante na petição inicial, poderia o juiz proferir o despacho liminar de convite ao aperfeiçoamento ou, então, tal nulidade poderia ser arguida pelo réu.

[135] Embora a recomendação de J. Alberto dos Reis (precisamente a referida na nota de rodapé anterior) continue a ser feita na doutrina, designadamente por Abílio Neto (*CPC Anotado, 11ª*..., p. 391 e *CPC Anotado, 14ª*..., p. 509).

Ora, se os juízes eram perfeitamente autónomos em relação à matéria de direito (até porque é suposto que soubessem o direito) e se para pouco (ou nada) relevava aquilo que as partes pudessem dizer, a esse propósito, nos articulados, que consequência poderia gerar a circunstância de elas nada dizerem sobre o assunto?
– Cremos que nenhuma [136].

A propósito da demanda, como manifestação da vontade do autor de querer ver aplicada uma vontade concreta da lei, dizia Chiovenda [137] que "à exposição é unicamente essencial a indicação do facto jurídico; a indicação da norma abstracta que se afirma aplicável ao caso concreto só está implícita na demanda e não é necessário que seja expressa, porque o juiz conhece o direito (*jura novit curia; narra mihi factum, narro tibi jus*)".

A doutrina portuguesa, no entanto, foi desenvolvendo o tema, começando a recordar que, pelo menos, em relação às questões (ou razões) jurídicas que não fossem de conhecimento oficioso (v.g., a prescrição, as anulabilidades, etc.), as partes tinham, obrigatoriamente, de as alegar, sob pena de as mesmas não poderem ser consideradas na decisão [138]. Nesses casos (lembrava-se), era às partes (e só a elas) que competia tal alegação.

Em todo o caso, autores houve [139] que referiram que nem nesses casos estavam as partes obrigadas à alegação das razões jurídicas, bastando a alegação dos factos que lhes fossem correspondentes, na medida em que o tribunal, como se disse, tinha sempre a obrigação de conhecer o direito.

Sopesando os anteriores considerandos, defendemos a seguinte opinião em relação a esta matéria:
– Às partes era indiscutivelmente exigida (sempre em termos de ónus, já se sabe) a alegação de factos que servissem de fundamento

---

[136] Por isso, também a doutrina espanhola, concretamente F. Ramos Méndez (*op. cit.*, p. 401), foi dando conta de que, embora a lei respectiva enunciasse o dever de invocação dos fundamentos jurídicos das pretensões, o certo é que a prática demonstrou que, às vezes, aqueles fundamentos aparecem misturados com os de facto e, inclusivamente, em outras ocasiões, até quase se omitem, por força do aforismo *jura novit curia*.

[137] Giuseppe Chiovenda (*op. cit.*, Tomo II, p. 68).

[138] Neste sentido, Manuel de Andrade (*op. cit.*, p. 109).

[139] Como Anselmo de Castro (*DPC Declaratório*, Vol. III, ps. 186-187), não completamente bem interpretado (no nosso entender) por Luso Soares (*Direito...*, p. 227).

à acção e à defesa. Sem eles, o tribunal não adivinhava (nem podia adivinhar) e a acção estava, muito provavelmente, votada ao insucesso ou ao sucesso, consoante faltassem aqueles ou estes.

No que diz respeito às razões de direito, era preciso atentarmos no seguinte:

– se a questão em controvérsia era estritamente jurídica, ou até essencialmente jurídica (ou se não era, mas nela se levantavam questões dessa índole), era mais do que óbvio que as partes, nos seus articulados, tinham de aludir, multiplamente, a razões, considerandos ou fundamentações de direito. Nem de outra maneira poderia ser...

Se, por exemplo, o que também estivesse em causa fosse a qualificação jurídica de determinado contrato celebrado entre as partes (v.g., saber se era um contrato de trabalho ou de prestação de serviços, para daí, depois, se tirarem algumas consequências práticas), não se vê como é que as partes podiam bem apresentar o litígio ao tribunal (e vincarem as suas posições litigiosas) sem fazerem qualquer referência a argumentações jurídicas.

Nestes casos, em que, por exemplo, "as partes não discutiam acerca da existência do contrato nem da subsistência da relação jurídica, mas apenas acerca da figura jurídica concreta"[140], parece evidente que elas tinham, sobremaneira, de se referir a envolventes e razões jurídicas;

– se, pelo contrário, a questão controversa fosse estrita ou essencialmente de facto, aceitamos a opinião mais dominante, no sentido de que, em princípio, a alegação das razões de direito em que as partes assentavam as suas pretensões resultava mais de uma recomendação do que propriamente de uma imposição ou exigência da lei, embora esta (formalmente) sempre tivesse parecido impor tal alegação, como vimos.

Se assim fosse – e numa primeira apreciação –, nos casos em que as partes omitissem tais razões de direito, deveríamos ter de aplicar o n.º 1 do art. 201.º do CPC de 61 e considerar tais omissões verdadeiras nulidades, porquanto não tinham as partes realizado um acto ou (melhor) uma formalidade que a lei determinava[141].

---

[140] Como exemplificou F. Ramos Méndez (*op. cit.*, p. 373).

[141] O que foi entendido, como já se disse, por J. Alberto dos Reis (*CPC Anotado*, Vol. II, p. 356).

O que acontece, porém, é que em norma alguma jamais se declarou, expressa e especificamente, que essas omissões deviam gerar nulidades e, por outro lado, não parece que elas pudessem influir no exame ou na decisão da causa, na medida em que o juiz não estava, obviamente, sujeito às ditas argumentações jurídicas, nem elas relevavam para este ou aquele desfecho da lide.

Sendo assim, e tendo em consideração a parte final do n.º 1 do art. 201.º do CPC de 61, podemos concluir que a referida falta de alegação das razões de direito pelas partes não implicava qualquer nulidade.

Mais: – em bom rigor, não implicava nada, e não havendo qualquer desvantagem processual para ela, logo se concluiu que as partes, efectivamente, não estavam obrigadas a alegar (em princípio, como se disse) as razões de direito em que enquadravam as suas pretensões, deixando esse enquadramento para os juízes (falamos da tal "subsunção jurídico-normativa dos factos"), ou para si próprias, em outras fases processuais.

Na verdade, parecia despiciendo que, por exemplo, numa acção de divórcio litigioso, depois de o autor alegar os factos consubstanciadores da figura do adultério (em que justamente assentara o seu pedido), tivesse ainda de referir, expressamente, que o adultério constituía uma violação do dever conjugal de fidelidade, previsto no art. 1672.º do CC e que, por isso, o divórcio podia ser decretado, nos termos do n.º 1 do art. 1779.º do mesmo diploma, pois que essas condicionantes jurídicas sabia-as (ou tinha a obrigação de as saber) o juiz da causa.

Porém, "quanto mais não fosse, por cautela" (como nos disse um dia um experiente profissional do foro), os advogados sempre alegaram essas razões de direito (ainda que se limitassem, singelamente, a focar esse aspecto, sem grandes exaustões, ou a fazer uma pura referência articular [142]), não tanto (supomos nós) para criarem uma impressão favorável ao juiz [143], mais antes para lhe desenharem o trajecto e o desfecho jurídicos que pretendiam para a lide.

No fundo, para que o julgador pudesse compreender o raciocínio jurídico levado a cabo, o pudesse acompanhar e, já agora, o perfilhasse.

Por isso, podemos dizer que as razões de direito que normalmente eram feitas pelas partes nos articulados jamais tiveram uma função

---

[142] Como recomendaram Paulo Cunha e J. Alberto dos Reis, já se disse.

[143] Como entendeu Manuel de Andrade (*op. cit.*, p. 109) e reproduziu Anselmo de Castro (*DPC Declaratório*, Vol. III, p. 187).

essencial. Antes, e apenas, uma função meramente conveniente. Em todo o caso, uma função processualmente vantajosa [144].

— relativamente às questões de direito que não fossem de conhecimento oficioso, sempre opinámos no sentido de que as partes tinham expressamente de as alegar (aos factos correspondentes e a elas próprias [145]), não porque ocorresse propriamente uma qualquer "sanção" técnica ou processual para a conduta omissiva, outrossim porque não tendo as questões sido suscitadas expressa e claramente, ficaria o tribunal inibido de as conhecer. Aqui sim, tornava-se essencial (e não apenas conveniente) alegar essas razões de direito, não porque se supusesse que o juiz não soubesse do direito, antes porque se tinha como assente que ele só podia manifestar esse conhecimento se a parte interessada lho suscitasse.

Pensamos, pois, que – nesses casos – as partes deviam deixar claro que queriam beneficiar de determinado regime (ou figura) jurídica, não bastando, portanto, fazer a simples e desacompanhada referência aos factos, embora saibamos que esta nossa opinião pode ser criticada por demasiado rigorista.

Se a lei (por razões conhecidas) impunha (e impõe) que o tribunal só pudesse conhecer de determinada questão se a parte interessada a suscitasse, sempre fomos da opinião de que essa suscitação se devia fazer completa e amplamente, isto é, ela devia abranger a vertente fáctica e (também) a vertente jurídica da questão, de modo a não ficarem dúvidas acerca da vontade da parte em a suscitar [146].

Tentando tornar, no entanto, mais "benevolente" o nosso raciocínio, admitiríamos que bastasse apenas a alegação dos factos correspondentes à questão jurídica (e não também esta) quando fosse perfeitamente visível que a parte a quisesse invocar e, portanto, dela pretendesse beneficiar.

---

[144] Em todo o caso, Lebre de Freitas (*A acção declarativa...*, p. 39) explicou que a fundamentação de direito, não tendo embora função individualizadora da pretensão, não deixa de constituir um *ónus*, na medida em que o autor, se não fizer, no mínimo, a indicação da norma jurídica ou do princípio jurídico que tenha por aplicável, não poderá vir arguir a nulidade da sentença que venha a ser proferida, sem prévia audição das partes, com fundamento jurídico que elas não tenham anteriormente considerado.

[145] Como terá deixado subentendido Manuel de Andrade (*op. cit.*, p. 109), ao contrário de Anselmo de Castro, como já vimos.

[146] No sentido do texto, pronunciou-se a Relação de Coimbra, por Ac. de 18.10.1988 (*BMJ*, 380.º-546).

Nestes casos – em que não ficassem dúvidas acerca da manifestação da vontade da parte –, o tribunal poderia também (e deveria, portanto) conhecer da questão jurídica em causa.
Utilizemos um pequeno exemplo para ilustrarmos a nossa opinião:

– se numa acção de preferência proposta um ano depois da alienação onerosa de determinado prédio ter ocorrido, o réu alegasse (como um autónomo meio defensional) que o autor sabia da existência de tal negócio há mais de seis meses, até porque dele tomara conhecimento poucos dias depois de o mesmo se ter realizado, isso seria quanto bastava para se poder extrair que o réu, seguramente, queria invocar (e estava a invocar) a caducidade do direito [147], ainda que ele não tivesse expressamente invocado essa figura jurídica, nem tivesse feito o respectivo enquadramento normativo.

Em todo o caso, parece que não ficavam dúvidas de que o réu manifestava o desejo de invocar e beneficiar da caducidade. A não ser assim, perguntar-se-ia para que efeito tinha ele alegado tal matéria...

Contudo, e pelo contrário, se não fosse líquido que o réu quisesse beneficiar da figura jurídica, não poderia o tribunal substituir-se ao demandado nessa missão e, no fundo, "exercer" um direito processual que só a ele caberia.

Se (utilizando ainda um outro exemplo) numa dada acção de resolução de um contrato de arrendamento relativo a um prédio urbano, fundamentada em obras (realizadas pelo arrendatário) substancialmente alteradoras da disposição interna das divisões do prédio despejando, ao abrigo da alínea *c*) do n.º 1 do art. 64.º do RAU, o demandado se defendesse, invocando factos que permitiam concluir pela licitude das obras e, de passagem, considerasse como reproduzido determinado documento que juntava (e que alegava ter sido logo do conhecimento do autor), demonstrativo da pequena dimensão delas, alcançando-se ainda do mesmo que as obras se haviam realizado há muito mais de um ano, tal alegação não permitia concluir, com a necessária segurança, que o réu quisesse invocar a caducidade do direito de pedir a resolução contratual, ao abrigo do n.º 1 do art. 65.º daquele diploma e, nessa conformidade, não nos parece correcto que o juiz pudesse conhecer dessa questão.

---

[147] A que alude o art. 1410.º do CC e que não é de conhecimento oficioso, por não versar sobre direitos indisponíveis (cfr. o art. 333.º do mesmo diploma).

Admitimos que as situações exemplificativas utilizadas possam não ser completamente límpidas e, porventura, não ajudem à compreensão da ideia que queremos transmitir.

Em todo o caso, o que desejamos deixar claro é que competiria (e compete) ao juiz, casuística e prudentemente, aferir quando é que a parte invocou ou não a tal questão de direito que não era de conhecimento oficioso, ainda que o tenha feito apenas através da alegação dos ditos factos correspondentes.

Portanto – e em conclusão –, poderemos dizer que a função histórica essencial dos articulados era a seguinte:

- eles constituíam as peças escritas que as partes deviam apresentar para o efeito de exporem os fundamentos da acção e da defesa, aí alegando e impugnando os factos integradores do litígio, porque só (e quase exclusivamente) destes – alegados neste momento e por esta via –, poderia o juiz conhecer para decidir o pleito. Ou seja, qualquer falta de alegação ou impugnação fáctica nos articulados era algo de irremediável e definitivo.

Portanto – e mais uma vez pretendendo extrair conclusões meramente liminares – podemos acrescentar ao que já se referiu que o princípio do dispositivo, antes do CPC de 1995, manifestava uma relevantíssima influência no tocante à apresentação da matéria de facto em juízo, na medida em que era por força dele que, salvo raras excepções, cabia exclusivamente às partes:

- *a alegação dos factos;*
- *a alegação dos factos espontaneamente;*
- *a impugnação dos factos; e*
- *a alegação e a impugnação dos factos nos articulados.*

Ou, por outras palavras (e, talvez, mais rigorosamente), poderá dizer-se que:

- *era directa e indirectamente por causa do dispositivo que competia às partes exclusivamente a alegação e a impugnação dos factos;*
- *era directamente por causa desse princípio que tais factos tinham de ser alegados espontaneamente; e que*
- *era ainda por causa do dispositivo que os articulados exerciam uma função absolutamente fundamental na apresentação da matéria de facto integradora do litígio e no desenrolar do próprio processo.*

4.2. *A Técnica Formal de Alegação dos Factos nos Articulados*

Verificámos, pois, que era exclusivamente às partes que competia a alegação e a impugnação dos factos integradores do litígio e que tais ónus deviam ser concretizados nos chamados "articulados escritos" que eram apresentados na fase introdutória da tramitação da acção.

Acontece que a lei, por vezes, exigia ainda a satisfação de um outro requisito formal suficientemente conhecido: – o de que tal alegação (dos factos, que não das questões de direito, como veremos) constituísse uma articulação, isto é, que os factos fossem expostos separadamente, através de proposições enumeradas.

Esta forma articulada [148] encontrou a sua justificação histórica na concisão e sintetização que ela, teoricamente, permite relativamente aos fundamentos invocados pelas partes.

Na verdade, é suposto que, apresentando os fundamentos separadamente e através de proposições enumeradas, consiga a parte ser mais sintética e concisa nessa missão e, por via disso, consiga também ser mais precisa, exacta e clara, o que, seguramente, só lhes traz vantagens, para além de representar, igualmente, um benefício para a parte contrária, para o litígio objectivo em si mesmo e para o próprio juiz que o vai decidir.

Parece indiscutível, com efeito, que a alegação dos fundamentos da acção e da defesa pela via redaccional, arrazoada ou contínua não conseguiria, com o mesmo êxito, alcançar aqueles atributos de sintetização e clareza a que anteriormente aludimos.

Com o aparecimento da possibilidade (e do dever) de o juiz seleccionar em despacho escrito os factos com interesse para o desfecho da lide, sobre os quais haveriam de incidir as diligências probatórias –o que aconteceu com o Decreto n.º 21:694, de 29 de Setembro de 1932 (cfr. o seu art. 15.º) [149] –, mais passou a ter utilidade – além de continuar a ser obrigatória – a articulação dos fundamentos invocados pelas partes.

---

[148] Que já era exigida no CPC de 1876 para o processo ordinário (cfr., designadamente, os respectivos arts. 394.º e 395.º), sendo que tal exigência se estendia a todos os fundamentos do pedido e da defesa e não só aos de facto. No processo sumário, prescindiu-se, na sua origem, da fórmula articulada (cfr. os arts. 2.º e 5.º da Lei n.º 3, de 29 de Maio de 1907, que "instituiu" essa forma de processo).

[149] Apesar de a fase do saneamento ter já "nascido" com a Reforma de 1926 (cfr. o art. 24.º do Decreto n.º 12:353, de 22 de Setembro) –reforma que o jornal "O Século", dois dias antes, anunciara como aquela que teria "por fim alargar o poder dos

Na verdade, era seguramente mais fácil para o juiz exercer essa tarefa selectiva se os factos estivessem separada e autonomamente expostos (até porque a boa técnica articular recomendava e recomenda que a cada artigo corresponda um facto) do que se eles estivessem integrados numa contínua redacção, onde inevitavelmente sempre haveria (e há) a tendência para os repetir por outras palavras explicativas, para emitir juízos de raciocínio (porventura, irrelevantes), para exemplificações, etc.

Numa palavra: – embora a forma articulada continuasse, essencialmente, a justificar-se em nome da sintetização e clareza processuais, ela passou a constituir também um meio de tornar mais simplificada a missão facticamente selectiva que coube ao juiz a partir de 1932, a qual foi considerada necessária ao potencial bom desempenho dele na averiguação da verdade dos factos e, por força disso, à boa decisão da causa.

Mas – insistimos –, a justificação primordial da obrigatoriedade da fórmula articulada continuava a ser a concisão e a precisão imprescindíveis à exposição dos fundamentos invocados pelas partes. E a prová-lo está aquilo que ficou redigido no corpo e respectivo § único do art. 151.º do CPC de 39. Na verdade, se conjugarmos esses dois segmentos normativos, depressa chegamos a duas conclusões:

1.ª Que as matérias que deviam ser articuladas eram os fundamentos da acção e da defesa e não apenas os factos que haveriam de ser seleccionados pelo juiz aquando do saneamento do processo;
2.ª Que tal fórmula articulada só seria obrigatória quando a lei expressamente a exigisse.

Ora, esta segunda conclusão demonstra ainda que o CPC de 39 continuou a impor no processo ordinário a articulação dos fundamentos invocados, na medida em que nesta forma de processo tal articulação era expressamente exigida (cfr. o § 1.º do art. 480.º, o § único do art. 492.º e os arts. 508.º, 509.º e 510.º, todos do CPC de 39) e a não a impor no processo sumário, atento o art. 786.º do mesmo diploma [150].

---

juízes, habilitando-os a frustrar a chicana e a resolver rápida e satisfatoriamente os litígios" (objectivos que ainda hoje, curiosamente, se perseguem) – e de tal fase se ter mantido, ainda sem a tal selecção fáctica, no Decreto n.º 21:287, de 26 de Maio de 1932 (cfr. o respectivo art. 102.º).

[150] E muito menos no processo sumaríssimo (que entretanto fôra criado pelo referido Decreto n.º 21:287, de 26 de Maio de 1932 – cfr. os respectivos arts. 123.º e ss.), tendo em consideração o art. 473.º do CPC de 39, como alertou J. Alberto dos Reis (*CPC Anotado*, Vol. VI, p. 485).

Na verdade, se recordarmos que o CPC de 39 veio consagrar a especificação e o questionário (isto é, a selecção elaborada pelo juiz, na fase do saneamento do processo, dos factos assentes e controvertidos com interesse para o desfecho da lide) quer para o processo ordinário, quer para o sumário, logo podemos concluir – como anteriormente anunciámos – que não era ainda esta tarefa judicial selectiva que justificava a obrigatoriedade da forma articulada, outrossim as já várias vezes aqui referidas concisão e exactidão a que as partes deveriam submeter-se aquando da exposição escrita dos fundamentos da acção e da defesa, pois que apesar de, no processo sumário, tal tarefa selectiva ser exigida ao juiz (cfr. os respectivos arts. 514.º e 515.º, aplicáveis por força do art. 787.º), a forma articulada estava expressamente prescindida na lei, como vimos [151].

A verdade, porém, é que a situação foi evoluindo e cada vez mais se evidenciavam as vantagens de que os juízes desfrutavam, para a elaboração da especificação e do questionário, da circunstância de os factos terem sido alegados por artigos, de tal modo que o CPC de 61 veio, no n.º 2 do seu art. 151.º, consagrar o seguinte:

1.º Que era obrigatória a fórmula articulada em todos os processos em que fossem elaboráveis a especificação e o questionário;
2.º Que essa fórmula articulada dizia respeito apenas aos factos e não também aos outros fundamentos ou razões de direito.

Agora, sim, ficava definitivamente demonstrado que a justificação da obrigatoriedade da forma articulada residia não só na histórica necessidade de sintetização e clareza nas exposições, mas também nas ditas vantagens que tal fórmula proporcionava para uma mais adequada e simplificada elaboração, por parte dos juízes, da especificação e do questionário.

Nesta conformidade, continuando a prever o CPC de 61 a elaboração destes dois temas no fim dos articulados e antes da instrução [152], quer para o processo ordinário, quer para o sumário (cfr., respectivamente, os arts. 511.º e 787.º), logo se compreende que a forma articulada dos factos alegados tenha passado a ser exigida para ambas essas duas formas do processo declarativo comum [153].

---

[151] Embora não estivesse proibida e, por isso, pudesse ser utilizada.

[152] Os quais ficaram expressamente a fazer parte integrante do despacho saneador precisamente a partir do CPC de 61, embora no CPC de 39 já pertencessem, como se compreende, à fase do saneamento.

[153] O mesmo não sucedendo em relação ao processo sumaríssimo, por inexistência nesta forma de processo da fase do saneamento e, portanto, de despacho saneador, onde

Com a Reforma Intercalar de 1985 (a que já fizemos referência), foi introduzida (entre outras) uma alteração relacionada com o tema a que vimos aludindo (o da forma articulada), à qual rapidamente nos referiremos pois a ela teremos de voltar oportunamente e com mais pormenor.

Assim, com o objectivo de impor às partes (sobretudo, aos advogados) uma cooperação com o juiz para uma ainda melhor elaboração da especificação e do questionário, ficou a constar das redacções da al. *f)* do n.º 1 do art. 467.º, da parte final do art. 488.º e do art. 504.º do CPC de 61 que as partes deveriam, no final dos seus articulados, discriminar [154] quais os factos que, no entender delas, estavam já provados (e, por isso, deveriam ser remetidos para a especificação) e quais os factos sobre os quais elas se propunham produzir prova (e que, por isso, deveriam ser remetidos para o questionário). Como demonstraremos adiante (e é, de resto, reconhecido por todos), esta novidade legislativa de 1985 redundou num verdadeiro fracasso.

4.3. *Os Articulados no Código de Processo Civil de 1939*

Originariamente, não era nossa intenção alongarmo-nos muito acerca desta questão.

O certo, porém, é que ela envolve vastas dificuldades, quando o estudo se minucia. Por isso, iremos analisá-la tendo em consideração a evolução que os articulados sofreram desde o CPC de 39 (e não antes, para não alongarmos ainda mais o tema), não esquecendo que nos iremos pronunciar essencialmente sobre o processo ordinário, deixando para o final uma breve referência às outras formas de processo declarativo comum.

O articulado que o autor sempre utilizou para instaurar a acção foi, obviamente, a petição inicial. Com esta peça, como é sabido, o demandante propunha a acção (cfr. o art. 267.º, já na sua versão do CPC de 39), alegava os factos constitutivos (normalmente, já se sabe) do direito que

---

se integrassem, como se disse, a especificação e o questionário (cfr., *a contrario*, o n.º 2 do art. 795.º do CPC de 61).

[154] Nunca concordámos com a expressão "especificar" que foi utilizada pelo legislador de 1985, pois que ela poderia gerar alguma confusão com a especificação que o juiz sempre haveria de lavrar no despacho saneador, quando era certo que as partes tinham também que se referir os factos que deviam ser incluídos no questionário. Por isso, preferimos a expressão "discriminar".

invocava e formulava uma pretensão concreta de tutela jurisdicional. Era, pois, este o articulado mais importante e a base de todo o processo, pois que, sem ele, não chegava o processo, sequer, a existir, ao contrário (evidentemente) do que sucedia com os outros articulados.

E o que sempre surpreendeu na petição inicial é que ela constituía um verdadeiro projecto de decisão, como ensinou Carnelutti [155], na medida em que o pedido formulado mais não representava do que aquilo que o autor desejava (e, por isso, projectava) que fosse a sentença. Em duas palavras: – na petição inicial, o autor propunha; na sentença, o juiz dispunha.

Citado que se mostrasse o réu, devia ele apresentar a sua contestação no prazo de vinte dias (cfr. o art. 490.º do CPC de 39), a qual sempre se assumiu como a mais relevante manifestação (e consequência) do princípio do contraditório.

Na contestação, o réu (então, como hoje) podia defender-se, podia reconvir, podia defender-se e reconvir e até podia reconvir apenas a título subsidiário (para a hipótese de a defesa não obter colhimento).

Defendendo-se (só ou também), podia o réu fazê-lo por impugnação ou por excepção, já se sabe. Defender-se-ia por impugnação (também como ainda hoje, e como já vimos) quando contradissesse os factos articulados na petição ou o efeito jurídico que deles o autor pretendesse extrair.

Defender-se-ia por excepção (ainda como hoje) quando alegasse factos que obstassem à apreciação do mérito da causa por parte do juiz e que, por isso, constituíssem verdadeiras barreiras formais ao conhecimento do conteúdo objectivo do litígio (eram e são as excepções dilatórias, que – afinal e por isso – sempre coincidiram com as violações dos pressupostos processuais e figuras afins [156]), ou quando alegasse factos novos que fossem impeditivos ou extintivos do efeito jurídico dos factos articulados pelo autor (eram e são as excepções peremptórias [157]) – cfr., a este propósito, a parte final do art. 491.º e o art. 498.º do CPC de 39.

---

[155] Francesco Carnelutti (*op. cit.*, p. 98).

[156] Por isso, Castro Mendes (*Direito...*, Vol. III, p. 110) referiu que as excepções dilatórias e os pressupostos processuais são o verso e reverso da mesma realidade.

[157] Embora, na altura, não estivessem ainda expressamente previstos como excepções peremptórias os factos novos modificativos (que, no fundo, se reduzem aos impeditivos ou aos extintivos, já se sabe) do efeito jurídico dos factos articulados pelo autor, nem a possibilidade de este meio de defesa poder implicar apenas a absolvição parcial do pedido.

Acresce dizer que se o réu quisesse apresentar na contestação várias teses defensionais (em nome da concentração da defesa na contestação, da eventualidade e da preclusão), não havia qualquer norma que, abrangentemente, lhe impusesse uma ordem exacta para alegação delas, embora se referisse no art. 496.º que, quando a defesa se dirigisse, simultaneamente, contra a instância e o pedido, a que fosse atinente à absolvição da instância (isto é, a defesa por excepção dilatória) devia preceder a que conduzisse à absolvição do pedido (todas as outras, portanto, ou seja, as defesas por impugnação e por excepção peremptória).

Analisados com ligeireza estes dois articulados historicamente normais, que sempre constituíram o "arranque" do processo e a concretização do contraditório, verifiquemos agora a existência ou inexistência de outros articulados.

Ou seja: – além da petição inicial e da contestação, haveria mais articulados que as partes pudessem sempre apresentar?

E haveria outros que as partes só pudessem apresentar se ocorressem algumas circunstâncias?

Ora, no CPC de 39, para o processo declarativo comum ordinário, estavam previstos **quatro articulados normais: – a petição inicial, a contestação, a réplica e a tréplica**, o primeiro e o terceiro naturalmente apresentados pelo autor, o segundo e o quarto pelo réu.

À contestação, que liminarmente o réu utilizava para se defender, podia sempre o autor responder na **réplica** (nos termos do respectivo art. 507.º), servindo esta também para que o autor deduzisse toda a defesa no caso de o réu ter formulado contra si um pedido reconvencional, sendo que o prazo que a lei previa para este articulado era de oito dias a contar do termo do prazo facultado para a última contestação (cfr. o respectivo art. 508.º).

Ou seja, a réplica [158] servia para que o autor respondesse à matéria da contestação/defesa (fosse esta de que espécie fosse) e ainda para que o autor se defendesse da matéria da reconvenção (no caso de esta ter sido formulada, evidentemente).

Mas, como a réplica era um articulado normal (que podia, portanto, ser sempre apresentada pelo autor), ela não era utilizada pelo demandante apenas para responder às excepções deduzidas pelo réu, ou apenas como

---

[158] Que também já era admitida normalmente no CPC de 1876 (cfr. o art. 396.º respectivo).

defesa a eventuais reconvenções (como hoje essencialmente acontece, como sabemos e ainda referiremos). Ela era ainda utilizada para que o autor concretizasse ou precisasse factos, em face da própria impugnação apresentada pelo réu, e até para que ele adicionasse mais factos aos já por si alegados na petição inicial.

Era até frequente que os advogados não alegassem logo todos os factos na petição inicial (para não abrirem, imediatamente, todo o "jogo" processual), a fim de esperarem pela contestação, analisarem cuidadosamente as teses ou vias defensionais invocadas e, então sim, alegarem (na réplica) mais factos, isto é, novos factos fundamentadores da pretensão invocada.

Portanto (e em resumo), a réplica servia para o autor responder à impugnação (podendo, neste caso, prescindir-se dela, quando não houvesse mais factos para aduzir, nem se mostrasse necessário precisar, corrigir, ou concretizar os anteriormente alegados), para responder à ou às excepções deduzidas e, finalmente, para se defender [igualmente por impugnação e (ou) por excepção] da eventual reconvenção apresentada pelo réu. Finalmente, não, porque a réplica servia ainda para o autor (se assim o pretendesse, claro está) alterar a causa de pedir ou o pedido, nos termos do art. 278.º do CPC de 39, excepcionando-se dessa forma o princípio da estabilidade da instância, derivado da citação do réu e previsto, então, no art. 268.º desse diploma [159].

E se o autor dispunha sempre de dois articulados (normais) para a alegação de factos, de igual oportunidade dispunha o réu, porque a seguir à réplica podia sempre ele **treplicar** no prazo de oito dias contados do fim do prazo para o oferecimento da réplica, conforme previa o art. 509.º respectivo.

Isto é, para que houvesse lugar à tréplica, bastaria que o autor tivesse replicado, independentemente dos temas que o demandante tivesse abordado nesse articulado, sendo certo que assumindo-se a tréplica, essencialmente, como uma resposta à réplica, aquela teria sempre que se limitar

---

[159] Havendo acordo das partes, as alterações do pedido e da causa de pedir eram já admitidas em qualquer momento das 1ª ou 2ª instâncias, nos termos do art. 277.º do diploma. Por outro lado, a alteração da causa de pedir que derivasse de confissão feita pelo réu e aceite pelo autor era também permitida, bem como a redução do pedido e a sua ampliação até ao encerramento da discussão em 1ª instância, quando tal ampliação constituísse o desenvolvimento ou a consequência do pedido primitivo, nos termos do respectivo art. 278.º.

às matérias tratadas nesta, ou seja, se (por exemplo) a réplica se circunscrevesse apenas à defesa ou à reconvenção, a tréplica sofreria também essas limitações, pelo que podemos concluir que, sendo embora também um articulado normal, a tréplica não tinha a mesma amplitude de alegação fáctica que tinha a réplica [160].

Eventualmente, o processo declarativo comum ordinário admitia ainda um quinto e último articulado: **– a resposta à tréplica** (ou a quadrúplica, como lhe chamou Paulo Cunha [161]), prevista no art. 510.º do respectivo CPC de 39.

Assim, se o réu tivesse formulado um pedido reconvencional – e só nesse caso – o autor poderia responder à tréplica, restringindo-se tal articulado à matéria da reconvenção.

Este articulado que, ao contrário dos anteriores, era um articulado eventual, justificava-se por duas razões confluidoras, embora uma de natureza objectiva e outra de natureza subjectiva:

– por um lado, para que o pedido reconvencional fosse "tratado", processualmente, como o pedido original e, portanto, se este dispusera de quatro articulados também de quatro articulados haveria de dispor a reconvenção (a contestação, onde ela fora deduzida; a réplica, onde dela se defendera o autor; a tréplica, onde a tal defesa tinha respondido o réu; e, finalmente, esta resposta à tréplica, como quarto e último articulado (da reconvenção). Daí que Palma Carlos lhe tenha chamado "tréplica na reconvenção" [162];
– por outro lado, este articulado era de admitir para que o autor dispusesse de tantas peças (duas) quantas dispusera o réu relativamente ao pedido reconvencional [163], só assim se satisfazendo integralmente o contraditório.

---

[160] Até porque já vigorava então o dito princípio da concentração da defesa na contestação, que impunha que o réu alegasse toda a matéria defensional nessa peça (cfr. o art. 493.º do CPC de 39), embora na tréplica o réu pudesse "explicar e desenvolver a sua argumentação geral constante da contestação", como referiu Paulo Cunha (*op. cit.*, Tomo I, p. 571). O princípio da concentração da defesa sempre sofreu, como se sabe, inúmeras excepções, como fossem os casos da defesa antecipada, da defesa diferida (e, dentro desta, da defesa superveniente e da retardável) e da defesa separada.

[161] Paulo Cunha (*op. cit.*, Tomo I, p. 576). A designação também foi utilizada por Manuel de Andrade (*op. cit.*, p. 171).

[162] E também o próprio J. Alberto dos Reis (*CPC Explicado*, p. 332), embora tenha admitido também a designação de quadrúplica (*CPC Anotado*, Vol. III, ps. 162-163).

[163] Por isso se disse que os dois motivos eram confluidores.

Acresce que a doutrina tendia a admitir a possibilidade de apresentação da quadrúplica para o autor se defender das alterações operadas pelo réu (na tréplica) relativamente ao pedido reconvencional ou à causa de pedir deste.

Com efeito, sendo a tréplica (tal como a réplica) um articulado normal e tendo em consideração o respeito pela paridade das partes, se era processualmente aceitável que o autor introduzisse tais modificações no pedido original, igualmente deveria ser de aceitar que o réu as introduzisse no pedido reconvencional [164].

Por isso se recordava que a tréplica funcionava para a reconvenção como uma verdadeira réplica e não se esquecia que era nesta (e até só nesta, como dissemos) que o pedido ou a causa de pedir podiam ser alterados. Assim, ao proceder a tais modificações na reconvenção, não violava o réu o art. 278.º do CPC de 39, até porque a lei idealizara a quadrúplica como a verdadeira tréplica na reconvenção, admitida precisamente pela circunstância de o réu ter passado ao contra-ataque e o art. 510.º daquele diploma não fazia restrições acerca do tipo de questões reconvencionais que poderiam ser abordadas pelo autor. Com efeito, ao referir que a quadrúplica servia para o autor responder na parte relativa à matéria da reconvenção, esta tanto poderia ser a inicialmente formulada na contestação como a alterada na tréplica, assim se respeitando (insiste-se) o princípio da paridade das partes.

Ou seja, embora o art. 510.º do CPC de 39 não consagrasse, exacta e expressamente, esta possibilidade, o certo é que do seu texto não se podia retirar também a (antagónica) impossibilidade. Pelo contrário, uma interpretação ampla do respectivo conteúdo normativo (como anteriormente fizemos) até permitia concluir pela afirmativa.

Por outro lado, é ainda vulgar retirar-se de alguns manuais de direito processual civil que, além dos articulados normais e do articulado eventual a que fizemos referência, o CPC de 39 previa ainda a hipótese de o réu (e só ele [165]) apresentar **articulados supervenientes** [166], ao abrigo do art. 493.º respectivo.

---

[164] Neste sentido, Castro Mendes (*Direito...*, Vol. II, p. 343 e Vol. III, p. 148) e, indirectamente, Manuel de Andrade (*op. cit.*, p. 170).

[165] É o que (pelo menos, implicitamente) resulta do texto de Luso Soares (*Direito...*, p. 361, em nota de rodapé).

[166] Aos quais a lei espanhola, curiosamente, tem chamado de *escritos de ampliación*.

Na verdade, dizia-se que, para além dos meios de defesa que a lei, expressamente, admitia que fossem deduzidos depois da contestação, bem como dos que fossem de conhecimento oficioso (e que, por isso, seriam dedutíveis a qualquer momento), o réu podia ainda apresentar mais articulados (para além de e depois da contestação, e independentemente da tréplica), desde que neles fossem alegados factos objectivamente supervenientes, isto é, factos que tivessem realmente ocorrido depois do fim do prazo para a apresentação da contestação, e factos subjectivamente supervenientes, isto é, factos que apesar de ocorridos em momento potencializador da sua alegação nessa peça defensional, tal não tivesse ocorrido pela circunstância de o réu, nessa altura, os desconhecer[167].

Por outro lado, nos termos da parte final do § único do dito art. 493.º, acrescentava-se que este articulado superveniente tinha de ser apresentado no prazo de dez dias contados da data da ocorrência dos factos, se a superveniência fosse objectiva, ou da data em que deles tivera conhecimento o réu, se a superveniência fosse subjectiva.

Este articulado superveniente levantou-nos sempre algumas dúvidas de que não queremos deixar de dar conta. Para atentarmos nelas, torna-se imperioso reproduzir cuidadosamente parte do art. 493.º do CPC de 39:

"... Consideram-se supervenientes tanto os meios de defesa fundados em factos ocorridos posteriormente ao termo do prazo marcado para a contestação, como os fundados em factos anteriores de que o réu só tenha conhecimento depois de findar o referido prazo...", ou seja, para que fosse possível apresentar tal articulado, era necessário que os factos nele vertidos tivessem ocorrido (ou chegado ao conhecimento do réu) depois de se ter esgotado o prazo da contestação.

Então, onde deveriam ser alegados os factos que tivessem ocorrido (ou chegado ao conhecimento) antes de esgotado tal prazo, mas depois de o demandado ter já, efectivamente, contestado?

Seguramente que não na tréplica, a qual poderia nem ser de apresentar, bastando para tanto que não tivesse havido réplica[168].

---

[167] Sendo certo que, neste caso, deveria produzir-se prova que convencesse da dita superveniência, nos termos do § único do mesmo art. 493.º, ou seja, prova da chamada "superveniência subjectiva do conhecimento".

[168] Relembre-se, a este propósito, que a tréplica constituía exclusivamente uma resposta à réplica (cfr. o art. 509.º do CPC de 39).

Porventura não também no prazo de dez dias contados da data da ocorrência (objectiva ou subjectiva) dos factos, em articulado superveniente, porque a lei limitava este articulado àqueles factos que tivessem ocorrido (objectiva ou subjectivamente, insiste-se) depois de findo o prazo da contestação.

Crê-se então que o réu deveria alegar tais factos numa hipotética segunda contestação que ele sempre haveria de apresentar no prazo de vinte dias contados da sua citação, mesmo que os factos tivessem ocorrido, por exemplo, no décimo nono dia, solução que hoje, a longa distância, consideramos verdadeiramente inadmissível [169].

E onde deveriam ser alegados os factos ocorridos (objectiva e subjectivamente, já se sabe) depois de findo o prazo da contestação, mas antes de apresentada a tréplica?

Por certo que não também neste articulado. Insista-se que ele podia não ser de apresentar e, além disso, era muito provável que o prazo de apresentação dele terminasse ou começasse até a correr depois dos dez dias previstos na lei como data limite para apresentação do articulado superveniente.

A resposta só podia ser uma: – tais factos deviam integrar um articulado superveniente, apresentado no prazo de dez dias, mesmo que anteriormente à tréplica. Quer isto significar que este articulado de que vimos falando não era exactamente um "articulado superveniente", mas antes (e mais propriamente) um "articulado superveniente à contestação", podendo, por isso, verificar-se o seguinte, pela ordem cronológica das coisas:

- em primeiro lugar, o réu contestava; depois, apresentava um articulado superveniente; e, finalmente, apresentava a tréplica.

Esta "confusão articular" a que se chegava também não tem hoje qualquer cabimento, nem mesmo para o processualista mais rígido e formal... [170].

Duas notas mais acerca deste articulado superveniente, antes de manifestarmos a nossa opinião sobre a matéria:

---

[169] Embora tenha sido essa a interpretação de J. Alberto dos Reis (*CPC Anotado*, Vol. III, p. 48), apesar de, indirectamente, a ter apelidado de rigorosa.

[170] Embora tenha havido alguns autores, como à frente referiremos, que a aceitaram durante anos.

– a primeira é a de que em artigo algum se previa que o autor pudesse responder a tal articulado, parecendo ficar desrespeitado dessa forma, por completo, o princípio do contraditório. Nessa medida, à primeira vista, isso deveria implicar que os factos supervenientemente articulados pelo réu se não pudessem considerar como assentes e confessados...;
– a segunda é a de que também em artigo algum estava previsto o momento para a apresentação da prova dos factos supervenientes, apenas aludindo a lei à prova (mesmo assim, sem prazo) da tal "superveniência subjectiva do conhecimento".

Na verdade, o art. 516.º do CPC de 39 referia que "Fixado o questionário, serão imediatamente notificadas as partes para apresentarem o rol de testemunhas e requererem quaisquer outras provas" e o mais certo é que o articulado superveniente fosse (as mais das vezes, com certeza) apresentado depois deste momento processual (o da fixação do questionário).

Embora com algum esforço, supomos não estar enganados se as questões que agora se anunciaram devessem ser resolvidas da seguinte forma:

– em primeiro lugar, cremos não fazer sentido que se desrespeitasse, no caso, o princípio do contraditório. Apesar de superveniente, esta peça tinha de ser considerada como um articulado, cujo conteúdo era naturalmente acrescentador de factos defensionais à contestação [171].

Não há dúvidas: – o art. 151.º do CPC de 39 já definia articulados como as peças em que as partes expunham os fundamentos da acção e da defesa e, portanto, este era um desses casos. Ora, os articulados eram apresentados na secretaria judicial e tinham de ser acompanhados, além do mais, dos duplicados para a parte contrária (cfr. o corpo do art. 152.º respectivo).

Portanto, ao autor era sempre assegurado o contraditório, podendo ele, por isso, responder ao articulado superveniente no prazo de cinco dias, ao abrigo da parte final do art. 154.º do CPC de 39. Ou seja, somos

---

[171] E o histórico princípio do contraditório entre as partes de uma acção sempre assegurou que "todo o pedido, requerimento, afirmação ou prova apresentado por uma das partes possa ser contestado ou impugnado pela contraparte", como referiu M. Teixeira de Sousa (*Introdução...*, p. 41).

da opinião de que, embora no CPC de 39 não estivessem previstas as notificações à parte contrária da contestação e dos articulados normais seguintes a ela – até porque (argumentava-se) as partes já sabiam que podiam sempre apresentar tais peças –, a notificação ao autor deste articulado superveniente tinha sempre de ser concretizada, por um lado porque o demandante, obviamente, não o esperava e, por outro, porque só dessa forma se conseguia respeitar, eficazmente, o contraditório.

> – em segundo lugar e quanto ao momento de apresentação da prova, entendemos o seguinte: – se o articulado superveniente e a respectiva resposta fossem apresentados antes do despacho saneador, as partes poderiam, naturalmente, aproveitar, para o efeito, o art. 516.º e o prazo a que ele aludia; – se tais peças fossem apresentadas depois do despacho saneador, não restavam dúvidas de que as partes deviam-nas fazer acompanhar da indicação da prova a produzir, pois que outro momento não haveria para o efeito e até porque a similitude com as questões incidentais a isso deveria recomendar [172].

Ora, deixámos subentendido que não concordávamos com a ideia de que na vigência do CPC de 39 só o réu pudesse apresentar articulados supervenientes.

Na nossa opinião, isso violentaria a inevitável "igualdade e paridade das partes", paradigma do processo declarativo, para além de nada o justificar e ser até contrário à lei.

E era contrário à lei porque no art. 663.º do CPC de 39 se referia – acerca das ainda hoje reconhecidas vantagens da "actualidade das sentenças" – que "No julgamento devem tomar-se em consideração os factos constitutivos ou extintivos do direito que se produzirem posteriormente à propositura da acção, de modo que a decisão corresponda ao estado das cousas no momento do encerramento da discussão...".

Se acrescentarmos a isto a dimensão e a rigidez do dispositivo que vigorava então, logo somos levados a concluir que esta norma só poderia querer significar que ambas as partes (autor e réu) podiam e deviam alegar os factos supervenientes que, no entender delas, tivessem relevância

---

[172] Cfr., para o efeito, os arts. 307.º e 308.º do CPC de 39, embora tais preceitos possam beliscar a nossa opinião, por causa do prazo de oito dias que aí se prevê para a resposta, ao contrário dos cinco dias a que anteriormente aludimos.

para o desfecho da lide, pois que tais factos tinham de ser atendidos na decisão (cfr. a própria epígrafe do artigo referido).

Ao autor – e nas hipóteses normais –, caberia a alegação dos factos supervenientes que fossem constitutivos do direito invocado, desde que não fosse alterada a causa de pedir (atendendo a que tal alteração, como já se disse, só podia ter lugar na réplica); ao réu, caberia a alegação dos factos supervenientes que fossem extintivos (e também impeditivos e modificativos, como alertou J. Alberto dos Reis [173]) desse direito.

Somos, pois, da seguinte opinião: quer o autor, quer o réu, no âmbito do CPC de 39, podiam apresentar articulados supervenientes, embora tal não estivesse expressa e autonomamente consagrado na lei. Mas, formalmente, não estava consagrado na lei nem para o autor, nem para o réu...

Estamos convencidos de que foi apenas a circunstância de o legislador de 1939 ter tratado a defesa superveniente (normativa, mas insuficientemente, como já percebemos) na secção dos articulados –o que resultou de ela constituir uma excepção ao princípio da concentração da defesa na contestação– que levou alguns a concluir (mal, no nosso entender) que apenas o demandado podia apresentar articulados supervenientes.

4.4. *Os Articulados no Código de Processo Civil de 1961*

Não foram muitas as alterações introduzidas nos articulados pelo CPC de 61.

Na verdade, tal diploma manteve os quatro articulados normais a que anteriormente se aludiu, bem como a resposta à tréplica para o caso de o réu ter deduzido algum pedido reconvencional.

No entanto, alargou-se (acertadamente) para vinte dias o prazo para a apresentação da réplica, mas apenas quando tivesse sido deduzido um pedido reconvencional. Na verdade, tendo disposto o réu de vinte dias para contestar a acção (isto é, o pedido original), fez todo o sentido consagrar normativamente que o autor disporia de outros tantos vinte dias para contestar o pedido reconvencional.

Por outro lado, esses vinte dias passaram a contar-se não do termo do prazo para a apresentação da última contestação, mas sim da notificação

---

[173] J. Alberto dos Reis (*CPC Anotado*, Vol. V, p. 85 e Vol. II, p. 235).

ao autor desta peça (cfr., para tudo, o n.º 2 do art. 502.º do CPC de 61)[174].

Uma outra alteração apenas de pormenor terá sido a derivada da circunstância de ter ficado a constar claramente no art. 273.º respectivo (que correspondia ao art. 278.º do CPC de 39) que na faculdade reconhecida ao autor de, na réplica, alterar o pedido ou a causa de pedir, estava igualmente compreendida a faculdade de os ampliar. Ou seja, não se tratou propriamente de um acrescento introduzido em tal direito processual; apenas se pretendeu esclarecer a sua dimensão, como indirectamente alertou Lopes-Cardoso [175].

A grande mudança operada pelo CPC de 61 ao nível dos articulados foi, sem dúvida, a que derivou da consagração legal dos articulados supervenientes numa secção autónoma do Capítulo I (Dos Articulados) do processo declarativo comum ordinário e a consagração legal da possibilidade de o autor, tal como o réu, poder apresentar tais peças, alegando (também ele) factos supervenientemente fundamentadores da acção, numa adequada manifestação da "paridade das partes" que é sempre de perseguir. Ou seja, reconheceu-se ao autor, normativa e expressamente, um direito processual que, no nosso entender, ele sempre tivera, como anteriormente procurámos demonstrar.

Aproveitou-se também para corrigir as "incertezas" e as "inseguranças" (de que demos conta) que existiam no tratamento normativo destes articulados, designadamente, referindo-se expressamente o respeito pelo contraditório, a inclusão ou o acrescento dos factos respectivos na especificação e no questionário, a possibilidade de os factos supervenientes

---

[174] Ou seja, a notificação ao autor da apresentação da contestação passou a ser obrigatória (cfr. também o art. 492.º do CPC de 61), o que constituiu uma alteração importante, sobretudo, para a prática forense. Curiosamente, a tréplica continuou a dever ser apresentada no prazo de oito dias contados do fim do prazo para o oferecimento da réplica, mesmo que esta funcionasse como contestação a um pedido reconvencional, como aceitou a jurisprudência (cfr. o Ac. da RP, de 22.11.1965, recordado por F. C. Branco Galvão, *op. cit.*, Vol. I, p. 347). Só muito posteriormente (com o DL n.º 457//80, de 10 de Outubro) é que se consagrou normativamente a notificação à parte contrária da réplica e da tréplica, começando a correr os prazos para a apresentação dos articulados seguintes (tréplica e quadrúplica, se fosse caso desta) a partir dessa notificação. Dadas as reduzidas alterações introduzidas pelo DL n.º 457/80, optou-se por não autonomizar esse diploma no desenvolvimento do tema que vimos tratando, sem embargo de a ele fazermos referência sempre que haja vantagem nisso.

[175] E. Lopes-Cardoso (*CPC Anotado*, p. 191).

à petição e à contestação serem alegados na réplica e na tréplica, o momento exacto para apresentação das provas respectivas, etc.

Impõe-se, todavia, um pequeno acrescento a esta matéria, relacionado com uma "confusão articular" a que oportunamente fizemos referência.

O problema residia no seguinte: – havia alguns autores que consideravam que, se os factos supervenientes ocorressem (objectiva ou subjectivamente, já se sabe) depois da petição inicial e da contestação, as partes deveriam, imediatamente (no prazo de dez dias, como sabemos), apresentar os respectivos articulados supervenientes, mesmo que isso devesse ocorrer antes da apresentação da réplica e da tréplica [176].

Ou seja, no plano teórico das coisas, era possível ao autor em primeiro lugar peticionar, em segundo lugar articular supervenientemente e em terceiro lugar replicar, podendo suceder o mesmo com o réu, relativamente à contestação, ao seu articulado superveniente e à tréplica.

Nunca concordámos com isto e sempre sustentámos a nossa opinião em alguns simples argumentos:

– em primeiro lugar, a situação que se criava era de absoluta confusão para as partes, a qual podia ser potencializadora de perdas de prazos e de consequentes confissões tácitas indesejáveis. Imagine-se a perturbação que representaria para o réu estar-lhe a acabar o prazo para contestar, ser surpreendido com a apresentação de um articulado superveniente, o qual iniciava a contagem de um novo prazo de dez dias e, por ter, entretanto, contestado e ter sido notificado da réplica, começar a correr, depois, o prazo para a tréplica. Ou seja, a situação criada potencializaria o decurso de dois prazos contemporâneos diferentes, o que podia naturalmente redundar numa verdadeira "armadilha processual"...;

– em segundo lugar, porque a lógica, a economia e a simplicidade processuais implicavam que tal orientação estivesse errada, e demonstravam que o legislador, deliberadamente, não quis confundir "articulados supervenientes" com "factos supervenientes".

Ora, havia factos que eram supervenientes à petição inicial, mas que tinham ocorrido antes da réplica e até antes de começar a correr o prazo para a apresentação deste articulado. Esses, devia alegá-los o autor na réplica (até por uma questão de simplicidade e economia processuais,

---

[176] Orientação de Anselmo de Castro (*DPC Declaratório*, Vol. III, p. 241), seguida por Varela/Bezerra/Nora (*Manual...*, p. 365).

como se disse), mesmo que esta fosse apresentada mais de dez dias depois da data em que os factos houvessem ocorrido ou chegado ao conhecimento do autor, na medida em que tal peça era um do **articulados posteriores** (e normais) a que se referia o n.º 1 do art. 506.º do CPC de 61, a eles não se aplicando o previsto no n.º 3 do mesmo artigo, e sendo certo que a tais factos sempre poderia o réu responder na tréplica.

O mesmo se diga do demandado, em relação aos factos ocorridos ou chegados ao seu conhecimento depois da contestação, mas antes da tréplica, ou até também antes do início do prazo para o oferecimento desta. Tal como anteriormente, esses factos –e exactamente pelos mesmos motivos referidos– deviam ser alegados pelo réu na tréplica, mesmo que apresentada esta mais de dez dias depois de eles terem ocorrido ou chegado ao conhecimento do réu. Neste caso – e só porque não existiam mais articulados e se devia respeitar o contraditório – é que se impunha que o autor pudesse apresentar uma resposta, em cinco dias, não propriamente ao abrigo do n.º 3 do art. 506.º do CPC de 61, o qual (como já se disse) não tinha aplicação ao caso, antes ao abrigo da normal regra do contraditório, prevista na parte final do art. 153.º do mesmo diploma [177].

E esta mesma orientação devia ser de perfilhar, relativamente ao autor, quando os factos supervenientes tivessem ocorrido ou chegado ao seu conhecimento depois da réplica e antes da quadrúplica, quando o processo comportasse esta peça, pois que ela constituía também um dos articulados posteriores (embora eventual) previstos no n.º 1 do art. 506.º do CPC de 61. Seria, portanto, nela, que o autor deveria apresentar tais factos supervenientes, respeitando-se, depois, o contraditório e aplicando--se novamente ao caso a parte final do art. 153.º do CPC de 61.

Ora, ao apresentar estes articulados, não tinham as partes que indicar desde logo quaisquer provas, porque os factos respectivos iriam naturalmente ser integrados (depois) na especificação e no questionário (cfr. o n.º 4 do art. 506.º do CPC de 61), aguardando-se, posteriormente, a notificação do art. 512.º do mesmo diploma.

Por seu turno, os factos supervenientes aos últimos articulados apresentados pelas partes (réplica/tréplica ou tréplica/quadrúplica) é que deviam ser apresentados em **novos articulados**, como também, e distintamente, se referia no n.º 1 do art. 506.º do CPC de 61. E só nestas novas

---

[177] É claro que se o processo comportasse a resposta à tréplica, impunha-se que fosse nesta peça que o autor respondesse aos ditos factos supervenientes.

peças é que os articulantes supervenientes deviam desde logo indicar os meios de prova pretensamente demonstrativos dos factos alegados, pois que o n.º 3 do mesmo art. 506.º só a eles se aplicava[178].

Portanto, entendemos que, numa perspectiva temporal, havia duas espécies de factos supervenientes:

- os que permitiam a sua alegação nos articulados previstos na lei (normais e eventual). Eram estes os **articulados posteriores**, a que o n.º 1 do art. 506.º se referia;
- e os que impunham que a sua alegação fosse feita em articulado autonomamente apresentado para o efeito. Eram estes os **articulados novos**, também referidos no n.º 1 do art. 506.º e aos quais se aplicava a disciplina do n.º 3 da mesma norma [179].

Parece ser esta também, de resto, a orientação que está mais de acordo com as definições de articulados posterior e novo, preconizadas por Rodrigues Bastos [180]:

"Articulado posterior é um dos articulados normalmente previstos na lei de processo e que se segue àquele em que a parte teria feito dedução dos factos, se eles já fossem do seu conhecimento; articulado novo, é aquele que a parte apresentará quando a superveniência dos factos se der quando já não tenha articulado, dos normalmente previstos na lei, para produzir".

---

[178] Poder-se-ia contra-argumentar dizendo que se o articulado novo e a consequente resposta fossem apresentados obviamente depois dos articulados normais e eventual previstos na lei, mas antes de elaborado o despacho saneador, por este tardar, não seria, nesse caso, também necessária a indicação da prova dos factos respectivos, bastando às partes aguardar e aproveitar o art. 512.º do CPC de 61. Está certo o reparo, mas acrescentar-se-á que a lei é idealizada e redigida para as hipóteses normais e o que nela se previa era a entrada imediata na fase do saneamento logo que findassem os articulados e não, evidentemente, situações de tardias elaborações de despachos saneadores.

[179] No sentido que acaba de se expor, pronunciou-se E. Lopes-Cardoso (*CPC Anotado, 3ª...*, p. 333), reproduzido por Abílio Neto (*CPC Anotado, 11ª...*, p. 454) e ainda J. João Baptista (*Processo Civil I. Teoria Geral...*, ps. 508-509). Em todo o caso, o Conselheiro Lopes-Cardoso defendia a aplicação da penúltima parte do n.º 3 do art. 506.º ao caso de a matéria superveniente ser alegada pelo réu na tréplica. Defendia ele, pois – com base nesse segmento normativo –, que o autor poderia responder a tal articulado. Preferimos a aplicação à situação, como agora recordámos, do previsto na parte final do art. 153.º do CPC de 61. Também no sentido que defendemos, cfr. o Ac. da RL de 8.1.1980 (*BMJ*, 297.º-397).

[180] Rodrigues Bastos (*op. cit.*, Vol. III, p. 70).

Refira-se, entretanto (e desde já) que o CPC de 95 veio dar razão, embora indirectamente, à opinião por nós perfilhada, como adiante teremos a oportunidade de verificar.

Resta referir que no n.º 1 do art. 507.º do CPC de 61 se regulou a tramitação técnica relativa à apresentação do novo articulado superveniente já depois de designado o dia para a audiência de discussão e julgamento, no sentido de que tal apresentação não suspendesse as diligências relacionadas com essa audiência, nem provocasse o seu adiamento, ainda que o despacho respectivo tivesse de ser proferido ou a notificação à parte contrária houvesse de ser feita ou a resposta dessa parte tivesse de ser apresentada no decurso da audiência.

Por sua vez, no n.º 2 do mesmo artigo regulou-se a alegação de factos supervenientes em plena audiência de discussão e julgamento, subordinando-a ao regime da oralidade e estendendo este ao despacho de admissão ou rejeição, à resposta da parte contrária e ao despacho que ordenasse ou recusasse o aditamento de quesitos, tudo com o objectivo de dificultar a utilização da figura do articulado superveniente como um expediente dilatório.

4.5. *Os Articulados após a Entrada em Vigor do Decreto-lei n.º 47.690, de 11 de Maio de 1967*

O DL n.º 47.690, de 11 de Maio de 1967 alterou, mas não substancialmente, a estrutura da fase dos articulados do processo ordinário que vimos tratando.

Na verdade, embora mantivesse a réplica e a tréplica como articulados normais, este DL veio acrescentar à réplica duas *nuances* significativas:

– em primeiro lugar, veio referir que ela poderia ser apresentada não só para o autor responder à contestação e defender-se da reconvenção, mas também nas acções de simples apreciação negativa, para que o demandante pudesse impugnar os factos constitutivos que o réu tivesse alegado na contestação e aduzir os factos impeditivos ou extintivos do direito invocado pelo réu (cfr. o n.º 2 do art. 502.º respectivo) [181];

---

[181] Conforme já analisámos (cfr. *supra* a matéria tratada sob a epígrafe "1.2.4. – O ÓNUS DE ALEGAÇÃO ESPECÍFICA DOS FACTOS APÓS A ENTRADA EM VIGOR DO CÓDIGO CIVIL DE

– em segundo lugar, o DL n.º 47.690 veio referir que o prazo da réplica não seria de vinte dias apenas no caso de o réu ter apresentado um pedido reconvencional, mas também, precisamente, neste caso das acções de simples apreciação negativa, atendendo à "inversão" do ónus de alegação dos factos a que, anteriormente, fizemos referência e não esquecendo que, neste tipo de acções, ao autor é afinal "exigido" que se defenda de um direito anteriormente invocado pelo réu na contestação [182].

Relativamente à tréplica, o DL n.º 47.690 não trouxe quaisquer alterações dignas de relevo, mantendo-a, pois, como se disse, como um articulado normal, apresentável sempre que houvesse réplica e com o objectivo de responder a esta.

O mesmo já não pode dizer-se da resposta à tréplica, pois ela também sofreu as naturais alterações derivadas do novo tratamento normativo articular dado às acções de simples apreciação negativa. Assim, a resposta à tréplica passou a poder deduzir-se não só quando tivesse sido formulado um pedido reconvencional (pelos motivos já aqui referidos), mas também quando se estivesse perante este tipo de acções, para que o autor respondesse na parte relativa aos factos impeditivos ou extintivos do direito invocado (cfr. o art. 504.º do CPC de 61, com a redacção que lhe foi dada por este DL).

Na verdade, tendo a contestação funcionado neste tipo de acções como uma verdadeira petição inicial e a réplica como uma contestação (constituindo aqueles factos impeditivos ou extintivos verdadeiras excepções suscitadas pelo autor), "facilmente se compreendeu que em tal matéria voltasse a pronunciar-se quem a tinha alegado"[183].

1966"). Daqui resulta que, embora as acções de simples apreciação negativa tivessem "nascido" para o nosso ordenamento jurídico-instrumental no CPC de 39, foi só com este DL n.º 47.690 que lhes foram reconhecidas (normativamente) acertadas influências práticas no desenvolvimento dos articulados (algumas das quais estão ainda hoje em vigor, como veremos).

[182] Porque inversa e anteriormente (nestas acções) cabia ao réu a tarefa alegatória dos factos constitutivos do direito, e tendo em conta o efeito surpresa que qualquer acção envolve, potencialmente impeditivo da colheita de todos os elementos necessários àquela tarefa, o DL 47.690 "acrescentou", como já se disse, um n.º 4 ao art. 486.º do CPC de 61, reconhecendo-se nele a possibilidade de ser concedida uma prorrogação do prazo para contestar neste tipo de acções, desde que o réu justificasse a necessidade dessa prorrogação.

[183] Como referiu Abílio Neto (*CPC Anotado, 3ª*..., p. 389).

Assim, e desta forma, em relação ao direito que se discutia nos autos – o direito de que o réu se arrogara extrajudicialmente e que o autor queria ver declarado como inexistente – dispunham as partes do mesmo número de articulados (dois), na medida em que na petição inicial competiria ao autor apenas a alegação da dita arrogância extrajudicial que justificara a acção.

Resta dizer que relativamente aos articulados supervenientes, o DL em análise não trouxe quaisquer inovações aos arts. 506.º e 507.º do CPC de 61, pelo que nada mais importa salientar.

4.6. Os Articulados após a Entrada em Vigor do Decreto-Lei n.º 242/85, de 9 de Julho

A estrutura articular do processo ordinário só foi alterada (e relevantemente) com a Reforma Intercalar de 1985 (o já referido DL n.º 242/85, de 9 de Julho).

Com efeito – à semelhança do que acontecia já na generalidade das legislações estrangeiras e conforme (de resto) a isso se aludiu no preâmbulo do diploma –, o número de articulados normais foi substancialmente reduzido.

Assim, no processo ordinário, as partes passaram a dispor apenas de dois articulados normais, a petição inicial (para o autor, é claro) e a contestação (para o réu [184]), tendo a réplica e a tréplica passado a articulados eventuais, isto é, a articulados que só poderiam ser apresentados se ocorressem determinados requisitos.

Não pudemos estar mais de acordo com esta medida legislativa que, de resto, há muito se aguardava (e que ainda hoje está em vigor, como verificaremos) a qual, em bom rigor, em nada prejudica as partes, para além de constituir um decisivo contributo para a (desejável) celeridade das acções, porquanto desta forma se liquidou a "eternização" dos articulados a que os tribunais assistiam.

O que acontece é que ela implicou um maior cuidado e responsabilidade para os advogados, aquando da articulação dos factos, circunstância que não envolveu em si mesmo qualquer mal. Na verdade, não pôde mais

---

[184] Tendo sido "revogado", como também já se disse, o aludido n.º 4 do art. 486.º do CPC de 61, não se continuando a permitir, portanto, qualquer prorrogação no prazo das contestações das acções de simples apreciação negativa.

o advogado do autor, por exemplo, intencional ou negligentemente, deixar de alegar TODOS os fundamentos fácticos da acção na petição inicial, por uma simples e única razão: – é que tendo-se eventualizado a réplica podia muito bem suceder que, pura e simplesmente, não houvesse tal articulado. E não havendo réplica, nem havendo qualquer outra peça ou momento para alegar factos passados[185], acabariam eles por não constar do processo, o que poderia ser fatal para a pretensão do autor.

Assim, nos termos do n.º 1 do art. 502.º do CPC de 61, com a redacção que lhe foi dada por este DL, e nos termos do n.º 2 do mesmo artigo (que não foi alterado), **a réplica passou a ser admitida apenas nos seguintes casos:**

- quando o réu tivesse deduzido na contestação alguma excepção (dilatória ou peremptória, pois que a lei não distinguia), para que o autor (somente) lhe respondesse;
- quando o réu tivesse formulado na contestação algum pedido reconvencional, para que dele o autor se defendesse;
- nas acções de simples apreciação negativa, para que o autor pudesse impugnar os factos constitutivos que o réu alegara na contestação, ou alegar os factos impeditivos ou extintivos do direito invocado pelo demandado.

A nova redacção dada ao n.º 1 do art. 502.º revelou, com clareza, a intenção de limitar o emprego da réplica. Com efeito, esta passou a ser admitida apenas para garantir o respeito pelo contraditório, permitindo ao autor pronunciar-se sobre questões novas trazidas ao processo pelo réu e não já para, por exemplo, esclarecer ou reelaborar o conteúdo da petição inicial, de maneira que todas as alegações que ultrapassassem aqueles limites deixaram de ser atendidas [186].

Assim, em circunstâncias normais, deixou de se admitir a réplica quando o réu se defendesse apenas (isto é, não tivesse reconvindo) e, cumulativamente, se defendesse apenas por impugnação.

Na verdade, a defesa por impugnação significa tão somente que o réu contradisse os factos que o autor articulou na petição inicial, ou o efeito jurídico que deles pretendeu extrair o demandante, não envolvendo, por isso, a alegação de novos factos (como acontece sempre que o réu se

---

[185] Excepto aqueles que a parte desconhecia, porque continuaram a poder ser apresentados os articulados supervenientes, como se sabe.

[186] Neste sentido, Varela/Bezerra/Nora (*Manual...*, p. 354).

defende por excepção peremptória), nem a suscitação de novas questões formais que impeçam que o juiz conheça do mérito da causa (como acontece quando o réu se defende por excepção dilatória). E, não havendo tais "novidades", deixou de se justificar a admissibilidade de mais um articulado para o autor, na medida em que a experiência demonstrou que a réplica constituía, as mais das vezes (e nesses casos), uma pura repetição do já anteriormente alegado na petição inicial.

Há ainda uma outra questão sobre a qual queremos reflectir: – é que da conjugação da nova redacção do art. 502.º do CPC de 61 com o art. 273.º do mesmo diploma (que não foi alterado pela Reforma Intercalar) não resulta claro que o autor pudesse apresentar a réplica apenas para alterar ou ampliar a causa de pedir ou o pedido, mesmo que na contestação não tivessem sido suscitadas excepções ou formulado um pedido reconvencional, nem se tratasse de uma acção de simples apreciação negativa.

Uma das particularidades que mais distinguia a réplica do processo ordinário da resposta do processo sumário era precisamente a seguinte: – a de que naquela o autor podia alterar ou ampliar a causa de pedir ou o pedido e nesta isso não era possível [187]. E isso constituía uma das características diferenciadoras do processo ordinário, porquanto – e conforme recordamos – anteriormente a réplica era sempre admitida (sem quaisquer requisitos, portanto), o que queria significar que o autor podia sempre alterar ou ampliar o pedido ou a causa de pedir, mesmo que só replicasse para esse efeito.

A partir da eventualização da réplica, concretizada por esta Reforma Intercalar, levantou-se fundamentadamente a dúvida de saber se a ampliação ou alteração da causa de pedir ou do pedido podiam ser apresentados no caso de o réu não ter deduzido excepções, ou não ter formulado qualquer pedido reconvencional, ou a acção não ser de simples apreciação negativa.

Nesse caso, o processo não admitiria réplica e, por isso, era crível que aquelas alteração ou ampliação não pudessem ser concretizadas, até porque – e por exemplo – o n.º 1 do art. 273.º referia-se à possibilidade de alteração ou ampliação da causa de pedir na réplica "... se o processo a admitir...".

---

[187] Sabe-se que estamos a falar das hipóteses de alteração não derivadas de acordo, nem das modificações introduzidas na causa de pedir na sequência de confissão feita pelo réu e aceite pelo autor, nem das ampliações introduzidas no pedido que representem o desenvolvimento ou a consequência do pedido primitivo.

E foi isso o que sempre pensámos (e afirmámos e escrevemos [188]) acerca da questão, pois que não era suposto que o legislador de 1985 se tivesse esquecido da terminologia utilizada no art. 273.º do CPC de 61, e se ele alterou o art. 502.º de tal diploma (e eventualizou a réplica), sem alterar o referido art. 273.º, isso só pode querer significar que ele também eventualizou a possibilidade de alteração ou ampliação da causa de pedir ou do pedido, fazendo-as assim depender dos novos casos de admissibilidade da réplica [189].

Nesta medida, sempre concluímos assim: – se o autor pudesse replicar, poderia também alterar ou ampliar a causa de pedir ou o pedido; se não pudesse replicar, ficaria inibido de tal direito processual [190], até porque se o legislador de 1985 tivesse pretendido o contrário, não lhe teria sido difícil ter iniciado o novo texto do n.º 1 do art. 502.º da seguinte forma: "Sem prejuízo do que está disposto no artigo 273.º...".

A opinião manifestada pode aparentemente ser contrariada por quatro argumentos que se passam a expor:

1.º Em primeiro lugar, dir-se-á que as modificações do pedido e da causa de pedir sempre derivaram das históricas virtudes do princípio do dispositivo. Se o autor sempre peticionou o que quis (desde que teórica e juridicamente tutelável, já se sabe), deveria, também ele, poder alterar o que quisesse, desde que o fizesse em processos cuja rapidez necessária ou pouca dimensão (em termos de comensurabilidade litigiosa) o não desaconselhasse e desde que o fizesse em termos técnico/processuais regulares. Por isso,

---

[188] A. Montalvão Machado/Paulo Pimenta (*Processo...*, Vol. III, p. 177).

[189] Parece ter sido essa também a orientação defendida por Varela/Bezerra/Nora (*Manual...*, ps. 355-359, comparando-as com o texto anterior da mesma obra, publicado em 1984), Lebre de Freitas (*A acção declarativa...*, p. 116), F. Ferreira Pinto (*Lições...*, p. 169) e Pais do Amaral (*op. cit.*, p. 314). Em sentido inverso (mas não claramente), estava J. João Baptista (*Processo Civil I, Teoria...*, p. 502), corrigindo, depois, a sua posição e adoptando a perfilhada neste texto (*Processo Civil I, Parte Geral...*, p. 353). Por seu lado, Abílio Neto (*CPC Anotado, 11ª...*, ps. 451 e 453) parece defender as duas opiniões, o que deriva, certamente, de nosso lapso interpretativo.

[190] De resto, a jurisprudência também vai claramente nesse sentido [Cfr. os Acs. do STJ de 11.1.1990, *AJ*, 5.º/90, p. 10 e de 27.10.1988, *BMJ*, 380.º-456 – este levando ao extremo a sua interpretação e referindo (mal, no nosso entender) que tendo sido alterado o art. 502.º do CPC, a réplica passou a ser admitida apenas nos casos aí previstos e que, portanto, não é de admitir qualquer modificação no pedido ou na causa de pedir a não ser quando ela resulte do acordo das partes].

acrescentar-se-á que se sempre foi admitido (concretamente, desde 1926 [191]) – com mais ou menos rigor – que o autor modificasse o pedido ou os seus fundamentos, não parece crível que o legislador de 1985 tenha querido eventualizar (e, portanto, excluir em muitos casos) tal direito e que, ainda por cima, tenha concretizado esse objectivo de forma indirecta (alterando o art. 502.º e não o art. 273.º do CPC de 61) e a tal objectivo se não tenha referido, sequer, no preâmbulo do diploma;

2.º Em segundo lugar, lembrar-se-á que, dispondo as partes do processo como coisa sua, o importante era que ficasse sempre assegurado o contraditório, a fim de que o réu pudesse defender-se das alterações ou ampliações introduzidas nesses dois elementos essenciais da acção (pedido e causa de pedir). Ora, o legislador de 1985 (como ainda iremos verificar) preveniu, precisamente, a admissibilidade da tréplica para o caso de o demandante ter modificado o pedido ou a causa de pedir (cfr. o n.º 1 do art. 503.º do CPC de 61, com a redacção que lhe foi dada pelo DL que vimos analisando). Assim, dir-se-á que se o autor podia pedir o que quisesse e podia modificar tal pretensão ou os factos

---

[191] Na verdade, no corpo do art. 16.º da Reforma de 1926 (o referido Dec. n.º 12:353, de 22 de Setembro desse ano) dizia-se que "A réplica será entregue no cartorio nos oito dias seguintes ao termo do prazo para o oferecimento da contestação e nela pode o autor modificar o pedido ou os seus fundamentos...". A Compilação de 1932 (o Dec. n.º 21:287, de 26 de Maio desse ano) "abrandou" tal direito do autor, prescrevendo no seu art. 100.º que "A réplica será apresentada nos oito dias seguintes ao têrmo do prazo para oferecimento da contestação e nela pode o autor modificar o pedido, contanto que se mantenha dentro do acto ou facto jurídico que serve de fundamento à acção...". As evoluções legislativas a partir do CPC de 39 já foram sumária e oportunamente referidas neste trabalho. Em todo o caso, insiste-se: –desde 1926 que este "direito processual" era reconhecido ao autor. Antes disso, no CPC de 1876, tal não era possível, pois que, na réplica, o autor não só não podia alterar nem acrescentar factos, como também só podia explicar o pedido e nunca modificá-lo ou aumentá-lo. A jurisprudência estava a favor desta impossibilidade (cfr. os Acs. da RP, 23-1.º-917, *Rev. Trib.*, 37.º-55, e da RL, 4-6.º-92, *Direito*, 28.º-269 e, a todo este propósito, o art. 396.º do CPC de 1876 e a jurisprudência referida no diploma citado, Vol. 2.º, ps. 74-75). Nesse sentido (e na vigência desse diploma), J. Alberto dos Reis (*Processo Ordinário...*, Vol. I, ps. 323 e 463-463) escrevera que o pedido formulado pelo autor na petição inicial era irreformável. A única coisa que o autor podia fazer na réplica era explicá-lo, tornando-o mais claro ou desenvolvendo mais nitidamente os seus fundamentos. Por isso, nem sequer era de admitir a redução do pedido, porque "reduzir o pedido não é explicá-lo".

em que ela assentava e se o réu podia defender-se amplamente quer da pretensão original (e dos respectivos factos), quer das ditas modificações, não se via razão para impedir a possibilidade de o autor utilizar a réplica exclusivamente para esse efeito modificativo. Concluir-se-ia, portanto, dizendo que estando assegurado o essencial (o princípio do contraditório) e não havendo motivos para não respeitar o dispositivo, a orientação preferível era esta e não aquela que defendemos;

3.º Em terceiro lugar, argumentar-se-á com a referência ao espírito que está subjacente no texto do art. 273.º do CPC de 61. Quando aí se referia que as modificações só podiam ser feitas na réplica e se acrescentava a frase "se o processo a admitir", isso só podia significar que o legislador teria querido, deliberadamente, proibir tais modificações apenas nos processos sumário e sumaríssimo (os tais que pela sua ligeireza, ou pouca dimensão da comensurabilidade litigiosa, as desaconselham) e em muitos processos especiais. Portanto, o que aí se quis distinguir foi o processo ordinário dos outros e não o processo ordinário do mesmo processo ordinário. Assim, com a expressão "se o processo admitir réplica" o legislador teria afastado os processos não ordinários (excepto os especiais que seguissem, supletivamente, as regras do processo declarativo comum ordinário e não previssem particularidades quanto a esta questão) e não os processos ordinários onde, por força de potenciais alterações futuras, como as que ocorreram em 1985, viesse a estar impossibilitada a apresentação da réplica. Desta forma, não tendo o DL n.º 242/85 alterado o art. 273.º do CPC de 61 e sabendo-se (como se sabe) que processos é que este preceito quis afastar, poder-se-ia concluir que, em processo ordinário, o demandante poderia continuar a apresentar a réplica para o fim (exclusivo) de proceder às ditas modificações;

4.º Por fim, dir-se-á ainda que no preâmbulo do diploma os legisladores se referiram à "preservação" da possibilidade de alteração do pedido ou da causa de pedir, o que só pode querer significar que não foi intenção deles introduzir qualquer mudança no sistema até aí vigente.

Assim, face a estes quatro argumentos (e a outros que, porventura, sejam invocáveis), muitos poderão ter sido aqueles que se sentiram motivados para considerar errada a nossa opinião.

Continuamos, porém, convencidos de que temos razão.

Insistimos que não é crível que os legisladores de 1985 tenham esquecido os termos exactos em que estava redigido o art. 273.º do CPC de 61, até porque – e como ainda há instantes o recordámos – no preâmbulo do diploma eles se referiram, exactamente, às possibilidades modificativas consagradas nesse artigo. Portanto, se apesar dessa circunstância, tais legisladores eventualizaram a réplica, isso tem que querer significar que eles também pretenderam eventualizar a admissibilidade da alteração do pedido ou da causa de pedir.

Portanto, desde 1985, para ser permitida esta alteração, não bastava ao autor estar a litigar em processo ordinário (ou, já se sabe, em processo especial que o aplicasse supletivamente e não contivesse regras diferenciadoras dirigidas à questão). Passou ainda a ser necessário que o processo ordinário admitisse réplica (pois que era aí – e só aí – que a alteração podia ser introduzida), e este articulado passou a poder ser apresentado apenas nos casos concretos do art. 502.º do CPC de 61 (com a redacção dada por este DL).

Aliás, só uma leitura desatenta das alterações legislativas introduzidas em 1985 permite opinião contrária. Com efeito, em primeiro lugar, no art. 502.º do CPC de 61 referiram-se os casos que tornaram eventual (e, portanto, excepcional) a réplica e, em segundo lugar, no art. 503.º do mesmo diploma, escreveu-se que "Se houver réplica (isto é, se a réplica for eventualmente de admitir –acrescentamos nós) e nesta for modificado o pedido ou a causa de pedir, nos termos do artigo 273.º...".

Se os legisladores tivessem pretendido o contrário, por certo que não teriam usado a expressão "se houver réplica e nesta for modificado o pedido ou a causa de pedir". Antes optariam, decerto, por qualquer outra frase como, por exemplo, esta: "se na réplica for modificado o pedido ou a causa de pedir", ou mesmo "Se a réplica for utilizada para modificar o pedido ou a causa de pedir...".

A expressão que ficou consagrada e, sobretudo a interjeição "e" demonstram que para haver lugar à tréplica (neste caso) era preciso verificarem-se duas coisas: – a primeira era haver réplica (o que podia ou não verificar-se); – a segunda era, na réplica, ter o demandante modificado o pedido ou a causa de pedir, nos termos do art. 273.º do CPC de 61.

Por outro lado, a referência no preâmbulo do DL em análise à preservação da réplica não permite concluir como anteriormente (no quarto argumento utilizado em sentido contrário ao que vimos defendendo) se concluiu, na medida em que a utilização da expressão "preservação da réplica" serviu apenas para que se continuasse a distinguir a réplica do processo ordinário da resposta do processo sumário, articulados estes que ficaram de facto bem próximos com a entrada em vigor desta Reforma Intercalar.

Sempre fomos, assim, da opinião de que a possibilidade de alterar o pedido ou a causa de pedir na réplica constituía (e constitui, porque o CPC de 95 não introduziu alterações nesta questão concreta) uma função simplesmente acessória deste articulado, não podendo o mesmo ser apresentado apenas para esse efeito [192].

E se a réplica passou a articulado eventual, o mesmo se diga (naturalmente) **da tréplica.** Esta passou a ser admitida apenas nas duas seguintes situações (cfr. o art. 503.º do CPC de 61, com a redacção que lhe foi dada pelo DL n.º 242/85):

a) Quando, como acima se disse, tivesse havido réplica e nesta tivesse o autor modificado o pedido ou a causa de pedir. Neste caso, a tréplica serviria para que o réu se defendesse da matéria da modificação; e

b) Quando, tendo havido reconvenção, o autor tivesse deduzido contra ela (na réplica, é claro) qualquer excepção. Neste caso, a tréplica servia para que o demandado respondesse a essa ou essas excepções, do mesmo modo que o autor podia responder às excepções deduzidas contra o pedido original.

Tendo-se eventualizado a réplica e a tréplica, acabou por eliminar-se a quadrúplica, por manifesta desnecessidade de existência de mais articulados, e por se ter entendido não haver mais matéria fáctica a tratar que não tivesse sido já alegada pelas partes.

A eventualização da tréplica e o desaparecimento da quadrúplica levantaram-nos, todavia, duas últimas dificuldades:

1.ª A primeira é a de que nas acções de simples apreciação negativa, deixou o réu de poder responder aos factos impeditivos ou extintivos (verdadeiras excepções peremptórias) suscitados pelo autor (na réplica) em relação ao direito invocado por aquele. E se assim era, parece evidente que tais factos jamais poderiam dar-

---

[192] Neste sentido, M. Teixeira de Sousa (*Estudos sobre o Novo Processo Civil*, p. 295).

-se como assentes, apesar de não terem sido contrariados. O que acontece é que eles não eram contrariados apenas por não poderem ser contrariados, atenta a inexistência de peça para o efeito. Daí que os mesmos não pudessem, de facto, ser considerados como confessados... [193];

2.ª A segunda é a de que as alterações introduzidas pelo DL n.º 242/85 levaram a concluir que o réu deixou de gozar do mesmo poder de modificação, relativamente ao pedido reconvencional, da causa de pedir e do pedido, como gozava o autor, relativamente ao pedido original. Com efeito (e como agora recordamos), a anterior doutrina perfilhava, em nome da "paridade das partes", que o réu, na tréplica – que era um articulado normal, relembre--se – pudesse alterar tais elementos do pedido reconvencional, pois que do mesmo direito gozara o autor na réplica (relativamente ao pedido original). E a doutrina acrescentava que tal era perfeitamente possível, servindo até a quadrúplica para que o autor se defendesse das alterações introduzidas no pedido reconvencional, ficando dessa forma assegurado o contraditório.

Tendo a quadrúplica sido "eliminada" [194], deixou o autor de poder defender-se dessas potenciais alterações e, portanto, as mesmas deixaram de ser admitidas [195].

---

[193] Neste sentido, Antunes Varela (*RJ*, 121.º-14 e ss.).
[194] E foi esta a expressão utilizada no preâmbulo do DL n.º 242/85.
[195] Neste sentido, Paulo Pimenta (*op. cit.*, p. 491, em nota de rodapé). Em sentido contrário e já depois da entrada em vigor do DL n.º 242/85, tinham-se pronunciado Varela/Bezerra/Nora (*Manual...*, p. 362), recorrendo ao argumento da analogia do pedido reconvencional com o pedido original. Salvo o devido respeito, estes autores entram em possível contradição com o que referiram a propósito da inadmissibilidade do pedido reconvencional em processo sumaríssimo (*Manual...*, p. 746), pois que aí escreveram que essa inadmissibilidade derivava da circunstância de o autor não dispor de articulado para se defender de tal pedido. Ora, a situação aqui é extremamente semelhante, na medida em que, tendo sido intencionalmente eliminada a resposta à tréplica, o autor também deixou de dispor de articulado para se defender das possíveis alterações ao pedido reconvencional ou à respectiva causa de pedir. Disso mesmo deve ter-se dado conta, posteriormente, o professor Antunes Varela, porquanto nos AP's de CPC de 1988 e de 1990 (elaborados por comissão a que presidiu, como sabemos), nos segmentos normativos correspondentes ao n.º 2 do art. 273.º do CPC de 61 (o n.º 2 do art. 226.º do primeiro trabalho e o n.º 2 do art. 227.º do segundo) redigiu-se o seguinte: "O pedido pode também ser alterado ou ampliado na réplica, se a houver; pode ser reduzido, tal como o pedido reconvencional, em qualquer estado do processo e pode, além disso, ser ampliado até ao encerramento da discussão em primeira instância, ouvida a parte

A paridade das partes teve, pois, de ceder em favor da celeridade processual desejada pelo DL n.º 242/85.

É que, anteriormente, a lei previa um articulado, ainda que eventual, que por um lado se "adaptava" perfeitamente à desejável modificação do pedido ou da causa de pedir reconvencionais e, por outro, assegurava capazmente o contraditório –era a dita quadrúplica, prevista no CPC de 39 e mantida até estas alterações de 1985. A partir destas alterações, a lei pura e simplesmente eliminou tal articulado [196]. Quer dizer, ele existia e expressamente deixou de existir, não podendo agora a doutrina ou a jurisprudência – contra aquilo que o legislador pretendeu e a lei consagrou – dizerem que, afinal, ele continuou a existir.

Aceitar a eliminação expressa de determinado articulado e, ao mesmo tempo, a admissibilidade dele para efeitos do contraditório equivale, no fundo, a acolher duas realidades perfeitamente antagónicas.

Por outro lado, aparentemente, poderá dizer-se que entramos em tendencial contradição com o que anteriormente afirmámos acerca da impossibilidade de o réu responder aos factos impeditivos e extintivos invocados pelo autor na réplica das acções de simples apreciação negativa. Na verdade, se aí dissemos que, por impossibilidade de apresentar tréplica, tais factos não poderiam ser considerados como assentes (mas nem por isso o autor ficava impossibilitado de os alegar), também aqui poderíamos dizer que as modificações introduzidas na causa de pedir ou no próprio pedido reconvencional deveriam ser de admitir, considerando-se aquelas como controvertidas e estas sujeitas à prova que, eventualmente, se produzisse, por inexistência de peça onde o autor delas se tivesse podido defender.

---

contrária, se a ampliação estiver já virtualmente compreendida no pedido inicial". Ora, se os projectos de diploma previam no mesmo artigo a redução do pedido original e a do pedido reconvencional (e a ampliação de ambos no caso concreto referido na parte final dos segmentos normativos em análise) e apenas admitiam, expressamente e sem restrições (a não ser as referentes à réplica), a alteração ou a ampliação do pedido original, isso só podia querer significar que não estavam previstas estas modificações para o pedido reconvencional, a não ser (como anteriormente) que elas derivassem de acordo das partes ou consistissem na tal simples ampliação (por desenvolvimento ou como consequência) do pedido primitivo. Por isso, cremos estar certos quando referimos que a eliminação da quadrúplica implicou a inadmissibilidade genérica de, na tréplica, se concretizarem alterações ao pedido ou à causa de pedir reconvencionais.

[196] Em sentido contrário, porém, pronunciou-se o STJ em 14.3.1990 (cfr. *AJ*, 2.º/ /90, p. 14).

A verdade, porém, é que entre as duas situações não há qualquer similitude. Uma coisa é o réu não poder responder a excepções suscitadas acerca de um direito que ele próprio já invocou e em relação ao qual alegou já os respectivos factos constitutivos. Outra coisa muito diferente (e que seria bem mais grave se fosse admitida) é o autor não poder minimamente defender-se de uma questão nova que contra si é suscitada e formulada.

A não ser assim, também teríamos que passar a admitir (que não admitimos, como veremos) pedidos reconvencionais em processo sumaríssimo...

Nesta conformidade, entendemos que não há qualquer contradição entre as duas opiniões anteriormente manifestadas.

Resta acrescentar que o DL n.º 242/85, de 9 de Julho, não introduziu alterações ao regime dos articulados supervenientes, continuando estes a submeter-se, pois, ao tratamento normativo originariamente previsto em 1961.

Este diploma trouxe, porém, uma relevante "novidade" que ficou a constar no n.º 1 do art. 464.º-A do CPC de 61.

Numa manifestação nítida dos poderes do dispositivo (formais, no caso), aí se redigiu que "Qualquer que seja a forma de processo aplicável, as partes podem acordar em limitar a intervenção do tribunal à fase da instrução, discussão e julgamento da causa, desde que a petição seja subscrita por ambas as partes ou acompanhada de declaração de concordância do réu com os termos da petição subscrita pelo autor e nela se mencionem os pontos de facto assentes e os controvertidos, bem como a posição de cada uma das partes acerca das questões de direito a solucionar".

Com esta medida legislativa, pretendia atingir-se uma desejada não litigiosidade dos articulados, bem como uma relevante simplificação e celeridade dos processos (para além de uma vantajosa aproximação das partes, potencialmente motivadora de futuras transacções).

Infelizmente, a regra facilitadora que o artigo englobava não obteve o êxito desejado no quotidiano forense, na medida em que raramente (ou nunca) os advogados portugueses a "utilizaram". Estamos convictos de que a azáfama judiciária em que os advogados vivem terá contribuído sobremaneira para o inêxito referido. Se há um litígio extrajudicial determinado, pode constituir pura perda de tempo a procura do entendimento entre os advogados (ou entre as partes) para o efeito da elaboração da petição conjunta. Propõe-se a acção e, depois, o réu que a conteste, até porque assim tudo é mais seguro e as partes não têm de fazer, nessa petição conjunta, inevitáveis cedências de que pudessem, mais tarde, arrepender-se. Por outro lado, a experiência demonstra que, as mais das vezes, o réu só procura os serviços do advogado aquando da sua citação e, por isso, será seguramente infrutífera a tentativa prévia do mandatário do autor de concretizar este "acordo formal" que o art. 464.º-A do CPC de 61 pretendeu consagrar.

Bem procurou o Governo beneficiar e motivar o regime acabado de descrever, fazendo publicar o DL n.º 211/91, de 14 de Junho, através do qual se revogou o dito art. 464.º-A do CPC e se regulou o chamado "processo simplificado conjunto". Temos a consciência de que este DL teve o mesmo sucesso que tivera o art. 464.º-A introduzido pelo DL n.º 242/85 no CPC de 61, ou seja, pouco ou nenhum...

Como adiante constataremos, o CPC de 95 desenvolveu o princípio que acaba de se expor e consagrou a responsabilidade conjunta que, hoje, juízes e advogados têm na delimitação do litígio fáctico a apreciar e na própria selecção dos factos com interesse para o desfecho da lide.

4.7. *Breve Referência à Questão, a Propósito da Diversidade de Formas do Processo Declarativo Comum*

Até agora, analisámos a evolução do número e do conteúdo dos articulados do processo declarativo ordinário, embora, de quando em vez, tenha havido necessidade de aludir às outras formas de processo comum, precisamente quando se tornou vantajosa qualquer comparação relevante para os objectivos do trabalho.

Com a rapidez que a questão merece, atentemos então na evolução do número e do conteúdo dos articulados, quer no processo sumário, quer no processo sumaríssimo, desde o CPC de 39 até ao de 1995 (exclusive).

Assim, para o processo sumário (que, por definição, haveria de ser mais simplificado do que o ordinário, dada a menor dimensão do litígio), aquele primeiro diploma (nos arts. 783.º a 796.º) previa as seguintes particularidades que o distanciavam do processo ordinário:

a) Só existiam dois articulados normais (a petição e a contestação)[197];
b) O prazo desta contestação era de dez dias (e não vinte);

---

[197] Apelidavam-se igualmente de articulados, apesar de não ser exigida a forma articulada, como já referimos.

c) Eventualmente, se nela o réu se defendesse por excepção, suscitasse algum incidente ou formulasse um pedido reconvencional, haveria lugar à resposta a apresentar pelo autor em cinco dias, a qual se deveria cingir à matéria que a tinha potencializado; e

d) Embora a lei não o previsse expressamente, a doutrina admitia que, para satisfazer o contraditório e a paridade das partes (e até por aplicação supletiva das regras do processo ordinário), se na resposta o autor suscitasse algum incidente ou invocasse excepções, quando estivesse a defender-se do pedido reconvencional, poderia o réu apresentar a contra-resposta, igualmente em cinco dias e também cingida à matéria que a tinha potencializado [198].

Com a entrada em vigor do CPC de 61, a estrutura dos articulados do processo sumário não sofreu grandes alterações (tal como, de resto, sucedeu no processo ordinário).

A única merecedora de registo [199] foi a constante dos respectivos arts. 785.º e 786.º, de onde se alcança que os casos que permitiam a apresentação formal da resposta passaram a ser tão somente a suscitação por parte do réu de alguma excepção na defesa (para que o autor lhe pudesse responder), ou a formulação de algum pedido reconvencional (para que o autor dele se pudesse defender) [200] e não também a dedução de algum incidente por manifesta desnecessidade, pois que a tramitação destes estava perfeitamente autonomizada em sede própria das disposições gerais e comuns, respeitando-se nela (é claro) o princípio do contraditório [201].

O DL n.º 47.690, de 11 de Maio de 1967, trouxe para os articulados do processo sumário as alterações correspondentes àquelas que introduziu no processo ordinário.

---

[198] Neste sentido, J. Alberto dos Reis (*CPC Anotado*, Vol. VI, p. 457), referindo que por isso é que no art. 786.º do CPC de 39 se aludira às respostas (e não singularmente à resposta) e no art. 787.º do mesmo diploma se redigira a expressão "depois da última resposta" e não singelamente "depois da resposta". Ou seja, o CPC de 39 dava plena "cobertura" à existência da dita contra-resposta.

[199] Para além da obrigatoriedade da forma articulada, como sabemos.

[200] E neste caso a resposta passou a poder ser apresentada no prazo de dez dias contados da notificação da contestação, pelas mesmas razões que o da réplica passou a ser de vinte.

[201] Relativamente aos articulados supervenientes, também não há distinções a assinalar em relação ao previsto para o processo ordinário.

Assim, a resposta passou a ser admitida não só nos casos anteriormente previstos, mas também nas acções de simples apreciação negativa, para que o autor pudesse impugnar os factos constitutivos que o réu tivesse alegado e (ou) apresentar os factos impeditivos ou extintivos do direito invocado pelo réu na contestação.

Sendo a resposta apresentada nestes moldes (ou assumindo-se ela como defesa à reconvenção, já se sabe) o seu prazo era de dez dias, mantendo-se os cinco dias apenas quando tal articulado servisse para o autor responder às excepções deduzidas pelo réu (cfr. os arts. 785.º e 786.º, com a redacção que lhes foi dada por este DL).

Entretanto – e por força desta alteração – parte da doutrina passou a admitir a contra-resposta (em cinco dias, já se sabe) não só para que o réu pudesse responder às excepções deduzidas pelo autor contra o pedido reconvencional, mas exactamente também nestas acções de simples apreciação negativa, para que o réu pudesse, igualmente, responder aos factos impeditivos ou extintivos (verdadeiras excepções peremptórias) suscitados pelo autor (na resposta) ao direito por si invocado na contestação[202].

O que acontece é que defendemos a opinião de que a contra-resposta já deixara de ser admitida com a entrada em vigor de CPC de 61. Na verdade, os argumentos literais utilizados por J. Alberto dos Reis (e a que já fizemos referência, de resto) deixaram de ter fundamento porque o CPC de 61 deixou de "falar" na "última resposta" ou em mais do que uma resposta, optando (pelo contrário) por, sistematicamente, singularizar esse articulado (cfr. toda a terminologia utilizada nos arts. 785.º a 787.º desse diploma). Nessa conformidade, por absoluta falta de apoio normativo, fomos levados a concluir que o réu deixara de poder responder (em articulado próprio) a partir de 1961, no processo sumário, às excepções deduzidas pelo autor contra o pedido reconvencional, bem como, a partir de 1967, aos factos impeditivos ou extintivos suscitados também pelo demandante nas acções de simples apreciação negativa, o que só podia ter gerado que tais excepções e factos não pudessem ser dados como assentes, antes "permanecendo" em suposta controvérsia a aguardar a possível resposta do réu em plena audiência de julgamento e a produção da respectiva prova [203].

---

[202] Neste sentido, Manuel de Andrade (*op. cit.*, p. 365) e, pelo menos a favor da contra-resposta para responder às excepções deduzidas pelo autor contra o pedido reconvencional, Castro Mendes (*Direito...*, Vol. III, p. 317).

[203] Em sentido idêntico, nunca admitindo (pois) a contra-resposta, pronunciaram-se Anselmo de Castro (*DPC Declaratório*, Vol. III, p. 379) e, posteriormente, Varela//Bezerra/Nora (*Manual...*, p. 737).

Finalmente, importa recordar que o DL n.º 242/85, de 9 de Julho, não "trouxe" qualquer alteração expressa à marcha dos articulados do processo sumário. Porém, ao introduzir as relevantes modificações (que já se referiram) na estrutura articular do processo ordinário, uma há que tem naturais consequências para a forma sumária do processo comum.

Com efeito (e como agora recordamos), o DL n.º 242/85 eventualizou a tréplica, fazendo-a depender das excepções deduzidas pelo autor contra o pedido reconvencional ou das modificações operadas pelo demandante no pedido ou na causa de pedir. Desta forma, e seguindo uma orientação que nos pareceu adequada, a partir de 1 de Outubro de 1985, deixou o réu de poder responder nas acções ordinárias de simples apreciação negativa, através de um articulado, aos factos impeditivos e extintivos suscitados pelo autor contra o direito invocado na contestação.

Ora, se assim foi, parece não ter feito sentido que muitos orientadores continuassem (mesmo a partir de 1 de Outubro de 1985) a imaginar e a admitir a contra-resposta em processo sumário para o mesmo efeito.

Na verdade, se até em processo ordinário, apesar de estar previsto um quarto articulado, a lei afastou a possibilidade de nele o demandado responder aos ditos factos impeditivos ou extintivos do direito invocado, menos se compreende que, em processo sumário, tal resposta articulada seja admitida, pois que a lei – para esta forma de processo – não admitia sequer o dito quarto articulado

Relativamente ao processo sumaríssimo – e com a mesma pretendida rapidez– dir-se-á que o CPC de 39, que o regulava entre os arts. 797.º e 800.º, previa (como hoje) apenas os dois articulados normais e fundamentais, isto é, a petição e a contestação (esta apresentada em oito dias), não se admitindo qualquer articulado eventual, o que implicava desde logo que em processo sumaríssimo não devessem ser admitidos pedidos reconvencionais (com o que sempre concordámos), por impossibilidade articular de o autor deles se defender [204], e que às eventuais excepções

---

[204] Neste sentido, J. Alberto dos Reis (*CPC Anotado*, Vol. VI, p. 493), E. Lopes--Cardoso (*CPC Anotado*, p. 472), Manuel de Andrade (*op. cit.*, p. 367), Anselmo de Castro (*DPC Declaratório.*, Vol. I, p. 171 e Vol. III, p. 380), Luso Soares (*Direito...*, p. 515), Varela/Bezerra/Nora (*Manual...*, p. 746), Abílio Neto (*CPC Anotado, 11ª...*, p. 753), A. Colaço Canário (*op. cit.*, p. 32), Paulo Pimenta (*op. cit.*, p. 492-495), Lopes do Rego (*Comentários...*, p. 528), etc. Também a jurisprudência tem sido de igual opinião. Cfr. os Acs. da RL, de 30.3.1982 (*BMJ*, 321.º-433) e da RP, de 8.11983 (*BMJ*, 326.º-536). Castro Mendes foi inicialmente de igual opinião (*Sobre a Admissibilidade...*, p. 33), tendo-a depois corrigido (a partir das alterações de 1967) e passado a admitir

deduzidas pelo réu na contestação apenas poderia o autor responder-lhes em plena audiência de discussão e julgamento ou, como alguns "desenharam", por antecipação na petição inicial [205].

---

a reconvenção em processo sumaríssimo para que nela fosse invocada pelo réu a compensação obrigacional, atendendo ao novo tratamento que esta figura mereceu do DL n.º 47.690, de 11 de Maio de 1967 (*Direito*..., Vol. III, p. 330). Não é totalmente seguro, todavia, que o professor Castro Mendes tenha passado a aceitar a reconvenção em processo sumaríssimo nos demais casos legais que a potencializavam nas outras formas de processo comum. Por isso, e salvo o devido respeito, não pode garantir-se – como garantiu W. Ferraz de Brito (*op. cit.*, p. 530) – que o professor de Lisboa estivesse completamente contra a inadmissibilidade da reconvenção em processo sumaríssimo. Mais recentemente, M. Teixeira de Sousa (*As Partes*..., ps. 177-178), referiu que não devia impedir-se a reconvenção em processo sumaríssimo só porque a lei não fazia referência expressa a um terceiro articulado. Argumentou o professor de Lisboa, *a contrario* dos demais, que era precisamente por ser de admitir a reconvenção em processo sumaríssimo (segundo o disposto no art. 464.º do CPC de 61) que se imporia um terceiro articulado, para respeitar o contraditório, e se a lei a ele não aludia devia proceder-se à integração da respectiva lacuna nos termos do n.º 3 do art. 10.º do CC. O que acontece, salvo o devido respeito, é que não foram só as razões formais derivadas da inexistência expressa de um terceiro articulado que levaram a enorme maioria da doutrina e da jurisprudência a não admitir a reconvenção em processo sumaríssimo, mas também (e muito particularmente) a singeleza e a rapidíssima tramitação desta forma de processo, naturalmente inconciliáveis com a natural perturbação e com o acréscimo de morosidade que a reconvenção provoca. A aceitarmos esta orientação, terminaria uma das características do processo sumaríssimo que sempre mais o distanciaram das outras formas de processo declarativo comum. Por isso, sempre aderimos à opinião dominante, até porque entendemos que se o legislador quisesse ter admitido (que não quis – cfr., relativamente ao CPC de 39, J. Alberto dos Reis, *CPC Anotado*, Vol. VI, p. 493 e, relativamente ao CPC de 61, E. Lopes-Cardoso, *CPC Anotado*, p. 472) a reconvenção em processo sumaríssimo, não deixaria de a ter, normativamente, regulado, como, de resto, o fez na tramitação da acção sumária. Ora, é precisamente este o ponto decisivo, no nosso entender, pois que ao prevenir a tramitação da reconvenção em processo sumário, o legislador demonstrou, expressamente, que a mesma era de admitir nessa forma de processo. Pelo contrário, ao não a prevenir em processo sumaríssimo e ao referir (no segundo parágrafo do art. 799.º do CPC de 39) que, no caso de o réu contestar, o passo processual seguinte consistiria na marcação de dia para o julgamento, o legislador cuidou de demonstrar que jamais seria possível a existência de um terceiro articulado nesta forma de processo e consequentemente, jamais seria possível ao réu a formulação de um qualquer pedido reconvencional, sendo ainda certo que tal segmento normativo se manteve (no seu essencial) no CPC de 61 (cfr. o n.º 2 do respectivo art. 795.º). Adiante veremos, naturalmente, se o CPC de 95 tratou a questão.

[205] Neste último sentido, J. Alberto dos Reis (*CPC Anotado*, Vol. VI, p. 493) e Manuel de Andrade (*op. cit.*, p. 367). Só academicamente podemos concordar com esta orientação, pois não cremos ser possível exigir do autor o "especial dom" de prever as excepções que o réu venha a deduzir na contestação.

O CPC de 61 e o DL n.º 47.690 não alteraram substancialmente a estrutura dos articulados do processo sumaríssimo [206] e salvo um pequeno acrescento relativo aos requerimentos tendentes à prestação do depoimento de parte, introduzido pelo DL n.º 457/80, de 10 de Outubro [207], tal estrutura manteve-se inalterada até aos nossos dias, pois que a Reforma Intercalar de 1985 também não a modificou.

* *
*

Poderá entender-se que a exposição anterior acerca dos articulados foi demasiadamente longa.

Entendemos que não, tanta a importância (de que demos conta) que tais peças tinham antes da entrada em vigor do CPC de 95.

Recordemos, a propósito, as palavras de Paulo Cunha [208] acerca da matéria: "Nunca é excessiva a atenção que se dê aos articulados. Tôda a sorte do processo daí depende. Não era sem razão que os antigos diziam: «arrazoe (ou alegue) quem quiser, mas articule quem souber»".

---

[206] Onde passaram a ser admitidos formalmente também, com o primeiro desses diplomas, os articulados supervenientes, os quais – como todos os outros articulados em processo sumaríssimo – não necessitavam de se submeter à forma articulada, como oportunamente verificámos.

[207] Na verdade, desde o CPC de 61 até à entrada em vigor do DL n.º 457/80, de 10 de Outubro, tal depoimento não era admitido no processo sumaríssimo, como referiram Manuel de Andrade (*op. cit.*, p. 368) e Varela/Bezerra/Nora (*Manual...*, p. 746, em nota de rodapé). Pelo contrário, na vigência do CPC de 39, a prestação desse depoimento era admitida, como referiram expressamente J. Alberto dos Reis (*CPC Anotado*, Vol. IV, p. 148), indirectamente, Paulo Cunha (*op. cit.*, Tomo II, ps. 413 e ss.) e, implicitamente, Eugénio Silva (*op. cit.*, p. 165). O DL acima referido veio, pois, reconsagrar o depoimento de parte em processo sumaríssimo e referir (naturalmente) que deveria ser na petição inicial e na contestação que os requerimentos tendentes à sua prestação deveriam ser apresentados (cfr. o n.º 1 do art. 793.º e o n.º 2 do art. 794.º do CPC de 61, com a redacção que lhes foi dada por este DL), no caso, é claro, de as partes pretenderem essa prestação e não obrigatoriamente, como entenderam muitos advogados aquando da entrada em vigor do diploma, atenta a terminologia aparentemente imperativa utilizada pelo legislador. Tais causídicos tinham depois que – em plena audiência de discussão e julgamento – desistir do que muitas vezes nunca tinham desejado, o que era, no mínimo, caricato.

[208] Paulo Cunha (*op. cit.*, Tomo I, p. 577).

B) NO ÂMBITO DA COGNIÇÃO DA MATÉRIA DE FACTO

5. A Dicotomia Histórica entre a Influência do Dispositivo na Temática e a Livre Investigação dos Factos

5.1. *O Domínio do Dispositivo sobre o Poder Cognitivo do Tribunal, Consagrado no Direito Processual Civil. Excepções ao Princípio*

Como já se referiu no início deste trabalho, os arts. 664.º dos CPC de 39 e de 61 referiam que apesar de o juiz não estar sujeito às alegações das partes no tocante à indagação, interpretação e aplicação das regras de direito, ele só poderia servir-se dos factos que houvessem sido articulados pelas partes.

Sendo que era às partes que competia, exclusiva e espontaneamente, a alegação dos factos em juízo e sendo que a função essencial que se pedia ao juiz era que ele fosse o puro árbitro do litígio apresentado, lógico seria também que a decisão final do processo só pudesse basear-se naqueles factos alegados [209] e não também em quaisquer outros que derivassem de um imaginário poder investigatório do tribunal.

Assim, o juiz não podia conhecer de questões – no sentido de controvérsia fáctica, um facto jurídico [210], enquanto situação histórica precisa – que não lhe tivessem sido suscitadas espontaneamente pelas partes, o que não representava senão mais uma das múltiplas manifestações da grande dimensão com que os anteriores diplomas haviam acolhido o princípio do dispositivo.

Dominando o processo, as partes alegavam os factos que muito bem entendiam. Com poucos ou nenhuns poderes, o tribunal só podia basear-se em tais factos para decidir.

Mais uma vez, como nos temas anteriores, à imensa força do dispositivo correspondiam proporcionalmente diminutos poderes do tribunal.

---

[209] A regra sempre conheceu excepções, de que daremos conta adiante.

[210] Os factos jurídicos são os acontecimentos (e circunstâncias) concretos, determinados no espaço e no tempo, passados e presentes, do mundo exterior e da vida anímica humana que o direito objectivo converteu em pressuposto de um efeito jurídico, como os definiu Rosenberg (*op. cit.*, Tomo II, p. 209).

E este domínio do dispositivo sobre o poder cognitivo do tribunal sempre implicou também que a produção probatória só pudesse igualmente incidir sobre os factos que as partes houvessem carreado para o processo.

Naturalmente que depois de alegados por uma das partes, era necessário analisar a posição processual que, perante esses factos, assumia a parte contrária e até a relevância ou irrelevância dos mesmos para o desfecho da lide, e não esquecemos que tais tarefas (designadamente, a selectiva) competiam ao juiz da causa aquando da elaboração da especificação e do questionário.

O que queremos com isto dizer é que a produção probatória só versava, naturalmente, sobre os factos que tivessem sido exclusiva e espontaneamente apresentados pelas partes, que se mostrassem relevantes para o resultado da lide e que estivessem em controvérsia. O mesmo é dizer que a produção probatória só poderia incidir sobre a matéria fáctica constante do questionário, isto é, sobre aquela que integrasse os quesitos elaborados pelo juiz[211] (cfr. o art. 517.º do CPC de 39 e o art. 513.º do CPC de 61, que se limitou a acrescentar ao regime consagrado no diploma anterior a sua harmonização com o disposto no art. 521.º)[212].

De resto, o que se pretendia não era propriamente a constatação jurisdicional da "verdade dos factos alegados", mas antes que no espírito do julgador se formasse a convicção da realidade desses factos.

Por outro lado, o domínio do dispositivo sobre o poder cognitivo do tribunal, ao qual vimos aludindo, também sempre implicou que, salvo algumas excepções, a decisão do juiz só pudesse igualmente tomar em consideração as espécies de provas apresentadas ou requeridas pelas partes.

Como, em tempos, ensinara Satta[213], o juiz era, no domínio do processo civil, um verdadeiro "estranho perante a prova"[214], não obstante

---

[211] Salva a hipótese de se poder requerer exame em documentos juntos ao processo.

[212] Os quesitos eram, pois, as formulações correspondentes aos factos que houvessem sido alegados pelas partes, com interesse para o desfecho da lide e que estivessem em controvérsia (sendo, por isso, necessário produzir prova sobre eles).

[213] Salvatore Satta (*op. cit.*, Vol. I, p. 183).

[214] Era o «convidado de pedra», de Lascano, citado por J. Almagro Nosete (*op. cit.*, Tomo I, p. 333), convidado esse que, para preservar a sua imparcialidade, presenciava impassivelmente a nobre contenda que, com igualdade de armas, lhe apresentavam as partes no processo. Incumbia, pois, aos litigantes não só o ónus de carrear para o processo todos os factos, bem como o de sobre eles produzir a respectiva prova, estando vedado ao juiz qualquer hipótese de completar o material instrutório.

algumas correcções – que podem considerar-se verdadeiras atenuações do princípio do dispositivo – que logo no CPC de 1939 (e acompanhando--se nessa matéria o código austríaco de 1895) ficaram consagradas, as quais, depois, foram evoluindo no CPC de 61 [215].

De facto – e no dizer de Lebre de Freitas [216] –, um dos grandes progressos do CPC de 39 consistiu na "introdução do princípio da actividade do juiz, chamado a assumir a direcção do processo quando anteriormente era perante ele meramente passivo, o que representou a atenuação dum princípio dispositivo hipertrofiado em prol do princípio inquisitório".

Tal evolução baseou-se no correcto entendimento de que o instituto das provas diz essencialmente respeito à função jurisdicional do Estado, enquanto função pública que é, e de que "a sua solução põe fundamentalmente em movimento o interesse daquele, representado na iniciativa instrutória dos tribunais" [217].

Analisemos, então, essas **atenuações**, concretamente as que nos parecem mais relevantes:

a) Nos arts. 266.º dos CPC de 39 e de 61, referiu-se que **cumpria ao juiz remover os obstáculos que se opusessem ao andamento regular da causa, quer recusando o que fosse impertinente ou meramente dilatório, quer ordenando o que se mostrasse necessário para o seguimento do processo**, o que constituiu claramente uma limitação dos "poderes dispositivos" das partes (mesmo no campo da prova que pretendessem produzir) e resultou de um novo pensamento (ainda em fase embrionária) acerca da "missão arbitral" que cabia ao julgador;

b) No art. 524.º do CPC de 39 e no art. 520.º do CPC de 61 (e, depois do DL n.º 47.690, no art. 519.º desse diploma) ficou consagrada a possibilidade da **inquirição oficiosa das partes e de terceiros** (sobre matéria alegada) e, por isso, a possibilidade de dessas inquirições (e até mesmo das respectivas recusas) resultarem elementos probatórios fundamentais para a decisão, o que também constituiu uma atenuação do princípio acima referido.

---

[215] E sem embargo de algumas de tais "atenuações" terem sido já inovadas nos anteriores Decretos n.ºs 12:353 e 21:287, de 22 de Setembro de 1926 e de 26 de Maio de 1932, respectivamente.

[216] J. Lebre de Freitas (*Em Torno da Revisão...*, p. 8).

[217] Neste sentido, Pessoa Vaz (*op. cit.*, p. 93).

Com efeito, do art. 519.º da última versão do CPC de 61 (e dos preceitos anteriores correspondentes a que acima se fez referência) extrai-se, por exemplo, que as partes tinham o dever de responder ao que lhes fosse perguntado.

Ora, o cumprimento (ou incumprimento) de tal dever podia verificar-se no âmbito do chamado **depoimento oral de parte**, o qual tanto ocorria na sequência de requerimento apresentado pela parte contrária (cfr. os arts. 572.º e ss. do CPC de 39 e os arts. 568.º e ss. do CPC de 61 e, depois do DL n.º 47.690, os arts. 552.º e ss. desse diploma), como na sequência de uma determinação espontânea do juiz nesse sentido [218].

Em ambos os casos – e até à entrada em vigor do referido DL n.º 47.690 –, se a parte não comparecesse (ela própria e não através de mandatário, evidentemente) ou se recusasse a depor, seria (por regra) havida por confessa[219, 220], relativamente aos factos sobre que se tivesse pretendido o seu depoimento (cfr. a 2.ª parte do art. 572.º e o corpo do art. 574.º do CPC de 39, bem como o n.º 2 do art. 568.º e o n.º 1 do art. 570.º do CPC de 61, na sua versão original [221, 222]), o que demonstra o seguinte: – que embora não constasse expressamente da lei, o depoimento

---

[218] Com efeito, o depoimento de parte podia também ser oficiosamente ordenado, como defendia uma grande parte da doutrina e era, de resto, retirável do 2.º § do art. 264.º do CPC de 39 e do n.º 3 do art. 264.º do CPC de 61. Nesse sentido, J. Alberto dos Reis (*CPC Anotado*, Vol. IV, ps. 122-123), Paulo Cunha (*op. cit.*, Tomo II, p. 142) e, posteriormente, Castro Mendes (*Direito...*, Vol. III, p. 219, em nota de rodapé) e Varela/Bezerra/Nora (*Manual...*, p. 566, igualmente em nota de rodapé). Em todo o caso, historicamente, parece que o depoimento de uma parte devia resultar da manifestação de um "direito processual" da parte contrária, como teremos a oportunidade de demonstrar. Por isso – e face à terminologia restritiva constante do art. 552.º do CPC de 61 –, alguns outros autores entendiam que o depoimento de parte não podia ser ordenado oficiosamente. Neste sentido, recentemente, Isabel Alexandre (*op. cit.*, p. 289).

[219] Tal cominação, que já vinha de uma orientação do CC de 1867 (cfr. o respectivo § 2.º do art. 2411.º), não ocorria se a parte comprovasse o justo impedimento (cfr. o art. 574.º do CPC de 39 e o art. 570.º do CPC de 61, na sua versão original).

[220] Por outro lado, tal cominação demonstra que estávamos mais propriamente perante um ónus de prestação do depoimento de parte do que perante um verdadeiro dever.

[221] E ainda a primeira parte do art. 524.º do CPC de 39 e a segunda parte do n.º 2 do art. 520.º do CPC de 61, igualmente na versão original deste.

[222] Igual cominação acontece ainda hoje no Brasil (cfr. os arts. 342.º e 343.º do respectivo Código de Processo Civil).

de parte só incidia sobre factos que pudessem beneficiar a parte contrária e, portanto, em princípio, factos que houvessem sido por esta alegados. Com efeito, tendo em consideração a "consequência" prevista na lei para o não cumprimento do ónus (a confissão), é inimaginável que o depoimento de parte pudesse versar sobre factos que beneficiassem o próprio depoente [223]. De outra forma, a parte retiraria vantagens da sua própria conduta desrespeitadora...

Após o DL n.º 47.690, o n.º 2 do art. 519.º do CPC de 61 (com a redacção dada por aquele diploma) veio alterar a situação descrita, da seguinte forma:

1.º Em primeiro lugar, veio referir expressamente que a recusa do depoimento (quer a derivada da falta de comparência injustificada, quer a recusa pessoalmente manifestada, a que passamos a chamar de "recusa directa") passava a implicar igualmente a condenação da parte em multa, instituindo-se dessa forma, claramente, um verdadeiro dever de prestação do depoimento de parte e não apenas um ónus de assumir tal comportamento[224, 225];

2.º Em segundo lugar e adaptando adequadamente a lei instrumental ao preceituado no novo CC (cfr. o n.º 2 do art. 357.º respectivo),

---

[223] Por isso se referiu que, historicamente, o depoimento de parte deveria ser exigido apenas quando a parte contrária assim o desejasse e formulasse o respectivo requerimento para o efeito. "Era um direito que uma parte tinha de requerer uma declaração da outra parte, contrária ao próprio interesse desta". Neste sentido, Satta (*op. cit.*, Vol. I, ps. 193-194).

[224] Embora a multa derivada da falta desta cooperação nunca representasse uma sanção de natureza criminal. Antes era entendida como um meio (civil) de coacção à colaboração. Por isso, até ficava sem efeito se, entretanto, a parte aceitasse cooperar. Neste sentido (e seguindo o entendimento de J. Alberto dos Reis para a falta de cooperação dos terceiros –*CPC Anotado*, Vol. III, p. 326), Varela/Bezerra/Nora (*Manual...*, p. 481).

[225] Imprecisamente, no nosso entender (e salvo o devido respeito), F. Ferreira Pinto (*Lições...*, p. 194) não dá conta da diferença entre o n.º 2 do art. 520.º do CPC de 61, na sua versão original, e o n.º 2 do art. 519.º do mesmo diploma, com a redacção que lhe foi dada pelo DL n.º 47.690, admitindo que a multa derivada da recusa ilegítima de colaboração era apenas aplicada a terceiros e não também às partes. Mas, também a jurisprudência vacilou acerca deste problema. Cfr. o Ac. da RL, de 10.1.1995 (*Col. Jur.*, 1985, 1.º-144), onde se referiu que "No caso de o recusante ser parte no processo, a sanção aplicável situa-se exclusivamente no campo da prova". Dando conta das dúvidas doutrinárias e jurisprudenciais acerca do tema, na vigência dos diplomas anteriores ao CPC de 95, cfr. Isabel Alexandre (*op. cit.*, p. 297).

a recusa (indirecta ou directa) de prestação do depoimento de parte passou a ser livremente apreciada pelo tribunal, liberdade apreciativa que se mantinha se a parte não comparecesse ou respondesse vaga e imprecisamente ao que lhe fosse perguntado [226, 227];

3.º Em terceiro lugar – e tendo em consideração a livre valoração referida – o depoimento de parte passou a poder ser prestado acerca de quaisquer factos (que constassem do questionário) e não apenas acerca daqueles que pudessem beneficiar a parte contrária.

Em todo o caso, e porque o depoimento só podia incidir sobre os factos constantes do questionário, bem pode concluir-se que o depoimento só era prestado sobre os factos que houvessem sido espontaneamente alegados pelas partes no processo [228], mostrando-se a colaboração destas, portanto, de novo fortemente mitigada pelos efeitos do dispositivo. Ou seja, não poderia o juiz [229] pretender, por este meio, a obtenção de novos factos para além dos alegados, nem mesmo neles atentar, no caso de serem, porventura, abordados (agora) pelo depoente. Até porque o art. 517.º do CPC de 39 e o art. 513.º do CPC de 61 sempre limitaram a

---

[226] Note, todavia, a excepção do art. 314.º do CC, a propósito da presunção do cumprimento.

[227] Esta evolução legislativa ocorreu também em outros ordenamentos, designadamente em Itália. Compare-se, para o efeito, o art. 218.º do CPC italiano de 1865 com o art. 232.º do diploma actualmente em vigor. No ordenamento brasileiro, embora a recusa de depoimento (indirecta ou directa) implique a confissão dos factos que se pretendiam averiguar, como já se disse, a falta de resposta a algumas perguntas (não a recusa liminar, note-se) e as evasivas injustificadas do depoente são tendencial e livremente apreciadas pelo tribunal, ou melhor, este pode – apreciando as demais circunstâncias e elementos de prova – equiparar tal conduta, ao nível das consequências processuais que ela provoca, à recusa de depoimento (cfr. o art. 345.º). Trata-se daquilo a que J. Frederico Marques chamou de um "ónus imperfeito e condicionado" (*op. cit.*, Vol. II, ps. 193-194).

[228] O que se retira, de resto, da 1ª parte do art. 572.º do CPC de 39, do n.º 1 do art. 568.º do CPC de 61 e, depois do DL n.º 47.690, do art. 552.º desse diploma e sempre se entendeu que era igualmente aplicável ao dito depoimento de parte oficiosamente determinado.

[229] A quem competia exclusivamente a formulação das perguntas ao depoente (cfr. os arts. 577.º e 578.º do CPC de 39, os arts. 573.º e 574.º do CPC de 61 e, depois do DL n.º 47.690, os arts. 561.º e 562.º desse diploma).

produção dos meios de prova (e o depoimento de parte constituía, naturalmente, um deles [230]) aos factos constantes do questionário, isto é (insiste-se), aos factos articulados pelas partes, que fossem relevantes para o desfecho da lide e se mostrassem ainda controvertidos.

Sendo assim, a verdade que continuava a procurar-se era a verdade dos factos alegados em juízo, isto é, a referida verdade formal, ou apenas possível...

Além disso, a experiência também demonstrou que poucas ou nenhumas vezes os juízes utilizavam este "poder", deixando, portanto, a realização do depoimento de parte à iniciativa dos litigantes. Ou seja – e como regra derivada da experiência– se tal depoimento fosse requerido pela parte contrária, o juiz ordenava a sua realização, verificados que se mostrassem alguns requisitos lógicos (como os constantes do art. 564.º do CPC de 39, do art. 560.º do CPC de 61 e, depois do DL n.º 47.690, do art. 554.º desse diploma); se as partes nada requeressem nesse sentido, também o juiz não ordenava o dito depoimento, o que sucedia justamente (e mais uma vez) por força do domínio exercido pelo dispositivo no consciente e subconsciente dos magistrados e porque se considerava que este "meio de prova" era dos que mais podia beliscar a neutralidade do juiz.

Permita-se-nos uma recordação judicial: – Ouvimos certo dia da boca de um magistrado, no início de uma audiência de julgamento, o seguinte: "Estive para determinar, neste caso, a prestação do depoimento de parte do réu. Mas, como a prática me ensinou que são muitas as vezes em que tal depoimento é prejudicial para quem o presta (e, consequentemente, vantajoso para quem não o requereu), não desejo que se diga que eu, como juiz, tenho influência no desfecho da lide. Por isso, optei por não determinar a prestação de tal depoimento".

Esta conduta tecnicamente desacertada do magistrado (mas que fôra doutrinariamente defendida por Manuel Rodrigues) demonstrava cabalmente a relevantíssima influência do princípio do dispositivo na temática. Com uma visão desproporcionada da isenção e da imparcialidade da função jurisdicional, o magistrado demonstrava como até a própria averi-

---

[230] A expressão não fica dita com toda a propriedade porque, em bom rigor, é a confissão judicial que pode derivar do depoimento de parte (e não propriamente este) que constitui um meio de prova, como refere toda a doutrina portuguesa, segundo se julga, designadamente Paulo Cunha (*op. cit.*, Tomo II, p. 141). Em todo o caso, a expressão foi utilizada indirectamente por Rosenberg (*op. cit.*, Tomo II, p. 270).

guação e descoberta da verdade dos factos alegados em juízo se mostrava menosprezada e comprometida.

Em todo o caso, se o depoimento fosse ordenado, a parte, para além de dever prestá-lo (como vimos), tinha ainda o dever de o prestar com verdade e sob juramento, como resultava do art. 576.º do CPC de 39, do art. 572.º do CPC de 61 e, depois do DL n.º 47.690, do art. 559.º desse diploma e como, analogicamente, se podia retirar também dos arts. 264.º de ambos os diplomas e, expressamente, do conceito de litigância de má-fé, consagrado nos arts. 465.º e 456.º dos CPC de 39 e de 61, respectivamente [231].

Sobre as partes impendia o tal dever de veracidade a que anteriormente se aludiu [232]. É que embora se dissesse que em processo civil apenas se procurava a verdade da forma (ou a chamada verdade judicial), isso não devia querer significar que se pretendesse que essa verdade não coincidisse com a verdade material [233]. O esforço para lá chegar é que era bem menor do que aquele que se utilizava, por exemplo, em processo penal.

O dever de veracidade que vimos referindo tinha (e tem) tal força em processo civil que o falso depoimento de parte faz incorrer o depoente em responsabilidade criminal. As partes tinham (e têm), pois, o dever de falar (quando seja ordenado o seu depoimento) e o dever de falar a verdade, como indirectamente sempre resultou também, afinal, do próprio princípio do dispositivo.

Por outro lado, o dever de responder ao que oficiosamente fosse perguntado não se consubstanciava apenas no depoimento de parte. Sobre os litigantes e sobre terceiros impendia também **o dever de prestação de esclarecimentos ao tribunal** [234].

Na verdade, as partes, por exemplo, além de deverem prestar o depoimento pessoal a que aludimos, tinham ainda genericamente que prestar os esclarecimentos (quaisquer outros esclarecimentos) que o juiz solicitasse, como se determinava nos arts. 265.º dos CPC de 39 e de

---

[231] O dever que vimos tratando estava, pois, intimamente ligado também ao dever de litigância de boa-fé.

[232] Cfr. a matéria tratada *supra* em "4.1.- A FUNÇÃO ESSENCIAL DOS ARTICULADOS".

[233] Neste sentido, Bettiol (*op. cit.*, p. 280).

[234] Embora frequentemente se confunda entre este dever com o de prestação de depoimento de parte oficiosamente determinado.

61 [235]. Por isso é que tais artigos tinham que conjugar-se, temporal e respectivamente, com o preceituado nos arts. 524.º do CPC de 39, 520.º do CPC de 61 e, depois do DL n.º 47.690, 519.º desse diploma.

O depoimento de parte era exacta e concretamente referido a determinado ou determinados pontos de facto que, controvertidamente, constassem do questionário, enquanto que o dever de prestar esclarecimentos ao tribunal era um dever de conteúdo diferente, que não se confundia, nem se concretizava naquele "meio de prova"[236]. Nesta conformidade, estamos seguros de que, ao abrigo da aplicação conjugada daqueles arts. 265.º e 519.º do CPC de 61 (e dos comandos legais anteriormente correspondentes), o juiz podia solicitar das partes a prestação de quaisquer outros esclarecimentos, naturalmente acerca do conteúdo objectivo da lide, isto é, acerca das questões fácticas alegadas, não tendo necessariamente que determinar (para o efeito) a prestação de um depoimento pessoal sobre determinado ou determinados quesitos.

O depoimento pessoal visava a obtenção de uma resposta precisa e clara a uma formulação escrita. O esclarecimento a que agora nos referimos destinava-se a fazer perceber ao juiz qualquer questão por ele considerada menos clara.

Por outro lado, o depoimento pessoal oficiosamente determinado tinha que constar de despacho escrito prévio, o qual enumerava as perguntas a que a parte haveria de responder, na medida em que era necessário fazer-se referência aos quesitos respectivos, para além de dever realizar-se no início da audiência de discussão e julgamento [237]. Pelo contrário, o poder que o tribunal tinha de solicitar das partes determinados esclarecimentos podia ser exercido espontaneamente e em qualquer momento da acção, antes e durante a audiência de discussão e julgamento e até após o encerramento da própria discussão [cfr., para este último caso, a al. g) do art. 653.º do CPC de 39 e o n.º 1 do art. 653.º do CPC de 61] [238, 239].

---

[235] Neste sentido, J. Alberto dos Reis (*CPC Anotado*, Vols. III e IV, ps. 320 e 123, respectivamente, e *Comentário...*, Vol. 3.º, ps. 6-7).

[236] Dando conta da diferença, embora sob outro prisma, pronunciou-se a Relação de Lisboa, por Ac. de 15.10.1973 (*BMJ*, 241.º-154).

[237] A partir do DL n.º 47.690, porque anteriormente as audiências começavam com uma breve exposição oral dos advogados [cfr. as als. *a*) e *b*) do art. 653.º do CPC de 39, as als. *a*) e *b*) do art. 652.º da versão original do CPC de 61 e a al. *a*) do n.º 3 do art. 652.º da versão deste código, depois de entrar em vigor o DL citado].

[238] Da lição de J. Alberto dos Reis (*Comentário...*, Vol. 3.º, p. 6) resulta que o poder de pedir esclarecimentos às partes podia provocar o dever de os prestar oralmente

Convém, por outro lado, fazer referência à influência que mais uma vez o dispositivo exercia neste dever. Na verdade, o juiz só podia solicitar esclarecimentos, como anteriormente se disse, acerca das questões fácticas alegadas pelas partes, para além de se entender que as restrições legais ao depoimento de parte (constantes dos arts. 564.º do CPC de 39, 560.º do CPC de 61 e, depois do DL n.º 47.690, 554.º desse diploma [240]) eram igual e naturalmente extensíveis a este dever de prestação de esclarecimentos ao tribunal.

Ou seja, se o poder de solicitar determinados esclarecimentos estava condicionado, também as partes não estavam naturalmente obrigadas a cumprir o dever quando os esclarecimentos fossem impropriamente pedidos, isto é, quando eles incidissem sobre matéria que à parte fosse lícito recusar o aclaramento. Ou melhor ainda, nos casos em que o poder do juiz de pedir esclarecimentos não existia, inexistia igualmente (como é óbvio) o dever consagrado na última parte dos arts. 265.º dos diplomas referidos.

---

em audiência especialmente marcada para o efeito, ou o dever de os prestar por escrito, conforme o juiz determinasse. O certo é que a experiência ensinou que o pedido de prestação de esclarecimentos, quando ocorria (e não eram muitos os casos, atenta a já referida submissão consciente e subconsciente dos julgadores ao dispositivo) materializava-se espontaneamente no decurso de qualquer diligência para outro efeito, designadamente no decurso da audiência de discussão e julgamento. Vimos algumas vezes atentos magistrados pedir determinados esclarecimentos às partes, nessas audiências, face ao conteúdo do depoimento desta ou daquela testemunha.

[239] Fazendo a precisa distinção entre o depoimento de parte e os esclarecimentos prestados ao tribunal, Satta (*op. cit.*, Vol. I, ps. 193-194), apelidou aquele de "interrogatório formal" e este de "interrogatório livre", mas atente-se: – uma liberdade meramente formal, não de conteúdo, na medida em que o autor italiano acrescentou que este interrogatório não podia atribuir ao juiz quaisquer poderes inquisitórios. A liberdade utilizada na expressão referia-se, pois, à iniciativa da actividade probatória (que, para o mesmo autor, constituía apenas um meio subsidiário de prova).

[240] Tal como no depoimento de parte, este dever de esclarecimento só podia dirigir-se a factos pessoais (ou de que a parte devesse ter conhecimento) e, por outro lado – e sem prejuízo do constante da 2.ª parte do art. 524.º do CPC de 39 e do n.º 3 do art. 519.º do CPC de 61, com a redacção que lhe foi dada pelo DL n.º 368/77, de 3 de Setembro –, nunca poderia versar sobre factos criminosos ou torpes de que a parte fosse arguida, com o objectivo de se evitarem situações humilhantes para o cidadão. Sobre o alcance deste impedimento, cfr. o Ac. do STJ de 23.11.1973 (*BMJ*, 231, p.133) e Pinheiro Farinha (*op. cit.*, Vol. I, p. 287).

Por força disso é que o art. 265.º do CPC de 61 (beneficiando igual artigo do diploma anterior) veio referir expressamente quais os esclarecimentos que podiam ser solicitados às partes: – unicamente aqueles que o tribunal solicitasse *nos termos da lei* [241].

Admitindo a legalidade do pedido de esclarecimentos, as partes deviam prestá-los e, mais uma vez, prestá-los com verdade, aplicando-se ao caso tudo o que anteriormente se referiu a propósito do dever de veracidade reconhecido no direito processual civil.

Assim, as consequências derivadas do incumprimento deste dever evoluíram histórica e semelhantemente a par das resultantes da recusa injustificada da prestação do depoimento de parte, na medida em que só a partir da entrada em vigor do DL n.º 47.690 é que a matéria em causa ficou tratada adequadamente no CC, concretamente no n.º 2 do art. 357.º. Deste preceito resultou (tal como em relação ao depoimento de parte) que quer a recusa (independentemente de provocar a condenação da parte em multa), quer a invocada falta de memória ou desconhecimento de prestar as informações e os esclarecimentos solicitados (ou a prestação deles de forma vaga e abstracta) passaram a ser apreciadas livremente pelo tribunal.

 c) Uma terceira atenuação da dimensão do dispositivo, a propósito dos poderes instrutórios do tribunal era a que constava do corpo do art. 555.º do CPC de 39 e do n.º 1 do art. 551.º do CPC de 61 (e, depois do DL n.º 47.690, do art. 535.º desse diploma), nos quais se previu a possibilidade de o juiz **requisitar oficiosamente informações, pareceres técnicos, plantas, fotografias, desenhos, objectos ou outros quaisquer documentos** necessários ao esclarecimento da verdade (dos factos alegados).

O dever correspondente (que impendia sobre as partes, sobre terceiros e sobre organismos oficiais) devia ser cumprido como resposta a um despacho proferido pelo juiz nesse sentido, isto é, um despacho através do qual o juiz requisitasse algum ou alguns daqueles elementos. E este despacho tanto podia ser proferido espontaneamente, como na sequência de uma sugestão apresentada pela parte nesse sentido [242].

---

[241] O que nunca foi muito bem compreendido pelos nossos tribunais, levando-os a entender que o cumprimento do dever só podia ser exigido às partes quando existisse uma norma que especialmente o impusesse. Dando conta desta situação, Lebre de Freitas (*Revisão...*, p. 428). Daí que o CPC de 95 tenha feito "desaparecer" da letra da lei a expressão sublinhada no texto.

[242] Quer a doutrina, quer a jurisprudência, sempre entenderam que a parte não podia requerer a requisição. Antes tinha, apenas, que a sugerir, cabendo depois ao juiz,

Se a parte (ou qualquer outra pessoa) não cumprisse este dever e, portanto, não facultasse o que lhe fosse requisitado, era condenada em multa, sem prejuízo da utilização dos meios coercitivos jurídica e materialmente adequados à concretização da requisição (cfr. o 2.º § do art. 555.º do CPC de 39, o n.º 3 do art. 551.º da versão original do CPC de 61 e o art. 537.º deste diploma, com a redacção que lhe foi dada pelo DL n.º 47.690) [243]. Todavia, tal como nos casos anteriores, antes da entrada em vigor deste último DL, a recusa ilegítima da parte em satisfazer a requisição implicava ainda a consideração como provados dos factos que se pretendessem averiguar através deste meio de prova (portanto, inevitavelmente, factos que beneficiavam a parte contrária), como se referia nos (já várias vezes citados) arts. 524.º do CPC de 39 e 520.º do CPC de 61, na versão original deste. E só com a entrada em vigor do referido DL é que a conduta da parte assim recusante passou a poder ser livremente apreciada pelo tribunal, como ficou a constar do n.º 2 do art. 519.º do CPC de 61, na sua última versão.

Ora, tal como a propósito dos anteriores deveres, as requisições a que estamos agora a aludir só podiam fazer-se relativamente à matéria quesitada, o que resultava dos arts. 517.º do CPC de 39 e 513.º do CPC de 61 e, até analogicamente, da parte final do art. 552.º do CPC de 39, do n.º 2 do art. 548.º do CPC de 61 e, depois da entrada em vigor do DL n.º 47.690, do n.º 2 do art. 528.º desse diploma [244]. O mesmo é dizer que o poder cognitivo do tribunal continuava relevantemente dominado pelo dispositivo;

d) Uma quarta atenuação da dimensão do dispositivo era que constava do art. 616.º do CPC de 39 e do n.º 1 do art. 612.º do CPC de 61 (quer na sua versão original, quer na resultante do DL

---

no exercício de um dos seus poderes discricionários (e, por isso, insusceptível até de recurso), determinar ou não essa requisição. Neste sentido, J. Alberto dos Reis (*CPC Anotado*, Vol. IV, p. 47) e, entre outros, os Acs. da RL, de 6.3.1968 (*JR*, 14.º-230) e do STJ, de 5.3.1974 (*BMJ*, 235.º-192). Assim, entendia-se que se a parte requeresse a requisição e não apresentasse tal sugestão, o requerimento devia ser indeferido. Em todo o caso, é evidente que a forma de sugerir ao tribunal a requisição era (em tudo) idêntica a um vulgar requerimento. Por isso, sempre considerámos aquela orientação doutrinária e jurisprudencial exageradamente formalista.

[243] Cfr. o cumprimento deste dever por parte dos organismos oficiais, nos arts. 555.º, § 1.º, do CPC de 39, 551.º, n.º 2, da versão original do CPC de 61 e 536.º da última versão deste diploma.

[244] Neste sentido, Wanda Ferraz de Brito (*op. cit.*, p. 361).

n.º 368/77, de 3 de Setembro), nos quais se previu a possibilidade de realização da **inspecção judicial espontânea e oficiosamente ordenada** [245].

Por força do dever correspondente, as partes [246, 247] não podiam deixar de submeter-se à dita inspecção [248]. A recusa de prestar esta colaboração, tal como ocorria com o depoimento de parte, implicou até ao DL n.º 47.690 a consideração como provados dos factos que se pretendiam averiguar. Portanto, se a parte não se deixasse inspeccionar, ou não deixasse inspeccionar coisas suas (ou que estivessem na sua posse), dar-se-iam como provados os factos que se pretendiam esclarecer, de onde se retira que estes eram, necessária e novamente, factos que beneficiavam a parte contrária e que, por isso, em princípio, por esta houvessem sido alegados.

A partir da entrada em vigor do novo CC e do DL n.º 47.690, passou o juiz a poder apreciar (isto é, valorar) livremente tal conduta recusante ou omissiva da parte, independentemente de esta dever ser condenada em multa e de o tribunal poder determinar a prática dos meios coercivos necessários e legítimos à materialização da inspecção [249, 250].

---

[245] O DL n.º 368/77 salvaguardou a intimidade da vida privada e familiar e a dignidade humana, entretanto constitucionalmente previstas como direitos pessoais (cfr. os respectivos arts. 25.º e 26.º da CRP – os direitos à integridade pessoal, à identidade, ao bom nome e reputação, à intimidade, etc.).

[246] Elas próprias, como pessoas, bem como as coisas de que elas fossem proprietárias ou possuidoras.

[247] Acresce que este dever, tal como os anteriores, era extensível a quaisquer outras pessoas, que não apenas às partes.

[248] Embora só com o CPC de 61 se tenha feito referência normativa expressa à inspecção sobre pessoas, a doutrina já tendia a admiti-la, seguindo uma orientação de Mortara, citada por J. Alberto dos Reis (*CPC Anotado*, Vol. IV, ps. 294 e ss.). Cfr. ainda o mesmo autor (*CPC Anotado*, Vol. III, ps. 320-322). Pelo contrário, E. Lopes-Cardoso (*CPC Anotado*, p. 374) referiu que foi apenas com o CPC de 61 que se alargou o objecto da inspecção a todas as espécies de coisas (e não apenas aos imóveis, como parecia resultar da lei de 1939) e também às pessoas. A ser como o ilustre magistrado propugnou, parece que não fazia sentido o art. 524.º do CPC de 39, que impunha às partes (e a todas as outras pessoas) a submissão às ditas inspecções. O art. 612.º do CPC de 61 trouxe, isso sim, uma importante novidade não consagrada no código anterior: – a de o juiz poder mandar proceder à reconstituição dos factos, o que se revelou de indiscutível vantagem prática.

[249] O que anteriormente era só aplicável aos terceiros recusantes.

[250] Como é evidente, a prática dos meios coercitivos era inutilizável na recusa de prestação do depoimento de parte ou de prestação de esclarecimentos.

Este meio de prova, no dizer da própria lei, visava o esclarecimento do tribunal sobre factos que interessassem à decisão da causa e a cooperação que se pedia à parte era sempre tendo como objectivo a descoberta da verdade. Mas, tal como anteriormente, esta inspecção [251] só servia para habilitar o próprio tribunal [252] a decidir sobre os factos que constassem dos autos como alegados pelas partes, sem embargo de poder igualmente ser utilizada para habilitar o juiz a organizar a especificação e o questionário (cfr. a parte final do art. 616.º do CPC de 61 e o n.º 2 do art. 612.º do CPC de 61 [253]).

Por isso, bem pode voltar a dizer-se que o dispositivo continuava a influenciar e a dominar decisivamente o poder cognitivo do tribunal, apesar das possibilidades "instrutórias" deste;

> e) Uma quinta atenuação do dispositivo, a propósito dos poderes instrutórios do tribunal (sem embargo de existirem várias outras manifestações dessa tendência, como a possibilidade de **apreensão oficiosa de documentos** – cfr. o § 2.º do art. 554.º do CPC de 39, o n.º 2 do art. 550.º do CPC de 61 e, depois, do DL n.º 47.690, o art. 532.º desse diploma –, ou a possibilidade de **realização oficiosa do arbitramento**, a chamada "prova pericial" – cfr. o art. 586.º do CPC de 39, o n.º 2 do art. 581.º do CPC de 61 e, depois do DL n.º 47.690, o n.º 3 do art. 572.º desse diploma), era a que constava do art. 646.º do CPC de 39 e do n.º 1 do art. 645.º do CPC de 61.

Nestes preceitos ficou prevista a possibilidade de o juiz **inquirir oficiosamente uma testemunha não arrolada pelas partes,** se do depoi-

---

[251] Que era livremente apreciada pelo tribunal, como determinavam o 2.º § do art. 619.º do CPC de 39, o n.º 2 do art. 615.º do CPC de 61, na sua versão original e, após a entrada em vigor do novo CC e do DL n.º 47.690, o art. 391.º do primeiro destes diplomas.

[252] E por isso é que a doutrina e a jurisprudência sempre se recusaram a admitir a inspecção por deprecada, tendo em consideração que este meio de prova tinha e tem por fim a percepção directa dos factos pelo tribunal que há-de julgar a causa. Neste sentido, o Ac. da RC, de 10.4.1984 (*Col. Jur.*, 1984, 2.º-52).

[253] E sendo que, nesse caso, a inspecção não constituía, evidentemente, um elemento probatório. Neste sentido, cfr. os Acs. da RC, de 1.6.1982 (*Col Jur.*, 1982, 3.º--43) e de 30.11.1982 (*BMJ*, 324.º-628).

mento de uma qualquer das arroladas se constatasse que essoutra tinha conhecimento de factos (alegados) importantes para a decisão da causa [254].

É perfeitamente visível, em todos os casos que agora se referiram, uma clara atenuação da extensão do dispositivo a que anteriormente aludimos, no sentido de que competiria exclusivamente às partes a apresentação das provas que se produzissem no processo.

De facto – e como verificámos –, podia o juiz promover oficiosamente a realização de inúmeras diligências probatórias [255], o que resultou, afinal, do tal novo pensamento sobre a missão do julgador que começava a desenvolver-se:

– o do reconhecimento de um papel operantemente activo do juiz na averiguação dos factos alegados.

Ou seja, "aligeiraram-se as amarras" do princípio do dispositivo no que disse respeito ao método de procurar a verdade sobre os factos alegados [256], mas manteve-se inalterável o princípio no que disse respeito aos factos em si mesmos, pois que esta nova "actividade instrutória" do julgador só podia incidir, como dissemos, sobre os circunstancialismos fácticos que tivessem sido articulados pelas partes.

Em bom rigor, portanto, o dispositivo começava a ceder, mas somente no que dizia respeito à produção probatória em si mesma e não também no tocante ao poder cognitivo do tribunal. O juiz começava a deixar de ser o tal "estranho" perante a prova, na medida em que se lhe reconheciam diversos poderes de a realizar, mas tal produção probatória só podia incidir sobre os factos que as partes houvessem tido a livre disponibilidade de alegar e se encontrassem quesitados.

---

[254] Note-se, pois, que era absolutamente imprescindível a verificação deste requisito: – de ter resultado do depoimento de uma testemunha que uma outra qualquer pessoa não arrolada tivesse conhecimento de factos relevantes para o desfecho da lide.

[255] Embora grande parte da doutrina só aceitasse subsidiariamente o uso destes poderes do tribunal, ou seja, o uso deles apenas e quando se demonstrasse que as diligências probatórias requeridas pelas partes e já realizadas fossem insuficientes para o apuramento da verdade dos factos alegados em juízo. Neste sentido, por exemplo, Luiz Lopes (*op. cit.*, p. 41).

[256] E por isso, Castro Mendes (*Do Conceito...*, p. 156), utilizando para o efeito uma expressão original de Pessoa Vaz (*op. cit.,*, ps. 95 e ss.) referiu que no âmbito da actividade probatória, vigorava no direito processual civil português um sistema "inquisitório moderado". Também J. Alberto dos Reis aceitou a expressão (*CPC Anotado*, Vol. IV, p. 523).

Por isso, podemos concluir (para já, também liminarmente) que o dispositivo mantinha toda a sua dimensão controladora e limitadora do poder cognitivo do tribunal propriamente dito.

Há, porém, uma questão que não queremos deixar de tratar e que, a este propósito, preocupou a doutrina na vigência do CPC de 39.

É que no 2.º § do art. 264.º desse diploma ficara também consagrada a possibilidade de o juiz ordenar oficiosamente as diligências que fossem consideradas necessárias ao apuramento da verdade.

Ora, conjugando este "poder" com o previsto na alínea g) do art. 653.º do mesmo diploma, que permitia ao presidente do tribunal, encerrada a discussão, a elaboração de novos quesitos que considerasse indispensáveis para a boa decisão da causa [257], não foram poucos os doutrinadores que entenderam que o tribunal poderia assim conhecer de factos não articulados pelas partes que se tivessem evidenciado, por qualquer meio, do decurso do processo e fossem pertinentes para a descoberta da verdade [258, 259]. Só assim ganhava sentido, acrescentava-se, o art. 663.º do CPC de 39, que mandava o tribunal tomar em consideração no julgamento os factos supervenientes que fossem constitutivos ou extintivos do direito e só assim se poderia aproximar a verdade judicial da verdade objectiva.

Salvo o devido respeito, sempre entendemos que esta orientação (independentemente de poder estar parcialmente certa no âmbito dos objectivos) não deveria ter sido perfilhada [260].

Aduzimos, para consistência do que acaba de se dizer, três argumentos: – um, relativo à opinião expressa do legislador; outro, literal; e outro, histórico.

---

[257] Novidade do CPC de 39 que foi considerada por Paulo Cunha (*op. cit.*, Tomo II, ps. 45 e 268) como "uma contribuição útil para as causas serem mais bem julgadas".

[258] Neste sentido, entre outros, Pessoa Vaz (*op. cit.*, p. 171*)*, Sá Carneiro (*Sobre o artigo 663.º...*, p. 66 e *Anotação...*, ps. 126 e ss.) e Anselmo de Castro (citando-se em *DPC Declaratório*, Vol. III, p. 159), sendo certo que tal orientação foi seguida por muitos tribunais. Cfr., entre outros, os seguintes Acórdãos: da RL, de 13.1.1944 (*RLJ*, 77.º-234), do STJ, de 8.4.1947 (*BMJ*, n.º 1, 181) e da RP, de 26.6.1948 (*BMJ*, n.º 13, p. 219).

[259] E desde que tais factos fossem insusceptíveis de alterar a causa de pedir, dizia-se, tendo em consideração o art. 278.º do CPC de 39.

[260] É, todavia, certo que nos referimos tão somente aos chamados "factos essenciais" da causa e não também aos "factos instrumentais", de que daremos conta adiante. Em relação a estes, o rigor do dispositivo não funcionava (pelas razões que aduziremos), podendo, pois, o juiz deles conhecer, ainda que os mesmos não houvessem sido alegados pelas partes.

Em primeiro lugar, dir-se-á que o professor Alberto dos Reis [261] não deixou dúvidas acerca da sua opinião sobre a matéria, esclarecendo que os poderes do presidente do tribunal constantes da alínea g) do art. 653.º do CPC de 39 só podiam incidir sobre os factos carreados pelas partes nos articulados (que não houvessem sido quesitados por lapso ou pela circunstância de, no momento de elaboração do despacho saneador, não houvessem sido considerados relevantes para o desfecho da lide e o desenvolvimento desta tivesse demonstrado o contrário [262]) ou, então, sobre os factos não propriamente carreados pelas partes nos articulados normais, mas por elas trazidos por outra qualquer via processualmente admissível (v.g., nas peças que, na vigência do CPC de 39, se não chamavam articulados supervenientes, mas que eram já admitidas, como dissemos [263], ou através da junção de documentos) [264].

Portanto, a alínea g) do art. 653.º do CPC de 39 deveria manter-se fiel ao dispositivo, não podendo o tribunal conhecer de matéria que não tivesse sido trazida aos autos pelas partes, nem que ela emergisse espontaneamente do decurso da lide.

Por outro lado, embora o 2.º § do art. 264.º e a alínea g) do art. 653.º do CPC de 39 parecessem não criar restrições aos poderes do tribunal, o certo é que ambos os segmentos normativos tinham que harmonizar-se com o art. 664.º do mesmo diploma, sob pena de com ele entrarem em total contradição. Ora, este último preceito, como já se viu, vedava expressamente a possibilidade de o tribunal se servir de factos não alegados pelas partes [265].

---

[261] J. Alberto dos Reis (*CPC Anotado*, Vol. IV, ps. 520-525).

[262] Mas era preciso que antes, as partes não tivessem reclamado contra a falta de inserção de tais factos no questionário, pois se tivesse havido essa reclamação e a mesma tivesse sido desatendida formava-se caso julgado e o presidente do tribunal ficava inibido de quesitar tais factos. Neste sentido, Orlando V. de Carvalho (*Quesitos Novos*, p. 100). Este mesmo autor chegara anteriormente a defender opinião oposta (*A Especificação...*, p. 2), que, depois, correctamente, abandonou.

[263] Cfr. a matéria tratada *supra*, sob a epígrafe "4.2- OS ARTICULADOS NO CPC DE 1939".

[264] A orientação de J. Alberto dos Reis foi igualmente perfilhada por José Osório (*op. cit.*, p. 206) e seguida por muitos tribunais. Cfr., entre outros, os seguintes Acórdãos: da RL, de 15.1.1947 (*BMJ*, n.º 4, p. 242) e do STJ, de 11.6.1958 –Processo n.º 57.229 (*BMJ*, n.º 78, ps. 324-330).

[265] Embora no preceito constasse a expressão "factos articulados pelas partes", este devia ser extensivamente interpretada para "factos alegados pelas partes", isto é,

Por último, o motivo histórico. O CPC de 61 veio dar consistência à opinião por nós perfilhada, pois que na alínea *f)* do n.º 2 do respectivo art. 650.º [correspondente à al. *g)* do art. 653.º do CPC de 39] passou a dizer-se que o presidente do tribunal podia formular os quesitos novos que fossem indispensáveis para a boa decisão da causa, **sem prejuízo, porém, do art. 664.º.**

Não restaram dúvidas, pois, acerca da intenção do legislador de 1961 de por côbro à querela doutrinária e jurisprudencial existente e de manter um total domínio do dispositivo sobre os poderes cognitivos do tribunal

Ou seja, o tribunal podia formular quesitos novos, mas os factos nele inseridos não podiam ser novos, como referiu Salazar Casanova [266]. Haveriam sempre de ser, pois, factos carreados para os autos pelas partes [267].

Acresce que o CPC de 61 não aludiu ao momento em que o este "poder dominado" do tribunal podia ser exercido, ao contrário do que se previra no CPC de 39. Assim, passou a admitir-se a elaboração oficiosa de quesitos adicionais, quer antes, quer depois de encerrada a discussão [268], podendo neste caso (e como anteriormente) o tribunal voltar à sala de audiências e ouvir as pessoas e promover as diligências que entendesse (cfr. o n.º 1 do art. 653.º do CPC de 61).

Em todo o caso, acrescente-se, sempre que o tribunal formulasse quesitos novos, haveria que respeitar-se o contraditório, podendo as partes produzir prova sobre os novos temas e reabrindo-se assim a instrução e a discussão limitada a essa matéria inovadamente quesitada [269].

---

factos por elas invocados ou afirmados, como explicou J. Alberto dos Reis (*CPC Anotado*, Vol. IV, p. 522). A orientação foi seguida pela doutrina. Nesse sentido, entre outros, Luiz Lopes *(op. cit.*, p. 13) e Salazar Casanova (*op. cit.*, p. 114).

[266] J. F. Salazar Casanova (*op. cit.*, p. 114).

[267] Neste sentido também, Luso Soares (*Direito...*, p. 418).

[268] Neste sentido se orientou a jurisprudência. Cfr. os Acs. da RE, de 4.2.1982 e 29.7.1982 (*Col. Jur.*, 1982, 1.º-354 e 4.º-277, respectivamente), interpretando, porém, o "encerramento da discussão" restritiva e adequadamente, isto é, extensivo apenas à discussão da matéria de facto.

[269] Esta opinião não tinha exacta "cobertura" legal expressa, embora pudesse apoiar-se na redacção do n.º 2 do art. 712.º do CPC de 61. Neste sentido, Anselmo de Castro (*DPC Declaratório*, Vol. III, p. 161), Abílio Neto (*CPC Anotado, 11ª...*, p. 534) e Salazar Casanova (*op. cit.*, p.115, em nota de rodapé). A jurisprudência dividiu-se muito acerca da questão. Em alguns arestos, concordou-se com a orientação acima expendida e até se acrescentou (adequadamente, no nosso entender) que as partes tinham o direito de apresentar novo rol de testemunhas para prova dos factos aditados,

E se a prova não pudesse ser logo apresentada e produzida, deveria interromper-se a audiência para o efeito [270].

Com o mesmo objectivo de se evitarem dúvidas interpretativas (como teriam ocorrido na vigência do CPC de 39), no n.º 3 do art. 264.º do CPC de 61 ficou plasmada a possibilidade de o juiz realizar e ordenar oficiosamente as diligências necessárias para o apuramento da verdade (como no 2.º § do mesmo artigo do CPC de 39), **mas somente quanto aos factos que lhe fosse lícito conhecer** [271].

Assim – e sem querermos esquecer as duas extensões do dispositivo a que oportunamente aludimos (a de só poderem ser produzidas provas sobre os factos alegados pelas partes e a de, como primeira regra, competir também a elas a apresentação de tais provas, ou o requerimento tendente à sua produção) – insistimos na conclusão liminar de que, antes do CPC de 95 (quer na vigência do CPC de 39, implicitamente, quer na vigência do CPC de 61, explicitamente), o tribunal só podia conhecer dos factos carreados espontaneamente pelas partes para o processo, ou seja, a sua decisão – pretensamente resolutora do litígio – só podia basear-se ou fundamentar-se nesses factos, o que tudo ficava a dever-se, mais uma vez, à relevante dimensão do princípio do dispositivo.

---

desde que não se ultrapassassem os limites legais. Neste sentido, cfr. os seguintes Acs.: – do STJ, de 19.1.1982 (*BMJ*, 313.º-301), da RP, de 27.7.1987 (*Col. Jur.*, 1987, 4.º-222) e da RL, de 20.6.1991 (*Col. Jur.*, 1991, 3.º-157). Noutros arestos, embora implicitamente se admitisse a produção de prova sobre os quesitos aditados, decidiu-se que ela só podia ser concretizada através dos meios oportuna e anteriormente apresentados, não se admitindo, portanto (e para o efeito), a apresentação de novo rol de testemunhas. Neste sentido, cfr. os seguintes Acs.: – da RL, de 5.5.1981 – Recurso n.º 19.654 (*BMJ*, 312.º--303), da RC, de 4.3.1986 – Recurso n.º 15.462 (*BMJ*, 355.º-442) e também da RC, de 3.4.1990 (*Col. Jur.*, 2.º-59). O STJ chegou mesmo a decidir (salvo o devido respeito, impropriamente) que se os quesitos novos fossem formulados no início da audiência, poderia fazer-se prova sobre eles, através do meios oportunamente apresentados. Mas, se os quesitos fossem elaborados depois de produzida a prova, o tribunal deveria responder-lhes de acordo com a convicção que já tivesse formado. Cfr. o Ac. de 15.2.1974, relatado por Rodrigues Bastos (*BMJ*, 234.º-277).

[270] Neste sentido, Orlando V. de Carvalho (*Quesitos Novos*, p. 101), acrescentando que tal interrupção constituía um inconveniente que não podia evitar-se.

[271] Que eram – sem mais – os que tivessem sido articulados (com a interpretação já sabida) pelas partes. Neste sentido ainda, E. Lopes-Cardoso (*CPC Anotado*, p. 187).

Esta regra sempre conheceu, porém, excepções, como oportunamente anunciámos. O mesmo é dizer que, na vigência dos CPC de 39 e de 61, excepcionalmente, o juiz podia conhecer de factos (e basear também neles a sua decisão) que não tivesse sido expressamente alegados pelas partes.

Eram concretamente cinco essas excepções [272]. A saber.

5.1.1. Os Factos Notórios

A primeira excepção à regra anunciada era a que estava consagrada na primeira parte do art. 518.º do CPC de 39 e, posteriormente, no n.º 1 do art. 514.º do CPC de 61 (para onde remetiam os arts. 664.º de ambos os diplomas). Daí resultava que não careciam de alegação (nem de posterior prova) os factos notórios, devendo considerar-se como tais aqueles que fossem do conhecimento geral [273, 274].

---

[272] E sem esquecermos a "dinâmica" dos "factos presumidos", a que já aludimos a propósito do tema "1.2.4. – O ÓNUS DE ALEGAÇÃO ESPECÍFICA DOS FACTOS APÓS A ENTRADA EM VIGOR DO CÓDIGO CIVIL DE 1966".

[273] Portanto, não deve confundir-se este conceito de "facto notório" com o que consta, para efeitos substantivos, do n.º 2 do art. 257.º do CC. Os que agora relevam são "os factos geralmente conhecidos em Portugal e não apenas na comarca. Os factos conhecidos pelas pessoas regularmente informadas, isto é, acessíveis aos meios normais de informação", como os definiu J. Alberto dos Reis (*CPC Anotado*, Vol. III, p. 261). Muito mais recentemente, M. Teixeira de Sousa (*As Partes...*, p. 207) apresentou a seguinte definição: "São notórios os factos de conhecimento de uma opinião pública medianamente informada no tempo e lugar da acção, presumindo-se, por isso, que o tribunal tem igualmente conhecimento deles". Da lição deste professor de Lisboa poderia precipitadamente retirar-se que bastaria que o "conhecimento geral" previsto na lei dissesse apenas respeito à circunscrição judicial do tribunal onde pende a acção (como chegou a estar previsto no Projecto do CPC de 39, mas não foi aceite na versão final do diploma) e não, genericamente, ao território nacional. Estamos certos de que não foi essa a intenção. De resto, em outro texto anterior sobre a questão (*Introdução...*, p. 50), o mesmo autor não fizera essa delimitação territorial ao dito "conhecimento geral". Por isso, a conclusão que devemos tirar é esta: –facto notório é aquele que é conhecido pela generalidade dos cidadãos regularmente informados residentes no país e que, por isso, é suposto ser igualmente conhecido na circunscrição judicial do tribunal onde pende a acção. Neste sentido, pronunciou-se a RE, por Ac. de 17.10.1985 (*Col. Jur.*, 1985, 4.º-297). Perfilhando (salvo o devido respeito, mal) a tese que chegou a projectar-se para o CPC de 39, J. João Baptista (*Processo Civil I, Teoria...*, p. 528, em nota de rodapé). Distinguindo (salvo o devido respeito, pior ainda) "facto notório" de "facto de conhecimento geral", A. Soveral Martins (*op. cit.*, p. 149). Recentemente, Lebre de Freitas

O tribunal podia, pois, independentemente da alegação das partes (que não era proibida, mas apenas dispensada [275]), conhecer desses factos, devendo os mesmos prevalecer em caso de conflito com os factos articulados que tivessem sido admitidos por acordo [276]. Por outro lado, a doutrina sempre defendeu (e, naturalmente, bem) que o juiz tinha o dever e não apenas a possibilidade de conhecer (e de se servir, portanto) destes factos notórios [277].

São exemplos clássicos de factos notórios a desvalorização da moeda resultante da inflação, a distância entra as duas maiores cidades do país, a ocorrência de um sismo ou de um incêndio de elevadas dimensões, a ocorrência de um facto histórico relevante, como a adesão de Portugal à União Europeia, etc.

Na verdade, se tais factos eram e são (ou é suposto que sejam) do domínio público, não fazia sentido que as partes estivessem oneradas com o encargo de os alegar e muito menos que sobre eles fosse necessário produzir prova, na medida em que eles já se encontravam provados pela sua própria natureza (*notoria non egent probatione*) [278].

(*Introdução...*, p. 133), reproduzindo Castro Mendes, referiu que facto notório é um facto conhecido ou facilmente cognoscível pela generalidade das pessoas de determinada esfera social, a qual tem que abranger as partes e o juiz da causa. O professor de Lisboa abandonou, pois, o critério geográfico para definir "facto notório", antes referindo que o essencial é que a ocorrência de tal facto seja absolutamente indiscutível, seja porque motivo for. O facto notório é, pois, o que é conhecido pelo público e pelo juiz, como referiu J. Almagro Nosete (*op. cit.*, Tomo I, p. 410). Cfr. ainda sobre a questão, A. Abrantes Geraldes (*Temas...*, p. 49, em nota de rodapé).

[274] Em bom rigor, portanto, os "factos notórios" distinguem-se dos "factos evidentes", como refere Rosenberg (*op. cit.*, Tomo II, p. 218), acrescentando, no entanto, que o tribunal também pode conhecer destes, apesar de os mesmos não terem sido alegados pelas partes.

[275] Em sentido contrário, F. Ramos Méndez (*op. cit.*, p. 493), notando que apesar de ser dispensada a prova dos factos notórios, é indispensável a sua alegação. No sentido do texto, embora reconhecendo que deve admitir-se, como regra, a alegação dos factos notórios, Rosenberg (*op. cit.*, Tomo II, p. 218). Entre nós, a questão foi sempre incontroversa, atentas as epígrafes dos arts. 518.º do CPC de 39 e 514.º do CPC de 61.

[276] Apesar de tudo, a notoriedade do facto pode ser relativa, na medida em que ele pode ser do conhecimento de uma opinião pública medianamente informada e o tribunal não o conhecer. Por isso, normalmente, as partes não deixam de alegar os factos notórios e, nesse caso, de produzir prova sobre eles. No fundo, as partes produzirão prova sobre a própria notoriedade do facto.

[277] Neste sentido, J. Alberto dos Reis (*CPC Anotado*, Vol. III, p. 263).

[278] E se os factos notórios dispensam a prova, lógico é também que, estabelecida a notoriedade, sobre eles não se admita a "prova em contrário", como referiu Satta (*op.*

5.1.2. Os Factos do Conhecimento Jurisdicional Prévio do Tribunal

A segunda excepção à regra anunciada era a que constava da parte final do art. 518.º do CPC de 39 e, posteriormente, do n.º 2 do art. 514.º do CPC de 61 (para onde igualmente remetiam os arts. 664.º de ambos os diplomas). Daqueles segmentos normativos resultava que também não careciam de alegação os factos de que o tribunal tivesse conhecimento por virtude do exercício prévio das suas funções [279].

Ora, as funções a que a lei se referia eram, naturalmente, as funções jurisdicionais do tribunal, afastando-se assim a possibilidade de o juiz utilizar quaisquer factos que fossem apenas do seu conhecimento privado [280]. Se num dado processo anterior, em que o mesmo juiz exercera as suas funções [281], se demonstrara a existência de determinado facto que relevava para um segundo processo que estivesse pendente (o qual não tinha necessariamente que ser entre as mesmas partes), o juiz podia perfeitamente utilizar tal facto (e nele se basear para decidir), contanto que, nesse caso, fizesse juntar aos autos o respectivo documento que o comprovasse [282].

---

cit., Vol. I, p. 189) e, entre nós, recentemente, Lebre de Freitas (*Introdução...*, p. 133). Em sentido parcialmente diverso, permitindo sempre a prova (em contrário) da não verdade desses factos, pronunciara-se J. Almagro Nosete (*op. cit.*, Tomo I, p. 410) e, entre nós, Anselmo de Castro (*DPC Declaratório*, Vol. III, p. 274). Mas, convém não confundir a impugnação da veracidade do facto notório com a impugnação da própria notoriedade dele, pois que esta é de admitir. Neste sentido (e até por maioria de razão), os dois últimos autores citados (*ops.* e ps. *cits.*) e ainda Lebre de Freitas (*Introdução...*, p. 133, em nota de rodapé).

[279] Eram os "factos notórios para o tribunal", como curiosamente lhes chamou Rosenberg (*op. cit.*, Tomo II, p. 218).

[280] Os factos abrangidos são, pois, os "factos do conhecimento funcional do tribunal", como também lhes chamou M. Teixeira de Sousa (*As Partes...*, p. 208). Os factos de que o tribunal conhecia, como instituição.

[281] Tinha que ser o mesmo juiz, na medida em que a lei sempre se referiu aos factos que eram do *seu* conhecimento, por força do exercício das *suas* funções. Assim, não constituía facto de que o juiz devesse ter conhecimento, nos termos e para os efeitos do disposto no n.º 2 do art. 514.º do CPC de 61, a pendência de determinado processo em outro juízo da mesma comarca, ou a pendência de qualquer outro processo em que o juiz não tivesse intervindo. A esta orientação, perfilhada, entre outros, por Lebre de Freitas (*Introdução...*, p. 134) aderiu a jurisprudência. Cfr. o Ac. da RE, de 10.5.1984 (*BMJ*, 339.º-476).

[282] Portanto, não bastava ao juiz utilizar esse facto. Era necessário, até para que os tribunais superiores o pudessem também apreciar, juntar ao processo um documento (v.g., uma certidão do referido processo anterior) que o comprovasse. Aqui sempre

Assim – e por exemplo –, se num processo anterior em que o juiz exercera as suas funções, já se dera como provada a transferência da propriedade de determinado imóvel, por estar junta a esses autos a respectiva escritura pública e (porque não ?) a própria certidão conservatorial demonstrativa do registo efectuado a favor de determinada pessoa e, numa acção posterior, se tornou vantajoso o conhecimento desse facto –mesmo que em tal acção não estivesse concretamente em causa a referida propriedade, nem as partes fossem exactamente as mesmas–, o juiz podia perfeitamente "deitar mão" dele, contanto que fosse junta a essa segunda acção uma certidão judicial da primeira, demonstrativa da prova desse facto [283].

5.1.3. Os Factos Instrumentais

A questão relacionada com os factos que agora vamos abordar sempre revestiu particular importância, porque ao contrário do que sucedia com as outras excepções (que já tratámos e ainda iremos tratar), jamais esteve expressa e legalmente consagrada a possibilidade de o juiz conhecer dos factos instrumentais que não tivessem sido alegados pelas partes, mas que o próprio decurso do processo evidenciasse e fossem relevantes (embora de determinada forma especial de que daremos conta adiante) para o desfecho da lide.

Antes de mais, tentemos distinguir, com a clareza possível, factos essenciais de factos instrumentais: – os primeiros (também apelidados de "fundamentais") são os integrativos da previsão da norma aplicável à pretensão (ou à excepção, evidentemente), isto é, os factos absolutamente indispensáveis à consistência da acção e da defesa [284]; – os segundos são

---

residiu uma das diferenças entre o facto notório e este facto do conhecimento funcional do tribunal: –aquele não precisava de alegação, nem de prova; este não precisava de alegação, mas carecia de ser provado, com as particularidades de essa prova ter que ser a documental e, afinal, dever ser "produzida" pelo próprio tribunal.

[283] Como referiu J. Alberto dos Reis (*CPC Anotado*, Vol. III, p. 264), o que se pretendia era "desobrigar da prova os factos passados e provados noutro processo, factos esses que o tribunal conhecia por virtude do exercício das suas funções".

[284] Note-se a perfeita definição de "factos essenciais", utilizada por Lopes do Rego (*Comentários...*, p. 200): "Os factos essenciais são os que concretizando, especificando e densificando os elementos da previsão normativa em que se funda a pretensão do autor ou do reconvinte, ou a excepção deduzida pelo réu como fundamento da sua

os que permitam inferir a existência dos primeiros, mas que só por si não chegam para a procedência da pretensão (ou da excepção, novamente). São os factos que apenas permitem a indiciação da existência dos factos essenciais e que, por isso, parte da doutrina apelidou de "factos indiciários"[285]. Através deles, pode, pois, apenas supor-se (por inferência lógica ou psicológica) que os factos fundamentais existem. Não são, pois (e por si só), factos absolutamente indispensáveis, como os primeiros. Mas podem tornar-se realmente necessários para a prova da existência destes.

Ora, desde há muito que a doutrina portuguesa opinou no sentido de que, em relação a estes factos instrumentais (e ao contrário do que, historicamente, preconizara Chiovenda), o dispositivo não deveria exercer a sua habitual e relevante influência, de modo a que o tribunal pudesse deles conhecer, ainda que os mesmos não tivessem sido alegados pelas partes, ao contrário do que sucedia relativamente aos factos essenciais[286].

E a razão de ser desta opinião tão uniformemente aceite pela doutrina prende-se com a seguinte circunstância: – é que sendo tais factos instrumentais meros indícios da verificação dos factos essenciais alegados pelas partes, é equivalente o conhecimento directo destes ou a sua determinação através daqueles[287]. Quer dizer, ao basear-se nos factos instrumentais para decidir, o tribunal não ultrapassava os seus poderes de julgamento, não incorrendo a sentença na nulidade prevista na segunda parte do n.º 4 do art. 668.º do CPC de 39 e na segunda parte da alínea *d*) do n.º 1 do art. 668.º do CPC de 61. E o suporte legal para tal conhecimento residia (natural, mas indirectamente) na segunda parte do art. 264.º do CPC de 39 e n.º 3 do mesmo artigo do CPC de 61.

---

defesa, se revelam decisivos pra a viabilidade ou procedência da acção, da reconvenção ou da defesa por excepção, sendo absolutamente indispensáveis à identificação, preenchimento e substanciação das situações jurídicas afirmadas e feitas valer em juízo pelas partes".

[285] Neste sentido e entre outros, Anselmo de Castro (*DPC Declaratório*, Vol. III, ps. 162 e 277), M. Teixeira de Sousa (*As Partes...*, p. 209) e José Osório (*op. cit.*, p. 210). Pessoa Vaz (*op. cit.*, p. XII) recordou todas as expressões de "factos instrumentais" utilizadas pela doutrina: – são os factos acessórios, secundários, indícios, factos simples ou motivos.

[286] Neste sentido, mesmo na vigência do CPC de 39, Castro Mendes (*Do Conceito...*, p. 153) e Pessoa Vaz (*op. cit.*, p. XII). Na vigência do CPC de 61, Anselmo de Castro (*DPC Declaratório*, Vol. III, p. 162), Varela/Bezerra/Nora (*Manual...*, ps. 415-417 e em anotação ao Ac. do STJ de 29.11.1983 – cfr. *RLJ*, 118.º, n.º 3.731, ps. 48 e ss.), M. Teixeira de Sousa (*Introdução...*, ps. 51-52) e Salazar Casanova (*op. cit.*, p. 117).

[287] Neste sentido, M. Teixeira de Sousa (*Introdução...*, p. 52).

Por isso é que, podendo o juiz conhecer assim oficiosamente dos factos instrumentais não alegados pelas partes, podia ele também determinar a produção dos meios de prova que, nos termos da lei, lhe fosse lícito desencadear, a propósito deles. Não propriamente "partindo" à sua descoberta pura e completamente original; antes – porque admitisse, pelos dados que o processo lhe fornecesse, que os mesmos pudessem existir – "investigando-os" habilmente, determinando para o efeito, como se referiu, a produção daqueles meios de prova. Com isto queremos apenas dizer que não competiria ao juiz, em todas as causas, interrogar-se sistematicamente acerca da existência de factos instrumentais (que até podiam vir a ser considerados absolutamente desnecessários, dada a segura convicção formada na consciência do julgador acerca da existência dos factos essenciais). O que ele devia fazer era, casuisticamente – e em face dos elementos "fornecidos" pelo processo (*v.g.*, através de um documento, de um depoimento testemunhal, etc.) – detectar se eles potencialmente existiam ou não e, no caso de se mostrarem necessários para a prova dos factos essenciais alegados pelas partes, partir para essa "investigação oficiosa".

Atentemos num exemplo: – se numa dada acção de divórcio litigioso, com fundamento em factos consubstanciadores do adultério, cometidos pelo réu marido com uma colega de trabalho, uma das testemunhas começa a depor e espontaneamente alude à circunstância de o réu e essa sua colega saírem e chegarem sempre juntos à empresa onde ambos trabalham, ou à circunstância de ambos almoçarem também sempre juntos no mesmo restaurante – factos que a autora não alegara – e se, depois disso, o juiz entende dever questionar outras testemunhas sobre tais circunstâncias, estará ele a tentar detectar a veracidade desses factos instrumentais que, apesar de não terem sido alegados, podem (e devem) ser tomados em consideração. Não chegarão, é certo, para que o tribunal decrete o divórcio, ou seja, eles não podem (até por definição) fundamentar a decisão. Mas poderão ajudar a tal resultado, porque conjugados, comparados, ou relacionados com outros, poderão levar o tribunal a dar como provado que o réu, efectivamente, cometeu o adultério (ou melhor, os factos correspondentes, já se sabe). Ou seja, estes factos (os essenciais) poderão ser considerados provados, não propriamente porque se tenha feito prova directa sobre eles (v.g., ninguém ter assegurado a prática de actos sexuais do réu com aquela sua colega de trabalho), antes porque a prova segura sobre aqueles factos instrumentais e, porventura, sobre outros que se viessem a evidenciar, havia permitido chegar a tal conclusão. O facto essencial passa a existir na mente do julgador, na sequência deste processo lógico, ou psicológico, como se disse.

Em todo o caso, este conhecimento oficioso dos factos instrumentais por parte do tribunal devia satisfazer determinados requisitos, com os quais sempre concordámos.

Na verdade, fomos da opinião de que **era necessário**, antes de mais nada, **que o tribunal quesitasse tais factos instrumentais não alegados** [288]. As partes tinham que saber, concretamente, quais os factos que o juiz considerava com interesse para o desfecho da lide e nos quais se poderia basear (ainda que desta forma "indirecta") para decidir. O contraditório, a clareza e a transparência processuais assim o exigiam.

Esta questão tem, todavia, que ser apreciada temporalmente, porque também somos da opinião de que a regulamentação indirecta da matéria foi evoluindo desde o CPC de 39 em diante.

Na vigência desse diploma (já o dissemos), a formulação de quesitos novos por parte do tribunal só podia ocorrer após o encerramento da discussão [cfr. a al. g) do art. 653.º respectivo].

Daqui, podíamos retirar o seguinte:

1.º Se, no fim da discussão, fosse possível concluir que os factos instrumentais que houvessem "emergido" da instrução não se mostravam necessários para a prova dos respectivos factos essenciais (porque sobre estes havia sido feita prova directa segura, por exemplo), é evidente que, nesse caso, tais factos instrumentais não careciam de ser quesitados, por não serem os mesmos relevantes para o desfecho da lide;

2.º Se, porém, no fim da discussão, se mostrasse necessária a averiguação desses factos instrumentais, por não se ter produzido prova directa convincente sobre os respectivos factos essenciais, nesse caso, sim, o juiz deveria aditar ao questionário os quesitos novos correspondentes a esses factos instrumentais "saídos" da instrução, com base na alínea g) do art. 653.º do CPC de 39.

Tendo-se concluído pela imprescindibilidade de averiguação dos factos instrumentais para a boa decisão da causa – pois que deles dependia a prova dos factos essenciais – não devia evitar-se a quesitação dos mesmos.

E esta questão está ligada a outra, sobre a qual a doutrina se interrogava da seguinte forma:

---

[288] Seguindo-se, assim, um ensinamento de Varela/Bezerra/Nora (*Manual...*, ps. 412-417).

– E quanto aos factos instrumentais controversamente alegados pelas partes nos articulados. Também eles deviam ser quesitados?

Em princípio, não.

As partes tinham-nos alegado nos articulados, mas evidentemente que eles eram indiciários de outros, esses sim, essenciais, que as partes também haviam alegado nessas peças. E estes e só estes é que deviam ser quesitados. Até porque o CPC de 39 continha um impedimento expresso a tal quesitação: – o 1.º § do seu art. 515.º, onde se referia que só eram quesitáveis os factos indispensáveis à resolução da causa. Ora, os factos instrumentais, à partida (e como sabemos), não eram (nem são) indispensáveis.

Por isso, o professor Castro Mendes [289] começou por escrever que tais factos não deveriam ser, pelo menos originariamente, quesitados, embora acrescentasse que, *de jure condendo*, deveriam ser quesitados "os factos instrumentais **previstos** como necessários".

Mas, a dificuldade residia aqui: – Como é que o juiz, aquando da elaboração do questionário, podia saber da necessidade de averiguação de determinado facto instrumental?

Por regra, até se dirá que sendo os factos instrumentais, por assim dizer, meros factos "laterais", mal "estará" a parte se só contar com eles para convencer o tribunal da veracidade dos factos essenciais também por si alegados. É até mais do que lógico que a parte conte produzir prova directa sobre os factos essenciais que alegou e, assim, se torne despicienda a averiguação dos factos instrumentais. Então (perguntar-se-á), se a parte conta com isso, para que efeito alegou os factos instrumentais?

– Até por cautela, responderemos...

Apesar disso, tais factos não podiam ser originariamente quesitados e isso acontecia (insiste-se) porque o CPC de 39 só permitia a quesitação de factos indispensáveis à resolução da causa e aqueles, antes de se iniciar a respectiva instrução, não o eram, certamente

Portanto, na vigência do CPC de 39 havia esta dificuldade: – Os factos instrumentais alegados pelas partes nos articulados não eram originariamente quesitados. Poderiam apenas vir a sê-lo, após o encerramento da discussão, se o juiz entendesse que os mesmos eram necessários para a prova dos factos essenciais.

E este entendimento devia estender-se (e adaptar-se) aos factos instrumentais que, embora não alegados pelas partes, resultassem da instrução

---

[289] Castro Mendes (*Do Conceito*..., p. 153, no texto e em nota de rodapé).

da causa e se mostrassem necessários para a prova dos factos essenciais. Por não terem os mesmos sido alegados pelas partes é evidente que eles não constavam do originário questionário, mas a este haviam de ser aditados após o encerramento da discussão.

Com a entrada em vigor do CPC de 61, esta questão concreta simplificou-se por uma razão literal: – é que no art. 511.º do diploma (correspondente ao art. 515.º do CPC anterior) deixou de se fazer referência expressa, a propósito do conteúdo do questionário, aos "factos indispensáveis" à resolução do litígio, antes se tendo optado por "factos que interessam" à decisão da causa. Ora, como sabemos, embora os factos instrumentais possam não ser, à partida, indispensáveis, eles constituem (ou podem constituir) factos que interessam à decisão da causa. A expressão escolhida em 1961 foi, pois, bem mais abrangente do que a correspondente no CPC de 39 e, por isso, nela podiam perfeitamente ser incluídos os factos instrumentais alegados pelas partes [290]. Ambos os factos, interessam, pois, à resolução da causa. Os essenciais, interessam directamente; os instrumentais, indirectamente [291].

Portanto, em nossa opinião, embora não houvesse propriamente uma obrigação de quesitação dos factos instrumentais alegados pelas partes, havia nisso até uma vantagem.

Para quê não quesitar originariamente os factos indiciários e, depois, ficar a aguardar pelo desenvolvimento da instrução do processo, a fim de verificar se os mesmos eram ou não necessários para prova dos factos essenciais alegados?

Por isso é que, durante muitos anos de vigência do CPC de 61, sempre constatámos a quesitação originária dos factos instrumentais alegados pelas partes. Não porque fosse segura a sua indispensabilidade à resolução do litígio. Sim porque os mesmos simplesmente interessavam (ou podiam interessar) a tal resolução [292].

---

[290] Trocadilhando as expressões, José Osório (*op. cit.*, p. 210), acaba por concluir que todos os "factos que interessam" à decisão da causa (essenciais e instrumentais) são, por definição, também "indispensáveis" ao bom julgamento dela.

[291] Neste particular sentido, Paula Costa e Silva (*op. cit.*, p. 243).

[292] Uma boa parte da doutrina defendia a necessidade desta quesitação. Neste sentido, por exemplo, Salazar Casanova (*op. cit.*, p. 117). Em sentido contrário, ainda hoje (e adaptadamente), embora abrindo uma excepção, M. Teixeira de Sousa (*Estudos sobre o Novo Processo Civil*, p. 311). Também em sentido contrário, ainda hoje, Lopes do Rego (*Comentários...*, p. 211).

Por outro lado – e, agora, quer em relação aos factos instrumentais alegados pelas partes, mas não originariamente quesitados (porque não havia nisso uma obrigação, como se disse), quer em relação aos factos instrumentais que resultassem da instrução da causa (e se mostrassem, tal como aqueles, necessários para a indiciação dos factos essenciais), o diploma de 1961 veio permitir a elaboração dos respectivos quesitos adicionais não apenas depois do encerramento da discussão, o que facilitou sobremaneira a questão [293].

Então, perguntar-se-á: – Qual era o momento adequado para a formulação de tais quesitos?

Cremos estar certos se dissermos que o juiz devia elaborá-los logo que se apercebesse da necessidade de averiguação de tais factos instrumentais.

A meio da audiência de discussão e julgamento, por exemplo?

Sim. Não havia inconveniente. Quesitado, ou quesitados os factos instrumentais e satisfazendo-se inevitável e imediatamente o contraditório, das duas, uma: – ou as partes admitiam que a prova que recaísse sobre tais quesitos podia ser feita pelos meios (respectivos) que por elas haviam sido apresentados (*v.g.*, as testemunhas) e, nesse caso, a audiência podia prosseguir: – ou as partes assim não entendiam e, nessa altura, a audiência deveria suspender-se [ou continuar até onde logicamente fosse possível, isto é, relativamente à parte (ou partes) do litígio não directamente relacionadas com a questão instrumental] e, nesse caso, deveria ser dado um prazo para os litigantes apresentarem novas "provas" sobre a matéria inovadamente quesitada (*v.g.*, novas testemunhas, mas sem prejuízo dos limites impostos pelo art. 632.º do diploma), após o que se reiniciaria, então, a audiência final de discussão e julgamento.

Depois do encerramento da discussão (da matéria de facto, já se sabe)?

Também não havia inconveniente. Elaboravam-se os quesitos após esse momento e, de acordo com o n.º 1 do art. 653.º, o tribunal voltava à sala de audiências para que fosse produzida prova sobre as novas formulações. Nessa altura (e mais uma vez), das duas, uma: – ou as partes admitiam que os meios apresentados (*v.g.*, as testemunhas) chegavam para bem "influenciar" a decisão judicial sobre tais novas questões,

---

[293] Cfr. ainda, a propósito do tema, Antunes Varela (*RLJ*, 121.º -1988-1989, n.º 3.766, p. 15, em nota de rodapé).

reiniciando-se de imediato a produção probatória, ou as partes assim não entendiam e, nesse caso, a audiência devia interromper-se, concedendo--se prazo para as partes apresentarem novos meios de prova.

Se assim opinámos a propósito da formulação de novos quesitos relativos a factos essenciais alegados, mas não originariamente quesitados (seguindo muitas opiniões doutrinárias e arestos jurisprudenciais), assim também agora opinamos a propósito desta formulação de quesitos adicionais relativos a factos instrumentais alegados (mas não originariamente quesitados) e a factos instrumentais não alegados.

Portanto, em jeito de síntese sobre este tema – e concretamente na vigência do CPC de 61 –, diremos que:

1.º O juiz podia conhecer dos factos essenciais e instrumentais que tivessem sido alegados pelas partes e se mostrassem quesitados;

2.º Como regra, o juiz podia ainda conhecer dos factos essenciais alegados pelas partes, mas que não houvessem sido originariamente quesitados, por nessa altura não ter sido detectada a sua pertinência;

3.º Por outro lado, o juiz podia ainda conhecer dos factos instrumentais que tivessem sido alegados pelas partes, mas que não houvessem sido – até por não haver qualquer obrigação nesse sentido – originariamente quesitados;

4.º O juiz podia ainda conhecer de factos instrumentais não alegados pelas partes, mas que resultassem da instrução da causa e se mostrassem necessários para o processo indiciativo dos factos essenciais alegados;

5.º Todos os factos referidos no números anteriores que não constassem do original questionário deviam ser a este aditados;

6.º Tal aditamento podia fazer-se em outros estados da causa que não necessariamente apenas depois do encerramento da discussão;

7.º Devia ainda, em relação a tais factos assim inovadamente seleccionados, respeitar-se rigorosamente o princípio do contraditório, desencadeando-se (sendo caso disso) nova instrução e discussão da causa, mas somente no que dissesse respeito a essa nova matéria.

5.1.4. Os Factos Demonstrativos de um Uso Anormal do Processo pelas Partes

A quarta excepção à regra consagrada nos arts. 664.º dos CPC de 39 e de 61 era a referida nos arts. 665.º de ambos os diplomas.

Referia o último destes preceitos que "Quando a conduta das partes ou quaisquer outras circunstâncias produzam a convicção segura de que o autor e o réu se serviram do processo para praticar um acto simulado ou para conseguir um fim proibido por lei, a decisão deve obstar ao objectivo anormal prosseguido pelas partes" [294].

Ora, para os efeitos deste artigo, o tribunal podia servir-se naturalmente da conduta das partes, mas também de quaisquer outras circunstâncias emanadas da causa, ou seja, o tribunal podia basear-se em factos não articulados pelas partes que tivessem "surgido" no decurso da acção e fossem demonstrativos do fim anormal que aquelas pretendiam obter [295, 296].

Mais. Mesmo que as partes tivessem alegado e provado esses factos reveladores da simulação processual ou visadores de um fim proibido por lei, o tribunal devia recusar-se a fundamentar neles a sua decisão, por serem os mesmos contrários ao interesse público que a lei teve em vista defender [297].

Neste caso, o tribunal devia anular oficiosamente o processo, declarando-o sem efeito e abstendo-se assim, de conhecer do mérito da causa, obviando, dessa forma, à pretensão formulada [298].

---

[294] Convém distinguir as duas situações. Para o efeito, servimo-nos da lição de Lebre de Freitas (*Introdução...*, p. 41): "A simulação processual verifica-se quando as partes, de comum acordo, criam a aparência dum litígio inexistente para obter uma sentença cujo efeito apenas querem relativamente a terceiros, mas não entre si. A fraude processual ocorre quando as partes, de comum acordo, criam a aparência de um litígio para obter uma sentença cujo efeito pretendem, mas que lesa um direito de terceiro, ou viola uma lei imperativa predisposta no interesse geral".

[295] Como expressamente decidiu o STJ, por Ac. de 8.2.1963 (*BMJ*, 128.º-505).

[296] Por isso, Lebre de Freitas (*Introdução...*, p. 135) referiu que, no caso, o juiz pode conhecer oficiosamente "dos factos constitutivos do desvio da função processual praticada".

[297] Neste sentido (e citando J. Alberto dos Reis), Luiz Lopes (*op. cit.*, p. 14, em nota de rodapé).

[298] Neste sentido, J. Alberto dos Reis (*CPC Explicado*, p. 417, *CPC Anotado*, Vol. V, p. 103 e *Comentário...*, Vol. 2.º, p. 17), Manuel de Andrade (*op. cit.*, p. 302), Anselmo de Castro (*DPC Declaratório*, Vol. III, p. 37) e, recentemente (na vigência já do CPC de 95, porque esta situação concreta não se alterou), Lebre de Freitas (*Introdução...*, p. 43).

Na verdade, seria completamente inadmissível que o tribunal "colaborasse" dessa forma com um acto simulado ou um fim ilegal.

A não ser assim, estaria o tribunal a permitir um abuso impune das instituições judiciárias por parte dos litigantes, como sempre referiu toda a doutrina.

5.1.5. Os Factos com Interesse para as Providências a Tomar nos Processos de Jurisdição Voluntária

A quinta e última excepção à regra acontecia nos processos especiais de jurisdição voluntária, previstos nos arts. 1448.º e ss. do CPC de 39 e, posteriormente, nos arts. 1409.º e ss. do CPC de 61, onde acima dos eventuais interesses das partes existia um mais relevante interesse geral subtraído ao poder dispositivo delas, ou mais correctamente, onde se relacionavam interesses privados cuja tutela era assumida pelo ordenamento jurídico como um interesse de carácter geral e onde normalmente não havia dois (ou mais) interesses antagónicos em conflito, mas sim um único interesse que precisava de ser judicialmente regulado, dado ser perspectivado e entendido de modo diverso pelos interessados.

Estes processos de jurisdição voluntária ou graciosa [299] caracterizavam-se, pois, pela ausência do litígio e do conflito que normalmente definiam e definem os processos contenciosos [300, 301].

Em tais processos, vigorou sempre o princípio da livre actividade inquisitória do tribunal, consagrado no art. 1448.º do CPC de 39 e, depois, no n.º 2 do art. 1409.º do CPC de 61, podendo, pois, o tribunal conhecer não só dos factos carreados para os autos pelos interessados, como também de quaisquer outros não alegados que fossem relevantes

---

[299] Que J. Alberto dos Reis considerou de mais difícil definição do que de caracterização (*Processos Especiais*, Vol. II, ps. 397 e ss.). Dando conta da mesma dificuldade, recentemente, em França, Gérard Couchez (*op. cit.*, p. 163).

[300] São os processos sem lide, como lhes chamou M. Teixeira de Sousa (*Estudos de Processo Civil*, p. 107), ou os processos *sin contienda*, como curiosamente os apelidou a doutrina espanhola (cfr. a tradução de Chiovenda – *op. cit.*, Tomo I, p. 394). Em França, no art. 25.º do *Code de Procedure Civile*, "fala-se" em *absence de litige*. Por inexistir a lide, bem pode dizer-se que os processos de jurisdição voluntária se desenvolvem sem partes.

[301] Rigorosamente, como explicou Lebre de Freitas (*Introdução...*, p. 53, em nota de rodapé), a chamada jurisdição voluntária não constitui uma verdadeira jurisdição.

para a "resolução do problema judicial", recolhendo as informações que julgasse convenientes, para além de que em tais processos (e como sabemos) os critérios de julgamento poderem sempre ser os da equidade, oportunidade e conveniência (cfr. os arts. 1449.º e 1410.º dos CPC de 39 e de 61, respectivamente) e não os da legalidade estrita (ou de obediência à lei).

* *

Antes de encerrarmos o tema, atentemos numa questão sobre a qual a doutrina não era (nem é) unânime, qual seja a que diz respeito à possibilidade de o juiz conhecer ainda, espontaneamente, dos chamados "factos oficiosos", ou melhor, dos factos integradores de figuras jurídicas de conhecimento oficioso, como as nulidades (cfr. o art. 286.º do CC), a caducidade estabelecida em matérias de direitos indisponíveis (cfr. o art. 333.º do CC), a falsidade evidente (cfr. o n.º 3 do art. 372.º do CC), etc.

Nestes casos, parte da doutrina [302] entendeu que, como essas figuras podiam ser conhecidas *ex officio* pelo tribunal, não recaía sobre as partes qualquer ónus da prova. E não recaindo sobre as partes qualquer ónus da prova, também sobre elas não podia recair qualquer ónus concreto de alegação. Se, subjacentemente, o que estava em causa eram interesses de natureza tendencialmente pública, era razoável e até lógico que o tribunal pudesse deitar mão dos factos correspondentes, mesmo que eles não tivessem sido alegados. Assim, por exemplo, o juiz poderia conhecer oficiosamente do caso julgado (cfr. o art. 500.º do CPC de 61), independentemente da sua alegação por qualquer das partes [303].

Supomos estar certos se defendermos que os factos integradores das figuras jurídicas de conhecimento oficioso não podiam constituir verdadeiras excepções à rigorosa dimensão com que o princípio do dispositivo se mostrava acolhido no âmbito dos poderes cognitivos do tribunal.

Antes de mais, dir-se-á que o juiz não adivinhava. Como haveria ele de saber da existência de uma sentença transitada em julgado proferida em acção prévia igual à que agora julgava [304]?

---

[302] De entre ela, M. Teixeira de Sousa (*As Partes...*, ps. 208-209).
[303] Neste exacto sentido, Anselmo de Castro (*DPC Declaratório*, Vol. III, 222).
[304] Evidentemente que se tivesse sido ele próprio a proferi-la, já o caso julgado podia espontaneamente ser suscitado pelo juiz, na medida em que, nesse caso, a sentença constituía um "facto do conhecimento jurisdicional prévio do tribunal".

Como haveria ele, por exemplo, de saber que estava contemporaneamente pendente uma acção em tudo idêntica àquela que jurisdicionalmente conduzia, a fim de poder suscitar a litispendência, que também era (e é) do conhecimento oficioso [cfr. a al. *g*) do n.º 1 do art. 494.º e o art. 495.º do CPC de 61]?

É bom de ver que o juiz só tomava conhecimento de tais factos se as partes concretamente os houvessem carreado para os autos.

Se determinado cônjuge propusesse uma acção de divórcio baseado em factos violadores dos deveres conjugais ocorridos há três ou quatro anos, o juiz podia indeferir liminarmente a petição inicial, por caducidade do direito de agir e por tal caducidade ser do conhecimento oficioso, dada a indisponibilidade jurídica da questão em litígio [cfr. a al. *c*) do n.º 1 do art. 474.º do CPC de 61]. Mas, isso só acontecia assim porque o próprio autor carreara para os autos os factos integradores da caducidade [305].

A oficiosidade do conhecimento só queria significar, pois, que o juiz não precisava que a parte, formal e expressamente, invocasse a figura e manifestasse desejo de dela beneficiar. Mas tal oficiosidade não prescindia da alegação pelas partes dos factos correspondentes, mesmo que ela fosse feita pela parte (digamos) prejudicada, como aconteceu no exemplo anteriormente referido.

De outra forma, ficaria violado o art. 664.º do CPC de 61, onde estritamente se haviam "arrumado" as excepções ao domínio exercido pelo dispositivo sobre o poder facticamente cognitivo do tribunal, por das mesmas não constarem estes (impropriamente) anunciados "factos oficiosos".

Se aceitássemos que o juiz podia conhecer, sem necessidade de qualquer indicação das partes nesse sentido, do caso julgado e da litispendência, por exemplo, a que propósito é que ele não podia conhecer também de **quaisquer** outros elementos de facto apurados em **quaisquer** outros processos que houvessem pendido em **quaisquer** outros tribunais, mas apenas, como vimos, daqueles que se houvessem demonstrado em processos nos quais o mesmo juiz tivesse exercido as suas funções jurisdicionais?

Por isso, sempre defendemos o seguinte: – para que o juiz pudesse conhecer de qualquer questão de conhecimento oficioso era igualmente imprescindível que os factos a ela correspondentes houvessem sido

---

[305] E também é utilizável aqui o exemplo da falsidade evidente. Ela é oficiosamente declarada precisamente por resultar dos autos.

carreados para os autos pela parte, quer pela parte interessada – e ainda que a questão não fosse expressamente invocada, nem manifestado o desejo de dela beneficiar –, quer pela parte prejudicada.

Era exactamente isto que distinguia a questão de conhecimento oficioso da questão de conhecimento não oficioso, pois que nesta, a parte beneficiada (e só ela) tinha que alegar os factos correspondentes à questão, devendo ainda constatar-se claramente que tal parte pretendia invocar a figura concreta, bem como "desfrutar" das respectivas consequências jurídicas [306].

5.2. *A Livre Investigação dos Factos, Consagrada no Direito Processual Penal*

Ao princípio do dispositivo, consagradíssimo no direito processual civil (como vimos), sempre se opôs, historicamente, o princípio da livre investigação dos factos, "adoptado" pelo direito processual penal, o qual agora vai analisar-se, ainda que sumariamente.

Constatámos que o poder interventivo do juiz, em processo civil, estava diminuído perante o interesse das partes, a iniciativa destas e a disponibilidade por estas dos direitos em discussão, ao menos em tese geral.

Ora, o homem comum sente que algo de diferente se passa quando estão em causa situações que exigem uma pena.

É que o Estado é chamado à coacção assim que é praticado um crime, na medida em que este atinge os interesses vitais para que uma comunidade se possa considerar organizada.

E é precisamente pelo facto de o crime poder atingir a estrutura da sociedade que esta pode e deve logo reagir.

Como ?

– exigindo que o Estado assegure a reparação da violação da legalidade.

---

[306] No sentido do texto, pelo menos implicitamente, Varela/Bezerra/Nora (*Manual...*, p. 313) e, clara e fundamentadamente, Lebre de Freitas (*Introdução...*, ps. 116 e 132, ambas em nota de rodapé). Por isso e usando o exemplo do caso julgado, para que o juiz dele pudesse conhecer, sempre haveria de resultar das exposições das partes qualquer indicação acerca da repetição da causa, ainda que de uma breve referência se tratasse e mesmo que a parte não invocasse expressamente a figura ou não fosse a exactamente beneficiada com o caso julgado.

Por isso se diz que o Estado vai reagir, defendendo (corporizando) um interesse da comunidade.

Mas, não pode dizer-se que haja no processo penal uma oposição entra a sociedade e o arguido, na medida em que "a imposição das penas se justifica racionalmente pela prossecução de dois bens: – defender a sociedade do criminoso e do crime, e defender o criminoso de si mesmo, recuperando-o"[307], ideia esta final que é correctíssima, até porque o Estado só terá autoridade moral para punir o arguido (através dos tribunais e em nome do povo – da comunidade) quando tiver a dignidade moral de, proficuamente, colaborar na sua reabilitação.

Se a comunidade "exige" que o Estado assegure a reparação da violação da legalidade, depressa somos levados a concluir que o tribunal tenha que agir, desde logo, *ex officio*, não devendo aguardar pela iniciativa privada.

E por outro lado, este interesse ameaçado reporta-se naturalmente a direitos indisponíveis, o que logo afasta também (normalmente) a ideia da desistência, da transacção, ou mesmo da confissão (características típicas do dispositivo).

Mas, porque se dirige também à reprovação possível de um homem – e este tem presunção da plenitude de direitos – a actividade a que nos vimos referindo tem que ser acompanhada sempre por um órgão a que caiba a função judicial. Daí a ideia de que o direito penal só se pode realizar através do processo penal. O "esqueleto" deste direito, tal como o processual civil (afinal), é essencialmente acusatório; no entanto, o poder interventivo do juiz e do Ministério Público conferem-lhe características inquisitórias.

No processo civil, existia a tal relação jurídica com os dois pólos: – era um processo de partes, pois estas eram as únicas imediatamente interessadas na solução do litígio.

No processo penal, existe a ideia de igualdade de direitos e de afirmação dos direitos e liberdades fundamentais face à colectividade. Daí – e como se disse – a presunção de inocência do arguido, a inexistência de uma verdadeira oposição entre este e a sociedade, e a necessidade de

---

[307] M. Fernanda Palma (*op. cit.*, p. 6). Este pensamento está inteiramente de acordo com o novo CP. Com efeito, no n.º 1 do art. 40.º (preceito sem correspondência no CP anterior) – e a propósito das finalidades das penas – prescreveu-se que "A aplicação das penas e das medidas de segurança visa a protecção dos bens jurídicos e a reintegração do agente na sociedade".

que quem acusa (em nome do Estado) também defenda. Daí ainda que o Ministério Público ataque e defenda no mesmo processo. Na verdade, o Ministério Público jamais pode ser considerado como "parte interessada" na condenação (cfr. o n.º 1 do art. 53.º do CPP e os arts. 1.º e 3.º da LOMP [308]). A acusação pública tem um outro interesse: –"o da prossecução (sempre e só) da justa aplicação do direito" [309]. Por isso, o Ministério Público não pode ser "portador" de um qualquer juízo de desconfiança que impenda sobre o arguido, porque "ele não tem um interesse contraposto ao do arguido" [310, 311].

E é aquela presunção de inocência que implica que, neste ramo do direito instrumental, o silêncio do arguido não só não equivalha à confissão, como constitua até um direito de defesa consagrado na lei (cfr. os n.ºs 1 dos arts. 343.º e 345.º do CPP). Sobre o arguido não impende, pois, o dever de "falar", nem o de esclarecer quaisquer factos, nem (sequer) o de genericamente contribuir para a descoberta da verdade material.

Com efeito, o silêncio do arguido não pode desfavorecê-lo, embora isso aconteça assim mais no campo teórico, porque infelizmente a prática ensina que não são poucas as vezes em que os juízes reagem negativamente (embora erradamente) ao silêncio do arguido. Por alguma razão, Orbaneja [312] lembrou o ensinamento de Manzini acerca da questão em apreço: – "do silêncio do arguido não pode, de facto, extrair-se nenhum elemento positivo para a prova, a não ser a *má* [313] impressão que pode deixar ao juiz na relação dele com a sua própria liberdade de convencimento".

Na verdade, são infelizmente vulgares as sentenças penais em que os juízes declaram, por exemplo, a inexistência de quaisquer atenuantes a favor do arguido, "...até porque ele nem sequer confessou", o que constitui, realmente, um contra-senso inaceitável.

Inversamente, alguns outros magistrados entendem até – exageradamente – que o arguido tem não só o direito ao silêncio como o direito

---

[308] A Lei n.º 47/86, de 15 de Outubro, alterada pela Lei n.º 23/92, de 20 de Agosto.
[309] Neste sentido, G. Marques da Silva (*Curso de Processo Penal*, Vol. II, p. 93).
[310] Neste sentido, Figueiredo Dias (*op. cit.*, p. 213).
[311] "Supor... o interesse do Ministério Público no castigo do imputado, ainda que este esteja inocente,... é como atribuir-lhe nada menos do que uma desonestidade", como referiu Luso Soares (*O Processo Penal...*, p. 59), reproduzindo Carnelutti.
[312] E. Gomes Orbaneja (*op. cit.*, p. 269).
[313] O itálico é evidentemente nosso.

de mentir, até porque em caso algum ele presta juramento, orientação que não é seguramente a acertada, como reconhece hoje a unanimidade da nossa doutrina [314].

O problema põe-se ao contrário: – o que o arguido não tem é o dever de falar, nem também o de falar verdade. Mas, inversamente, não se lhe reconhece o direito de mentir.

Curiosamente, em Espanha, como lembra Roxin [315], o direito de o arguido nada declarar e de nada declarar contra si mesmo está até previsto na Constituição (cfr. os respectivos arts. 17, n.º 3 e 24.º, n.º 2).

Assim, o silêncio do arguido ou o exercício do seu direito a não falar com verdade podem impor-se à descoberta da verdade objectiva, ou melhor, a obtenção desta pode ceder em benefício da tutela dos direitos do arguido, inclusivamente da tutela do direito constitucional à presunção da sua inocência. Trata-se, afinal, de uma inevitável "perda do sistema, sintomática da irremediável antinomia entre essas duas finalidades do processo penal" [316].

Como vemos, o processo penal não pressupõe um conflito de interesses que o juiz tenha que dirimir, como se de um árbitro se tratasse.

Ao contrário do que sempre sucedeu no direito processual civil, que era um direito das partes, no direito processual penal não existem sequer partes.

O direito processual civil sempre foi de carácter dispositivo e depende da iniciativa privada, do "impulso processual"; o direito processual penal é de carácter oficioso (*ex officio*) e marcado pela indisponibilidade do objecto.

Na verdade, a acção penal pode definir-se como "a faculdade oficiosa de iniciativa processual, que cria para o juiz uma obrigação de apurar a existência de determinada situação concreta (de facto) e de declarar se ela constitui ou não um delito e, em caso afirmativo, qual é a sanção adequada a essa responsabilidade" [317].

---

[314] Além de Figueiredo Dias (*op. cit.*, p. 450) e G. Marques da Silva (*Curso de Processo Penal*, Vol. I, p. 267), confiram-se ainda as opiniões de Costa Andrade (*op. cit.*, p. 121), Rodrigo Santiago (*op. cit.*, p. 42) e G. Moreira dos Santos (*op. cit.*, p. 153).
[315] Claus Roxin (*op. cit.*, p. 232).
[316] Neste sentido, Maria João Antunes (*op. cit.*, ps. 24-25).
[317] Definição de Orbaneja (*op. cit.*, p. 90).

Assim, em processo penal não há que partir para a tentativa da confirmação dos factos alegados em juízo, mas antes para a tentativa da descoberta dos factos que constituem a verdade material e objectiva, na medida em que o processo penal se destina a proteger os direitos fundamentais [318].

Por isso, nele vigora o princípio da investigação (também chamado do inquisitório, ou da verdade material), não limitado a qualquer dispositivo, muito menos aos seus reflexos no domínio da prova.

Nessa conformidade, podemos dizer que sobre as autoridades judiciárias recai o encargo (trata-se de um poder/dever) de instruir, investigar e esclarecer oficiosa e livremente todos os factos que interessem à descoberta da verdade [319], sem limitações, todavia, das actividades probatórias do assistente e do próprio arguido.

Desta forma, em vez do princípio do dispositivo (cuja aplicação ao processo civil analisámos), ao processo penal aplica-se este princípio da livre investigação dos factos [320].

Em jeito de síntese, podemos dizer que em processo penal, ao contrário do que sucedia em processo civil, o juiz (e também o MP, na fase do inquérito) não é um ser essencialmente passivo em matéria de "busca fáctica", na medida em que ele tem esse dever de procurar averiguar todos os factos que interessem ao apuramento da verdade, "sejam eles desfavoráveis, sejam eles favoráveis ao arguido", como relatou Stefani [321].

Na sequência do que acaba de dizer-se (e a propósito da segunda extensão do dispositivo que oportunamente referimos, relativa aos meios

---

[318] Em processo penal, "o juiz está directamente interessado na averiguação da verdade material, com o objectivo de estabelecer a inocência ou a culpabilidade do imputado", como referiu Satta (*op. cit.*, Vol. I, p. 166).

[319] Os factos alegados e os não alegados. O que é preciso é que sejam relevantes. Até os factos que excluam ou atenuem a responsabilidade penal podem ser provados em julgamento, mesmo que não tenham sido alegados pela defesa.

[320] Confiram-se, no entanto, algumas das "manifestações" do princípio do dispositivo que existem no CPP: – quando o Ministério Público decide evitar que determinado processo chegue a julgamento (não acusando); quando o Ministério Público fixa o máximo da "moldura penal" aplicável ao caso e o objecto fáctico em apreciação (cfr. o art. 359.º do CPP; quando é ordenado o arquivamento em caso de dispensa de pena ou a suspensão provisória do processo (cfr. os arts. 280.º e 281.º do CPP, aplicáveis também ao processo sumário, por força do art. 384.º do mesmo diploma); quando a confissão produz os efeitos previstos no n.º 2 do art. 344.º do CPP; quando o arguido aceita ou recusa a desistência da queixa ou da acusação particular, etc.

[321] Gaston Stefani (*op. cit.*, p. 31).

de prova no processo civil), podemos ainda referir que em processo penal "o juiz é o verdadeiro *dominus* da prova no pleno sentido da palavra"[322], podendo sempre substituir-se à actividade dos sujeitos processuais e não só em caso de inércia destes.

Isto quer significar que em processo penal são admitidas quaisquer provas que pareçam necessárias ao apuramento da verdade e à boa decisão da causa (cfr. o n.º 1 do art. 340.º do CPP). Só não serão admitidas as provas que expressamente estiverem proibidas por lei (cfr. o art. 125.º do CPP)[323].

Portanto, em processo penal, para além de ser possível indagar todos os factos que se mostrem relevantes para a descoberta da verdade material, podem também ser utilizados todos os meios de prova que não sejam proibidos[324].

Procurámos evidenciar, de forma pretensamente resumida, as históricas diferenças existentes entre o princípio do dispositivo, que sempre exerceu fortíssimas limitações aos poderes cognitivos do tribunal (no direito processual civil) e o princípio da livre investigação dos factos, que foi "adoptado" pelo direito processual penal.

E fizemo-lo porque, no âmbito daqueles poderes, o CPC de 95 alterou substancialmente a situação, reconhecendo para a disciplina processual civil portuguesa, em parte, algumas virtudes do inquisitório. Não de forma a contemplar decisivamente a livre investigação dos factos, é claro; antes, atenuando (pelo menos, aparentemente) a dimensão do dispositivo, e reconhecendo ao tribunal um importante "papel" na detecção de factos relevantes, ainda que não alegados pelas partes nos articulados, como à frente teremos a oportunidade de analisar.

---

[322] Neste sentido, Bettiol (*op. cit.*, p. 237).

[323] A perseguição da verdade tem que ceder –ou melhor, tem que harmonizar-se – com a dignidade da justiça e esta não deve permitir qualquer meio de prova que atente contra os direitos essenciais do arguido, "nem contra os valores fundamentais da civilização", como ensinou Stefani (*op. cit.*, p. 40). Os métodos proibidos de prova constam do art. 126.º do CPP. Trata-se de um preceito (limitador da prova) que se impõe em todos os processos e a todos os tipos de crimes, embora a "dimensão" das novas formas de criminalidade (terrorismo, tráfico de droga, etc.) possa estar a desencadear um pensamento inovador acerca da questão.

[324] Quer dizer, são admitidos todos os meios de prova que a lei prevê e ainda todos "aqueles que a história e as novas tecnologias possam ir criando, desde que não sejam proibidos, isto é, desde que não ofendam a autonomia da vontade e a dignidade do arguido", como referiu Bettiol (*op. cit.*, p. 283).

C) PRIMEIRAS CONCLUSÕES

De tudo quanto se deixou dito, é possível retirarem-se algumas conclusões acerca da dimensão do dispositivo e dos poderes do tribunal, no âmbito da apresentação em juízo da matéria de facto e no âmbito dos poderes cognitivos propriamente ditos, durante a vigência dos diplomas anteriores ao Código de Processo Civil de 1995.

Recorreremos, para o efeito (pelo menos, também), aos diversos juízos liminarmente conclusivos que fomos "esboçando" ao longo do trabalho.

1.ª Assim, podemos referir – antes de mais e com toda a segurança – que o princípio do dispositivo influenciava directa e indirectamente (mas, em todo o caso, relevantemente) a apresentação em tribunal dos factos que integravam o litígio.

2.ª Porque tal princípio constituía a projecção, no campo processual, da autonomia privada (a expressão do poder atribuído aos particulares de dispor da sua esfera jurídica própria), as partes dispunham não apenas do processo, como coisa realmente sua, mas também (e até) da própria relação jurídica material "envolvida" pela acção.

3.ª Por isso, o que única e exactamente importava era o litígio, tal como ele era apresentado e exposto pelas partes, e o que se pedia era que o tribunal se limitasse a ser (tão simplesmente) o árbitro desse litígio, pondo fim a um conflito que, afinal, não era seu. O processo assentava, pois, nesta pura relação privatística existente entre os litigantes.

4.ª O tribunal surgia a exercer a sua função na sequência de um requerimento apresentado para o efeito por um dos "donos" do processo e esta apresentação derivava de um puro direito concreto à tutela jurídica do Estado.

5.ª Por isso, o tribunal tinha uma função diminuta ou quase nula em relação à apresentação da matéria de facto integradora do litígio. Os seus poderes eram, assim, reduzidíssimos, por força da grande dimensão do dispositivo e dos consequentes "direitos" das partes.

* *

6.ª Cabia, pois, exclusivamente às partes a alegação genérica dos factos, por isso decorrer do direito que elas tinham de definir o objecto da lide.

7.ª Especificamente – e como regra derivada de uma justiça distributiva e até lógica – a alegação dos factos constitutivos do direito cabia àquele que, judicialmente, o invocasse, e a alegação dos factos impeditivos, modificativos ou extintivos cabia àquele contra quem a invocação desse direito fosse feita, sendo certo que esta repartição do ónus específico de alegação dos factos – que resultou de uma adequada evolução legislativa apenas consumada no novo Código Civil – se estendia ao direito invocado pelo autor na acção, ao direito invocado pelo réu na reconvenção e ainda ao direito de que o demandado se arrogasse nas acções de simples apreciação negativa.

* *

8.ª Por outro lado, não cabia apenas às partes, exclusivamente, a alegação dos factos integradores do litígio. Também lhes cabia alegá-los espontaneamente, na medida em que – e salvo uma controversa excepção – o tribunal não podia interferir, minimamente, na exposição fáctica da lide. O desenrolar desta exposição era, pois, algo de "estranho" para o juiz, que a ela assistia sem poderes intromissivos.

* *

9.ª Inversamente, mostravam-se rigorosamente dimensionados os ónus de contestar e de impugnar os factos. Se os litigantes dominavam o processo (e esta fase do processo) e se o juiz, nesse âmbito, pouco ou nada interferia, era razoável e lógico que aqueles tivessem que se sujeitar a apertados critérios de "responsabilidades processuais recíprocas". Ou seja, aos amplos "direitos" das partes correspondiam, proporcional e inversamente, rigorosos ónus.

10.ª Assim, sobre o réu impendia o ónus genérico de contestar, o qual não sendo satisfeito – e salvas algumas complexas, distintas e discutidas excepções – implicava que todos os factos alegados pelo autor se considerassem como confessados, ou mesmo (num grande número de casos) que o réu fosse imediatamente condenado no pedido, o que – para além de ser extremamente criticável – potencializava, frequentemente, desacertadas soluções jurisdicionais.

11.ª Por outro lado, impendia também sobre as partes o ónus de impugnar ou refutar os factos alegados pela parte contrária, o qual não sendo satisfeito – e, mais uma vez, salvas algumas excepções – implicava a tácita admissão deles e, consequentemente, a sua igual consideração como confessados.

12.ª Inversamente ainda, era exigido às partes o respeito por várias regras técnicas e formais, quer no âmbito da alegação, quer no da impugnação dos factos. Refere-se, novamente, que sendo os litigantes os dominadores exclusivos do processo (e desta fase do processo), lógico seria também que eles tivessem (ao menos) que se sujeitar a determinadas e exigentes regras de forma, destinadas não só à clareza e concisão das alegações, como também à indiscutibilidade das impugnações.

13.ª Assim, era tendencialmente obrigatória a submissão da apresentação da matéria de facto à chamada "fórmula articulada", criada para satisfazer objectivos de concisão e clareza na exposição do litígio, a qual igualmente derivou de um processo legislativo evolutivo que culminou no CPC de 61 com a aplicação dessa fórmula à grande maioria das acções, e com a sua restrição exclusiva aos factos.

14.ª Por outro lado, as partes não tinham apenas que impugnar os factos alegados pela parte contrária. Tinham ainda que os impugnar especificada e individualizadamente, numa manifestação rigorosa e formalista da lei, que só abrandou (e muito ligeiramente) com a Reforma Intercalar de 1985.

15.ª E era ainda por força do dispositivo que os articulados exerciam uma função absolutamente primordial em todo o processo, pois que era neles (e só neles, como regra) que as partes expunham os fundamentos da acção e da defesa, aí alegando e impugnando os factos integradores do litígio.

16.ª Após mais uma evolução legislativa que só terminou com a Reforma Intercalar de 1985, os articulados normais eram apenas a petição inicial e a contestação, sem embargo, porém, de a própria lei (umas vezes) e a doutrina (outras) admitirem a eventualidade de mais peças, essencial ou até unicamente, para satisfazerem o princípio do contraditório, e sem embargo ainda de competir igualmente às partes a apresentação de articulados supervenientes para a alegação e impugnação dos factos que fossem objectiva e subjectivamente supervenientes à fase introdutória da lide, de modo a que a decisão pudesse ser correspondente à situação existente no momento do encerramento da discussão do processo.

*
* *

17.ª Acresce que, antes da entrada em vigor do Código de Processo Civil de 1995, e tal como a propósito da apresentação da matéria de facto integradora do litígio, o princípio do dispositivo exercia uma enorme influência sobre o poder cognitivo do tribunal.

18.ª Com efeito – e como regra – o juiz só podia conhecer dos factos espontaneamente alegados pelas partes em juízo e só neles podia basear a sua decisão.

19.ª Dessa forma, era acertado afirmar-se que em processo civil não se procurava a verdade subjacente ao litígio, mas tão simplesmente a verdade dos factos carreados pelas partes nos articulados, ou seja, uma verdade apenas possível.

20.ª Bem tentara, no entanto, parte da doutrina – na vigência do Código de Processo Civil de 1939 –, caminhar contra as realidades conclusivas anteriormente referidas, pugnando pelo reconhecimento de um poder cognitivo do juiz que se estendesse para além dos factos alegados pelas partes e que abrangesse factos que se exibissem com realce para a descoberta da verdade objectiva e se tivessem evidenciado no e do decurso do processo, não obstante não terem sido espontaneamente alegados pelos litigantes nos articulados.

21.ª Porém, a doutrina naturalmente mais conservadora e mais arreigada às virtudes do dispositivo, que remetia para as partes a essencial responsabilidade de limitar os contornos fácticos da lide (dada a imparcialidade jurisdicional que devia caracterizar a actuação do tribunal), conseguiu impor, no Código de Processo Civil de 1961, expressa e claramente, as amarras do dispositivo, não mais sendo possível à doutrina, nem aos tribunais, defender a ampliação dos poderes cognitivos destes.

22.ª Todavia, a regra em apreço conhecia algumas (raras) excepções. Assim, apesar de não alegados pelas partes, o tribunal podia conhecer, lógica e razoavelmente, dos factos notórios, dos factos que fossem do seu conhecimento jurisdicional prévio, dos factos instrumentais que pudessem indiciar os factos essenciais alegados pelas partes (não obstante inexistir norma expressa nesse sentido), dos factos que demonstrassem uma utilização anómala do processo pelos litigantes e, nos processos especiais de natureza voluntária, de todos os factos com interesse para as providências judiciárias que se mostrassem adequadas.

23.ª Pode, pois, concluir-se o seguinte: –entre as invocadas virtudes proporcionadas pelo dispositivo (a imparcialidade jurisdicional e a paridade das partes) e alguns dos seus conhecidos malefícios (o potencial afastamento entre a decisão e a verdade), os legisladores anteriores ao Código de Processo Civil de 1995 consideraram aquelas mais relevantes do que estes, pois que mantiveram aquele princípio em quase toda a sua rígida dimensão.

* *

24.ª Apesar de tão diminutos poderes do tribunal, a partir das Reformas da década de vinte e, mais exactamente a partir da entrada em vigor do Código de Processo Civil de 1939, o dispositivo começou a ceder, não propriamente em relação aos poderes cognitivos do tribunal (como se disse), mas entes em relação à produção probatória propriamente dita. Foi a partir de então que começou a falar-se num inquisitivo moderado...

25.ª Com efeito, o juiz passou a poder promover a realização de inúmeras diligências probatórias, espontânea e oficiosamente, tendentes ao apuramento da verdade dos factos alegados em juízo, o que resultou de um novo pensamento que começava a ganhar consistência acerca da missão do julgador e dos próprios objectivos e anseios do "processo civil".

26.ª Ora porque parte da doutrina insistisse no sentido de que tais poderes só podiam ser exercidos subsidiariamente, isto é, apenas quando as diligências probatórias requeridas pelas partes (e já realizadas) se mostrassem insuficientes para o apuramento da verdade dos factos articulados em juízo, ora porque o consciente e o subconsciente dos julgadores se mostrassem "antolhados" pela influência histórica do dispositivo, o certo é que a experiência demonstrou que estes novos poderes jurisdicionais de procura da verdade fáctica alegada não eram frequentemente exercidos

27.ª Em todo o caso, insiste-se, tais poderes não afastavam o dispositivo. Apenas o faziam abrandar e somente no âmbito da produção probatória propriamente dita.

III. O DISPOSITIVO E OS PODERES DO TRIBUNAL DEPOIS DA ENTRADA EM VIGOR DO NOVO CÓDIGO DE PROCESSO CIVIL

A) NO ÂMBITO DA APRESENTAÇÃO DA MATÉRIA DE FACTO

6. Anúncio Genérico das Alterações Fundamentais Introduzidas no Tema

Pudemos anteriormente concluir que, antes da entrada em vigor do CPC de 95, o juiz se limitava a "assistir" à apresentação dos factos em juízo e ao correspondente desenrolar dos articulados no processo, sem qualquer poder de intervenção relativamente àqueles – salva a discutida excepção consagrada na 2.ª parte do n.º 1 do art. 477.º do CPC de 61 – , pois que sendo o **processo das partes** (e, concretamente, um **processo de partes**) era a estas que cabia, com exclusividade e espontaneidade, a alegação dos factos integradores do litígio.

E o mesmo ocorria a propósito da impugnação desses factos, uma vez que era também às partes (e mais uma vez sem qualquer "colaboração" do tribunal) que cabia a execução de tal "tarefa" processual.

Ora, o CPC de 95 promoveu alterações relevantes nesta questão, atenuando a dimensão do princípio do dispositivo e consagrando a possibilidade de o juiz "participar", directa e indirectamente, na apresentação e na delimitação fácticas do próprio litígio, reconhecendo-lhe um papel indiscutivelmente mais operante e dinâmico do que aquele que anteriormente estava previsto.

Assim – e como veremos – o juiz não é mais o tal "estranho" em relação à exposição fáctica da lide, quer no que diz respeito à alegação dos factos em si mesma, quer até no que diz respeito à própria impugnação. Por isso, dissemos que o CPC de 95 atenuou a influência do dispositivo ao mesmo tempo que, inversa e proporcionalmente, aumentou expressivamente os poderes do tribunal.

Em todo o caso, não deve deixar de referir-se que o dito ónus de alegação genérica dos factos continua a recair sobre as partes, tal como o ónus de alegação específica dos factos constitutivos, impeditivos, modificativos ou extintivos do direito que se haja invocado, o mesmo sucedendo com o próprio ónus de impugnação, pois que o dispositivo foi apenas atenuado e não também afastado ou excluído, como teremos a oportunidade de demonstrar.

Apesar de tudo, portanto, o processo continua a pertencer às partes. O que acontece é que somos da opinião de que as várias "novidades" legislativas introduzidas na matéria pelo CPC de 95 permitem-nos extrair, hoje, duas conclusões liminares importantíssimas:

1.ª **Que o processo civil é apenas essencialmente das partes e não também exclusivamente delas**; e
2.ª **Que o juiz não é mais o puro árbitro de um litígio, tal como este é rigorosa e exclusivamente apresentado pelas partes. Ele é, antes, o solucionador de um conflito que ele próprio ajuda a apresentar, a expor e a esclarecer** [325].

Estaremos, portanto, perante um litígio em que o árbitro é, afinal, também um "colaborador" (naturalmente isento e imparcial) dos litigantes, ou melhor, um "colaborador" das pretensões dos litigantes ou, melhor ainda, um "colaborador" do próprio processo, ajudando à clareza, à exactidão, à concretização e à complementarização, quer da alegação, quer da impugnação fácticas.

Por isso é que o novo diploma – entre outras medidas relacionadas com a questão em apreço e tendentes à consumação do desiderato referido – veio consagrar a possibilidade de o juiz convidar as partes (ambas as partes) ao suprimento das insuficiências ou imprecisões evidenciadas na exposição dos factos (exposição feita nos articulados espontaneamente apresentados por elas).

Assim sendo, embora em tese geral continue a ser às partes que cabe a alegação e a impugnação dos factos, pode agora dizer-se que os ónus respectivos (os tais encargos que é necessário assumir, para se evita-

---

[325] É o desenvolvimento do princípio do "juiz activo", como lembrou Rui Rangel (*op. cit..* p. 28), adaptando o ensinamento (já citado neste trabalho) de Lebre de Freitas.

rem determinadas desvantagens) perdem também um pouco da sua força e rigor, na medida em que, em vários momentos do processo e por diversas formas, podem agora os factos espontaneamente alegados pelas partes (e impugnados por elas) ser concretizados ou complementarizados e isso sucederá, as mais das vezes, por força de (e na sequência de) uma nova atitude do tribunal que o CPC de 95 veio consagrar.

Por isso [326], pode também hoje dizer-se que o doutrinariamente referido princípio da disponibilidade do objecto da lide se mostra, igualmente, um pouco diminuído, pois que na delimitação desse objecto "participa" também o tribunal da forma como, genericamente, estamos agora a anunciar e, concretamente, iremos adiante apreciar.

De resto, a evolução do n.º 1 do art. 264.º do CPC de 95 não deixa dúvidas acerca do que acaba de referir-se.

Na verdade, a versão original do CPC de 95 (constante do já referido DL n.º 329-A/95, de 12 de Dezembro) ainda previa, para esse segmento normativo, o seguinte texto: "As partes definem o objecto do litígio através da dedução das suas pretensões e da alegação dos factos que integram a causa de pedir e as excepções".

Porém, com o objectivo de dar um maior relevo às novas possibilidades de intervenção do juiz (e, como veremos, à possibilidade de a decisão se basear em outros factos, que não os exclusivamente alegados pelas partes nos articulados), a versão final do CPC de 95 (derivada do DL n.º 180/96, de 25 de Setembro, como também se sabe) retirou daquele segmento normativo a referência à circunstância de serem as partes a definir o objecto do litígio, o que evidencia claramente a intenção do legislador de fazer abrandar ou atenuar os efeitos e a dimensão do dispositivo (neste âmbito), de modo a poder hoje dizer-se que "as partes perderam o quase monopólio que detinham sobre a lide"[327], deixando o processo civil de ser encarado apenas como uma relação puramente privatística ou contratualista, antes passando ele a "dizer respeito" também ao tribunal. Por isso, cada vez hoje mais fala na chamada "publicização do direito processual civil".

É que, hoje, a sentença não pode continuar a ser considerada, exclusivamente, como a solução jurisdicional de determinado conflito. Claro que ela exerce essa função. Mas, além disso, ela (e todas as outras, afinal)

---

[326] E também pelas alterações introduzidas pelo novo diploma, a propósito dos poderes cognitivos do tribunal (de que daremos conta adiante).

[327] Neste sentido, Abílio Neto (*CPC Anotado, 13.ª...*, p. 147).

constitui um contributo decisivo para a boa administração da justiça em geral e, consequentemente, para a paz social [328].

Por isso, dissemos anteriormente que a lide não pode mais ser encarada como uma "coisa" exclusivamente das partes. Ela constitui algo que interessa à colectividade e, por isso, ao próprio tribunal [329]. Ou, melhor, é pela circunstância de a decisão do litígio estar intimamente ligada à boa administração da justiça e, por isso, dizer respeito à colectividade, que o juiz deve assumir o processo também como coisa sua. Não completamente, como é óbvio, antes actuando harmónica e equilibradamente entre um dispositivo (que viu atenuada muita da sua rigidez) e os novos e relevantes poderes que o diploma de 1995 lhe veio reconhecer.

E isto não pode deixar de estar relacionado também com um pensamento cada vez mais hodierno de considerar o direito à acção de que falámos no início deste trabalho não exactamente como um direito concreto à tutela jurídica do Estado, mas antes como um simples poder jurídico de provocar a actividade do tribunal [330], ou um mero direito cívico à administração da justiça [331, 332], enfim, um direito abstracto à jurisdição [333].

Assim, tal direito não é mais, propriamente, um direito exercido contra o Estado [334], mas antes um direito exercido perante o Estado,

---

[328] "A paz é obra da justiça", como referiu Jean Foyer (*op. cit.*, p. 3).

[329] Referiu Pessoa Vaz (*op. cit.*, p. 133) que "É neste interesse superior do Estado pela verdade (material) dos pressupostos das decisões dos tribunais, como meio para a completa observância e actuação do direito objectivo, que reside o carácter público da função jurisdicional civil".

[330] Como preconizou Eduardo Couture (*op. cit.*, p. 20). Trata-se de um "direito ao uso da função jurisdicional", como entre nós preconizou M. Teixeira de Sousa (*Sobre a Teoria...*, ps. 26-27). Cfr. ainda o mesmo autor e a mesma obra (ps. 98-99).

[331] Como também defendeu Leo Rosenberg (*op. cit.*, Tomo II, p. 5).

[332] Trata-se de um direito natural, com características de direito subjectivo público (cfr. o art. 9.º e 20.º da CRP) e até político, por ser inerente à qualidade de cidadão. Cfr., sobre o tema, a exposição intencionalmente resumida de Lebre de Freitas (*Introdução...*, ps. 78-79).

[333] Escreveu F. Ramos Méndez (*op. cit.*, p. 196) que "A acção não é mais do que a acção, isto é, a expressão da actividade transcendente ao sujeito; um agir dinâmico e activo... sem resultado material. É, portanto, fundamentalmente um acto, enquanto expressão activa oposta a um facto". Um pouco mais abrangentemente, J. Almagro Nosete (*op. cit.*, Tomo I, ps. 181-182) referiu que a acção é "o direito ao processo jurisdicional que dê lugar a uma resolução sobre o fundo da questão, quando concorram os pressupostos processuais e os requisitos essenciais exigidos". Nada mais.

[334] Com preconizou anteriormente J. Frederico Marques (*op. cit.*, Vol. I, p. 165).

reconhecendo-se ao juiz não apenas um poder (quase) exclusivamente arbitral em relação ao litígio, mas também um poder cada vez maior em relação ao litígio em si mesmo.

Tendo em consideração o que já se disse e, concretamente, o que vamos adiante analisar, podemos concluir que a exclusividade da alegação e da impugnação dos factos que epigrafaram alguns dos temas tratados anteriormente neste trabalho (e que eram rigorosamente respeitadas antes da entrada em vigor do CPC de 95), bem como a própria espontaneidade daquela alegação, perderam alguma da sua dimensão, ou melhor, acompanharam em decréscimo (como consequências que dele eram) a atenuação da rigidez do dispositivo.

O mesmo se diga do ónus de contestar as acções e do próprio ónus de impugnação dos factos, que foram igualmente maleabilizados e viram, por isso, decrescer os nefastos efeitos derivados da não satisfação de ambos.

E o mesmo se diga, ainda, a respeito da missão essencial dos articulados. Se antes do CPC de 95 eles tinham uma função absolutamente primordial, pois que era através deles que as partes carreavam para o processo os factos que davam consistência às suas pretensões, com a entrada em vigor do novo diploma – sem embargo de manterem, evidentemente, uma função relevante no processo –, tais peças viram a sua essencialidade ser substancialmente diminuída, na medida em que os factos aí alegados podem ser completados ou corrigidos através de outros meios, o litígio pode ser delimitado em outras diligências e o juiz pode até sustentar a sua decisão em outros factos que não os aí expostos.

Portanto, ao abrandar a dimensão do dispositivo, abrandou também a missão essencial dos articulados [335].

---

[335] Assim sucedeu em processo declarativo, pois que para o processo executivo, e inversamente, o CPC de 95 veio reconhecer ao requerimento inicial uma importância que até então, indiscutivelmente, essa peça não tinha. Com efeito, temos de tomar, hoje, em consideração os novos fundamentos de indeferimento liminar do requerimento inicial executivo, constantes do art. 811.º-A do diploma, os quais apontam para a possibilidade de tal despacho ser proferido por motivos ligados ao acto ou negócio jurídico subjacente ao título (e não apenas por causa do próprio título, formal e externamente analisado, ou por outros motivos meramente formais), assim se dando consagração legal àquilo porque sempre pugnara Lebre de Freitas (cfr. a matéria tratada *supra* em "1.2.4. – O ÓNUS DE ALEGAÇÃO ESPECÍFICA DOS FACTOS APÓS A ENTRADA EM VIGOR DO CÓDIGO CIVIL DE 1966"). E o que resulta (além do mais) daquele artigo [cfr. a al. c) do respectivo n.º 1] é que o requerimento inicial de uma execução de título negocial deve ser rejeitado

Em todo o caso, o princípio mantém-se na sua estrutura essencial, pois que continua o processo a emanar da vontade das partes, continuam estas a poder por-lhe côbro através da celebração de um acordo, mantêm-se os limites sabidos da condenação, etc.

Mas, ao nível da alegação genérica e específica dos factos e ao nível da própria impugnação deles, a dimensão do princípio ficou, efectivamente, algo diminuída.

Manteve-se o princípio, mas mais moderada ou suavizadamente.

Desde já se anuncia que concordamos com os propósitos subjacentes às medidas inovadas pelo CPC de 95. Eles assentam no histórico desejo da aproximação da decisão à verdade, na medida em que os factos integradores do litígio podem agora ser concretizados ou complementarizados (e, portanto, aperfeiçoados e melhorados) e, desta forma, pode estar mais próximo o contacto do juiz com a "verdadeira verdade".

---

in limine se for manifesta a inexistência da obrigação exequenda. Por isso, devemos hoje aceitar que o título executivo não é mais a exclusiva "condição necessária e suficiente" da instauração e do prosseguimento liminar da execução (é só a condição necessária, não também a suficiente) e, consequentemente, também não podemos continuar a considerá-lo como a verdadeira causa de pedir da acção executiva. Assim, aplicando o que se vem referindo ao tema proposto, devemos concluir o seguinte: a) se a prestação for abstracta, constando por isso de um título executivo natural e juridicamente incorporador de determinado tipo de "negócio conhecido", bastará ao exequente – para satisfação do n.º 1 do art. 342.º do CC – juntar o respectivo documento, pois que, neste caso, não é manifesta a inexistência da obrigação exequenda. Pelo contrário, a existência dela é até de presumir; b) se a prestação for causal, mas do respectivo título executivo constar (mais ou menos criteriosamente) a *causa debendi*, bastará igualmente ao exequente a junção do documento; c) se, finalmente, a prestação for causal e do respectivo título executivo não constar a *causa debendi* (como poderá acontecer com vários títulos negociais), independentemente de o exequente poder instaurar de imediato a respectiva acção executiva, parece que competir-lhe-á ainda alegar os factos constitutivos do direito de crédito, pois que, no caso contrário, será manifesta a inexistência da obrigação exequenda. Neste sentido, Lebre de Freitas (*A Acção Executiva à Luz do Código Revisto*, ps. 134-137) e, adaptadamente, Lopes do Rego (*Comentários...*, p. 69). Seguindo parcialmente esta orientação, J. João Baptista (*A Acção Executiva*, p. 130, em nota de rodapé), aplicando-a também, mas não acertadamente (no nosso entender e salvo o devido respeito) aos títulos administrativos, ou judiciais impróprios, previstos na alínea d) do art. 46.º do CPC. Por este autor ter seguido a orientação de Lebre de Freitas, não se percebe a razão de ter continuado a defender (*A Acção Executiva*, ps. 83-86) que o título executivo é a condição necessária, mas também a suficiente, da acção executiva e que ele é apenas o documento em si mesmo, exteriorizadamente analisado, e não o acto jurídico que lhe está subjacente, perfilhando, assim, a opinião de Carnelutti na velha querela que o opôs a Liebman.

E se concordamos com os propósitos referidos, desde já se acrescente que também concordamos com a maioria das medidas concretamente preconizadas.

Reconhecemos que algumas delas implicam algumas incongruências e complicações processuais, incompatíveis, porventura, com a pretendida celeridade das acções e até com a própria realidade judiciária portuguesa.

Por outro lado, é também possível que os novos poderes cognitivos do tribunal, tal como foram adequadamente dimensionados e consagrados no novo diploma, proporcionem, exactamente, a consecução dos acertados objectivos que, neste âmbito, se pretenderam atingir.

Todas essas críticas podem ser feitas.

De resto, qualquer alteração legislativa (como tudo na vida, de resto) tem virtudes e defeitos.

Seja como for, vamos ser coerentes com a posição que, publicamente, sempre assumimos perante o CPC de 95: – uma posição de crítica construtiva, detectando nas inovações trazidas muitas mais vantagens do que inconvenientes, sem embargo de darmos igualmente conta destes, sempre que o acharmos necessário.

Para detectarmos, então, como diminuiu a rigidez do dispositivo e, inversa e proporcionalmente, como aumentaram os poderes do tribunal, a propósito da exposição (alegação e impugnação) da matéria de facto, iremos analisar as variadíssimas diversidades introduzidas pelo CPC de 95 na tramitação inicial da acção declarativa comum, desde a instauração desta até ao início da respectiva instrução, pois que é exactamente nessas fases processuais iniciais que a questão em apreço ganha mais relevo.

7. Diversidades na Tramitação da Acção Declarativa Comum desde o Início da Instância até à Abertura da Instrução:
– Os Articulados

7.1. *Nota Prévia*

Embora uma leitura apressada dos artigos que constituem a fase dos articulados do CPC de 95 possa permitir a conclusão de que as alterações aí introduzidas não foram muitas (nem relevantes), procuraremos demonstrar quão desacertada e precipitada é essa conclusão, "chamando" para o trabalho uma boa dezena de temas, dos quais se podem alcançar inúmeras e importantíssimas diversidades entre o novo e os antigos diplomas.

Em todo o caso, não deixará de se anunciar, desde já, que o desenvolvimento dos articulados é semelhante ao que estava consagrado no CPC de 61, com a redacção que lhe fôra dada pelo DL n.º 242/85, de 9 de Julho. Ou seja, a seguir à petição inicial apresentada pelo autor – e em princípio – o réu é citado para contestar a acção, satisfazendo-se assim a mais elementar regra do contraditório. E também como dissemos, se é naquela peça que o autor deve alegar os factos constitutivos do direito que invoca (como regra normal), é na contestação que o demandado os deve impugnar e, se for caso disso, é também nesta peça que o réu deve alegar os factos impeditivos, modificativos ou extintivos do efeito jurídico pretendido pelo autor, bem como os factos constitutivos do direito por si invocado, quando formule contra o demandante (igualmente nesta peça) um pedido reconvencional.

Tal como desde 1 de Outubro de 1985, são estes dois os únicos articulados normais que o processo comporta.

Tendo sido na contestação, porém, invocadas quaisquer excepções dilatórias, ou alegadas quaisquer excepções peremptórias (os tais factos impeditivos, modificativos ou extintivos do efeito jurídico dos factos articulados pelo autor), ou tendo o réu formulado um pedido reconvencional, ou ainda tratando-se de uma acção de simples apreciação negativa, a seguir à contestação haverá lugar à réplica, precisamente para satisfazer, de novo, o contraditório, e por todas as razões que, oportunamente, já se aduziram. Quer isto significar que a réplica se mantém, no CPC de 95, como um articulado eventual, isto é, como uma peça que o autor pode apresentar apenas quando se verifique alguma das circunstâncias (eventuais) que a permitam.

O mesmo se diga da tréplica. Este quarto articulado, a apresentar pelo réu, só é possível se tiver havido réplica e se nesta o autor tiver alterado o pedido original ou a respectiva causa de pedir – para que o réu possa responder a tais modificações – ou se, tendo havido reconvenção, o autor dela se tiver defendido (na réplica) por excepção, mais uma vez para satisfazer as exigências derivadas do princípio do contraditório.

Apesar do que acaba de se expor, a regulação normativa reconhecida pelo CPC de 95 para a fase dos articulados e para os articulados propriamente ditos contém inúmeras e relevantes diversidades face ao regime anterior.

É delas que trataremos de seguida.

7.2. *A Abolição do Despacho Liminar Proferido sobre a Petição Inicial. Juízos Apreciativos.*

Uma das principais alterações introduzidas pelo CPC de 95 que se relaciona com o tema em análise prende-se com o despacho liminar.

Como é sabido, até à entrada em vigor do novo diploma e em circunstâncias normais, o processo era concluso ao juiz (para que este lavrasse o despacho liminar) logo após a apresentação da petição inicial (e a satisfação de determinados requisitos técnicos, como a autuação e o pagamento do preparo inicial), afigurando-se ao magistrado uma de três hipóteses:

– o indeferimento liminar da peça, nos casos do art. 474.º do CPC de 61, recusando *ab initio* o prosseguimento de uma acção inquinada por algum dos vícios formais previstos nessa norma, bem como o de uma acção extemporaneamente instaurada ou manifestamente votada ao insucesso;
– o convite ao aperfeiçoamento, nos termos do art. 477.º do CPC de 61, para que o autor completasse ou corrigisse a sua peça, quando esta fosse considerada pelo juiz como verdadeiramente irregular ou meramente deficiente, respectivamente;
– e a citação do réu para contestar, assegurando-se assim o normal prosseguimento da acção [336].

Na sequência do preconizado nas "Linhas Orientadoras da Nova Legislação Processual Civil"[337], o novo diploma aboliu, como regra, o despacho liminar do juiz, ou melhor, aboliu o despacho do juiz proferido sobre a petição inicial, remetendo-o para o fim dos articulados espontaneamente apresentados pelas partes [338].

Esta medida encontrou fundamento expresso numa anunciada menor judicialização do processo e numa intencional co-responsabilização da

---

[336] A questão já foi sumariamente tratada (cfr. *supra* "2. – A ESPONTANEIDADE DE ALEGAÇÃO DOS FACTOS PELAS PARTES").

[337] Trabalho inspirador do CPC de 95, apresentado a público em finais de 1992.

[338] O despacho liminar imediatamente subsequente à petição inicial manteve-se, mas apenas a título excepcional, nos casos do n.º 4 do art. 234.º do CPC, por razões lógicas que se compreendem, mas de que não trataremos agora (por não relevarem para o tema). Cfr., ainda, a este propósito, o art. 234.º-A do diploma.

secretaria na fase liminar da acção [339], pois que passa a ser ela (a secretaria) a materializar, oficiosamente (isto é, sem necessidade de despacho judicial prévio), a citação do réu para contestar (cfr. o n.º 1 do art. 234.º do CPC) [340, 341].

---

[339] Lopes do Rego *(Comentários...*, p. 173) defendeu que as razões que levaram o legislador a abolir, como regra, o despacho liminar no processo declarativo, são as derivadas essencialmente do princípio da economia processual e da "desburocratização" das intervenções processuais do juiz.

[340] Conhecem-se os motivos que levaram o legislador, no art. 234.º do CPC de 95 (e, repetidamente, no art. 479.º do mesmo diploma), a não se referir à "determinação", por parte da secretaria, da citação do réu. Utilizando a expressão "providenciar pelas diligências que se mostrem adequadas à efectivação da regular citação do réu", o legislador pretendeu evidenciar a simples materialidade do acto e afastar qualquer tentativa de invocação da inconstitucionalidade do novo regime. Em todo o caso, convém não esquecer que a secretaria pode recusar o recebimento da petição inicial pelos motivos (técnicos) previstos nas várias alíneas do art. 474.º do CPC. A maioria desses motivos era já anteriormente admitida, embora sem preceito expresso equivalente. Note-se que a recusa tem de ser fundamentada por escrito, o que constitui (isto sim) uma novidade do CPC de 95, e que da mesma cabe reclamação para o juiz da causa e *sempre* recurso para o tribunal da Relação do eventual despacho que confirme a recusa de recebimento, na medida em que poderá estar em causa uma "denegação básica da justiça". Um problema que pode surgir a propósito deste art. 474.º é o que se prende com a sua aplicação aos demais articulados, que não apenas à petição inicial. Havendo, como agora há, um artigo que enumera os casos de rejeição desta peça concreta, parece que seria vantajoso ter-se redigido outro (ou ter-se acrescentado um parágrafo único ao art. 474.º, por exemplo) indicando que os casos de rejeição da petição inicial seriam aplicáveis aos demais articulados, com as necessárias adaptações, na medida em que, pelo menos, os motivos constantes das alíneas *a*), *c*), *f*), *g*), *h*) e *i*) desse artigo (com a redacção que lhe foi dada pelo DL n.º 183/2000, de 10 de Agosto), justificam a recusa de recebimento, por parte da secretaria, de outros articulados. Em face disso, somos, pois, da opinião de que o artigo em análise é de aplicação analogicamente adaptada aos demais articulados, até porque o art. 3.º-A não resolve concretamente a questão. No sentido da aplicação analógica do art. 474.º aos demais articulados, cfr. M. Teixeira de Sousa (*Estudos sobre o Novo Processo Civil*, ps. 286, 296 e 297).

[341] A citação e os actos a ela tendentes mostram-se efectivamente muito simplificados no CPC de 95, na sequência de um passo já dado nesse sentido pela Reforma Intercalar de 1985. Uma das medidas mais importantes consistiu na possibilidade de concretização da citação por via postal não só para as pessoas colectivas, mas também para as pessoas singulares [o que já havia sido desejado pela comissão redactora da Reforma Intercalar de 1985, mas então não materializado, como recordam Pais de Sousa e Cardona Ferreira (*op. cit.*, p. 36), face à reacção negativa (a que assistimos) de alguns operadores judiciários, designadamente, dos advogados]. O problema é que o DL n.º 183/2000, de 10 de Agosto, veio consagrar a via postal simples (e não a registada) para a citação do réu em qualquer acção para cumprimento de obrigações

Estamos, porém (ou também) convencidos de que o desaparecimento do despacho liminar imediatamente subsequente à petição inicial se ficou a dever não só a esses dois motivos teóricos e ideais (sem expressão prática, no nosso entender), mas também a duas outras razões fundamentais que se passam a aduzir:

a) Por um lado, porque a experiência demonstrou que os juízes raramente indeferiam liminarmente as petições iniciais, ou convidavam mesmo os autores a aperfeiçoá-las. Isto é, a experiência judiciária ajudou a evidenciar que o despacho liminar era, quase invariavelmente, o despacho de citação do réu para contestar. Ora, este era um despacho linear e taxativo, que apenas queria significar que a acção podia ter o seu liminar seguimento. Por causa daquela invariabilidade e desta singela materialidade, taxatividade ou simplicidade (ou até pouca relevância, se assim se pretender), considerou-se que a interpelação inicial do demandado podia perfeitamente ser concretizada pela secretaria, sem prévio despacho judicial nesse sentido. Assim se evitavam, processualmente, algumas delongas (como as derivadas até da própria conclusão) e assim os juízes "ganhavam" tempo na sua tarefa jurisdicional quotidiana, na medida em que podiam prescindir da análise liminar dos processos e da elaboração de um despacho que, como se disse, era (quase) constantemente tão complicado como: – "Cite";
b) Por outro lado, estamos convencidos de que o despacho liminar imediatamente subsequente à petição inicial "desapareceu" inversa ou indirectamente por força da importância e relevo que se pretenderam conceder ao despacho que (hoje, também liminarmente) pode ser proferido no fim dos articulados e já na fase hoje expressamente designada por "Audiência Preliminar"[342].

---

pecuniárias emergentes de contratato reduzido a escrito, bem como nos casos do art. 238.º (cfr. o art. 236.º-A do CPC), o que foi objecto de crítica acérrima e fundada dos advogados portugueses, dado poder estar em causa o princípio do contraditório. Outra "novidade" legislativa trazida pelo CPC de 95 é a possibilidade de a citação do réu ser concretizada (mas agora pessoalmente) pelo mandatário judicial do autor (ou sob a sua responsabilidade), quando este manifeste tal propósito na petição inicial (cfr. o n.º 3 do art. 233.º e os arts. 245.º e 246.º do CPC).

[342] Tendo em consideração a estrutura física da acção (e até a própria epígrafe dos títulos, subtítulos e capítulos do CPC), a audiência preliminar não "aparece" apenas como uma diligência que tem lugar no fim dos articulados (e antes do início das

Na verdade, em tal despacho o juiz aprecia, não apenas a petição inicial, mas também todos os outros articulados que tenham sido apresentados, e é nessa altura que ele pode convidar as partes à dita correcção das peças, quer quando as considere formalmente irregulares, quer quando as "apelide" de facticamente insuficientes ou imprecisas (como interessará para o caso).

Por isso, parece que não faria sentido manter um despacho logo após a apresentação da petição inicial, na medida em que ele iria "colidir" com outro semelhante (mas mais abrangente) que poderia ser proferido numa fase mais adiantada do processo.

Dir-se-ia, pois, que os objectivos do extinto despacho liminar se mostravam atingidos com a elaboração desse outro despacho, a que passamos a apelidar de "pré-saneador"[343] (unicamente para o distinguirmos daquele que foi extinto – a que continuaremos a chamar de liminar), embora insistamos que o momento em que aquele é proferido é já o do saneamento do processo, até porque também com este está intimamente relacionado[344].

---

diligências instrutórias do processo). Ela "assume-se" mesmo como uma fase da tramitação da acção comum ordinária. Neste sentido, Paula Costa e Silva (*op. cit.*, p. 214). A audiência preliminar é, assim, uma diligência judicial e uma fase do próprio processo. O que não se compreende inteiramente é que o dito despacho a proferir no fim dos articulados faça formalmente parte da fase da "Audiência Preliminar" (cfr. o art. 508.º do CPC). Não teria sido incorrecto, por isso, que esta segunda fase processual se continuasse a denominar de "Saneamento", ou só de "Condensação", como prefere M. Teixeira de Sousa (*Estudos sobre o Novo Processo Civil*, ps. 262 e 301), ou até de "Saneamento e Condensação", como parecem preferir J. João Baptista (*Processo Civil I. Parte Geral...*, p. 359) e F. Ferreira Pinto (*Lições...*, 2.ª *Edição*, p. 350). Antunes Varela (*A Reforma...*, RLJ n.º 3870, p. 261, em nota de rodapé) refere que o CPC de 95 instituiu a fase da "audiência preliminar" e eliminou a do "saneamento" do processo, o que, em bom rigor, e salvo o devido respeito, também não corresponde à verdade.

[343] Expressão que também foi indirectamente utilizada no preâmbulo do CPC de 95, por M. Teixeira de Sousa (*Estudos sobre o Novo Processo Civil*, p. 302) e por Paula Costa e Silva (*op. cit.*, p. 214). F. Ferreira Pinto (*Lições...*, 2.ª *Edição*, p. 351) opta pela designação "despacho preliminar", a qual colide manifestamente com o despacho liminar previsto para os casos do n.º 4 do art. 234.º, porque quando forem de proferir os dois, este autor terá que considerar que o despacho preliminar é posterior ao liminar, o que constitui, na verdade, um contra-senso terminológico.

[344] Portanto, a designação escolhida (despacho pré-saneador) não é inteiramente feliz, servindo apenas para uma mais esclarecedora exposição da matéria. Em bom rigor, como já se referiu, este despacho proferido no fim dos articulados espontaneamente apresentados pelas partes bem poderia chamar-se de "despacho liminar", por ser efectivamente (e como regra) o primeiro despacho que o juiz profere no processo. Isso implicaria

Ora, embora aceitemos a coerência da medida (tendo em consideração, sobretudo, o último argumento referido), não podemos deixar de manifestar alguma discordância perante a abolição do antigo despacho liminar, não sem que entendamos que o enquadramento legal consagrado no CPC de 61 poderia, na verdade, ser beneficiado.

Como já anunciámos, o despacho pré-saneador, que está previsto no art. 508.º do CPC, é mais abrangente do que o liminar. Apesar disso, não o substituiu integralmente, por óbvia e temporalmente não poder regular determinadas situações exactas que já adiante se referirão. É por causa delas que manifestamos alguma discordância perante a novidade legislativa, não tanto pela circunstância de passar a ser a secretaria espontaneamente a materializar a citação do réu (o que, em si mesmo, em nada nos perturba), antes sim pelos singelos motivos que se passam, então, a aduzir:

1.º Em primeiro lugar, com esta medida, o juiz não fica obrigado a uma análise liminar da pretensão formulada pelo autor e dos factos que lhe dão potencial consistência, isto é, deixa o juiz de ter um contacto inicial e uma imediata "familiarização" com o processo, o que só lhe proporcionava vantagens (ou, pelo menos, não provocava quaisquer desvantagens).

Com efeito, é apenas aparente (e não real) a fundamentação desta medida na celeridade processual que ela propicia. Como já dissemos, o despacho liminar era, normalmente, o de deferimento da petição inicial, um despacho linear e taxativo, simples e rápido, e acreditamos que isso não acontecia (como às vezes se ouve dizer) porque os juízes não lessem as petições iniciais (ou as lessem negligentemente), outrossim porque, em regra, tais petições não padeciam evidentemente dos "males" que justificavam os despachos de indeferimento ou de convite ao aperfeiçoamento. Não era, naturalmente, norma dos advogados portugueses elaborarem petições ineptas, instaurarem acções em tribunais manifestamente incompetentes ou contra partes ilegítimas, formularem pedidos manifestamente inviáveis, não satisfazerem requisitos legais absolutamente indispensáveis, etc.

Seguramente que não era a leitura liminar da petição inicial a responsável pela morosidade da justiça portuguesa. Uma das responsáveis

---

certamente, porém, ao longo deste trabalho, alguma confusão entre ele e o outro despacho (também liminar) que o CPC de 95 extinguiu e, na prática forense, alguma confusão também entre ele o despacho consagrado no n.º 4 do art. 234.º e no n.º 1 do art. 234.º--A do diploma, quando este fosse de proferir.

era, mais do que certamente, a citação em si mesma, *maxime* a citação efectivamente pessoal prevista, obrigatoriamente, para as pessoas singulares, a dificuldade em encontrar os citandos, as dificuldades que eles próprios desenvolviam em volta da pretendida citação, as imensas dilações previstas na lei, etc [345].

Ora, como já se deixou dito, o CPC de 95 simplificou e, por isso, melhorou substancialmente os actos tendentes à citação [346], bem como a própria interpelação judicial por excelência em si mesma, permitindo a citação pelo correio das pessoas singulares, consagrando formas de citação extrajudiciais, diminuindo e uniformizando as dilações [347] (cfr., conjugadamente, para este último ponto, a revogação do art. 180.º e do n.º 3 do art. 249.º e o "desaparecimento" do n.º 3 do art. 251.º, todos do CPC de 61, com o art. 252.º-A do CPC de 95), etc.

Estando assim simplificada a citação e porque era esta a principal responsável pela falta de celeridade inicial da acção (nesta fase inicial da sua tramitação), não se vislumbram, a este título, motivos sérios que possam justificar a abolição do despacho liminar.

2.º Desaparecendo o despacho liminar, desapareceu também a possibilidade de o juiz indeferir *ab initio* determinadas petições iniciais (que possam ser apresentadas) inquinadas com males de conteúdo ou vícios de forma absolutamente insanáveis. Não será a regra, já o dissemos, mas em todo o campo das hipóteses, tais petições são idealizáveis. Assim, a acção terá que "andar" durante toda a fase dos articulados de forma absolutamente inútil, fazendo perder tempo ao tribunal (até por força das autuações e notificações) e fazendo perder tempo às próprias partes [348].

---

[345] Lebre de Freitas (*Em Torno da Revisão...*, p. 15) apelidara de *Kafkiana* a citação e os sucessivos e morosos actos processuais a que ela podia dar lugar, na vigência dos diplomas anteriores ao CPC de 95.

[346] O que o CPC de 1995 melhorou, piorou o DL n.º 183/2000, de 10 de Agosto, ao consagrar a citação por via postal simples para inúmeros casos.

[347] Como já havia sido parcial e anteriormente preconizado por Afonso de Melo (*op. cit.*, p. 33).

[348] Nelas incluindo o autor, porque o indeferimento liminar de uma petição inicial podia reverter em seu benefício, propiciando a imediata "reinstauração" da acção (se tal fosse possível, no caso), corrigindo os ditos vícios insanáveis naquele processo. Imagine-se, para o efeito, o exemplo da instauração de uma acção contra uma parte manifesta e singularmente ilegítima. É claro que não se desconhece que se os vícios fossem sanáveis no mesmo processo, o demandante podia deitar mão do benefício que sempre lhe foi concedido de apresentar outra petição (cfr. o § 3.º do art. 482.º do CPC de 39 e o art. 476.º do CPC de 61).

E não é só o tempo que as partes perdem. É também o dinheiro que gastam, pois que não haverá advogado algum que, por exemplo, recomende ao réu a sua própria revelia, só porque é da opinião de que a acção em causa é uma das tais que está definitivamente inquinada. Não se esqueça que o juiz pode ter opinião diferente...

Bem sabemos que o novo diploma veio (muito acertadamente) consagrar o dever de o juiz promover o suprimento da falta dos pressupostos processuais, determinando a realização dos actos necessários à regularização da instância ou convidando as partes a praticá-los em certos casos (cfr. o n.º 2 do art. 265.º do CPC) e que, por isso, sendo sempre assim possível "remendar" o processo numa fase mais adiantada da sua tramitação, não faz mal algum terminar com o despacho liminar.

O problema é que não eram só as violações sanáveis dos pressupostos processuais que podiam gerar o indeferimento liminar das petições iniciais. Eram também as ditas violações insanáveis (como, por exemplo, a ilegitimidade singular da parte, ou a incompetência absoluta do tribunal), as extemporaneidades das acções, ora por prematuridade, ora por caducidade (no caso de esta ser do conhecimento oficioso, evidentemente) e as manifestas inviabilidades das pretensões judicialmente apresentadas.

Ora, parece que não faz sentido permitir-se que uma acção inicie a sua marcha e corra os seus termos durante meses (anunciem-se, desde já, os aumentos e as prorrogações dos prazos dos articulados), para depois terminar com uma decisão meramente formal (como a absolvição do réu da instância) exactamente pelos mesmos motivos que poderiam, *ab initio*, ter provocado o indeferimento liminar da petição inicial, se tal despacho fosse admitido.

Na auscultação que fizemos a experientes magistrados e advogados, raras foram as opiniões contrárias à que anteriormente expendemos. Muitos dos inquiridos explicaram que o despacho liminar tinha também em vista evitar que a máquina judiciária fosse posta em funcionamento para pretensões infundadas, inúteis, irrelevantes ou mesmo estranhas ao direito.

Com a abolição do despacho liminar pode concretizar-se um importante recuo na economia de meios, prejudicial não só para os tribunais (como já se disse), como também para as próprias partes envolvidas, pois uma acção condenada ao naufrágio, seja por motivos formais insanáveis, seja por motivos substanciais, vai exigir de todos os "intervenientes" processuais uma determinada actuação que só devia fazer sentido se não fosse inútil.

Por outro lado, a dignidade própria da função jurisdicional sai obviamente beliscada se percorrerem toda a fase dos articulados acções, por exemplo, do foro laboral num juízo ou numa vara cível, acções em que o autor peça a condenação do réu a cometer um crime, enfim, situações de tal maneira graves e quiçá caricatas que deviam ser imediatamente eliminadas e não apenas no fim da apresentação de todos os articulados (o que pode demorar meses, insista-se).

A doutrina já publicada vai também neste sentido, encarando esta novidade legislativa como "pouco salutar"[349], apelando aos interesses de ordem pública que sempre estão subjacentes nesta problemática (e aos quais, indirecta e anteriormente, já se aludiu).

Há-de notar-se, aliás, que no primeiro parágrafo do n.º 2 do art. 112.º do *Progetto di «Codice Tipo» de Procedura Civile per l'America Latina* se mantém o despacho liminar de indeferimento, elaborado, de resto, nos termos extremamente hábeis que se passam a transcrever: – *Si el Tribunal estimare que la demanda es manifiestamente improponible, la rechazará de plano, expresando los fundamentos de su decisión.*

Ouvimos alguns advogados, no entanto, louvar a abolição do despacho liminar. Quando debatíamos publicamente o novo CPC em determinada comarca, a pedido da Ordem dos Advogados, um destes profissionais forenses alertou para a circunstância de, nessa mesma comarca, ser frequente a demora de vários meses para que o juiz proferisse, ao menos, o despacho liminar. Por isso, acrescentou o causídico, o melhor é acabar com tal despacho, indigno para a Justiça e injusto para o cidadão.

É lamentável o descrito. Mas, o desalentado advogado não tinha razão. Não deve ser uma circunstância dessas a influenciar a mente do legislador. A culpa do sucedido não era do despacho liminar. Era do próprio juiz, ou do elevadíssimo número de processos que, porventura, lhe estavam distribuídos[350].

Mas, não se fique com a ideia que apenas discordamos da abolição do despacho de indeferimento liminar. Não aceitamos, como já dissemos, a abolição do próprio despacho liminar.

Por isso, também discordamos da abolição do despacho de convite ao aperfeiçoamento das petições iniciais verdadeiramente irregulares. Na verdade, com o novo sistema, pode muito bem suceder que, no fim dos

---

[349] Neste sentido, M. Teixeira de Sousa (*Apreciação...*, p. 388).

[350] E também vimos algumas comarcas estarem sem juiz durante muitos e muitos meses, o que é certamente ainda pior do que o descrito pelo insatisfeito advogado, mas que não se deveu, seguramente, aos "malefícios" do Código de Processo Civil.

articulados, o juiz convide o autor a completar a peça inicial por si falheiramente apresentada e este não aceda ao convite. Nessa conformidade, como iremos verificar, o juiz poderá lavrar um despacho de abstenção do conhecimento do mérito da causa e de absolvição do réu da instância, pelos mesmos motivos que o poderiam ter levado a lavrar, meses antes, um despacho de indeferimento subsequente da petição inicial. E, ainda por cima, após ter obrigado o réu a contestar, o autor, porventura, a replicar, o tribunal a autuar e a notificar, permitindo-se dessa forma imenso trabalho inútil, das partes e do tribunal, e esquecendo-se que o funcionamento deste é suportado, essencialmente, pelos impostos dos cidadãos [351].

Pugnaríamos, isso sim, pela manutenção de um despacho liminar, abrangendo as seguintes vertentes:

a) De indeferimento, apenas quando fosse visível a inquinação da acção com vícios formais absolutamente insanáveis (v.g., a incompetência absoluta do tribunal ou a ilegitimidade singular[352]), ou quando a acção tivesse sido proposta fora de tempo (quer por prematuridade, quer por caducidade de conhecimento oficioso), ou quando fosse manifesta a inviabilidade da pretensão apresentada pelo autor, isto é, quando fosse óbvio que a este não assistia qualquer razão em face do direito material. Deste despacho, deveria caber sempre recurso para a Relação, independentemente do valor da causa, como se previa no art. 475.º do CPC de 61, sem embargo de dever também ficar consagrado o benefício previsto no art. 476.º do mesmo diploma [353], potencial e excepcionalmente utilizado, por exemplo, no caso de se pretender (e ser possível) "recuperar" uma pretensão anteriormente apresentada manifestamente inviável;

b) De convite ao aperfeiçoamento, em todos aqueles casos em que os vícios formais fossem sanáveis no processo (v.g., a ilegitimidade plural, a falta de autorização que o autor devesse obter,

---

[351] Dando conta de todos estes inconvenientes (e outros) derivados da abolição dos despachos de indeferimento liminar e de convite ao aperfeiçoamento da petição inicial, A. Abrantes Geraldes (*Temas...*, ps. 219-220, em nota de rodapé).

[352] Note, hoje (e em todo o caso), a possibilidade de a ilegitimidade singular passiva ser, pelo menos, "acautelada" pelo autor na petição inicial, através da figura do litisconsórcio eventual ou subsidiário, previsto no art. 31.º-B do CPC.

[353] Nos casos excepcionais de despacho liminar que o actual diploma aceitou, ficou prevista situação idêntica à que aqui descrevemos (cfr. o n.º 4 do art. 234.º, os n.ºs 1 e 2 do art. 234.º-A e o art. 476.º, aplicável adaptadamente e por remissão).

etc.) e ainda nos casos em que a petição inicial fosse verdadeiramente irregular. Se este convite (que seria obrigatório para o juiz) não fosse aceite pela parte, a esse primeiro despacho deveria seguir-se um outro, o de indeferimento subsequente, acrescentando-se ainda que daqueloutro jamais poderia caber recurso, ainda que o valor da causa, teoricamente, o permitisse, pelas razões oportunamente já expendidas [354];

c) De convite ao aperfeiçoamento de petições facticamente imperfeitas (insuficientes ou imprecisas, como analisaremos). Este despacho seria facultativo e se o autor a ele não aquiescesse nada daí resultaria. Seria, portanto, facultativo o despacho e facultativa a aquiescência. E com o novo diploma não se violentará a paridade das partes [355], porque ficou consagrada a possibilidade (com a qual concordamos, refira-se, desde já) de o juiz convidar também o réu a aperfeiçoar a sua contestação;

d) De citação do réu para contestar, quando a petição não devesse ser indeferida ou quando não se mostrasse necessário convidar o autor a sanar os vícios referidos nas alíneas anteriores. Ou seja, tal como nos diplomas anteriores, este despacho de citação deveria sempre ser proferido em termos de inevitabilidade processual, isto é, sempre que não fosse de proferir qualquer um dos dois despachos anteriormente referidos (indeferimento ou convite ao aperfeiçoamento).

7.3. *O Aumento e a Prorrogação do Prazo da Contestação. Juízos Apreciativos.*

Como referimos, apresentada a petição inicial em juízo, competirá à secretaria proceder à citação do réu, sem necessidade (normalmente) de levar o processo concluso ao juiz, para efeitos de proferimento de despacho liminar (cfr., novamente, os arts. 234.º e 479.º do CPC).

A primeira alteração introduzida pelo novo diploma a propósito da contestação diz respeito ao respectivo prazo.

---

[354] Mas cabendo sempre recurso deste despacho de indeferimento mediato para o tribunal da Relação.

[355] Violentação de que demos conta *supra* em "2. – A ESPONTANEIDADE DE ALEGAÇÃO DOS FACTOS PELAS PARTES".

Em processo ordinário, o réu passou a dispor de trinta dias para contestar (e não vinte, como até aqui)[356], sem prejuízo de tal prazo poder ser prorrogado por mais trinta dias (no máximo) se tal prorrogação for requerida, face à impossibilidade ou dificuldade anormais de organização da defesa e desde que o tribunal considere ponderoso o motivo invocado (cfr. os n.os 1 e 5 do art. 486.º do CPC).

Desta alteração, devemos extrair as seguintes notas:

1.ª a primeira é a de que este e outros aumentos de prazos que o CPC de 95 veio consagrar são, genericamente, bem-vindos. Aliás, se bem notarmos, este aumento concreto nem é muito significativo. Com efeito, tendo o art. 144.º do CPC passado a prever que os prazos só se suspendem durante as férias judiciais (e não também durante os domingos, sábados e dias feriados, como se previa anteriormente), isso significa que os trinta dias actuais correspondem, em termos sensivelmente reais, a pouco mais do que os vinte a que a lei, anteriormente, aludia.

Em todo o caso – e como dissemos –, consideramos correcta esta inovação, por entendermos que não é o aumento dos prazos que belisca a celeridade processual e porque os prazos previstos no CPC de 61 se mostravam, na verdade, tendencialmente reduzidos, o que (muitas vezes) fazia perigar o adequado e profícuo exercício dos direitos processuais das partes, o qual deve constituir um valor inestimável, sempre de proteger em qualquer "movimentação legislativa";

b) a segunda ideia resulta desse valor que acabámos de referir: – a protecção dos direitos processuais das partes e o seu não antolhamento temporal com prazos apertados. Se, em princípio, o

---

[356] Em processo sumário, o prazo passou a ser de vinte dias (e não dez) e em processo sumaríssimo de quinze dias (e não oito) – cfr., respectivamente, os arts. 783.º e 794.º do CPC. Um tanto ou quanto inesperadamente, o CPC de 95 não institucionalizou apenas duas formas de processo declarativo comum, como preconizara anteriormente Afonso de Melo (*op. cit.*, p. 33), se previra nos AP's de 1988 e 1990, se "recomendara" nas "Linhas Orientadoras da Nova Legislação Processual Civil" (cfr. p. 36) e teria sido nosso desejo, bem como de Pais de Sousa e Cardona Ferreira (*op. cit.*, p. 185). Com tal institucionalização, por outro lado, obter-se-ia uma uniformidade de formas entre o processo declarativo e o processo executivo, prática e pedagogicamente vantajosa, embora a diversidade das formas do processo executivo comum não dependa, hoje, do valor da causa, mas antes da espécie de título que se dá à execução.

autor pode tranquilamente preparar a acção que vai instaurar, colhendo elementos e documentos tantas vezes essenciais que demoram tempo a ser obtidos e se (também normalmente) ele não está sujeito a prazos apertados para a propositura das acções, é vantajosa a medida de tentar, pelo menos, estender essa "filosofia" ao réu, concedendo-lhe uma prorrogação do prazo para contestar, se o tribunal considerar a ocorrência de motivo ponderoso, anormalmente dificultador ou impossibilitador de organização da defesa.

Como se referiu, isso constitui uma boa medida para a perseguição daquele desiderato (de protecção dos direitos processuais das partes) e, por outro lado, não é seguramente esta prorrogação do prazo que vai prejudicar o andamento célere da acção. Quando muito – e no máximo (porque muitas vezes não há-de ser necessário que a prorrogação atinja o limite previsto na lei) – o atraso que o processo sofre são, precisamente, esses trinta dias.

Mas, o que é isso comparado, por exemplo, com as demoras infindáveis que os processos sofriam para que fossem lavrados os despachos saneadores, na era dos CPC de 39 e 61?

O que é isso comparado com os adiamentos que a lei permite e que a experiência demonstra serem (quase sempre) de mais de trinta dias?

O que é isso comparado com a duração das férias judiciais?[357]

O que é isso comparado com a (quase) inexplicável duração dos recursos?

O que é isso comparado com as (normalmente) inalteráveis e ocupadíssimas agendas dos juízes?

O que é isso comparado com o tempo que leva o Governo, por vezes, a nomear um funcionário judicial?

Mas, mesmo que o atraso que a prorrogação do prazo concedido para a defesa do réu fosse relevante, isso sempre colidiria com aquele

---

[357] É sempre discutível o número e a duração actual das férias judiciais. O argumento de que os juízes, os advogados e até os funcionários judiciais exercem funções diferentes das dos outros cidadãos, as quais – atendendo às suas especificidades –, justificam amplamente a perdurabilidade dos actuais dois meses e meio de férias (por causa dos turnos, dos réus presos, das providências cautelares, do estudo de questões de maior relevância, cujo melindre jurídico não se compadece com a assoberbante "vida judiciária", etc.) cada vez menos convence os outros trabalhadores portugueses.

objectivo a que acima aludimos (o da criação de situações processuais potencializadoras de adequadas e profícuas organizações das teses a defender em juízo) e, perante tal conflito, sempre aquele atraso deveria ter de ceder em favor deste desiderato.

Por outro lado, não podemos deixar de referir que esta prorrogação do prazo é uma medida excepcional, a conceder apenas se o tribunal considerar ponderosos os motivos invocados. Ninguém esperará, por certo, que tal medida seja deferida só porque o advogado do réu tem a sua agenda sobrecarregada com diligências judiciais, ou só porque a matéria litigiosa é (para ele, por exemplo) demasiadamente complexa. Mas já se aceitará o deferimento quando (também por exemplo) for indiscutível e exageradamente vasto o número de questões litigiosas suscitadas, for visível que se tornam absolutamente necessários à idealização e elaboração da defesa determinados elementos ou documentos cuja obtenção é habitualmente morosa (como, por exemplo, a derivada de buscas nos Registos Conservatoriais, nos Cartórios Notariais, etc.) ou quando, de uma maneira geral, se puder concluir que o prazo originário de trinta dias não é, de facto, compatível com a elaboração de uma profícua defesa [358, 359].

c) acerca desta "novidade legislativa", há ainda uma terceira nota que é evidente e seria sempre inevitável: – é que a dita prorrogação do prazo para contestar não é concedida espontaneamente pelo juiz. Como acima se deixou dito, ela resultará de um requerimento apresentado pelo advogado do réu interessado nesse sentido, numa manifestação prática e eficaz do dispositivo, requerimento esse que não está sujeito a qualquer formalidade especial (nem seria

---

[358] Um dos casos que pode justificar a concessão da prorrogação do prazo para a contestação é, precisamente, o das acções de simples apreciação negativa. Não como regra (como historicamente já foi admitido, como sabemos), mas apenas quando se verificarem os motivos ponderosos a que a lei, agora, alude. Na verdade, o réu pode ter necessidade de um prazo superior a trinta dias para conseguir "obter" todos os elementos necessários à invocação judicial do direito e à alegação dos respectivos factos constitutivos.

[359] No CPC de 61, havia uma situação em que o réu também podia pedir uma prorrogação, mas não propriamente para contestar. Acontecia nas acções de prestações de contas, quando o demandado não queria, precisamente, impugnar a obrigação de prestar as contas, mas carecia (e assim requeria) uma prorrogação para tal prestação. Cfr. o n.º 2 do art. 1014.º do CPC de 61. A situação manteve-se semelhantemente no CPC de 95. Cfr. o n.º 2 do respectivo art. 1014.º-A.

correcto que estivesse), mas que tem de ser apresentado em tempo, isto é, antes de terminar (obviamente) o prazo inicialmente fixado na lei para a contestação, e sendo ainda certo que este prazo não se suspende por força do dito requerimento.

Portanto, das duas uma: – ou o prazo é prorrogado, ou não é prorrogado, não havendo, pois, suspensões do mesmo, derivadas do requerimento apresentado pelo mandatário do réu e até que a decisão respectiva lhe seja comunicada [360].

Assim – e por exemplo –, se o requerimento tendente à prorrogação for apresentado no penúltimo dia do prazo, pode muito bem suceder que, sendo tal requerimento indeferido, a contestação dê já entrada fora de tempo e, consequentemente, o réu tenha de pagar, para que a sua defesa seja atendida, uma das multas a que aludem os n.ºs 5 e 6 do art. 145.º do CPC [361]. Por isso, o que inevitavelmente se recomenda é que tal requerimento seja apresentado rapidamente (quanto antes, portanto), isto é, logo a seguir à (ou pouco depois da) citação;

d) finalmente, uma última nota acerca desta questão: – é que se ela respeita o dispositivo, o mesmo se não pode dizer do contraditório, tendo em consideração o que consta da parte final do n.º 5 do art. 486.º, na medida em que o requerimento tendente à prorrogação do prazo é deferido ou indeferido sem prévia audição do autor, o que manifestamente se compreende, face à imprescindível rapidez que tem que imprimir-se ao solucionamento desta questão. A audição do autor para se pronunciar sobre o pedido do réu, ainda que para isso estivesse previsto um prazo mínimo [362], implicaria muitas vezes que a decisão só fosse proferida e notificada ao réu depois de se ter já esgotado o prazo da contestação, o que poderia inviabilizar a sua defesa, até porque (a experiência di-lo)

---

[360] Decisão que (diz a lei – cfr. o n.º 6 do art. 486.º do CPC) não admite recurso, tem de ser tomada em vinte e quatro horas e pode ser comunicada ao réu através de um dos meios previstos na segunda parte do n.º 5 do art. 176.º (v.g., por telegrama, por comunicação telefónica, etc.), respeitando-se ainda o n.º 6 deste mesmo artigo.

[361] Note, a propósito, a benevolente (mas acertada) "novidade" constante do n.º 7 deste art. 145.º.

[362] E note-se (como já se deixou subentendido) que há uma tendência acertada (facilmente detectável no CPC de 95) para que não subsistam prazos mínimos, indesejáveis ao cuidado exercício dos "direitos processuais".

o autor não deixaria de responder no último dia e, as mais das vezes, no sentido de que o pedido de prorrogação devesse ser indeferido.

Em conclusão e aplaudindo a medida, diremos que:
- *O autor não sai prejudicado se o prazo da contestação for prorrogado;*
- *A celeridade processual não é violentada com esta medida;*
- *A defesa do réu fica mais bem assegurada;*
- *A verdade pode estar mais próxima.*

Há ainda uma outra questão, conexa a esta, que importa analisar:
- **Será que a prorrogação do prazo para contestar é extensível aos processos sumário e sumaríssimo?**

A resposta a esta pergunta não é tão fácil como possa parecer.

O nosso raciocínio passou por duas etapas até chegar à conclusão que nos parece mais acertada.

Numa primeira fase e na sequência de uma visão demasiadamente rápida sobre o assunto, respondemos afirmativamente à pergunta. Pensámos imediatamente assim: – não havendo para os processos sumário e sumaríssimo quaisquer regras próprias sobre tal matéria e atendendo a que o processo sumário segue supletivamente os termos do ordinário (cfr. o n.º 1 do art. 463.º do CPC) e que o sumaríssimo, apesar de, em primeira linha, seguir os termos do processo sumário, segue também (embora mais remotamente, portanto) os do ordinário (cfr. o art. 464.º do mesmo diploma), logo opinámos no sentido de que a prorrogação do prazo para contestar podia também ser requerida e deferida nessas duas sub-formas mais aligeiradas do processo declarativo comum.

O problema é que a prorrogação prevista na lei pode atingir os trinta dias, como anteriormente se disse, e, por isso, levantaram-se algumas dúvidas aos operadores judiciários acerca da admissibilidade dela nas acções sumárias e sumaríssimas, na medida em que o prazo normal para a defesa nestas formas de processo é bastante inferior a tal período de tempo (no caso do processo sumaríssimo é, por exemplo, de metade).

Será que o legislador, tendo imposto um reduzido prazo de quinze dias para a contestação do processo sumaríssimo, aceitou uma prorrogação do mesmo que pode atingir o dobro desse período de tempo?

Foi esta dúvida que nos levou a suspeitar do acerto do nosso primeiro juízo de raciocínio e nos lançou numa segunda etapa do pensamento.

Assim, idealizámos passar a responder negativamente à pergunta originalmente formulada, ou seja, pensámos que não deveriam ser de aceitar quaisquer prorrogações do prazo para as contestações nos processos sumário e sumaríssimo.

E utilizámos, então, três argumentos que, pretensa e aparentemente, davam consistência a tal opinião:

- em primeiro lugar, invocámos a singeleza dos processos sumário e sumaríssimo e supusemos que por força dela não se justificavam tais prorrogações. Nos processos sumários discutiam-se questões de menor dimensão litigiosa e nos sumaríssimos, para além disso, dirimiam-se conflitos onde habitualmente se não levantavam grandes dificuldades, nem jurídicas, nem técnicas (bastava lembrar, por exemplo, que estes processos sumaríssimos constituíam sempre vulgares acções de condenação e, ainda por cima, em obrigações pecuniárias [363], indemnizações por dano, ou entrega de coisas móveis – cfr. a parte final do n.º 1 do art. 462.º). A menor envergadura económica de uns processos e a simplicidade jurídica e técnica de outros haviam sempre implicado que os legisladores tivessem regulado as tramitações deles com grande singeleza processual (como anteriormente se disse) e, sobretudo, de forma seguramente mais lesta e reduzida do que a prevista para o processo ordinário (seja no que diz respeito a prazos, a número de diligências, a direitos processuais [364], etc.).
Por isso, chegámos (nós e alguns operadores judiciários) a supor que a hipótese da prorrogação do prazo para a contestação fôra considerada pelo legislador de 1995 como uma medida excepcional, só admitida nos casos judiciais mais relevantes, justamente aqueles a que correspondesse a forma ordinária do processo declarativo comum, que eram também, afinal, aqueles onde tal prorrogação podia – com alguma dose de frequência – encontrar justificação;
- em segundo lugar, dissemos que não nos devíamos sentir tentados (no caso) a aplicar subsidiariamente as regras do processo

---

[363] Desde que não emergentes de contrato, caso em que o autor deverá instaurar a acção especial prevista na primeira parte do anexo ao DL n.º 269/98, de 1 de Setembro.

[364] Relembre-se, a este propósito, por exemplo, tudo o que se disse neste trabalho acerca das possibilidades de alteração do pedido e da causa de pedir, admitidas em processo ordinário e recusadas nos processos sumário e sumaríssimo.

ordinário, porquanto imaginámos que tal utilização normativa poderia não ser, de facto, aqui aplicável.

Com efeito, quer para o processo sumário, quer para o sumaríssimo – e aparentemente ao contrário do que em primeira linha havíamos dito sobre a questão –, o legislador de 1995 tinha previsto expressamente regras próprias (diferentes das consagradas para o processo ordinário) reguladoras das contestações e dos prazos delas, concretamente os arts. 783.º e 794.º. Ou seja, acerca da defesa ou (melhor dizendo) acerca dos prazos dela, pusemos a hipótese de que o CPC de 95 prevenira três situações distintas, aplicáveis a outras tantas formas de processo comum: – uma para as acções ordinárias, consagrada no art. 486.º, da qual se alcançava que o réu dispunha de um prazo de trinta dias para contestar e que tal prazo podia ser prorrogado por mais outros trinta dias; – outra para as acções sumárias, prevista no art. 783.º, da qual se alcançava que o réu apenas podia contestar no prazo de vinte dias; – e, finalmente, outra para as acções sumaríssimas, prevista no art. 794.º, da qual se retirava que o réu apenas podia contestar, mas no prazo de quinze dias.

Quer dizer, chegámos a supor (provisoriamente ainda) de que não havia relativamente a esta matéria qualquer vazio na lei reguladora da tramitação das acções sumárias e sumaríssimas e, por isso, se no artigo respectivo do processo ordinário estava prevista a prorrogação do prazo da contestação e nos "correspondentes" (mas diferentes) artigos dos processos sumário e sumaríssimo tal prorrogação não fôra considerada, isso só podia querer significar que o legislador de 1995 não a teria querido admitir para estas duas sub-formas do processo declarativo comum. Ou seja, ao idealizar e redigir os arts. 783.º e 794.º do CPC, o legislador teria pretendido atingir dois objectivos: – diminuir os prazos das contestações nos processos sumário e sumaríssimo e não permitir, nestas formas de processo, a dita prorrogação do prazo da defesa;

– o terceiro argumento que então alguns utilizaram foi precisamente aquele que nos fez duvidar do acerto da primeira opinião a que chegáramos, qual tenha sido o de, efectivamente, não ser curial aceitar-se a prorrogação do prazo da defesa (previsto na lei) nos processos sumário e sumaríssimo porquanto ela permitia que, no primeiro caso (o do processo sumário), o prazo da defesa pudesse, afinal, passar a ser de mais do dobro do legalmente previsto (vinte mais trinta dias) e no segundo caso (o do processo sumaríssimo) tal prazo pudesse atingir o triplo do originária e legalmente previsto (quinze mais trinta dias). Quer dizer – e utilizando um exemplo limite – na acção ordinária a lei permitia que, a título excepcional, o réu dispusesse de uma prorrogação do prazo que podia atingir, no máximo, um período de tempo igual ao que, originalmente, estava previsto para a defesa, enquanto que, na acção sumaríssima, a lei permitia que tal prorrogação fosse exactamente do dobro do prazo originalmente consagrado para a apresentação da contestação. Assim, porque não encontrássemos justificação séria para tal ou tais diferenças e porque, de facto, não era razoável que o legislador tivesse previsto prazos reduzidos para as situações normais das contestações dos processos sumário e sumaríssimo e prazos muito mais extensos para as situações excepcionais das "contestações prorrogadas" nestas duas formas de processo comum, chegámos a admitir que, na verdade, poderia ter sido intenção do legislador de 1995 não aplicar a essas formas de processo declarativo comum o previsto no n.º 5 do art. 486.º do CPC.

Estávamos (nós e quantos assim pensámos), porém, enganados. O primeiro argumento utilizado é puramente teórico, o segundo não é verdadeiro e o terceiro (e último) é facilmente contornável, tendo despoletado, até, a conclusão a que chegámos, a qual, como dissemos, nos parece a mais acertada.

Com efeito, o argumento que se invocou em primeiro lugar tem uma consistência meramente teórica e aparente, não se lhe reconhecendo, porém, qualquer justificação real e prática. A singeleza processual a que estão tradicionalmente votados os processos sumário e sumaríssimo não basta, só por si, para impedir a prorrogação do prazo das contestações. Na verdade, o pedido de prorrogação pode justificar-se, independentemente da dimensão (em termos de comensurabilidade) e da simplicidade do litígio. Quer dizer, pode estar em causa um pequeno (e até "fácil") conflito e ter ampla razoabilidade a concessão da prorrogação do prazo da contestação, atentos determinados motivos relevantes que se invoquem.

O n.º 5 do art. 486.º do CPC assegura um princípio fundamental, com o qual manifestamente já concordámos: – o de proporcionar ao réu uma defesa capaz, ultrapassadora de obstáculos que anormalmente a dificultem ou impeçam. Ora, não percebemos porque é que esse princípio só deva ser respeitado no processo ordinário, nem aceitamos que as adequadas razões de fundo que levaram os legisladores a redigi-lo se não estendam a outras formas de processo declarativo, *maxime* ao sumário, onde tantas vezes se poderá justificar a concessão da tal prorrogação.

Bastará lembrarmo-nos (por exemplo) daquelas acções que versam sobre direitos reais, em que o mandatário do réu sente necessidade de se deslocar a diferentes locais para, adequadamente, preparar a defesa, ou em que se mostra imprescindível proceder a medições de determinadas e distintas áreas, ou obter documentos (fundamentais à alegação fáctica) hipoteticamente encontráveis em repartições públicas, etc.

Portanto, e em conclusão parcial, apesar de, em processo sumário e sumaríssimo, se discutirem interesses menores e, porventura, mais simples do que aqueles que estão em causa no processo ordinário, isso (só por si) não é suficiente para que se deva concluir que naquelas duas formas de processo comum não possam os prazos da contestação ser excepcionalmente prorrogados, pois que os sérios motivos que potencialmente justificam essa prorrogação podem ocorrer em qualquer forma de processo e não apenas na ordinária.

Por outro lado, o segundo argumento invocado não é verdadeiro e resulta de um exagerado esforço interpretativo da dita "aplicação subsidiária das regras do processo ordinário aos processos sumário e ao sumaríssimo".

Na verdade, os arts. 783.º e 794.º do CPC apenas visaram alterar os prazos das contestações nestas duas formas de processo. O que em ordinário era de trinta dias, em sumário é de vinte, e em sumaríssimo é de quinze. Nada mais...

Ou seja, a única alteração introduzida foi essa diminuição dos prazos da defesa e o mais que a lei prevê no art. 486.º é, natural e subsidiariamente, aplicável quer ao processo sumário, quer ao processo sumaríssimo, com as necessárias adaptações e em termos de razoabilidade, como veremos.

De outra maneira, também não teriam aplicação a essas duas formas de processo comum as regras contidas, por exemplo, nos n.ºs 2 e 3 do mesmo art. 486.º, o que seria de todo em todo impensável.

Finalmente, o terceiro fundamento invocado é, como se disse, facilmente contornável e, por isso, há instantes, falámos numa aplicação subsidiária das "regras ordinárias" aos processos sumário e sumaríssimo, mas com as devidas razoabilidade e adaptabilidade.

Com efeito, entendemos que também nestas formas de processo pode ser concedida uma prorrogação do prazo para a apresentação da contestação, mas uma prorrogação que seja também ela razoável e adaptável a cada uma dessas formas. Por isso é que aceitamos que tal prorrogação se deve submeter ao seguinte princípio: – que ela não possa ser concedida por um período de tempo superior àquele que consta da lei como prazo-base para a defesa. E assim, se em processo ordinário o prazo da contestação é de trinta dias e o máximo da prorrogação é de igual período de tempo, em processo sumário a prorrogação também não poderá exceder os vinte dias e, em sumaríssimo, os quinze. Ou seja, o princípio temporalmente prorrogativo que a lei prevê para o processo ordinário aplica-se aos processos sumário e sumaríssimo, mas devidamente adaptado às estruturas temporais destes e sem se cometerem excessos desrazoáveis.

Por isso, chegámos ao terceiro patamar do nosso raciocínio e podemos finalmente responder à questão originalmente colocada da seguinte forma:

– *o n.º 5 do art. 486.º do CPC é, de facto, aplicável aos processos sumário e sumaríssimo, mas com as devidas adaptações e sem desrazoabilidades temporais* [365].

Há-de reparar-se que desta forma se "executa", verdadeiramente, o princípio da aplicação subsidiária das regras do processo ordinário aos processos sumário e sumaríssimo, mas uma aplicação que nos parece hábil e adequada, não parecendo vingar o contra-argumento (que já ouvimos) de que, para tal aplicação, se torna necessária uma exageradíssima energia interpretativa ou, até mesmo, uma invenção de regras que não constam do Código de Processo Civil.

Entendemos que tal opinião não é exagerada, nem implica "invenções" de normas.

E está até em conformidade com uma outra que o CPC de 95 veio perfilhar. Com efeito, nos termos do n.º 2 do art. 147.º, podem as partes acordar na prorrogação de qualquer prazo processual previsto na lei, mas tal prorrogação só pode verificar-se por uma vez e por igual período de tempo [366]. Como vemos, nesse caso (e à semelhança da opinião anteriormente manifestada), a duração da prorrogação não pode exceder a duração do próprio prazo legalmente fixado [367].

---

[365] E sendo certo que se estivermos em processo sumaríssimo ou em processo sumário de valor não superior ao da alçada da primeira instância, por não ser obrigatório o patrocínio judiciário, quem formula a prorrogação do prazo, quando não haja mandatário constituído, é a própria parte.

[366] E tal opinião está também de acordo com o consagrado no art. 504.º do CPC, sobre o qual reflectiremos adiante.

[367] A inovação que agora se anuncia pode ser importantíssima na prática. Com efeito, são naturalmente muitos os casos de bom relacionamento existente entre os

E tudo o que dissemos a propósito desta aplicação aos processos sumário e sumaríssimo tem natural extensão para os processos especiais, pois que o princípio da prorrogação do prazo da defesa pode também neles ter ampla justificação.

Assim, não só entendemos que tais prazos podem, igualmente, ser prorrogados se existirem motivos excepcionais que o justifiquem, como consideramos que tais prorrogações não podem exceder o equivalente aos períodos de tempo originariamente fixados na lei para as respectivas defesas.

De resto – e como regra – os processos especiais também aplicam supletivamente as disposições do processo comum ordinário (cfr. a parte final do n.º 1 do art. 463.º do CPC), pelo que o princípio da prorrogação do prazo da defesa também lhes seria sempre aplicável [368].

advogados portugueses e, por isso, é bem possível que, no decurso de determinado processo, um desses profissionais solicite ao colega o seu acordo para a prorrogação de um prazo que esteja a correr. Entendemos, todavia, que a manifestação de tal acordo tem de ocorrer após o começo do prazo e antes do seu fim. De outra forma, no início de determinada acção, por exemplo, os advogados podiam acordar, desde logo, em prorrogar todos e quaisquer prazos previstos na lei para o exercício dos respectivos "direito processuais" e prorrogá-los uns para o limite que a lei prevê, outros para metade desse limite, etc. Reconheça-se que tão ampla liberdade podia redundar numa autêntica confusão, adversa da adequada tramitação da acção. Por outro lado, o anúncio do acordo prorrogatório deve fazer-se antes do prazo terminar. É que, apesar do referido acordo das partes, entendemos que a prorrogação tem de ser requerida ao tribunal e por este deferida, quando for caso disso. Assim, se as partes não usaram em tempo a medida que o n.º 2 do art. 147.º proporciona e uma delas não cumpriu determinado prazo que a lei prevê, o mais certo é que isso tenha motivado a verificação de qualquer consequência processual (que a lei também determina) potencialmente desfavorável para a parte incumpridora. E o mais certo também é que os passos processuais seguintes da tramitação da acção sejam determinados por tal consequência. A admissão, depois de tudo isto, da prática do acto fora de prazo, para além de equivaler igualmente a uma grande perturbação da tramitação da acção, pode gerar autênticos retrocessos, antagónicos com a própria definição de processo (*pro cedere*). Entendemos, pois, que há um mínimo de regras que têm de ser cumpridas. Se a lei refere que determinado prazo pode ser prorrogado é porque ele ainda está a correr. Se o prazo se esgotou, "morreu" o direito de o respectivo acto ser praticado. O verbo prorrogar está, naturalmente, ligado a uma ideia de continuidade. Não é prorrogável o que já não existe. Prorrogar quer, pois, significar, quanto a nós, prolongar. E só é prolongável o que ainda existe. Em sentido parcialmente diverso, Abílio Neto (*CPC Anotado, 13.ª...*, p. 106). Concordando com a opinião por nós perfilhada acerca do momento do pedido da prorrogação concertada, embora discordando da medida em si mesma, Pais de Sousa e Cardona Ferreira (*op. cit.*, ps. 171-172).

[368] Na verdade, como regra é assim, até porque o art. 463.º do CPC é uma disposição geral do processo, a qual só pode ser afastada por disposição especial, como

7.4. Os Novos Regimes da Revelia. Juízos Apreciativos

7.4.1. A Operância da Revelia das Pessoas Colectivas em Geral

Recordámos, oportunamente, que sobre o réu impendia o ónus de contestar as acções que contra si eram instauradas, sob pena de sofrer diversas consequências desvantajosas, quais fossem as da confissão semi-plena dos factos alegados pelo autor, em processo ordinário, e as da confissão plena (dos factos e do direito), nos processos sumário e sumaríssimo.

Em todo o caso, esses efeitos cominatórios – que, por isso, não podiam deixar de ser "aplicados" pelo tribunal – sofriam diversas excepções sobre as quais também versámos oportunamente [369]. Uma delas era a que se prendia com as historicamente designadas "pessoas morais".

Em processo ordinário, bastava que algum dos réus fosse uma tal pessoa para que os factos alegados pelo autor não se pudessem dar como confessados, não obstante não ser apresentada qualquer contestação [370]. Estávamos, pois, perante uma inoperância da revelia. O legislador quisera proteger tais "pessoas", que perseguiam objectivos públicos (e, por isso, interessavam à comunidade), de inadvertências ou descuidos processuais dos seus representantes. E era pela circunstância de as outras pessoas colectivas (que não as "morais") não disporem dessa "utilidade pública" que o benefício resultante da não aplicação da cominação lhes não era aplicado. Ou seja, as demais pessoas colectivas que fossem revéis (e não estando em causa alguma das outras excepções previstas na lei, já se sabe) viam todos os factos alegados pelo autor serem considerados como

---

acontecia, por exemplo, nas acções possessórias previstas no CPC de 61, as quais, apesar de especiais, seguiam supletivamente as regras do processo sumário (cfr. o respectivo art. 1033.º, n.º 1). Muito acertadamente, o CPC de 95 "acabou" com essas acções especiais, mesmo com os embargos de terceiro, que passou a tratar, curiosamente, como uma intervenção opositória, isto é, como um incidente da instância (cfr. os arts. 351.º e ss. do CPC). Os AP's de 1988 e 1990, embora também terminassem com as acções possessórias especiais, "mantinham" como tal os embargos de terceiro (cfr., respectivamente, os arts. 880.º a 885.º e 875.º a 880.º).

[369] Cfr. a matéria tratada *supra* em "3.1. – O ÓNUS GENÉRICO DE CONTESTAR E OS REGIMES DA REVELIA".

[370] Em processo sumário – e em princípio –, os demais réus que não contestassem eram condenados no pedido, o mesmo não sucedendo, porém, à "pessoa moral", que nada "sofria" com a sua revelia. A "pessoa moral" revél só era imediatamente condenada de preceito em processo declaratório sumaríssimo.

confessados, em processo ordinário, ou eram condenadas de imediato no pedido, se estivéssemos perante os processos sumário ou sumaríssimo.

Ora, há muito que este tratamento discriminatório era criticado. Eram três as razões que aduzíamos para o efeito:

1.ª A primeira derivava da inexistência, no mundo de hoje, de razão socialmente válida para a não operância do efeito cominatório relativamente às ditas "pessoas morais"[371]. A "utilidade pública", só por si, não podia continuar a proteger revelias, autênticos desprezos pelo processo. Se a ré fôra citada pessoalmente e não contestara, isso devia implicar, exactamente, as mesmas nefastas consequências que a lei previa para as demais pessoas (singulares e colectivas) que assumiam idêntico comportamento omissivo. Só assim estaríamos perante um processo em que as pessoas eram "tratadas" da mesma maneira perante a lei[372]. Um processo democrático, como aquele que o CPC de 95 quis instituir, e que acabou, designadamente, com vários dos benefícios concedidos ao próprio Estado, não podia deixar de alterar também esta situação efectivamente injusta. Era injusta perante outros réus, porque o tratamento era desigual, e era injusta perante os próprios autores;

2.ª Por outro lado, em bom rigor, a "utilidade pública" da pessoa moral dirigia-se à sua actividade e não concretamente aos litígios judiciais em que ela fosse parte. Por isso, devia fundamentar (como fundamentava e fundamenta) outros benefícios, como fiscais, administrativos, ou outros e não propriamente vantagens judiciais como a descrita, que se repercutiam em tratamento desigual e injusto para com os demais litigantes, como já se disse[373];

3.ª Finalmente, não podemos deixar de acrescentar que a concessão de tal estatuto a pessoas colectivas mostra-se hoje um pouco banalizada, ou seja, são actualmente muitas as pessoas colectivas que poderiam incluir-se nesse velho conceito de "pessoas morais". Banalizado o destinatário da medida de protecção, impôs-se, naturalmente, o repensamento da própria medida.

---

[371] Argumento utilizado, de resto, no preâmbulo do DL n.º 329-A/95.

[372] Era, pois, o princípio da igualdade das partes que o impunha, como lembrou Lopes do Rego (*Comentários...*, p. 324).

[373] Embora se tenham mantido outros benefícios judiciais (cfr. o n.º 1 do art. 823.º do CPC).

Foi isso que o CPC de 95, muito acertadamente, concretizou, terminando pura e simplesmente com essa protecção [cfr., para o efeito, a nova redacção da al. *b)* do art. 485.º do CPC][374].

Assim, hoje, a todas as pessoas colectivas (e não só a algumas) são aplicadas as cominações previstas na lei para a falta de apresentação da contestação, seja em processo ordinário, seja em processos sumário ou sumaríssimo, cominações que hoje são exactamente as mesmas, como veremos de imediato.

7.4.2. A Abolição das Condenações de Preceito

A abolição das condenações de preceito dos réus revéis (citados pessoalmente) nos processos sumário e sumaríssimo constituiu, quanto a nós, a melhor das alterações introduzidas pelo CPC de 95 nos regimes da revelia[375] e só não foi referida, no desenvolvimento deste trabalho, em primeiro lugar, por ser uma medida que diz respeito apenas àquelas formas de processo declarativo e não também à forma ordinária.

Na verdade, dos artigos idealizados e redigidos pelo legislador do novo diploma para aquelas duas formas de processo não consta qualquer regra acerca da revelia. O mesmo é dizer que, por força dos arts. 463.º e 464.º, se aplica o regime previsto para o processo ordinário. Ou seja, a partir da entrada em vigor do CPC de 95, os réus pessoalmente citados que não contestem[376], nos processos sumário e sumaríssimo, suportam, tão somente, a seguinte consequência: – vêm os factos alegados pelo autor ser considerados como confessados.

Assim, o novo diploma preconizou para estas duas formas de processo declarativo que a falta de contestação apenas tem como efeito a confissão

---

[374] Afonso de Melo (*op. cit.*, p. 34) preconizara a pura abolição da alínea b) do art. 485.º do CPC de 61, por entender que os efeitos da revelia deveriam ser aplicados quer às pessoas colectivas, quer aos incapazes. Parece-nos correcta a medida consagrada no novo diploma, de apenas abranger nos normais efeitos da revelia as pessoas colectivas (todas as pessoas colectivas) e não também os incapazes. É que não deve esquecer-se que estes, por mais bem representados que sejam, não podem nunca ser equiparados aos capazes e, por isso, devem continuar a ser alvo de protecção.

[375] Tal abolição já estava, acertadamente, prevista nos AP's de 1988 e 1990, embora naturalmente só para o processo sumário, atenta a projectada inexistência de processo sumaríssimo (cfr., respectivamente, os arts. 632.º e 530.º).

[376] Ou os réus citados editalmente, mas que juntem procuração a mandatário judicial e que também não contestem.

semi-plena, isto é, a confissão dos factos articulados pelo autor, ficando reservada ao tribunal a possibilidade de julgar a causa conforme for de direito [377, 378].

Não pudemos estar mais de acordo com a alteração que acaba de referir-se. Em primeiro lugar, porque assim se evitarão as insólitas situações de que se deu conta em tempo oportuno [379]. Em segundo lugar, porque a cominação prevista nos anteriores diplomas não era só exageradamente violenta, como também proporcionava um efeito muito maior do que aquele que a falta de contestação queria, efectivamente, significar. Tal omissão, quando desejada, apenas explica, como regra, que o réu aceita os factos alegados pelo autor e não se esqueça que deveria ser sempre o juiz a conhecer o direito, ao contrário do que sucedia nos casos em apreço, nos quais o direito tinha obrigatoriamente que ser reconhecido como o autor o "desenhara". Em terceiro lugar, porque a sanção cominatória referida mostrava-se até ferida de inconstitucionalidade, por violação do art. 20.º da CRP [380, 381].

---

[377] E o mesmo se diga, em processo sumário, a propósito da falta de contestação do pedido reconvencional. A partir do CPC de 95 e na sequência da alteração introduzida para a falta de contestação do pedido original, também a circunstância de o autor não apresentar defesa à reconvenção passou a ter como única consequência a já referida confissão semi-plena dos factos, julgando-se a causa reconvencional conforme for de direito.

[378] Desta forma, não pode compreender-se o exposto por F. Ferreira Pinto (*Lições...*, 2.ª *Edição*, p. 458), no sentido de que, sendo a revelia operante, em processo sumário, o juiz deve condenar o réu de preceito, mesmo que a pretensão deduzida pelo autor não tenha o mínimo fundamento e identicamente condenado deve ser o autor quando não conteste o pedido reconvencional.

[379] Cfr., novamente, a matéria tratada *supra* em "3.1. – O ÓNUS GENÉRICO DE CONTESTAR E OS REGIMES DA REVELIA".

[380] Neste sentido, Lebre de Freitas (*Inconstitucionalidades...*, ps. 34-35), acrescentando que o rigor cominativo previsto nos CPC de 39 e de 61 não tinha paralelo em qualquer outro país europeu. De facto, assim é, por exemplo, no Brasil e, pelo menos, já desde a versão original do CPC respectivo (de 1973), está prevista para a revelia do réu apenas a confissão semi-plena, quer para o processo ordinário, quer para o processo sumário (em tempos designado de sumaríssimo) (cfr., na originalidade do diploma, os arts. 273.º e 319.º e, nas versões derivadas das Leis n.ºs 8.952, de 13 de Dezembro de 1994 e 9.245, de 26 de Dezembro de 1995, o § único do art. 272.º, o § 2.º do art. 277.º e o mesmo art.º 319.º).

[381] Já Chiovenda ensinara que "Têm existido sistemas nos quais se condenava o revél só pelo facto de ser revél. Era uma forma de motivação à comparência, mas que se abandonou nos sistemas modernos. O Direito moderno só pode permitir que, perante a revelia..., se tenham por admitidos os factos expostos..." (*op. cit.*, Tomo II, p. 208).

7.4.3. Outras Alterações

Além do que acaba de se referir e ainda dentro do âmbito da revelia, o CPC de 95 conseguiu alcançar alguns outros objectivos que nos parecem muito adequados:

– um, consistiu na uniformização completa dos regimes da revelia (incluindo as próprias excepções). A inexistência de normas concretamente reguladoras da revelia nos processos sumário e sumaríssimo implica que lhes sejam aplicados os arts. 484.º e 485.º do CPC, que regulam aquela figura, mas no âmbito do processo ordinário. Ou seja, hoje, a revelia do réu citado pessoalmente (ou a do réu que tenha sido citado editalmente, mas que tenha junto procuração a mandatário judicial, insiste-se) gera a confissão dos factos alegados pelo autor, quer em processo ordinário, quer em processo sumário, quer em processo sumaríssimo, como já vimos. Mas, também as excepções constantes do art. 485.º são aplicadas, embora com as necessárias adaptações, a essas duas formas de processo declarativo mais aligeiradas.

Nesta conformidade, podemos hoje dizer que, tal como no processo ordinário, nos processos sumário e sumaríssimo, se forem demandados vários réus e só um deles contestar, a defesa apresentada por este aproveita aos demais. E o mesmo se diga quando um dos réus for um incapaz e a causa se situar no âmbito da sua incapacidade. O benefício concedido a esse demandado que for revél (de se não lhe aplicar o efeito cominatório previsto na lei), referido na alínea b) do art. 485.º, é igualmente extensível ao processo sumário (já era) e ao processo sumaríssimo (não era). Por outro lado, tal benefício é igualmente extensível aos outros réus não contestantes, quer no processo ordinário, quer nos processos sumário e sumaríssimo, o que constitui igualmente uma relevante alteração para estas duas formas de processo declarativo comum e, sobretudo, evita os julgamentos de mérito discrepantes a que aludimos em tempo oportuno.

Portanto, esta uniformização de tratamentos e esta uniformização de resultados é, naturalmente, de louvar, na medida em que se simplifica relevantemente o estudo da figura da revelia e se evitam seguramente muitos erros cometidos no quotidiano forense.

Quanto à alínea c) do art. 485.º, já foram referidas as dúvidas de parte da doutrina a propósito da sua aplicação ao processo sumário. O que aí dissemos então, reproduzimos agora, no sentido de que também o efeito cominatório da revelia se não aplica em processo sumário quando estiverem em causa direitos indisponíveis.

Relativamente ao processo sumaríssimo, cremos ser impossível a aplicação subsidiária da alínea c) do art. 485.º. Directamente, não é de certeza, porquanto essa forma de processo só abrange acções de condenação em obrigações pecuniárias, indemnizações por dano e entrega de móveis. Sendo assim, por natureza, é inadmissível a discussão de direitos indisponíveis em processo sumaríssimo. Indirectamente, também não, porque supomos que o legislador jamais idealizará processos especiais onde tais direitos se discutam, subsidiariamente, através da tramitação própria do processo sumaríssimo.

Por tudo isto, dissemos que o art. 485.º do CPC deveria ser aplicado aos processos sumário e sumaríssimo, mas com as necessárias adaptações.

A história parece ter-se encarregado de nos dar razão, a propósito da aplicação da excepção da alínea d) do artigo que vimos analisando aos processos sumário e sumaríssimo.

Com efeito – e mais uma vez –, inexistindo qualquer norma para essas duas sub-formas do processo declarativo comum que afaste a aplicação daquela alínea, temos hoje de reconhecer que os factos alegados pelo autor não se darão como confessados, apesar de o réu não ter contestado, se para prova dos mesmos a lei exigir documento escrito.

O nosso "desejo" oportunamente manifestado sobre esta questão tem hoje, segundo supomos, inteira consistência. Desta forma (e também como vimos) se evitam desfasamentos com os preceitos do Código Civil que exigem a prova documental para certos factos.

Além de todas estas virtudes trazidas pelo CPC de 95 ao regime da revelia, a "nova" alínea b) do art. 485.º também resolveu uma dúvida doutrinária de que, oportunamente, tratámos, ao consagrar que a circunstância de um dos réus ter sido citado editalmente e permanecer na situação de revelia absoluta (cfr. o art. 483.º do CPC) implica que os factos alegados pelo autor não possam ser considerados como confessados, mesmo em relação a outros demandados que tenham sido citados pessoalmente e não tenham apresentado, igualmente, contestação.

Assim se resolveu essa dúvida doutrinária e assim se evitam, mais uma vez, "julgamentos de mérito em sentido discrepante em relação à mesma situação factual e jurídica", como se argumenta, de resto, no preâmbulo do DL n.º 329-A/95.

Posto isto, resta acrescentar o que sucede processualmente quando a revelia do réu é operante. Findam, naturalmente, os articulados e o processo passa de imediato para a fase da discussão, pois que os factos alegados pelo autor se consideram confessados. Nesta fase, o processo é facultado para exame pelo prazo de dez dias [382], primeiro ao advogado do autor e, depois, ao do réu (se este estiver constituído, naturalmente [383]), para alegarem por escrito, sendo de seguida proferida sentença julgando a causa conforme for de direito, a qual pode ser limitada à parte decisória (precedida, tão somente, da identificação das partes e de uma sumária

---

[382] Portanto, apenas se ampliou o prazo (de oito para dez dias) para a apresentação destas alegações jurídicas.

[383] Mas entendemos que se mantém, mesmo no caso de o réu não estar representado por mandatário judicial, as alegações jurídicas escritas do advogado do autor. Não se esqueça que no processo só há até agora a petição inicial e nesta, como sabemos, normalmente não se fazem alusões, nem considerandos jurídicos. Por isso, quis o legislador que, antes da elaboração da sentença, o juiz pudesse analisar umas alegações de direito acerca da pretensão formulada. Assim, por exemplo, se numa dada acção ordinária, o réu foi citado editalmente e não contestou, apesar de ter junto procuração a mandatário, é claro que os factos vão ser dados como confessados e os dois advogados (o do autor e o do réu) vão poder apresentar as suas alegações. Mas se, ainda por outro exemplo, o réu foi citado pessoalmente e não contestou, nem constituiu mandatário, nesse caso, só o advogado do autor poderá apresentar as suas alegações. Estamos convencidos de que a terminologia utilizada nos n.ºs 1 e 2 do art. 484.º do CPC não permite outra interpretação. Não é essa, porém, a abalizada opinião de M. Teixeira de Sousa (*Estudos sobre o Novo Processo Civil*, p. 211), na medida em que o professor perfilha a inadmissibilidade de apresentação de alegações por parte do advogado do autor quando o réu não tenha constituído mandatário, por força do princípio da igualdade das partes previsto no art. 3.º-A do diploma. Salvo o devido respeito, o que se deseja neste novo preceito do CPC, é que o juiz faculte às partes a possibilidade de elas exercerem iguais direitos, usarem iguais armas, etc. Pois bem: – sendo o réu citado pessoal e regularmente para contestar, no âmbito da questão que estamos a tratar, pode ele assumir três comportamentos: – contestar e juntar procuração forense a mandatário; – juntar só essa procuração forense, mas não contestar; – não contestar, nem juntar qualquer procuração forense. Se foi uma destas últimas a conduta que o demandado quis assumir, não poderá dizer-se que não se facultaram ao réu os mesmos direitos e as mesmas armas que se haviam facultado ao autor. O demandado é que não quis exercer tais direitos, nem usar tais armas. O demandado não quis contestar a acção. Portanto, mantemos a opinião anteriormente manifestada por ser essa, além do mais, a que está de acordo com a terminologia do art. 484.º do CPC e por a opinião inversa proporcionar um resultado ainda pior do que aquele a que já se chega: – em vez de, pelo menos, se admitirem umas alegações de direito (vantajosas para o juiz, que vai julgar a causa conforme for de direito, relembre-se), não se admitirem alegações algumas. No sentido do texto, Lebre de Freitas (*A acção declarativa...*, p. 80).

fundamentação) quando a causa revista manifesta simplicidade (cfr. os n.ᵒˢ 1, 2 e 3 do art. 484.º do CPC). Assim ocorre em processo ordinário.

Entendemos, porém, que não acontece exactamente o mesmo em processo sumário. Ou seja, nesta forma de processo, embora a revelia operante do réu implique idêntica confissão dos factos alegados pelo autor e o findar da fase dos articulados, cremos ter razão se dissermos que pode ser proferida imediatamente a sentença, julgando a causa conforme for de direito, favorável ao autor (como admitimos que seja a hipótese mais provável) ou favorável ao réu, e sendo ainda certo que se os factos assim confessados determinarem a procedência da acção (na hipótese mais provável anteriormente referida), a sentença pode limitar-se a condenar o réu no pedido, por simples adesão aos fundamentos alegados pelo autor na petição inicial, conforme determina o art. 784.º do CPC [384], afastando--se assim a regra constante do n.º 2 do art. 158.º do mesmo diploma, o que deveria ter sido ressalvado [385, 386].

Assim, somos da opinião de que não há, no processo sumário, a fase das alegações jurídicas por escrito que sucedia à revelia do réu em processo ordinário [387]. Em primeiro lugar, porque o art. 784.º do CPC parece permitir que se passe, imediatamente, da constatação da revelia operante para a elaboração da sentença e, depois, porque nesta forma de processo não há (nunca) alegações escritas de direito, nem mesmo quando

---

[384] Trata-se de um segmento normativo que pode ser extremamente favorável ao trabalho dos juízes. Em todo o caso, trata-se de uma faculdade que os juízes devem utilizar com toda a consciência e não aligeiradamente.

[385] Alertando para a questão, pronunciaram-se já M. Teixeira de Sousa (*Estudos sobre o Novo Processo Civil*, ps. 363-364) e J. João Baptista (*Processo Civil I, Parte Geral...*, p. 427). A acertada regra constante do n.º 2 do art. 158.º mostra-se também afastada pelo n.º 5 do art. 713.º do novo diploma, ao permitir que as Relações (e desde que não haja votos de vencido) neguem provimento aos recursos interpostos das decisões proferidas pela 1.ª instância por simples "remissão" para os fundamentos destas, o que está sendo já frequentemente utilizado por esses tribunais superiores, para desânimo dos recorrentes e dos seus mandatários.

[386] No projecto do CPC de 95, o art. 784.º era ainda pior. Nele se referia o seguinte: "Quando os factos reconhecidos, por falta de contestação, determinem a procedência da acção, pode o juiz limitar-se na sentença a condenar o réu no pedido". Depressa Lebre de Freitas (*Revisão...*, p. 499) se encarregou de acusar a inconstitucionalidade da norma, por violação do n.º 1 do art. 205.º da CRP. A crítica mereceu, pois, aceitação, embora parcial.

[387] Em sentido inverso (e, portanto, afirmativo), M. Teixeira de Sousa (*Estudos sobre o Novo Processo Civil*, ps. 211).

o processo se submete à sua tramitação normal, isto é, à tramitação não derivada de qualquer revelia (cfr. o n.º 1 do art. 790.º do CPC). A celeridade e a simplicidade que devem caracterizar o processo sumário assim terão aconselhado.

Quanto ao processo sumaríssimo não há qualquer norma que regule a especial tramitação da acção, no caso de se verificar a revelia operante do réu. O mesmo é dizer que se aplicarão as regras previstas para o processo sumário a que anteriormente nos referimos.

Verificando-se a inoperância da revelia do réu – e começando novamente pelo processo ordinário –, os factos alegados pelo autor não se darão como confessados, como sabemos, seguindo depois o processo uma tramitação próxima da normalmente prevista no caso de inexistência de revelia, sem necessidade, porém, da selecção da matéria de facto [cfr. a al. *e*) do n.º 1 do art. 508.º-A do CPC]. Mas isto assim acontece quando a inoperância da revelia decorrer de alguma das circunstâncias previstas nas alíneas *b*), *c*) e *d*) do art. 485.º do CPC (e não houver quaisquer contestações), porque se ela se ficar a dever ao condicionalismo previsto na alínea *a*) desse artigo, haverá lugar à normal selecção da matéria de facto considerada relevante.

No âmbito dos processos sumário e sumaríssimo não há exactamente normas que afastem a tramitação processual ordinária derivada da inoperância da revelia.

Por isso, para além de os factos alegados pelo autor não se darem como confessados, na primeira dessas formas de processo não há, igualmente, a selecção dos factos com relevo para o desfecho da lide.

No processo sumaríssimo, a questão não é, sequer, colocável, na medida em que tal forma de processo jamais comporta qualquer selecção de factos com interesse para o desfecho da lide.

7.5. *A Maleabilização do Ónus de Impugnação. Juízos Apreciativos*

Vimos como foi atenuado o ónus de contestar que impende sobre o réu, ou melhor, como abrandaram as consequências derivadas da falta de satisfação de tal encargo.

A diminuição da influência do dispositivo, a desformalização do processo, a aproximação do juiz à verdade e os demais objectivos perseguidos pelo CPC de 95 levaram também a que se simplificasse o já estudado ónus de impugnação.

Assim, a epígrafe do art. 490.º passou a referir-se tão somente ao "Ónus de impugnação" e dos n.ºˢ 1 e 2 do mesmo artigo desapareceu o encargo de o réu impugnar os factos especificadamente, isto é, individualizadamente [388].

Mas, manteve-se o ónus concreto de impugnar os factos, ou seja, considerar-se-ão admitidos por acordo os factos alegados pelo autor que não sejam refutados pelo réu na contestação [389].

O que acaba, pois, tão somente, é a circunstância de essa impugnação dever ser feita especificadamente. Termina, assim, um temor histórico que impendia sobre os advogados, quando eram chamados a contestar acções. O ónus de impugnação especificada constituía um verdadeiro e perigoso "cutelo" que impendia sobre esses profissionais forenses. Antes de apresentarem as contestações, quase que era preciso cotejá-la milimetricamente com as petições iniciais, a fim de que não ficasse um único facto por refutar expressamente, chegando-se às vezes ao cúmulo de se impugnarem até simples frases opinativas apresentadas na petição inicial, ou quaisquer outras questões formais absolutamente irrelevantes.

Compreendemos os objectivos desformalizantes tentados pelo legislador.

Não seria adequado manter o apertado ónus de impugnação especificada quando, hoje, por exemplo, a impugnação pode ser completada ou corrigida por força do já anunciado despacho pré-saneador ou mesmo na audiência preliminar.

O que se quis, pois, foi simplificar o sistema.

Mas, manteve-se o encargo da impugnação dos factos. O réu que não queira aceitar determinados factos articulados pelo autor na petição, deve refutá-los, assumindo uma posição definida perante eles.

Individualizadamente, isto é, correndo-os um a um?

– Não necessariamente. É, assim, idealizável que o réu alegue na contestação que determinada versão apresentada pelo autor acerca

---

[388] Tendo desaparecido também, naturalmente, o n.º 5 do art. 490.º do CPC de 61, com a redacção que lhe fôra dada pelo DL n.º 242/85, de 9 de Julho, que permitia que a dita "impugnação especificada" se pudesse fazer por simples menção dos números dos artigos da petição inicial cuja matéria se pretendesse refutar.

[389] E mantiveram-se também as excepções a tal princípio. Assim, apesar de inexistência concreta de impugnação, os factos alegados pelo autor não se considerarão confessados se estiverem em oposição com a defesa considerada no seu conjunto (oposição essa que, hoje, não precisa de ser manifesta), se constituírem os chamados "factos inconfessáveis", ou se sobre eles só for admitida a prova documental escrita.

de uma questão fáctica é toda ela falsa, sem ter necessidade de se referir expressamente (um a um) aos artigos constantes da petição inicial onde tal questão fôra apresentada, muito menos sem ter de, embora refutadamente, a reproduzir. É também idealizável que o réu impugne essa versão de alguns dos factos alegados pelo autor, apresentando uma outra "panorâmica" fáctica completamente diferente, sem ter necessariamente que manifestar a tal refutação expressamente individualizada.

Estas conclusões a que estamos a chegar e a constatação de ter sido pura e simplesmente eliminada a regra da inadmissibilidade da "contestação por negação" (que constava do n.º 3 do art. 490.º do CPC de 61 e não encontra correspondente no novo diploma) implica que essa ancestral forma de contestar (por negação em bloco de todos os factos articulados pelo autor, com uma simples frase, porventura) possa ser novamente admitida (como era na vigência do CPC de 1876, ao contrário do que ocorreu nos CPC de 39 e 61, em que foi proibida [390]). E ela fôra proibida precisamente por força do ónus da impugnação especificada, consagrado nesses diplomas. Se o réu tinha que, individualizada e separadamente, impugnar os factos alegados pelo autor que não pretendesse ver considerados como confessados, é óbvio que não podia, de uma só vez, e em bloco produzir tal impugnação. Terminando agora o ónus de impugnação especificada, terminará também a impossibilidade de o réu utilizar essa técnica formal de defesa. Ao referir (de uma só vez) que todos os factos alegados pelo autor são falsos, o réu está a satisfazer o ónus de impugnação, tal como hoje ele está dimensionado:

– está a tomar uma posição definida sobre os factos (sobre todos os factos, acrescentamos nós);
– e essa posição consiste claramente na refutação deles, isto é, na sua não admissibilidade como verdadeiros.

Eis, pois, hoje, como pode satisfazer-se o ónus de impugnação previsto na lei.

Poderá dizer-se que tal técnica formal de defesa não é a melhor e que, por isso, não é recomendável. Pode ser verdade, mas do que estamos certos é de que ela não é proibida.

---

[390] Cfr., além do n.º 3 do art. 490.º do CPC de 61, o 2.º § do art. 494.º do CPC de 39.

Mais ou menos aligeiradamente, manteve-se, pois, o ónus de impugnação que oportunamente também já abordámos. O que acontece é que, nessa altura [391], epigrafámos duas espécies de ónus a este propósito, o de impugnação e o de impugnação especificada. Agora, bem podemos dizer que no CPC de 95 o primeiro desses ónus se manteve, o mesmo não sucedendo, porém, com o segundo.

Por isso, não compreendemos a razão de no preâmbulo do novo diploma se ter referido que se maleabilizou o ónus de impugnação especificada. O que se maleabilizou foi o ónus de impugnação. E tal maleabilização consistiu precisamente na abolição da impugnação especificada. Não se maleabiliza o que se faz desaparecer [392].

Mas, como anteriormente, o ónus de impugnação não impende apenas sobre o réu que contesta.

Também sobre o autor ele incide, por exemplo, relativamente aos factos alegados pelo réu que, potencialmente, dão consistência à pretensão por si formulada por via reconvencional, bem como os factos novos que o réu tenha articulado e que sejam impeditivos, modificativos ou extintivos do efeito jurídico pretendido pelo autor (verdadeiras excepções peremptórias).

E mais. Sobre o réu não impende apenas o ónus de impugnação dos factos articulados pelo autor na petição inicial. Como já vimos, se o demandante se defender da reconvenção por excepção peremptória ou se alterar, por exemplo, os factos constitutivos do direito invocado (nas hipóteses e na forma em que a lei lho permite), também sobre o réu impende o ónus de impugnação dos novos factos assim alegados, tudo nos termos do art. 505.º do CPC.

Antes de terminarmos este tema, não queremos deixar de manifestar a nossa opinião acerca da novidade introduzida.

Ela é correcta e obedece a critérios desformalizantes e de aproximação da decisão à verdade objectiva e, por isso, concordamos naturalmente com ela.

Outrora, chegámos a ver considerar factos imediata e definitivamente provados pela simples circunstância de o advogado do réu, por lapso, ter

---

[391] Cfr. a matéria tratada *supra* em "3.2 – O ÓNUS DE IMPUGNAÇÃO E O ÓNUS DE IMPUGNAÇÃO ESPECIFICADA".

[392] E ainda compreendemos menos, salvo o devido respeito, o texto de J. João Baptista (*Processo Civil I, Parte Geral...*, p. 361), quando nele se refere que, no âmbito do novo CPC, o réu tem que observar o "ónus de impugnação especificada".

omitido a expressa impugnação especificada deles. E isso acontecia com alguma frequência quando a petição inicial era prolixa, ou demasiadamente extensa, com repetição e alguma confusão de temas. Os factos davam-se assim como provados não porque fossem verdadeiros, antes porque se desrespeitara o ónus de impugnação especificada. Lá estava a verdade a ficar mais distante...

Por isso (e como dissemos), temos que concordar com a novidade legislativa.

Estamos convencidos, porém, é de que ela não terá um grande alcance prático [393]. O ónus de impugnação manteve-se (e bem) e, por isso, os advogados portugueses sentirão uma natural necessidade de refutação de todos os factos que sejam prejudiciais aos interesses processuais dos seus constituintes. E para bem refutá-los e para que não fiquem dúvidas ao juiz acerca de tal posição impugnante da parte, aqueles profissionais forenses sentirão a mesma necessidade de se pronunciarem sobre eles individualmente. É que o aligeiramento da tarefa de impugnação pode ser perigoso...

Em todo o caso, o que acaba de dizer-se não constitui uma crítica propriamente dita. É preferível a consagração de um ónus de impugnação desformalizado, como aconteceu no caso presente, do que a manutenção de um ónus de impugnação excessivamente rígido, como existia nos anteriores diplomas.

7.6. A Discriminação das Excepções. Juízos Apreciativos

Analisámos já algumas alterações significativas introduzidas pelo CPC de 95 na contestação, concretamente no que diz respeito ao respectivo prazo, à hipótese de este ser prorrogado, às consequências da não apresentação da peça, à maleabilização do ónus de impugnação, etc.

Há ainda, porém, outras diversidades a propósito da contestação que não queremos deixar de referir.

Uma prende-se com a formal "obrigação" que impende sobre o demandado de especificar separadamente as excepções que deduza nesse articulado (cfr. a parte final do art. 488.º do CPC).

---

[393] Suspeitando da eficácia da medida e prevendo que tenha que continuar a respeitar-se o ónus de impugnação especificada, embora sob outra forma legal, Pais de Sousa e Cardona Ferreira (*op. cit.*, p. 181).

Isto quer significar que o réu, na elaboração da sua contestação, além de ter que separar claramente a reconvenção da defesa [394], tem ainda, dentro desta, que separar da impugnação as excepções que, eventualmente, pretenda suscitar.

É evidente o objectivo manifestado pelo legislador, ao qual, de resto, se refere o preâmbulo do diploma, ao aludir a razões de clareza e de boa fé processual. Supomos até que mais o segundo motivo do que o primeiro...

Esta questão, no entanto, prende-se com outra que não queremos deixar de abordar: – é que há muito a doutrina vinha referindo que não havia na lei qualquer ordem exacta que o réu tivesse de respeitar, em relação às várias vias defensionais que pretendesse invocar. O que havia era o princípio da concentração de toda a defesa na contestação, com o correspondente princípio da preclusão, dos quais resultava ainda o chamado princípio da eventualidade nessa tarefa de alegação defensional.

Mas não havia no CPC de 61 (e ao contrário do que se verificava no CPC de 39 – cfr. o art. 496.º respectivo [395]) nenhum preceito que exigisse esta ou aquela ordem das matérias a tratar, como se disse.

Por isso, a doutrina dividia-se...

Já anteriormente ao CPC de 61 (e não obstante a norma referida do CPC de 39), J. Alberto dos Reis [396] sugerira (parcialmente contra a opinião de Paulo Cunha) que a ordem fosse a seguinte: – em primeiro lugar, deveriam alegar-se as excepções dilatórias, porque a procedência destas

---

[394] Técnica que já existia nos CPC de 39 e de 61, mas que agora (no CPC de 95) surge ainda com maior rigor (comparem-se os textos dos arts. 506.º e 501.º daqueles dois primeiros diplomas, respectivamente, com o texto do actual art. 501.º), pois que agora se impõe não só aquela separação, como também a expressa identificação da reconvenção, a qual até ao novo diploma não era formal nem "jurisprudencialmente" exigida. Cfr., para o efeito, o da Ac. RP, de 13.4.1989 (*BMJ*, 386.º-512), onde se decidira que "A exigência do art. 501.º, n.º 1 do CPC basta-se com o facto de, conquanto englobadas no mesmo articulado, a matéria da contestação e a da reconvenção se patentearem por forma diferenciada, sendo de todo irrelevante a circunstância da matéria da reconvenção não ter sido encimada pela epígrafe «em reconvenção»".

[395] Que recomendava (mas não impunha, por inexistência de qualquer sanção para o não acatamento de tal recomendação) como "uma máxima da boa prática processual" apenas isto: – que fosse, primeiramente, invocada a defesa que se dirigisse contra a instância e, só depois, a que se dirigisse contra o pedido. Neste sentido, J. Alberto dos Reis (*CPC Anotado*, Vol. III, p. 73). Cfr. a matéria tratada *supra* sob a epígrafe "4.3. – Os articulados no código de processo civil de 1939".

[396] J. Alberto dos Reis (*CPC Anotado*, Vol. III, ps. 72 e ss.).

conduzia à abstenção de conhecimento do mérito da causa; – em segundo lugar, a excepção peremptória do caso julgado, na medida em que esta, atenta a sua especificidade, embora conduzisse à improcedência da acção, não implicava (em bom rigor) uma reapreciação do mérito da causa; – em terceiro lugar, a defesa por impugnação, porque estaríamos já "dentro" de cerne fáctico da questão, mas o réu não aceitava como verdadeira a versão que dele tinha o autor; – em quarto e último lugar, as demais excepções peremptórias, até por uma questão de razoabilidade lógica e cronológica, pois que ao invocá-las o réu aceitava como verdadeiros os factos articulados pelo autor, apenas lhes acrescentando novos factos impeditivos ou extintivos do efeito jurídico invocado [397, 398].

Desenvolvendo este pensamento, Manuel de Andrade [399] entendeu que a seguir às excepções dilatórias (que todos aceitaram e aceitam que devem ser alegadas em primeiro lugar) se poderiam invocar não só o caso julgado mas também as demais excepções peremptórias em sentido lato (como, por exemplo, a nulidade formal do respectivo negócio, a simulação, etc.). Depois disso, seria a vez de se apresentar a defesa por impugnação e, no final, as demais excepções peremptórias, isto é, as excepções em sentido estrito.

Sempre encontrámos no quotidiano forense alguma reacção a tais orientações. Alguns advogados entendiam que a ordem recomendada por esta doutrina podia ser perigosa, se usada por causídicos habilidosos, que conseguissem "esconder" excepções, umas antes da impugnação, outras

---

[397] J. Alberto dos Reis, no *CPC Explicado*, p. 326, não alertara para a circunstância de o caso julgado dever ser alegado logo a seguir às excepções dilatórias e antes da defesa por impugnação. Com efeito, nesse texto, o professor de Coimbra recomendara apenas o seguinte: – em primeiro lugar, deveriam alegar-se as excepções dilatórias; em segundo lugar, a defesa por impugnação; em terceiro e último lugar, as excepções peremptórias. Corrigiu depois tal opinião, no *CPC Anotado* (cfr. nota de rodapé anterior), referindo que no *CPC Explicado* aludira tão somente às excepções peremptórias substanciais e não também ao caso julgado, pois que este constituía uma simples excepção peremptória processual, na medida em que a sua procedência inibia, de facto, o tribunal de conhecer novamente do mérito da causa, o que parece ter colidido (pelo menos, parcialmente) com a sua opinião acerca do tratamento do caso julgado como uma verdadeira excepção peremptória (*CPC Anotado*, Vol.III, ps. 86-87).

[398] Esta orientação foi depois seguida, mesmo na vigência já do CPC de 61, por diversos doutrinadores, designadamente, por Varela/Bezerra/Nora (*Manual...*, ps. 339--340).

[399] Manuel de Andrade (*op. cit.*, ps. 154-155).

depois. Defendiam muitos desses profissionais forenses que se o réu começasse por se defender por excepção, deveria em tal imaginário capítulo esgotar todas as excepções que quisesse deduzir (dilatórias, primeiro, peremptórias, depois) e só após tal espécie de defesa (a final, portanto e, naturalmente, antes da reconvenção) passar à outra modalidade: – a impugnação.

Assim, o advogado do autor saberia com clareza quando tinham acabado as excepções e começado a impugnação. Assim (também) o advogado do autor não teria que andar a "pesquisar" na contestação mais excepções do que as invocadas em primeiro lugar. Assim (finalmente) teríamos um salutar (e tácito) compromisso processual e profissional entre advogados, não se possibilitando, dessa forma, aquilo que eles apelidavam de possíveis "traições processuais".

No fundo, a prática forense foi aceitando a orientação de Paulo Cunha sobre o assunto [400], no sentido de que a ordem das matérias da defesa deveria ser a seguinte: – em primeiro lugar, a defesa por excepção dilatória [401]; – em segundo lugar, a defesa por excepção peremptória; – e, só depois, a defesa por impugnação.

Pois bem, o CPC de 95 não introduziu, propriamente, nenhum dado novo acerca da ordem dos meios defensionais a observar pelo réu.

Mas introduziu na questão uma "novidade" que nos parece importante e que já anunciámos:

– é que se o demandado quiser defender-se, simultaneamente, por impugnação e por excepção, deve fazê-lo "especificando separadamente as excepções que deduza" (cfr., novamente, a parte final do art. 488.º do CPC).

Ora, somos da opinião de que a expressão utilizada pelo legislador pode implicar que o réu passa a ter de anunciar, na contestação, que determinada defesa que aduz constitui matéria de excepção [402] e passa a

---

[400] Paulo Cunha (*op. cit.*, Tomo I, ps. 515-516). Esta orientação foi também seguida, depois, mesmo já na vigência do CPC de 61, por diversos outros doutrinadores, designadamente, por Luso Soares (*Direito...*, p. 318).

[401] E se houvesse mais do que uma, deveria seguir-se a ordem referida no art. 293.º do CPC de 39.

[402] Embora isso não resulte exactamente da lei e possa, por isso, ser duvidoso, até por comparação com o n.º 1 do art. 501.º, onde (aí sim) se referiu que o réu, além de ter que deduzir separadamente a reconvenção, tem que expressamente a identificar, como vimos.

ter de a separar, claramente, da impugnação, justamente por razões de clareza (bem sabemos), mas sobretudo para que o autor não tenha dúvidas de qual ou quais são as excepções que o réu deduziu e onde é que, exactamente, elas estão nessa peça defensional (para também poder responder-lhes claramente, se for caso disso).

E até entendemos que a especificação separada das excepções a que se refere o art. 488.º do CPC de 95 implica ainda que, sendo várias as excepções deduzidas, deva o réu separá-las, claramente, umas das outras, novamente para se alcançarem os objectivos de clareza e boa-fé processual que se anunciaram.

No fundo, em nome desses desígnios, está a recomendar-se, expressamente, aos advogados o respeito pelo tal compromisso processual e profissional de que anteriormente falámos (e que tacitamente muitos seguiam), não através de uma norma que lhes imponha esta ou aquela ordem de alegação de matérias, antes através de uma regra que lhes determina a alegação de maneira a que seja clara a distinção entre a defesa por excepção e a defesa por impugnação. Até porque (como sabemos) às excepções pode e deve o autor responder. À impugnação, não...[403]

Mas, falámos em norma/recomendação e também em norma/determinação e isso são (obviamente) duas realidades distintas.

Então, que espécie de norma será esta?

Coloquemos a questão de outro modo:

– Quais as consequências que "sofre" o réu se não cumprir, rigorosamente, o que está previsto na parte final do art. 488.º[404]?
– Chegámos a supor que o demandado não sofria consequência alguma, por a mesma não estar expressamente prevista no CPC. Por isso, chegámos a pensar que a parte final do art. 488.º do novo diploma constituía afinal (tal como o art. 496.º do CPC de 39) um segmento normativo meramente recomendativo.

---

[403] Cfr. A. Montalvão Machado/Paulo Pimenta (*O novo...*, p. 174, em nota de rodapé): "Esta discriminação das excepções é relevante. É que, devendo o autor responder à matéria das excepções, e não também à da impugnação, impõe-se determinar, com rigor, quando estamos perante aquelas".

[404] Ou o autor, quando estiver a defender-se da reconvenção, pois que o pedido reconvencional deve ser tratado da mesma forma que o pedido original, como se sabe.

A questão não é, todavia, tão simples como parece.

A primeira dúvida que colocámos foi a seguinte: – A violação deste dever de boa-fé processual implica que se possa ou deva considerar a parte como litigante de má-fé?

Supomos que não.

O CPC de 95 foi apuradíssimo ao seleccionar vários deveres para as partes e para os advogados. Deveres de cooperação com a descoberta da verdade, deveres de cooperação recíproca tendentes à obtenção da justa composição do litígio com brevidade e eficácia, deveres de mera colaboração formal, deveres de correcção, deveres de urbanidade, etc.

E até se consagrou que a violação do dever de colaboração implica que a parte deva ser condenada como litigante de má-fé [cfr. a al. *c*) do n.º 2 do art. 456.º e o art. 459.º].

Acontece, porém, que tal situação só ocorrerá quando a violação desse dever for suficientemente grave (como se diz na alínea citada), o que, em bom rigor, não acontece no caso presente. Ela acontecerá quando a parte se recuse a depor, ou quando não preste, injustificadamente, determinados esclarecimentos solicitados pelo juiz, tendentes à descoberta da verdade, e não propriamente quando ela (ou o seu advogado) tenham simplesmente omitido o dever processual de especificar, separadamente, as excepções. Nas duas situações exemplificativas apontadas (de incurso na litigância de má-fé), em princípio (depende do alcance do depoimento ou dos esclarecimentos solicitados, é claro) pode dizer-se que a omissão do dever de colaboração é grave. Nesta situação de o réu (ou, melhor, o seu advogado) não ter simplesmente cumprido aquilo que constitui, afinal, também uma (simples) técnica processual, não pode (com segurança) dizer-se o mesmo.

Nesta conformidade, apesar do novo conceito de litigância de má--fé e dos novos deveres de cooperação que estão previsto na lei, somos da opinião de que em tal conceito não é integrável o desrespeito pela parte final do art. 488.º do CPC.

Por força disso, podíamos ser levados a considerar como puramente recomendativo o segmento normativo em apreço.

Entendemos, porém, que não é assim. Consideramos que a falta da discriminação separada das excepções constitui, na verdade, um autêntico vício que, não sendo sanado, gera consequências nefastas para o réu (ou para o autor reconvindo, já se sabe).

Com efeito, se a contestação do réu não respeitar a parte final do art. 488.º do CPC, ela pode (pode só) ser considerada como um articulado irregular, susceptível de sobre ele ser lavrado o despacho de convite ao

aperfeiçoamento previsto no n.º 2 do art. 508.º do mesmo diploma (e sobre o qual versaremos adiante também com mais pormenor [405]).
A terminologia claramente imperativa utilizada no art. 488.º não pode oferecer dúvidas:

- *a discriminação separada das excepções constitui um requisito legal obrigatório;*
- *o desrespeito por tal obrigação implica que a peça seja considerada irregular;*
- *tal irregularidade pode gerar, no fim dos articulados, o convite ao aperfeiçoamento previsto no n.º 2 do art. 508.º;*
- *tal convite é também obrigatório para o juiz;*
- *a não aquiescência a esse convite tem de traduzir-se em consequências nefastas para a parte que não cumpre.*

De outra forma, a parte final do art. 488.º do CPC não servia para nada e os deveres de clareza e de boa-fé processual que a imaginação do legislador "desenhou" não passariam de pura utopia, sem o mínimo alcance prático.

Em todo o caso, pode não acontecer exactamente aquilo que anteriormente referimos, por força da falta da discriminação separada das excepções. Ou melhor, o procedimento e as "sanções" que anunciámos só devem verificar-se se houver "utilidade" nisso e não propriamente na sequência de rigorismos processuais exagerados.

Expliquemos melhor o nosso pensamento, apresentando as hipóteses práticas que, no nosso entender, podem verificar-se a seguir a uma falta de discriminação separada das excepções na contestação. Como já se disse, só no fim dos articulados é que o processo vai (como regra) concluso ao juiz para que ele despache e é então que ele depara com a irregularidade cometida:

    1.ª HIPÓTESE: – Apesar do vício, constata-se que o autor replicou, sendo claramente visível que o demandante detectou tais excepções, compreendeu-as perfeitamente e, consequentemente, a elas respondeu. Nesta situação – e como já se deixou referido –, em nome da utilidade dos actos judiciais e até da própria economia processual, nada deve ser

---

[405] Cfr. a matéria *infra* tratada sob a epígrafe "8.2.2. – O DESPACHO PRÉ-SANEADOR. CASOS EM QUE É OBRIGATÓRIO. PARA CONVIDAR AS PARTES A CORRIGIR ARTICULADOS IRREGULARES".

ordenado pelo juiz, nem nada mais tem de ser realizado pelo réu, pois que o objectivo principal do segmento normativo está assegurado. Pode dizer-se (não com inteiro rigor, admite-se) que o vício se mostra sanado. Ou melhor, que a utilidade jurídico-processual da norma está satisfeita;

2.ª HIPÓTESE: – Constata-se que o autor replicou, não sendo, porém, perfeitamente visível que tenha detectado todas as excepções (pois porque se replicou é, porventura, por ter detectado algumas). Neste caso, dir-se-á que se justifica o convite ao aperfeiçoamento (no final dos articulados) para que o réu venha especificar, separadamente, as excepções que haja deduzido;

3.ª HIPÓTESE: – Constata-se que o autor não replicou. Neste caso – e por maioria de razão –, também se justifica, seguramente, o convite ao aperfeiçoamento anteriormente referido.

Portanto, das duas, uma: – ou o autor responde às excepções deduzidas pelo réu, ainda que estas não tenham sido especificadas separadamente na contestação e, então, não se levantam quaisquer problemas; – ou não responde. E se não responde, pode supor-se (só supor-se) uma de duas coisas: – que essa falta deriva de o autor não ter querido responder; – ou que ela deriva, precisamente, de o autor não ter percebido (detectado) as excepções. Ora, é precisamente esta segunda mera possibilidade que, só por si, justifica o dito convite ao aperfeiçoamento, sob pena de desvirtualizarmos por completo a parte final do art. 488.º do CPC.

3.ª HIPÓTESE A: – Admitamos agora que o réu satisfaz o convite e vem apresentar uma nova peça, na qual especifica, separada e convenientemente, as excepções que anteriormente deduzira.

Notificada essa peça ao autor (naturalmente, para respeitar o contraditório), colocam-se agora duas alternativas:

1.ª) O demandante responde às excepções.

Reconhecemos, apesar do que vimos dizendo, que pode estar encontrada a maneira de o autor passar a dispor de mais um articulado, quando é certo que podia ter acontecido até que ele não tivesse replicado por, negligentemente, ter deixado escapar o respectivo prazo, isto é, pode estar encontrada a possibilidade de ele corrigir um erro próprio (e diferente) por causa de (e na sequência de) um erro alheio. Em todo o caso, o convite justifica-se, em nome da aproximação à verdade que a situação pode proporcionar. Ou melhor, o risco de acontecer a situação descrita é de menor "envergadura" do que as potenciais vantagens que o convite visa alcançar;

2.ª) O autor volta a não responder.

Agora, já não há dúvidas. Pode concluir-se que a falta de especificação separada das excepções não foi a responsável pela falta de resposta.

O que sucederá, então, nesse caso, às próprias excepções?

Reflictamos, em primeiro lugar, acerca das excepções dilatórias. Dir-se-á que provocando estas meros vícios ou irregularidades técnicas e formais e que sendo a enorme maioria delas de conhecimento oficioso (cfr. o art. 495.º do CPC), não terá grande relevância a circunstância de o autor não lhes responder, até porque (acrescentar-se-á) não dependendo elas da formal arguição do réu, também pode ser reduzida a importância da resposta (não apresentada) do autor.

Esta reflexão, embora pareça esquecer as virtualidades do contraditório, não é completamente desacertada, pois temos de reconhecer que a questão em apreço se reveste de muito menor importância no caso de estarem em causa apenas excepções dilatórias.

Mas, imaginemos agora que estão em causa excepções peremptórias. Não esquecendo que estas são, efectivamente, FACTOS ligados ao litígio material, não poderemos deixar de os considerar como confessados, por manifesta falta de impugnação e não estaremos muito enganados se concluirmos que a acção pode estar a um passo de ser julgada materialmente improcedente já na fase do saneamento. Tudo dependerá da dimensão e da espécie de excepções peremptórias suscitadas.

> 3.ª HIPÓTESE B: – Admitamos agora que o réu não satisfaz o convite que lhe é feito pelo juiz, não vindo, por isso, beneficiar a sua contestação, e não esqueçamos ainda (por exemplo) que o autor não houvera replicado, não respondendo, assim, às excepções suscitadas, ainda que impropriamente, pelo réu.

O que sucede (processualmente falando, é claro) às excepções invocadas?

Se elas forem de conhecimento oficioso (e a maioria das dilatórias é, como se sabe), não poderá o juiz deixar de nelas atentar, não obstante não terem sido as mesmas regularmente suscitadas.

Se elas não forem de conhecimento oficioso (e grande número das peremptórias não é, como também se sabe), somos da opinião de que o juiz não as poderá tomar em consideração.

Ou seja, a não aquiescência ao convite que é feito para que o réu venha corrigir a sua contestação irregular não pode deixar de implicar que as questões suscitadas assim irregularmente tenham de considerar-se como não suscitadas. Note-se, no entanto, que isso não equivale (ou pode não equivaler) à irrelevância de toda a contestação. Se a irregularidade cometida afecta apenas as excepções, somos da opinião de que a matéria da impugnação não pode ser prejudicada por tal vício. E o mesmo se diga, por exemplo, relativamente a um qualquer pedido reconvencional que haja sido formulado.

Em face do exposto, estamos convencidos de que a conclusão final sobre a questão em apreço só pode ser esta:

– *a parte final do art. 488.º do CPC não constitui um segmento normativo de índole apenas recomendativa. Tal segmento justifica-se por razões de clareza e de boa fé processual e o seu desrespeito gera, em princípio, uma irregularidade que, não sendo sanada, implica nefastas consequências para a parte que a cometeu.*

O preceito em causa (ou melhor, a parte final dele, como sabemos), ao contrário do que aconteceu com o art. 496.º do CPC de 39 (embora este com objectivos parcial e aparentemente diferentes) contém, pois, uma indiscutível carga imperativa. Veremos, porém, em que sentido se orienta a doutrina...

7.7. *O Aumento e a Prorrogação dos Prazos dos Articulados Eventuais. Juízos Apreciativos*

Tratámos até agora de algumas das alterações mais relevantes introduzidas pelo CPC de 95 a propósito dos dois articulados normais, a petição inicial e a contestação.

Já anunciámos também que a seguir à contestação só há articulados eventuais.

Na verdade, a réplica só poderá ser apresentada pelo autor nas três hipóteses conhecidas que foram consagradas na Reforma Intercalar de 1985 e que não mereceram, agora, qualquer alteração:

   a) Quando o réu se tenha defendido por excepção, servindo então a réplica para o autor responder a tal matéria;
   b) Quando o réu tenha formulado um pedido reconvencional, servindo então a réplica para o autor dele se defender;
   c) Quando se trate de uma acção de simples apreciação negativa, servindo então a réplica para o autor impugnar os factos constitutivos que o réu tenha alegado, ou aduzir os factos impeditivos ou extintivos do direito invocado pelo réu (cfr. os n.ºˢ 1 e 2 do art. 502.º do CPC).

Portanto, a réplica mantém-se como um articulado apenas possível, isto é, eventual.

O mesmo se diga da tréplica, que só pode ser apresentada pelo réu se, na réplica, o autor tiver alterado o pedido ou a causa de pedir (servindo, então, tal peça para o demandado se defender das alterações introduzidas), ou se, tendo havido reconvenção, o autor dela se tiver defendido por excepção (servindo, nesse caso, a peça para o réu responder a essa matéria da excepção) (cfr. o n.º 1 do art. 503.º do CPC).

Ora, no seguimento do aumento do prazo da contestação, previu o CPC de 95 também o aumento dos prazos da réplica e da tréplica.

Com efeito, o n.º 3 do art. 502.º passou a referir que a réplica deve ser apresentada no prazo de quinze dias (e não oito) contados da data da notificação da apresentação da contestação, sendo porém de trinta dias (e não vinte) o prazo para a apresentação de tal articulado se ele servir como defesa à reconvenção ou se estivermos perante uma acção de simples apreciação negativa, pelos motivos já aqui analisados aquando da apreciação das alterações introduzidas em 1967 [406].

---

[406] Por seu turno, para a resposta do processo sumário previram-se os seguintes prazos: – dez dias (e não cinco) quando ela for utilizada para responder apenas às excepções suscitadas pelo réu; – vinte dias (e não dez) quando ela "funcionar" como defesa ao pedido reconvencional ou estivermos perante uma acção de simples apreciação negativa. Em relação ao processo sumaríssimo, continua a não aceitar-se a existência de articulados eventuais.

Por seu lado, a tréplica passou a poder ser apresentada também no prazo de quinze dias (e não oito) a contar da notificação da apresentação da réplica, conforme está previsto no n.º 2 do art. 503.º do CPC.

Quer isto significar que houve uma preocupação, com a qual se concorda, de estender os prazos dos articulados, sendo certo que o aumento verificado nos prazos da réplica (para que o autor responda a excepções) e da tréplica é proporcionalmente superior ao aumento verificado nos prazos da contestação e da réplica, quando esta se assuma como defesa à reconvenção ou quando estivermos perante uma acção de simples apreciação negativa.

E se concordámos genericamente com o aumento do prazo para a contestação, também agora entendemos que esta medida foi acertada na medida em que (já o dissemos) os prazos previstos no anterior diploma eram realmente muito reduzidos, potencializando-se, dessa forma, eventuais perdas de oportunidades de alegações fácticas, tantas vezes fatais para as partes.

Por outro lado – e como agora também recordamos – somos da opinião de que não são estes pequenos aumentos que prejudicam a celeridade das acções e a prontidão da justiça. Pelo contrário, eles podem permitir às partes uma mais eficaz e consistente defesa das suas pretensões processuais e sempre que assim for manifestaremos, de imediato, a nossa concordância.

O mesmo se não diga, porém, do que ficou previsto no art. 504.º do CPC.

Na verdade, em tal disposição consagrou-se a possibilidade de ser aplicada aos articulados eventuais as regras dos n.ºs 4, 5 e 6 do art. 486.º, através das quais, portanto, pode também ser concedida prorrogação dos prazos para a apresentação da réplica e da tréplica, a qual não pode exceder, porém, os limites constantes da última parte desse art. 504.º.

Parece-nos um exagero para o qual, sinceramente, não encontramos justificação.

Os prazos da réplica e da tréplica foram já substancialmente aumentados, para além de que as partes já se "encontravam" no processo, ou seja, não há, agora, quaisquer surpresas. Por outro lado, é suposto que os litigantes já disponham, também agora, de todos os elementos necessários à profícua defesa dos seus interesses (o autor, porque pôde colhê-los antes da acção; o réu, porque pôde pedir uma prorrogação do prazo para a sua contestação).

Acresce que esta medida permissiva poder gerar (acompanhada da que se concede à contestação) perturbação e confusão (até) nesta fase dos articulados (com requerimentos e mais requerimentos, decisões e mais decisões), para além de, agora sim, provocar uma eternização indesejável da fase referida, pois que entendemos ser demais que o prazo global da réplica e da tréplica possa atingir os três meses [407].

Acresce que os fundamentos da concessão da prorrogação do prazo para a contestação (com os quais concordámos) não têm aqui a mesma aplicação, mesmo no caso de a réplica funcionar como defesa à reconvenção. Na verdade, uma primeira apreciação poderia levar-nos a dizer que se concordámos com a prorrogação do prazo para a contestação do réu face ao pedido original, da mesma maneira haveríamos de concordar com idêntica prorrogação para a contestação do autor face ao pedido reconvencional, o que até deveria resultar do art. 3.º-A do diploma. O que acontece é que as duas situações só aparente e formalmente são idênticas, porquanto se é certo que a surpresa do demandado perante o "embate" judicial constitui, as mais das vezes, uma realidade indesmentível (justificativa da dita prorrogação), o pedido reconvencional – que, necessariamente, tem uma forte "intimidade lógica" com o pedido original (cfr. o já aqui referido art. 274.º do CPC) – não representará para o autor, também as mais das vezes, uma grande novidade. E o mesmo se diga, pelas mesmas razões, no caso de a réplica "funcionar" como defesa nas acções de simples apreciação negativa.

Desta forma, parece que chegarão, pois, perfeitamente, os trinta dias a que se refere o n.º 3 do art. 502.º do CPC [408].

---

[407] Em termos teóricos, pois, a fase dos articulados pode agora durar quase meio ano.

[408] Quando muito, aceitaríamos a prorrogação da réplica apenas nestes casos de ter sido formulado um pedido reconvencional ou a acção ser de simples apreciação negativa e também (já agora) da tréplica no caso de o autor ter alterado o pedido ou a causa de pedir (por todos os motivos sabidos e já referidos neste trabalho), mas só se ocorressem os motivos ponderosos a que a lei se refere. Nessa hipótese, a lógica e a paridade das partes imporiam que a prorrogação da réplica pudesse atingir os trinta dias, pois só assim se "tratariam" da mesma maneira os pedidos original e reconvencional. Mas, a meia dúzia de argumentos que invocámos em sentido contrário (o já substancial aumento dos prazos da réplica e da tréplica, a inexistência agora de quaisquer surpresas processuais, a suposta disponibilidade das partes – após contestação – de todos os elementos necessários à profícua defesa dos seus interesses, a eternização da fase dos articulados, a confusão processual que potencialmente se cria, etc.) teriam recomendado que se não admitissem prorrogações dos prazos dos articulados eventuais.

Em relação ao processo sumário e não esquecendo o que, oportunamente, dissemos a propósito da prorrogação do prazo da contestação, entendemos – face à inevitável aplicação supletiva do art. 504.º – que o prazo da resposta pode também, pois, ser prorrogado e por prazo nunca superior a dez dias, por ser esse o prazo normal fixado na lei para a apresentação de tal articulado e por similitude com o que ficou previsto para o processo ordinário.

Naturalmente que se manifestámos a nossa discordância em relação à prorrogação dos prazos dos articulados eventuais em processo ordinário, não mudaremos agora de opinião e, por isso, também não concordamos com a prorrogação do prazo para a apresentação da resposta do processo sumário.

Sem preconceitos num ou noutro sentido, aplaudiremos as inovações trazidas pelo novo diploma que nos pareçam correctas, mas criticaremos todas aquelas que se nos afigurem desacertadas ou desnecessárias (como parece ser o caso).

É evidente que tais juízos apreciativos assentam, muitas vezes, em razões puramente subjectivas, não passando, por isso mesmo, de meras opiniões (erradas, porventura, ou, no mínimo, discutíveis).

7.8. *A Alteração Simultânea do Pedido e da Causa de Pedir na Réplica. Juízos Apreciativos*

No âmbito dos articulados eventuais, há ainda uma alteração introduzida pelo CPC de 95 que nos parece fundamental, qual seja a derivada da consagração legal da possibilidade de o autor, na réplica, alterar simultaneamente o pedido e a causa de pedir.

Várias vezes tivemos necessidade de aludir à possibilidade (histórica) de modificação da causa de pedir ou do pedido originalmente apresentados pelo autor, o que desde há mais de sete décadas lhe é, genérica e legalmente, reconhecido com maior ou menor amplitude.

Na verdade – e sem pretendermos repetir matéria já tratada nem recuar para tempos anteriores ao CPC de 39 –, temos de reconhecer que os textos actuais do art. 272.º e dos n.ºs 1, 2 e 3 do art. 273.º do CPC são muito semelhantes às suas versões originais constantes do CPC de 39 (cfr. os respectivos arts. 277.º e 278.º).

Assim – e não esquecendo as relevantes alterações introduzidas na questão pelo DL n.º 242/85, de 9 de Julho –, temos como certo que:

a) Desde que as partes estejam de acordo, e na sequência da dimensão do dispositivo, os pedidos original e reconvencional, bem como as respectivas causas de pedir, podem ser alterados ou ampliados (e até reduzidos) em qualquer momento da tramitação da acção, quer na primeira, quer na segunda instância, a não ser que tais modificações perturbem inconvenientemente a instrução, discussão e o julgamento da causa [409].

Se analisarmos temporalmente esta regra (e sem esquecermos as limitações naturalmente impostas pela indisponibilidade jurídica daquilo que se discuta), podemos concluir o seguinte:

- que estas modificações derivadas do acordo das partes (pois que, no fundo, é disso que se trata) podem sempre ser, processualmente, concretizadas na fase dos articulados e na do saneamento, não carecendo de respeitar especiais requisitos;
- tais modificações podem ainda ser concretizadas nas fases da instrução e da discussão (e até mesmo em plena segunda instância), excepto se for visível que, no estado adiantado em que o processo se encontra, elas colocam ao tribunal questões novas que não podem ser convenientemente instruídas e discutidas e, por isso, potencializam um desacertado e "inseguro julgamento", como recomendou J. Alberto dos Reis [410];
- tais modificações jamais podem ser concretizadas quando o processo tiver sido julgado já pela segunda instância, por óbvias e impeditivas razões processuais, derivadas da tramitação e dos objectivos dos recursos interpostos para o STJ.

b) Na falta de acordo e relativamente à causa de pedir (do pedido original), esta só pode ser alterada ou ampliada pelo autor na réplica, isto é, em processo ordinário e quando neste se admita

---

[409] O CPC de 39 referia-se mesmo a uma perturbação "profunda" (cfr. o respectivo art. 277.º).

[410] J. Alberto dos Reis (*CPC Anotado*, Vol. I., ps. 377-378 e *Comentário...*, Vol. 3.º, ps. 90-91). Por isso a lei fala em "... perturbar inconvenientemente a instrução, discussão e julgamento do pleito" (cfr. o art. 272.º do CPC). Procurámos demonstrar que se trata de uma perturbação que potencialmente gera um inadequado desfecho da lide, ou seja, de uma "perturbação substancial", como lhe chamaram Varela/Bezerra//Nora (*Manual...*, p. 280) e não de uma simples perturbação processual, como parece ser implícito para J. João Baptista (*Processo Civil I. Teoria Geral...*, p. 419).

tal articulado [411, 412], podendo o réu responder na tréplica a essa alteração ou ampliação. Como em tempos procurámos demonstrar (e continuamos a defender), a causa de pedir relativa ao pedido reconvencional, na falta de acordo, não pode ser alterada nem ampliada na tréplica, por inexistência de articulado onde o autor reconvindo se possa defender dessa modificação;

c) Ainda relativamente à causa de pedir e igualmente sem o acordo das partes, ela pode, no entanto, ser alterada ou ampliada em qualquer processo (e diga agora respeito quer ao pedido original, quer ao reconvencional) se for consequência de confissão (de facto ou factos) feita pela parte contrária e aceite pela pretensa parte alteradora ou ampliadora. Em relação a estas modificações não se verifica o requisito formal de terem que ser apresentadas na réplica (e, por isso, dissemos que elas podem ser concretizadas em qualquer forma de processo), para além de terem "lugar a todo o tempo em que à parte contrária seja lícito fazer confissões"[413], o que tudo se compreende em nome do dispositivo, claro está, mas também em nome da aproximação da decisão à verdade;

d) Em relação ao pedido original, e se não houver acordo das partes (já se sabe), ele também só pode ser alterado ou ampliado na réplica, nos processos em que e nas circunstâncias em que tal articulado seja de admitir, defendendo-se de tais modificações o réu no articulado seguinte, que é a tréplica. Como também dissemos (e mantemos), ao réu reconvinte não é concedido o mesmo "direito" modificador, por inexistência de articulado onde o autor se possa defender dessas potenciais alterações;

e) Todavia, o pedido original e o pedido reconvencional podem sempre e em qualquer altura ser reduzidos (o mesmo sucedendo com as respectivas causas de pedir, embora sem previsão legal, como já anteriormente alertara M. Teixeira de Sousa [414]), o que

---

[411] Como oportunamente defendemos (cfr. o tema "4.6.- OS ARTICULADOS APÓS A ENTRADA EM VIGOR DO DL N.º 242/85, DE 9 DE JULHO).

[412] Ou, já se sabe, em processo especial que siga, supletivamente, os termos do processo ordinário (admitindo a réplica e a tréplica) e não disponha de norma própria diferenciadora sobre a questão.

[413] Adaptação da orientação de J. Alberto dos Reis (*Comentário*, Vol. 3.º, p. 123).

[414] M. Teixeira de Sousa (*As Partes*..., p. 187).

também é ocorrível em qualquer forma de processo, mais uma vez numa manifestação clara do dispositivo e independentemente do acordo da parte contrária, na medida em que esta fica até (e muito naturalmente) beneficiada com tal redução, a qual equivale para todos os efeitos à desistência (parcial) prevista no n.º 2 do art. 296.º do CPC [415].

f) Finalmente, também em qualquer forma de processo, podem os pedidos original e reconvencional ser ampliados se isso consistir num puro desenvolvimento ou consequência dos pedidos primitivamente formulados, sendo certo, todavia, que essa ampliação está sujeita a um limite temporal: – só pode ocorrer até ao encerramento da discussão em primeira instância.

Como verificámos, os poderes modificativos do autor em relação ao pedido original e aos factos fundamentais em que ele assenta são um pouco mais amplos do que aqueles de que o réu dispõe em relação a idênticos elementos da reconvenção, para além de ocorrerem também com mais amplitude na forma ordinária do que nas outras formas do processo declarativo comum.

E se a primeira destas conclusões – que em certa medida "belisca" a paridade das partes – se justificou com a Reforma Intercalar de 1985 por força da tão desejada celeridade processual, a segunda está naturalmente ligada à maior singeleza processual com que são tratadas as formas sumária e sumaríssima do processo declarativo e ao inevitável menor número de articulados que essas formas de processo comportam.

Pois bem, até aqui, o CPC de 95 não introduziu quaisquer alterações, porquanto as versões do art. 272.º e dos n.ºs 1, 2 e 3 do art. 273.º do CPC de 61 permaneceram "intactas".

Mas, o novo diploma procurou terminar com uma querela já histórica do nosso direito processual civil.

Com efeito, durante décadas a doutrina dividiu-se acerca da seguinte questão: – poderia o autor, na réplica, alterar simultaneamente o pedido e a causa de pedir?

---

[415] Neste sentido, J. Alberto dos Reis (*Comentário...*, Vol. 3.º, p. 96), referindo que a diferença entre a desistência parcial e a redução do pedido é meramente formal. Igualmente, M. Teixeira de Sousa (*As partes...*, p. 185). Também no mesmo sentido, mas não encontrando diferença alguma entre as duas figuras, pronunciou-se Castro Mendes (*Direito...*, Vol. II, ps. 342-344).

Invocando a evolução histórica da questão (a que já oportunamente aludimos) e concretamente as diferenças de tratamento normativo existentes entre o Dec. n.º 21:287, de 26 de Maio de 1932, e o próprio CPC de 39, demonstrativas de uma progressiva atenuação da original e rígida imutabilidade do pedido e dos seus fundamentos (que constara do CPC de 1876), Paulo Cunha [416] respondeu afirmativamente à questão, o mesmo sucedendo mais tarde com Anselmo de Castro [417], argumentando *a contrario* com os termos da lei, referindo que estes não só não impediam expressamente aquela alteração simultânea, como também não sugeriam, sequer, uma tal restrição.

Mais cautelosamente, porém, Manuel de Andrade [418] considerou ser, pelo menos, duvidosa essa solução, na medida em que ela "permitiria a convolação para uma acção inteiramente distinta quanto ao seu objecto", a não ser (acrescentou) que fosse de exigir um certo nexo (alias não fácil de precisar), quer com o pedido inicial, quer com a originária *causa petendi*". Desenvolvendo esta cautela, Sousa e Brito [419] foi mesmo mais longe, referindo que os n.ºs 1 e 2 do art. 273.º do CPC (na altura, o de 1961) subentendiam uma inevitável alternativa, ou seja, se o autor quisesse introduzir as alterações que a lei lhe permitia, das duas, uma: – ou "atingia" o pedido, permanecendo "intactos" os seu mais relevantes fundamentos, ou eram estes que eram "atingidos", devendo nesse caso permanecer "intacto" o pedido formulado.

E durante muitos anos, estas duas orientações (uma permissiva da alteração simultânea e outra não) foram ganhando apoiantes, quer na jurisprudência [420], quer na doutrina, embora em relação a esta convenha referir que alguns doutrinadores se limitaram a dar conta da querela, não tomando, porém, qualquer posição perante a mesma [421].

Desde sempre concordámos com a opinião e a argumentação de Manuel de Andrade, no sentido de que a alteração simultânea do pedido

---

[416] Paulo Cunha (*op. cit.*, Tomo I, p. 564).
[417] Anselmo de Castro (*DPC Declaratório*, Vol. I, ps. 168-169).
[418] Manuel de Andrade (*op. cit.*, p. 169).
[419] J. de Sousa e Brito (*op. cit.*, ps. 24-25, em nota de rodapé).
[420] Cfr., a favor da orientação de Paulo Cunha, entre outros, os seguintes arestos: os Acs. da RP, de 30.1.1986 (*Col. Jur.*, 1986, 4.º-57) e da RE, de 14.2.1988 (*Col. Jur.*, 1988, 5.º-277). Contra tal orientação, exigindo, pois, a alternatividade nas modificações, cfr. (também entre outros) os seguintes Acs. do STJ: de 3.12.1974 (*BMJ*, 242.º-220), de 6.10.1981 (*BMJ*, 310.º-287) e de 4.11.1986 (*BMJ*, 361.º-462).
[421] Como foi o caso de Luso Soares (*Direito...*, ps. 352-353).

e da causa de pedir é perfeitamente possível, desde que delas não resulte a transição para uma relação jurídica absolutamente distinta daquela que o processo envolvia ou, como também referiu, a propósito, M. Teixeira de Sousa [422], desde que se verifique "uma certa conexão entre o objecto inicial e o objecto modificado".

De resto, permitindo-se a alteração do pedido, as mais das vezes isso implicará uma inevitável (e até indispensável) alteração dos factos fundamentais, de maneira que de nada serviria, formalmente, aceitar aquela se, simultaneamente, não se aceitasse esta também. O que é preciso, insiste-se, é que não se passe para uma relação jurídica absolutamente nova e se mantenha, pois, a dita conexão entre ambas.

Assim, entendemos ser perfeitamente possível, por exemplo, que numa dada acção de restituição de posse de um imóvel, baseada em determinados motivos, possa o demandante, na réplica, formular – em vez daquela restituição e porque isso se tornou necessário face, por exemplo, à contestação do réu e, entretanto, ter passado a interessar mais ao autor – o pedido de reivindicação do direito de propriedade do mesmo prédio, pedido esse que naturalmente se há-de estribar em factos diversos dos originalmente invocados como causa de pedir [423]. No caso, parece ser patente a existência de uma "intimidade" lógica entre o objecto litigioso original (pedido e causa de pedir) e o objecto litigioso modificado.

Era também esta a opinião de Antunes Varela [424], permitindo a modificação conjunta dos dois elementos, desde que dela não resultasse a substituição da relação material litigada, até porque (acrescentou) a modificação em nada prejudica a instrução, a discussão e o julgamento, pois que no momento em que ela é apresentada ainda nem sequer se procedeu à selecção da matéria de facto com relevância para o desfecho da lide.

---

[422] M. Teixeira de Sousa (*As Partes...*, p. 188).

[423] E, por maioria de razão, se admitimos esta modificação qualitativa, também devermos admitir a simultânea modificação quantitativa, ou seja, a que deriva da mera ampliação da causa de pedir e do pedido. Assim, entendemos ser perfeitamente aceitável, por exemplo, que numa dada acção de divórcio litigioso (que, apesar de especial, segue supletivamente os termos do processo ordinário a seguir à contestação – cfr. o n.º 1 do art. 1408.º do CPC), possa a demandante, na réplica, apresentar acrescidos motivos para o divórcio e, simultaneamente, ampliar o pedido, solicitando a condenação do demandado no pagamento de uma determinada quantia indemnizatória.

[424] Varela/Bezerra/Nora (*Manual...*, ps. 281-282 e 358-359 e ainda *RLJ*, 117.º, ps. 118 e ss.). Reproduzindo sumariamente esta orientação, cfr. ainda F. Ferreira Pinto (*Lições...*, p. 169)

Apesar de ser esta, no nosso entender, a opinião mais acertada, o certo é que as divergências doutrinárias e jurisprudenciais se vinham mantendo, por inexistência de uma norma que claramente as dissolvesse.

Ora, o n.º 6 do art. 273.º do CPC de 95 veio, precisamente, consagrar a teoria que perfilhámos, nele se redigindo que "É permitida a modificação simultânea do pedido e da causa de pedir, desde que tal não implique convolação para relação jurídica diversa da controvertida", assim terminando, definitivamente, a querela de que demos conta.

Desta forma, competirá ao juiz, em primeiro lugar, ter um espírito aberto e intencionalmente tolerante para as modificações objectivas da lide. Bem sabemos que elas constituem uma excepção ao clássico princípio da estabilidade da instância, mas também não esquecemos que elas amplamente se justificam por força das virtualidades do dispositivo, por potencializarem a aproximação à verdade e por não se encontrar, hoje, qualquer razoabilidade no sistema da rígida imutabilidade previsto no século passado. Em segundo lugar, caberá ao juiz verificar, no caso concreto, se a dupla modificação pretendida é de molde a implicar a dita convolação para relação jurídica diversa da controvertida (e essa tarefa verificativa é que pode não ser muito simples...), pois que só nesse caso, como vimos, é que ele poderá (e deverá) não admitir tal modificação[425].

Atentemos em duas últimas notas a propósito das alterações introduzidas pelo CPC de 95 no art. 273.º que vimos analisando.

A primeira diz respeito ao pedido de aplicação da sanção pecuniária compulsória, prevista no art. 829.º-A do CC.

O n.º 4 do art. 273.º do CPC de 95 veio consagrar a hipótese prática e processual de ele poder ser deduzido até ao encerramento da discussão em primeira instância, nos termos da segunda parte do n.º 2 do mesmo artigo, tratando-se, portanto, a formulação de tal pedido como uma autêntica "ampliação" (embora acessória e condicional) do pedido primitivo[426].

---

[425] Lebre de Freitas/João Redinha/Rui Pinto (*CPC Anotado*, ps. 486-487) esclarecem que é permitida a "modificação simultânea, não só quando algnus do factos que integram a nova causa de pedir coincidem com factos que integram a causa de pedir originária..., mas também quando, pelo menos, o novo pedido se reporta a uma relação material **dependente** ou **sucedânea** da primeira".

[426] Note-se que o credor, na formulação do pedido de sanção pecuniária compulsória (que constitui, de facto, um verdadeiro acessório condicional do pedido de condenação inicial), não tem de indicar a modalidade (global ou escalonada), nem o montante dela, porque isso pertence ao poder soberano do julgador. Concordamos com Calvão da Silva (*Cumprimento*..., p. 433, em nota de rodapé), no sentido de que tal

Por outro lado, isto quer significar que a aplicação da sanção pecuniária compulsória não tem, obrigatoriamente, de ser requerida na petição inicial, ao contrário do que acontece, por exemplo, no ordenamento jurídico-instrumental brasileiro [427].

A segunda e última nota que queremos referir consta do n.º 5 deste mesmo art. 273.º. Nele se consagrou a possibilidade de nas acções de indemnização fundadas em responsabilidade civil, poder o autor requerer, até ao encerramento da audiência de discussão e julgamento, a condenação do réu no pagamento da renda (vitalícia ou temporária) prevista no art. 567.º do CC, mesmo que, inicialmente, tenha pedido a condenação em quantia determinada.

Se o n.º 4 do art. 273.º do CPC se referiu a uma ampliação do pedido, o n.º 5 do mesmo artigo prevê, claramente, a hipótese de uma alteração do mesmo (se não jurídica, pelo menos aritmética). Com efeito, ao abrigo deste segmento normativo, passa o demandante a poder substituir um pedido indemnizatório liquidamente formulado por um outro em forma de renda, o que deve admitir-se até ao encerramento da audiência de discussão e julgamento, como se disse.

Esta medida legislativa tinha sido já "tentada" nos AP´s de 1988 e 1990 (cfr., respectivamente, os n.ᵒˢ 3 dos arts. 226.º e 227.º), com a seguinte curiosidade: – a de o limite temporal previsto para a apresentação desta modificação ser o começo da audiência de discussão e julgamento e não o seu encerramento, como veio a ficar consagrado na versão final do CPC de 95 e está mais conforme, de resto, com o regime normal (embora relativo à ampliação) previsto na segunda parte do n.º 2 do art.

---

pedido não tem influência na atribuição do valor da causa, porque este deve ser determinado no momento em que a acção é proposta (cfr. o n.º 1 do art. 308.º e o n.º 2 do art. 306.º do CPC) e aquele pedido só é fixado na sentença, mas já não estamos inteiramente de acordo quando o mesmo autor refere que o pedido que vimos apreciando não afecta o princípio da estabilidade da instância, pois ele envolve – como dissemos – uma ampliação do pedido primitivo e, nessa conformidade, pode considerar-se uma excepção (como as demais) a tal princípio.

[427] Cfr. o art. 287.º do CPC brasileiro, onde se refere que: "Se o autor pedir a condenação do réu a abster-se da prática de algum ato, a tolerar alguma atividade, ou a prestar fato que não possa ser realizado por terceiro, constará da petição inicial a cominação da pena pecuniária para o caso de descumprimento da sentença". Há também que ter em atenção os arts. 644.º e 645.º do mesmo diploma, com a redacção que lhes foi dada pela Lei n.º 8.953, de 13.12.1994, para onde nos remete Juarez de Oliveira (*op. cit.*, p. 65), os quais prevêem a cumulação destas multas por cada dia de atraso com as acções executivas para prestação de facto infungível, positivo ou negativo.

273.º do CPC, para além de ter sido também esse o regime utilizado, como vimos, para a questão regulada pelo no n.º 4 do mesmo artigo.

Fizemos referência à versão final do CPC de 95 porquanto na sua primeira versão este limite temporal era também (tal como nos AP´s citados) o correspondente ao começo da audiência de discussão e julgamento.

Do exposto resulta, sem mais referências, que consideramos acertadas as alterações introduzidas pelo CPC de 95 nesta matéria, para além de terem tido a virtude (já o dissemos) de acabar com uma querela doutrinária e jurisprudencial aparentemente infindável.

7.9. *A Resposta em Audiência a Excepções e a Abolição dos Articulados Idealizados pela Doutrina. Juízos Apreciativos*

O CPC de 95 introduziu ainda uma importante alteração no âmbito dos articulados eventuais, não propriamente naqueles que a lei continuou, expressamente, a prever (a réplica e a tréplica, já se disse), antes naqueles cuja existência era apenas idealizada por parte da doutrina, para satisfazer o contraditório.

Com efeito – e na sequência de uma "recomendação feita nesse sentido por Lebre de Freitas[428], na medida em que o projecto do novo código não o contemplava –, o n.º 4 do art. 3.º do CPC de 95, na sua versão original, referia já o seguinte: "Sempre que, em consequência da limitação legal do número dos articulados, alguma das partes não tiver tido oportunidade de responder a qualquer excepção deduzida no último articulado admissível, pode responder à matéria desta, alegando, se necessário, os factos pertinentes, na audiência preliminar ou, não havendo lugar a ela, no início da audiência final".

Aligeirando a terminologia utilizada, mas sem lhe retirar o conteúdo essencial, o legislador da última versão do CPC de 95 redigiu para este segmento normativo o texto que adiante se reproduz, que é indiscutivelmente mais sintético, claro e preciso do que o original, para além de estar conforme (no nosso entender) à boa técnica legislativa redactorial:

---

[428] Lebre de Freitas (*Revisão...*, p. 424).

"Às excepções deduzidas no último articulado admissível pode a parte contrária responder na audiência preliminar ou, não havendo lugar a ela, no início da audiência final"[429].

Em face disto, podemos concluir que terminam muitas das incertezas doutrinárias (e opiniões divergentes) a que fizemos oportunamente referência.

Com efeito, ao aludir ao "último articulado admissível" (e, na sua versão original, à "limitação legal do número de articulados"), o n.º 4 do art. 3.º do CPC de 95 não deixou dúvidas: – os únicos articulados possíveis são, hoje, os expressamente previstos na lei, não cabendo à doutrina "imaginar" (e, por isso, implementar na prática) quaisquer outros, seja porque invoque princípios de razoabilidade, seja porque os entenda necessários para assegurar, formalmente, o contraditório.

Aliás, da nossa anterior exposição acerca de matéria conexa, já resultara que não estávamos ao lado da jurisprudência que admitira a quadrúplica depois de ela ter sido eliminada pelo DL n.º 242/85, nem da doutrina que admitira a contra-resposta em processo sumário após a entrada em vigor do CPC de 61 [430].

Por outro lado, não se admitindo mais articulados (que não os expressamente previstos na lei) para responder a excepções, muito menos serão eles de admitir para a apresentação de qualquer defesa propriamente dita. Assim, devemos continuar a não aceitar a possibilidade de, em processo ordinário, o réu alterar o pedido reconvencional ou a respectiva causa de pedir na tréplica, pois que este é o "último articulado admitido" e o n.º 4 do art. 3.º apenas se refere à resposta a excepções, bem como devemos continuar a entender que, em processo sumaríssimo, o réu não pode formular pedidos reconvencionais, por razões sequencialmente idênticas àquelas.

A propósito desta segunda conclusão, importa atentar no seguinte: – é que em tempos anunciámos que o CPC de 95 poderia ter "tratado" esta questão, de modo a poderem levantar-se, hoje, algumas dúvidas acerca da inadmissibilidade da formulação de pedidos reconvencionais em processo sumaríssimo.

---

[429] Adiante-se desde já que a audiência preliminar é regra da tramitação do processo ordinário, é possível na tramitação do processo sumário e jamais existe na tramitação do processo sumaríssimo (cfr. os arts. 508.º-A, 787.º e 795.º do novo diploma).

[430] Cfr. a matéria tratada *supra* sob a epígrafe "4.7. – Breve referência à questão, a propósito da diversidade de formas do processo declarativo comum".

Com efeito, o n.º 1 do art. 795.º do diploma veio referir que findos os articulados (aludindo-se, nesse momento, à petição e à contestação), pode o juiz julgar logo procedente alguma excepção dilatória ou nulidade que lhe cumpra conhecer, ou mesmo decidir do mérito da causa, mas tudo isto sem prejuízo do disposto nos n.ᵒˢ 3 e 4 do art. 3.º do mesmo diploma.

Ora, com o n.º 3 deste art. 3.º, o CPC de 95 "apurou" o contraditório, pois nele se referiu que "o juiz deve observar e fazer cumprir, ao longo de todo o processo, o princípio do contraditório, não lhe sendo lícito... decidir questões de direito ou de facto... sem que as partes tenham tido a possibilidade de sobre elas se pronunciarem".

Da conjugação deste "apuramento" do contraditório com a sua intencional aplicação expressa ao processo sumaríssimo (como vimos), poderia concluir-se o seguinte:

- em primeiro lugar, que o réu passou a poder formular pedidos reconvencionais contra o autor nesta forma de processo;
- em segundo lugar, que poderia ter de haver, nesse caso, mais um articulado (precisamente para respeitar o contraditório);
- em terceiro e último lugar, que o "mérito da causa" a que alude a parte final do n.º 1 do art. 795.º do diploma tanto se poderia referir ao pedido do autor como ao pedido reconvencional[431];

Não concordamos com esta conclusão por cinco razões fundamentais que passamos a aduzir:

- a primeira é já semelhante à invocada a propósito da inadmissibilidade da reconvenção em processo sumaríssimo, na vigência do CPC de 61. Se o legislador de 1995 regulou expressamente para o processo sumário a tramitação da reconvenção, o prazo para a respectiva defesa, a existência de um terceiro articulado apresentável para o efeito e outros elementos atinentes a ela e nada disso referiu a propósito do processo sumaríssimo, tal só pode querer significar que esse pedido não é dedutível nesta forma de processo. Não é crível que o dito legislador tenha sentido necessidade de idealizar e redigir regras para a reconvenção do

---

[431] Parecendo, assim, ganhar mais consistência a opinião de M. Teixeira de Sousa manifestada sobre o assunto (*As Partes...*, ps. 177-178), tendente a admitir a formulação do pedido reconvencional em processo sumaríssimo e a existência de um terceiro articulado para que dele o autor se pudesse defender.

processo sumário e não tenha sentido a mesma necessidade para a hipotética reconvenção do processo sumaríssimo;
– a segunda razão é de natureza literal. Como vimos, o n.º 4 do art. 3.º do CPC de 95 refere-se ao "último articulado admissível". Ora, o último articulado que a lei admite em processo sumaríssimo é a contestação (cfr. o intróito do n.º 1 do art. 795.º do diploma, redigido imediatamente a seguir àquele que regula a contestação, onde se refere que os articulados findaram, portanto, com a apresentação dessa peça). E se esse é o último articulado, não pode passar a ser o penúltimo, como sempre ocorreria se admitíssemos a reconvenção e a resposta propiciadora da respectiva defesa.

De resto, a este propósito, a versão original do n.º 4 do art. 3.º era ainda mais evidente, pois nela fazia-se referência expressa à "limitação legal do número dos articulados", o que só pode ter um significado.

Estamos convencidos de que essa referência não se manteve na versão final do diploma não propriamente por causa de uma qualquer evolução do pensamento acerca da possibilidade de existência de mais articulados para além do último admitido, antes porque (como anteriormente se disse) o referido n.º 4 do art. 3.º foi objecto de uma acertadíssima correcção terminológica;

– a terceira razão está ligada à coerência que pretendemos manter com o que já dissemos a propósito de matéria conexa com esta. Com efeito, se deixámos de aceitar a quadrúplica no processo ordinário quando o DL n.º 242/85 deixou de a prever e se, igualmente, deixámos de aceitar a contra-resposta do processo sumário, a partir do CPC de 61 (que, indirectamente, também deixou de a prever), temos agora de continuar a não admitir a resposta em processo sumaríssimo, exactamente pelo mesmo motivo: – porque a lei também não a prevê. E, não havendo hipóteses de defesa à reconvenção, não deve a mesma ser de admitir;
– uma quarta razão importa acrescentar. É que se admitíssemos, em nome do contraditório, a resposta para o autor se defender da reconvenção formulada em processo sumaríssimo, também teríamos de voltar a admitir a quadrúplica, em processo ordinário, para o autor se defender das modificações introduzidas pelo réu (na tréplica) no pedido e na causa de pedir reconvencionais, sendo estas modificações, portanto, igualmente de admitir, o que equivaleria a um verdadeiro retrocesso histórico. E note-se que,

nesse caso, não estaríamos perante resposta a excepções, não sendo, como tal, de aplicar o n.º 4 do art. 3.º do CPC;
– finalmente, um quinto e último motivo sustentador da opinião anteriormente manifestada: – é que se considerássemos implícita, no CPC de 95, a admissibilidade da reconvenção e da inevitável resposta em processo sumaríssimo, não poderíamos deixar de dizer que o respectivo legislador tinha caído numa parcial contradição, pois que, a ser aceite tal articulado, por certo que seria também lógico que, nesse caso, o autor o aproveitasse para responder às eventuais excepções suscitadas pelo réu na defesa e não tivesse de o fazer no momento que a lei agora lhe determina, isto é, na audiência final.

A não ser que o legislador tivesse idealizado o seguinte: – se o réu se defender (também ou só) por excepção e, além disso, formular um pedido reconvencional, haverá lugar à resposta (porventura, em quinze dias) e nesta o autor pode defender-se da reconvenção e responder à ou às excepções deduzidas; – se o réu só se defender (também ou só) por excepção, não haverá lugar a mais articulados, podendo o autor responder àquela ou aquelas no início da audiência final. Acontece, porém, é que esta diversidade de tratamento da resposta às excepções, já de si nociva por causa disso mesmo, não encontra a mínima protecção legal no CPC de 95.

Por isso (e concluindo), continuamos a pensar que, em processo sumaríssimo, o réu não pode formular pedidos reconvencionais contra o autor [432, 433].

---

[432] Contornando alguns dos obstáculos anteriormente referidos e mantendo uma indiscutível coerência com o que anteriormente escrevera sobre o assunto, M. Teixeira de Sousa (*Estudos sobre o Novo Processo Civil*, p. 366) referiu recentemente que o n.º 4 do art. 3 do CPC é aplicável, por interpretação extensiva, à situação em apreço, podendo (e devendo), pois, o autor defender-se em plena audiência final da reconvenção apresentada pelo réu em processo sumaríssimo. Salvo o devido respeito, só com um enorme esforço interpretativo é que poderíamos perfilhar tal opinião, pois que o legislador do novo CPC foi claro na situação (na única situação) que pretendeu regular no segmento normativo em causa: – a resposta em audiência a excepções deduzidas no último articulado admissível. Acontece que não conseguimos detectar grande relacionamento entre uma resposta a uma excepção e uma defesa propriamente dita. O professor de Lisboa vai mesmo mais longe, admitindo ainda, em processo sumaríssimo, que o autor possa responder, na audiência final, para impugnar os factos constitutivos alegados pelo réu ou para alegar factos impeditivos ou extintivos do direito alegado pelo demandado

Posto isto, voltemos à análise do n.º 4 do art. 3.º do CPC de 95 e constatemos que ele veio, afinal, consagrar (normativa e adaptadamente) aquilo que já anteriormente parte da doutrina recomendava para algumas situações de inexistência de articulado respondente a excepções. Assim, não estando previsto na lei tal articulado, a resposta à ou às excepções poderá (e deverá) fazer-se na audiência preliminar, se houver lugar a esta, ou no início da audiência final, no caso contrário.

Por isso, podemos dizer que o CPC de 95 reconheceu uma espécie de resposta "desarticulada" a excepções, isto é, reconheceu a possibilidade de se responder a elas não através de um clássico articulado (imaginado pela doutrina), antes através de uma exposição concretizada verbal e directamente na audiência preliminar ou no início da audiência final, exposição essa que deverá ficar a constar, obviamente, da respectiva acta.

Assim, supomos que esta resposta "desarticulada" às excepções tem lugar, em processo comum, nos seguintes cinco casos [434]:

1.º Nas acções ordinárias, para o autor responder às eventuais excepções deduzidas pelo réu na tréplica, quando este se defenda das

---

nas acções de simples apreciação negativa. Salvo o devido respeito, mais uma vez, entendemos que a situação descrita não pode, sequer, ser idealizada, porquanto não há acções sumaríssimas de simples apreciação negativa, na medida em que aquelas só podem ser de condenação e em obrigações pecuniárias, indemnizações por dano ou entrega de coisas móveis (cfr. a parte final do n.º 1 do art. 462.º do CPC).

[433] No sentido do texto, pronunciaram-se já, também, J. João Baptista (*Processo Civil I, Parte Geral...*, p. 432) e F. Ferreira Pinto (*Lições...., 2.ª Edição*, p. 461, em nota de rodapé).

[434] Vamos referir os casos de respostas a excepções, porque o n.º 4 do art. 3.º do CPC também pode abranger a chamada "resposta a contra-excepções". Assim, em processo ordinário, se o réu se defender por excepção e, na réplica, o autor responder através de uma contra-excepção (isto é, de uma excepção à excepção), a esta contra-excepção responderá o réu, em princípio, na audiência preliminar, porque a tréplica não serve para o efeito e não são admitidos mais articulados. O mesmo sucede em processo sumário, por inexistência de mais articulados para além da resposta. Imaginemos o exemplo de uma acção de denúncia de um contrato de arrendamento, por necessidade de habitação própria por parte do senhorio. Contestando, alega o réu ter mais de 65 anos de idade, ao abrigo da alínea *a*) do n.º 1 do art. 107.º do RAU, o que constitui claramente uma defesa por excepção peremptória. Se o autor, na réplica, responder a esta excepção com outra excepção (v.g., que era já dono do prédio despejando à data do arrendamento e que regressou agora do estrangeiro, onde esteve emigrado há dez anos ou mais, nos termos do art. 108.º daquele diploma), a esta contra-excepção poderá o réu responder apenas em audiência, pois que, em bom rigor, a tréplica não serve para o efeito.

modificações introduzidas pelo autor (na réplica) no pedido ou na causa de pedir, porquanto não há quadrúplica nem se admitem mais outros articulados. Esta resposta será apresentada, em princípio, na audiência preliminar;

2.º Nas acções ordinárias de simples apreciação negativa, para o réu responder aos factos impeditivos ou extintivos (verdadeiras excepções peremptórias) suscitados pelo autor, na réplica, contra o direito invocado por aquele na contestação, na medida em que a tréplica não serve para o efeito e não se admitem também mais outros articulados. Esta resposta será igualmente apresentada, em princípio, na audiência preliminar;

3.º Nas acções sumárias de simples apreciação negativa, para o efeito previsto no caso anterior, isto é, para o réu responder aos factos impeditivos ou extintivos suscitados pelo autor na resposta, tendo em consideração que não se admitem mais articulados para além desta. Tal resposta "desarticulada" será apresentada, em princípio, no início da audiência final;

4.º Nas acções sumárias (genericamente analisadas), para o réu responder às excepções deduzidas pelo autor (na resposta) contra o pedido reconvencional, pelas mesmas razões que anteriormente se apontaram. Esta resposta deverá também ser apresentada, em princípio, na audiência final;

5.º Por fim, nas acções sumaríssimas, para o autor responder às excepções suscitadas pelo réu na contestação, igualmente por inexistência de mais articulados. Esta resposta só pode ser apresentada no início da audiência final, dado a tramitação desta forma de processo nunca comportar a audiência preliminar.

Por outro lado, quando estivermos perante algum processo especial, a admissibilidade da resposta "desarticulada" dependerá da sua própria tramitação, do número de articulados que comporte, da existência ou inexistência de audiência preliminar, da aplicação subsidiária das regras de processo comum, etc.

Concluindo sobre este tema, poderemos dizer que o n.º 4 do art. 3.º do CPC de 95 teve as seguintes virtudes:

a) *sanou dúvidas existentes na doutrina acerca da admissibilidade de alguns articulados;*
b) *colaborou com a celeridade processual;*

c) não desvalorizou a função ainda relevante dos articulados normais;
d) manteve a mera eventualização de alguns outros articulados posteriores à contestação.

7.10. A Nova Tramitação dos Articulados Supervenientes. Juízos Apreciativos

A alegação dos factos supervenientes à oportunidade normal da sua dedução sofreu também profundas alterações no CPC de 95.

Apesar disso, os n.ºs 1 e 2 do art. 506.º mantiveram-se inalterados, o que quer significar que continuam a admitir-se que tais factos sejam alegados nos articulados habituais que as partes possam ainda apresentar (são os articulados posteriores), ou em articulados especialmente elaborados para o efeito, no caso de as partes já não disporem de algum daqueles articulados previstos na lei (são os articulados novos).

E só há as duas hipóteses que acabaram de se referir porquanto "desapareceu" da lei o prazo limite para a apresentação de articulados supervenientes, que era de dez dias contados da data da ocorrência dos factos ou da chegada deles ao conhecimento da parte.

Na verdade, com a entrada em vigor do CPC de 95 – e não havendo aquele prazo limite anteriormente previsto –, das duas, uma: – ou o facto superveniente pode ser alegado em algum dos articulados posteriores (réplica e tréplica) e é aí, pois, que ele deve ser deduzido (se tais peças forem de apresentar, é claro), independentemente de o facto ter ocorrido ou chegado ao conhecimento da parte há mais ou menos de dez dias; – ou o facto superveniente já não pode ser alegado nos articulados posteriores, por terem estes findado (ou não ter sido possível a sua apresentação) e, então, ele terá de ser deduzido em articulado novo elaborado para o efeito, nos e até aos momentos processuais referidos no n.º 3 do art. 506.º do CPC, independentemente também de ter ocorrido ou chegado ao conhecimento da parte há mais ou menos de dez dias [435, 436].

---

[435] Neste sentido, também, J. João Baptista (*Processo Civil I, Parte Geral...*, p. 357, em nota de rodapé).

[436] Era, pois, despiciendo aludir-se expressamente à possibilidade de os factos supervenientes poderem e deverem ser alegados na réplica e na tréplica, como inicialmente constava no art. 506.º da "Revisão do Processo Civil – Projecto", disponibilizado a público em Fevereiro de 1995. Parece não fazer sentido, portanto, dizer-se que a

Não faz mais sentido, pois, manter a confusão articular a que oportunamente fizemos referência [437] e a que alguns autores foram levados precisamente por força do dito prazo limite de dez dias que anteriormente constava da lei.

Por isso, dissemos também que o CPC de 95, embora indirectamente, tinha vindo dar consistência à opinião que então perfilhámos sobre o assunto.

Pelo menos neste ponto, portanto, o novo diploma teve a virtude de dissipar definitivamente as dúvidas doutrinárias que ainda poderiam existir e que, a transferirem-se para a vida judiciária, poderiam causar rejeições de articulados supervenientes por tardia apresentação [438].

O que acontece é que sendo os ditos articulados posteriores, hoje, os articulados eventuais que a lei admite, as mais das vezes as partes não poderão alegar factos supervenientes nesta fase dos articulados ou melhor, só os poderão aí alegar se aquelas peças forem de admitir.

Elenquemos, pois, os momentos de alegação dos factos supervenientes:

- se o processo admitir os articulados eventuais e os factos ocorrerem ou chegarem ao conhecimento da parte depois de apresentadas a petição inicial ou a contestação (consoante se trate do autor ou do réu) mas a tempo de poderem naqueles ser alegados, é em tais peças que essa dedução se impõe;

---

circunstância de em tal projecto isso se ter referido expressamente e o mesmo não ter acontecido na versão final do CPC de 95 só pode ter querido significar que o legislador do diploma deixou de aceitar a alegação dos factos supervenientes naqueles articulados. Esta conclusão representa um puro lapso, no nosso entender. A ser assim, não se compreenderia a manutenção da alusão dicotómica aos "articulados posteriores" e aos "articulados novos". A referência constante daquele projecto não perdurou no CPC de 95 por pura desnecessidade.

[437] Cfr. a matéria tratada *supra* em "4.4. – Os ARTICULADOS NO CÓDIGO DE PROCESSO CIVIL DE 1961".

[438] Apesar de estar a pronunciar-se apenas sobre aquela "Revisão do Processo Civil – Projecto", M. Teixeira de Sousa (*Apreciação...*, p. 393) aplaudiu igualmente a vantagem da inovação legal a que vimos aludindo. Em todo o caso, como na versão final do CPC, deixou de se fazer referência expressa à possibilidade de alegação dos factos supervenientes ser feita na réplica e na tréplica (o que aconteceu por desnecessidade, como defendemos já), o professor de Lisboa parece não aceitar que os "articulados posteriores" a que o n.º 1 do art. 506.º se refere sejam os articulados eventuais que a lei admite (*Estudos sobre o Novo Processo Civil*, p. 300).

– se o processo admitir tais articulados eventuais, mas os factos ocorrerem ou chegarem ao conhecimento da parte depois daqueles terem sido apresentados, então a alegação dos factos supervenientes far-se-á nos termos do n.º 3 do art. 506.º do CPC;
– se o processo não admitir os articulados eventuais, a alegação dos factos que ocorrerem ou chegarem ao conhecimento da parte depois da apresentação da petição inicial e da contestação far-se-á também nos termos do n.º 3 do mesmo art. 506.º.

Termos esses a saber:

a) Se houver lugar à audiência preliminar e os factos ocorrerem ou chegarem ao conhecimento da parte até ao encerramento dela, será nesta diligência judicial que eles devem ser deduzidos;
b) Se houver lugar à audiência preliminar e os factos ocorrerem ou chegarem ao conhecimento da parte depois dessa diligência, a apresentação do articulado superveniente novo deve fazer-se nos dez dias contados da data da notificação do despacho que designa o dia para a audiência de discussão e julgamento;
c) Se não houver lugar à audiência preliminar, o articulado superveniente deve também ser apresentado nos dez dias contados da notificação referida na alínea anterior;
d) Finalmente, haja ou não audiência preliminar, se os factos ocorrerem ou chegarem ao conhecimento da parte após os dez dias referidos nas alíneas anteriores, será na audiência de discussão e julgamento que os factos supervenientes devem ser deduzidos, sendo certo que neste caso serão orais quer a própria dedução deles, quer o despacho de admissão ou rejeição, quer a resposta da parte contrária, quer o despacho que ordene ou recuse o aditamento à "base instrutória", como se prevê no n.º 2 do art. 507.º do CPC.

São várias as críticas que pretendemos fazer a esta nova tramitação dos articulados supervenientes.

Em primeiro lugar, da conjugação dos n.ºs 1, 2 e 3 deste art. 506.º do CPC resulta que passam a ser possíveis quatro momentos para alegar factos supervenientes: – nos articulados posteriores, na audiência preliminar, nos dez dias contados da data da notificação do despacho que designa dia para a audiência de discussão e julgamento e nesta própria audiência, diversidade que, por certo, é mais confusa que o regime anterior, podendo, por isso, "enganar" os advogados e, consequentemente, prejudicar as partes.

Entendemos que o legislador deve prevenir o menor número possível de soluções distintas para situações similares e, por isso, mantemos (e adaptamos) a opinião de que a alegação dos factos supervenientes deveria ser feita nos seguintes momentos: – nos articulados posteriores, se a ocorrência objectiva ou subjectiva o permitisse e essas peças fossem de admitir; – no prazo de quinze dias em articulado próprio, se aquela ocorrência não permitisse tal alegação nos articulados posteriores ou estes não fossem de admitir.

Assim se contemplaria um regime mais uniforme do que o derivado do "emaranhado" temporal que o n.º 3 do art. 506.º do CPC fez nascer.

Em segundo lugar, a circunstância de a alegação de todos os factos supervenientes aos dez dias contados da data da notificação do despacho que designa dia para a audiência de discussão e julgamento dever ser feita nesta audiência vai certamente implicar que ela tenha de ser, muito mais vezes, interrompida e, afinal, adiada, nos termos da parte final do n.º 2 do art. 507.º do CPC. De facto, na vigência do CPC de 61, os factos supervenientes – mesmo os relativamente próximos da audiência a que nos vimos referindo – tinham de ser alegados no prazo de dez dias contados da sua ocorrência ou do seu conhecimento pela parte e, por isso, era perfeitamente possível que o respectivo despacho, a resposta e a consequente decisão ocorressem ainda antes do início da audiência, não a podendo, nessa medida, interromper.

Numa palavra: – por deverem os factos supervenientes ser mais vezes, agora, alegados na audiência final de discussão e julgamento do que eram na vigência do CPC de 61, isso vai implicar, indiscutivelmente, que essa audiência tenha de ser também mais vezes interrompida, dando--se, dessa forma, um passo atrás na pretendida celeridade processual [439].

Por outro lado (e em terceiro lugar), o novo regime mantém a oralidade, como se disse, na apresentação, despacho, resposta e decisão relativas aos factos supervenientes suscitados na audiência de discussão

---

[439] Não esquecemos que para a interrupção da audiência não basta (nem bastava, anteriormente) a dedução do articulado superveniente e a circunstância de a parte contrária não prescindir do prazo para a resposta e apresentação de provas. É cumulativamente necessário que haja inconveniente na imediata produção das provas relativas à outra matéria em discussão. O certo, porém, é que muitas vezes, as matérias (essoutra e a superveniente) estão intimamente relacionadas, sendo pelo menos desaconselhável o início da produção da prova. A experiência, de resto, demonstra que a interrupção que a lei permite é mais frequente do que o desejável.

e julgamento, mas não prevê o mesmo para os factos supervenientes apresentados na audiência preliminar, antes fazendo supor que os mesmos devem integrar um articulado novo oferecido em tal audiência (cjg. a parte inicial do n.º 2 do art. 507.º do CPC, onde se prevê a oralidade apenas na audiência de discussão e julgamento e não também na audiência preliminar, com a introdução do n.º 3 do art. 506.º do mesmo diploma).

E até nem seria desaconselhável que tal apresentação de factos fosse feita oralmente e, como é óbvio, ditada para a acta da audiência preliminar [440].

Mas seja oralmente, seja por escrito, não gozará a parte contrária de dez dias para responder, nos termos do n.º 4 do art. 506.º? – Seguramente que sim.

Nesta conformidade, fica por regular a hipótese de a audiência preliminar dever ser interrompida no caso de a parte contrária não prescindir deste prazo de dez dias para a resposta, até porque a sua posição relativa aos factos supervenientes é naturalmente relevante quer para a delimitação dos termos fácticos do litígio (o que constitui um dos objectivos principais da nova audiência preliminar, como teremos a oportunidade de verificar), quer para a selecção da matéria de facto relevante para o desfecho da lide (que constitui, igualmente, outro dos objectivos principais da audiência preliminar). Ou seja, parece-nos que a questão em apreço ou não está regulada na lei, ou está-o, mas incompletamente [441].

Em quarto lugar, não podemos deixar de alertar para a deficiente terminologia utilizada na "redacção conjunta" dos arts. 506.º e 507.º, a propósito dos factos supervenientes apresentados em plena audiência de discussão e julgamento.

No CPC de 61, não havia quaisquer dúvidas de que, nesse caso, a parte não tinha que apresentar, própria e formalmente, um articulado superveniente. Pelo contrário, tinha que, oralmente, alegar tais factos, os quais ficavam consignados na respectiva acta, o mesmo sucedendo com o despacho de admissão ou rejeição, com a resposta da parte contrária e com a decisão ordenadora ou recusadora de aditamento de quesitos.

---

[440] É que não será difícil elaborar um articulado superveniente e apresentá-lo na audiência preliminar se os factos ocorrerem ou chegarem ao conhecimento da parte antes (semanas ou dias antes) do início da audiência. Mas, se os factos ocorrem ou chegarem ao conhecimento da parte no decurso da audiência, já não será nada fácil para o advogado elaborar, imediata e subitamente, uma peça escrita para o efeito.

[441] Até porque só excepcionalmente – e para outros casos que não este – se prevê a suspensão da audiência preliminar (cfr., desde já, o n.º 2 do art. 510.º do CPC).

No CPC de 95, embora admitamos que não haja dúvidas acerca da manutenção da oralidade alegatória por parte do articulante superveniente (pois que o núcleo essencial do n.º 2 do art. 507.º se manteve inalterado), o certo é que na alínea c) do n.º 3 do art. 506.º se deixou escrito que "O novo articulado em que se aleguem factos supervenientes será oferecido... na audiência de discussão e julgamento...".

Assim, este segmento normativo parece apontar, em antagonismo com o que está previsto no n.º 2 do art. 507.º, para o oferecimento formal de um articulado, isto é, para a entrega de uma peça escrita elaborada para o efeito.

Daí que se tenha referido que, no caso, houve, pelo menos, uma deficiente redacção legislativa, dando-se a ideia de que os factos supervenientes que devam ser apresentados na audiência de discussão e julgamento podem, afinal, ser deduzidos de duas maneiras diferentes: – ou oralmente, como refere o n.º 2 do art. 507.º, ou por escrito, em articulado novo elaborado para o efeito que, então, se ofereça, como refere a alínea c) do n.º 3 do art. 506.º.

É claro que este pequeno conflito normativo deve ser resolvido a favor do n.º 2 do art. 507.º do CPC [442].

Em quinto lugar, supomos que os legisladores da versão final do CPC de 95 se esqueceram de corrigir o n.º 6 do art. 506.º, na medida em que não há apenas que incluir ou acrescentar os factos supervenientes (e os constantes da respectiva resposta) na base instrutória, mas também na matéria considerada como assente [443].

Com efeito, na primeira versão do CPC de 95 (a constante do DL n.º 329-A/95, de 12 de Dezembro), a propósito da selecção dos factos com interesse para o desfecho da lide, falava-se – na alínea d) do n.º 1 do art. 508.º-A e no art. 511.º respectivos – apenas na "base instrutória",

---

[442] E por isso é que J. João Baptista (*Processo Civil I, Parte Geral...*, p. 358) concluiu que "só há verdadeiros articulados supervenientes, que são peças escritas, se a apresentação dos factos tiver de ser feita antes da audiência final".

[443] Expressões que vieram substituir as anteriormente previstas "questionário" e "especificação", respectivamente. A designação "base instrutória" foi criticada por M. Teixeira de Sousa (*Apreciação...*, p. 402), por considerar pouco técnica, preferindo e recomendando a designação "objecto da prova". Por outro lado, Lebre de Freitas (*A acção declarativa...*, p. 164, em nota de rodapé), preferindo a expressão "base probatória", recorda que ela não visava apenas substituir, como se de uma operação de cosmética se tratasse, o antigo "questionário". Pelo contrário, a base instrutória deveria ter sido "recebida" pelos tribunais como um "elenco de grandes temas de prova".

correspondente ao antigo questionário, o que foi alvo de várias críticas por parte dos estudiosos do processo (e não só) e motivou que a redacção final do diploma aludisse igualmente àquilo a que chamou a "matéria considerada como assente" (cfr. até a própria alteração da epígrafe do art. 511.º).

Ora, feita esta correcção a artigos como os 508.º-A e 511.º, impunha-se que o n.º 6 do art. 506.º fosse alterado no mesmo sentido e dele ficasse a constar a inclusão ou o acrescento dos factos com interesse para a decisão da causa quer na base instrutória (os controvertidos), quer na dita matéria considerada como assente (os não controvertidos). Estamos convencidos, como dissemos, que tal falta de correcção se deveu a puro lapso...

Uma última nota queremos aduzir a propósito da nova tramitação dos articulados supervenientes e se não concordámos com as anteriores, o mesmo não sucede com esta.

Concretamente, referimo-nos aos casos de rejeição do articulado superveniente. No CPC de 61, tais casos derivavam da manifesta irrelevância dos factos alegados e da apresentação tardia do próprio articulado. No CPC de 95, manteve-se o primeiro dos motivos, mas acrescentou-se, em relação ao segundo, que a rejeição só poderá ocorrer se o articulado superveniente for apresentado tardiamente **por culpa da parte**. Quer dizer, enquanto que, no anterior diploma, o articulado superveniente extemporaneamente apresentado podia ser recusado fosse qual fosse o motivo originador dessa entrega tardia, no CPC de 95, a recusa só pode acontecer se for detectável que a extemporaneidade tenha ficado a dever-se a atitude culposa da parte, inovação que consideramos acertadíssima, bem como a orientação a que a doutrina está a aderir, no sentido de que não é qualquer negligência da parte que justifica a recusa do articulado superveniente, mas tão só a negligência que for considerada grave, pois que a negligência leve é desculpável e, por isso, irrelevante em processo, o que se extrai para a questão em apreço (por analogia) do proémio do n.º 2 do art. 456.º do CPC [444].

---

[444] Neste sentido, M. Teixeira de Sousa (*Estudos sobre o Novo Processo Civil*, p. 299), que acrescenta que a culpa a que alude o n.º 4 do art. 506.º incide não só sobre a apresentação propriamente dita do articulado, como também sobre o próprio conhecimento do facto.

7.11. *Outras Diversidades*

7.11.1. A Abolição da Discriminação Fáctica

Como anunciámos, as alterações introduzidas pelo CPC nos articulados não foram, afinal, poucas, nem de pequena monta.

Além das que já se referiram, há naturalmente muitas outras, designadamente a acertada inclusão do caso julgado no elenco das excepções dilatórias [cfr. a al. *g*) do n.º 1 do art. 494.º][445], a salvaguarda da relevância de causas pendentes em tribunais estrangeiros para efeitos de litispendência, quando isso for consequência do conteúdo normativo de tratados internacionais em que Portugal seja Estado contratante (cfr. o n.º 3 do art. 497.º)[446], um mais adequado tratamento normativo concedido às excepções peremptórias (cfr. o art. 496.º), etc.

---

[445] Dando assim, finalmente, consagração normativa à tese expendida sobre o assunto por Paulo Cunha (*op. cit.*, Tomo I, ps. 489-490), seguida, depois, por Castro Mendes (*Direito*..., Vol. III, p. 109) e Luso Soares (*Direito*..., ps. 332-333), no sentido de o caso julgado dever impedir o (re)conhecimento do mérito da lide, para assim se respeitar criteriosamente a parte final do n.º 2 do art. 497.º do CPC. Em sentido contrário, cfr. J. Alberto dos Reis (*CPC Anotado*, Vol. III, ps. 86-87). Sobre o tema, cfr. ainda Rosenberg (Tomo II, ps. 448 e ss.) e J. Almagro Nosete (*op. cit.*, Tomo I, ps. 487-490).

[446] Como será o caso da Convenção de Bruxelas (e também da de Lugano), em vigor em Portugal desde 1 de Julho de 1992 (cfr. o Aviso do Ministério dos Negócios Estrangeiros n.º 95/92, publicado na I Série-A do DR de 10.7.1992). Note, para o efeito, o art. 21.º da Convenção. Este tratado internacional previu o reconhecimento automático ou *ipso jure* em Portugal das decisões judiciais proferidas nos outros Estados Contratantes da Convenção (cfr. o respectivo art. 31.º) e a desnecessidade, portanto, do prévio processo de revisão e confirmação de sentença estrangeira previsto no CPC, o que constitui um dos quatro grandes princípios estruturantes que orientam a Convenção de Bruxelas, segundo M. Teixeira de Sousa (*Comentário*..., p. 17) e permite que determinadas decisões estrangeiras produzam em Portugal todos os seus efeitos, excepto o efeito executório, já que "a atribuição da força executória a uma sentença é um acto que exprime o *jus imperii* e é regra incontestável de Direito Internacional Público que nenhum Estado pode praticar um acto de poder público no território de outros Estados", como recordou Mota Campos (*op. cit.*, p. 177). Para a autorização da execução das decisões estrangeiras, a Convenção de Bruxelas prevê um processamento próprio, instau--rável em Portugal no tribunal de comarca (cfr. os respectivos arts. 32.º e ss. e o Aviso n.º 116/2000, publicado no Diário da República, I Série-A, n.º 132, de 7 de Junho), o qual se aplica também (por força da mesma Convenção – cfr. o respectivo art. 50.º) aos actos autênticos exarados nos demais Estados contratantes (cujo objecto caiba no âmbito material da convenção, é claro) e até, segundo Lebre de Freitas (*A Acção Executiva*,

Além de tudo isso, o CPC acabou, finalmente, com a obrigatoriedade da discriminação fáctica imposta pela Reforma Intercalar de 1985, revogando, para o efeito, a alínea f) do n.º 1 do art. 467.º do CPC de 61 (que tinha sido introduzida, como já aqui se disse, pela Reforma Intercalar de 1985) e tendo o art. 488.º ficado apenas com a seguinte redacção: – "Na contestação deve o réu individualizar a acção, expor as razões de facto e de direito por que se opõe à pretensão do autor, especificando separadamente as excepções que deduza".

Daqui se retira imediatamente que deixou de ser necessária a chamada "discriminação fáctica", criada pela referida Reforma Intercalar, que impunha às partes a obrigação de, no final dos articulados, especificarem os factos narrados que considerassem já assentes e aqueles cuja prova se propusessem fazer.

Na verdade, anunciada como uma vantajosíssima medida para a boa elaboração da especificação e do questionário, depressa se verificou que ela de nada servia e nada ajudava, pois que os juízes continuaram a ter de fazer, exactamente, o mesmo trabalho que, anteriormente, faziam aquando da redacção desses temas do despacho saneador: – ler as narrações das peças e, dessa leitura (e só dela), seleccionar os factos para incluir na especificação e no questionário.

Em todo o caso – pouco tempo depois da entrada em vigor do DL n.º 242/85 – chegámos a ver defendido (por exemplo) que uma petição inicial falheira dessa discriminação fáctica deveria ser equiparada a uma petição inepta e, como tal, indeferida liminarmente.

Logo considerámos errada essa opinião, aduzindo três argumentos demonstrativos dessa nossa apreciação:

– em primeiro lugar, porque dos casos integradores do conceito de ineptidão da petição inicial não constava tal "irregularidade" (cfr. o art. 193.º do CPC de 61);

---

p. 49), a eventuais documentos particulares que, no respectivo Estado de origem, sejam equiparados (em termos de exequibilidade) aos autênticos, como sucede, de resto, no nosso ordenamento jurídico-instrumental e resultou da chamada "teoria da equiparação", preconizada por Castro Mendes (com a voz discordante de Lopes-Cardoso), que foi consagrada na lei pelo DL n.º 47.690, de 11 de Maio de 1967. Sobre a tramitação das execuções (instauradas em Portugal) das decisões e dos actos autênticos estrangeiros declarados exequíveis segundo a Convenção de Bruxelas, cfr. ainda, resumidamente, A. Montalvão Machado (*O Tratamento...*, ps. 46-50). Sobre a adaptação genérica do CPC de 95 às referidas convenções, cfr. D. Moura Vicente (*op. cit.*, ps. 83 e 87-88).

– em segundo lugar, porque os motivos de indeferimento liminar estavam taxativamente expressos na lei (cfr. o n.º 1 do art. 474.º do CPC de 61) e não sendo de considerar inepta essa petição inicial, mais nenhum deles era aplicável à dita "irregularidade";
– em terceiro e último lugar, por uma questão de razoabilidade. O despacho de indeferimento liminar era considerado como uma medida inevitável, mas agressivamente inevitável, e por isso só em casos excepcionais (justamente aqueles que a lei previsse) é que devia ser proferido. Ora, desde logo entendemos que a simples falta da tal discriminação fáctica, por mais vantagens que pudesse trazer para uma adequada redacção da especificação e do questionário, jamais poderia ser considerada como um desses casos excepcionais. Constituiria, isso sim, uma mera omissão formal, ainda por cima, facilmente corrigível.

Por isso, entendemos que a falta da discriminação fáctica na petição inicial não podia gerar o indeferimento liminar da peça.

Mas, então, qual seria a sanção para tal omissão, já que o então novo diploma (o DL n.º 242/85) parecia impor a obrigatoriedade daquela discriminação [447]?

Ou será que o novo diploma apenas a recomendava?

Uma visão formalista que defendemos ao tempo (certamente motivada pela sua contemporaneidade com a entrada em vigor do DL) levou-nos a defender que a discriminação fáctica constituía um indispensável requisito legal que as partes obrigatoriamente tinham de respeitar, até porque os intróitos do n.º 1 do art. 467.º e do art. 488.º eram imperativos e, por isso, teria sido intenção dos legisladores que os juízes só pudessem redigir, convenientemente, as especificações e os questionários se tais discriminações fácticas tivessem sido feitas [448].

Nessa conformidade, considerávamos que uma petição inicial omissa desse requisito legal deveria ser considerada como uma petição verdadeiramente irregular e, por isso, merecedora de um despacho de convite ao

---

[447] Varela/Bezerra/Nora referiram mesmo tratar-se de um ***dever*** que se impunha ao advogado do autor (*Manual...*, p. 338).

[448] Cfr., a este propósito, o preâmbulo do DL n.º 242/85, de 9 de Julho, onde se referiu que "assim se estabelece, em termos razoáveis e bastante significativos, um dever de cooperação entre advogados e juiz na fixação da matéria de facto que interessa ao exame e decisão da causa".

aperfeiçoamento, nos termos da primeira parte do n.º 1 do art. 477.º do CPC de 61. Se o autor, convidado para completar a sua peça, redigisse então a tal discriminação fáctica, o vício ficava sanado e a acção poderia continuar a sua marcha. Se, pelo contrário, o autor não acedesse ao convite, o juiz deveria lavrar um despacho de indeferimento subsequente, decisão esta que tinha consequências legais absolutamente iguais às do indeferimento liminar, como sabemos.

Encontrávamos já nessa altura um forte obstáculo ao nosso entendimento, qual fosse o seguinte:

- Se essa era a "sanção" imposta ao autor pela falta de discriminação fáctica na petição inicial, que "sanção" sofreria o réu se cometesse idêntica irregularidade na contestação, sabendo-se (como se sabia) que, normalmente, depois do despacho liminar, o processo só regressava concluso ao juiz para a fase do saneamento?
- Deveria o juiz, no fim dos articulados, fazer recuar o processo à contestação e, para satisfazer a desejável equidistância jurisdicional e a paridade das partes, convidar o réu a completar uma contestação que ele, porventura, tinha apresentado já há tempos e após a qual se tinham apresentado já outros articulados e realizado outras diligências? – Certamente que não.
- E onde estava na lei o despacho de convite ao aperfeiçoamento de contestações, excepto o previsto no art. 501.º do CPC de 61 (para o caso de o réu ter deduzido uma reconvenção e não lhe ter indicado o valor)? – Em lado algum.

Portanto, embora falhasse neste ponto referido, a nossa opinião (e também a nossa dúvida) foram perdurando até que a prática forense se encarregou de demonstrar duas coisas: – em primeiro lugar, que a obrigatoriedade da discriminação fáctica não conseguiu, minimamente, alcançar os objectivos que o legislador de 1985 tinha idealizado, para nada servindo, portanto; – em segundo lugar (e como resultado disso), que aquela nossa opinião acerca do problema em análise não estava, minimamente, certa, não só por ser demasiado formalista, como também por provocar uma sanção que tinha tanto de severa como de desigual, a qual, porventura, não havia sido imaginada, sequer, pelo legislador.

Com efeito, logo a seguir a Outubro de 1985, os advogados começaram a considerar provada (nos articulados) matéria de facto que estava já (ou ficava, depois) claramente impugnada.

Por outro lado, para o advogado do autor, havia normalmente uma dificuldade inultrapassável, aquando da redacção da petição inicial. Em

bom rigor (e se ele procurasse satisfazer, com toda a correcção, o dever de colaboração para que o diploma apelava), que factos é que ele podia, logo, anunciar que considerava provados?
— Os constantes de documentos autênticos ? — E a potencial invocação da falsidade destes?
— Os notórios? — Talvez. Mas esses não precisavam, sequer, de ser alegados...

O que aconteceu foi que os juízes logo se aperceberam de que não deviam (nem podiam) basear-se nas ditas discriminações fácticas das partes para bem elaborarem as especificações e os questionários. Antes deviam fazer aquilo que já anteriormente faziam: — ler as narrações dos articulados e, com base nelas (e só nelas), elaborarem tais temas do despacho saneador, como já dissemos.

Perante isso, os próprios advogados começaram também a não dar qualquer valor ao dito requisito legal, descaracterizando-o de diversas formas em direcção ao zero:

— de princípio, embora continuassem a referir no fim dos articulados quais os factos (especificadamente) que consideravam provados, começaram a limitar-se a dizer, em relação àqueles que se propunham provar, que produziriam prova sobre... os restantes;
— depois, passaram a referir-se à questão através de uma única frase, na qual anunciavam uma coisa que não servia, rigorosamente, para nada: — que se propunham provar tudo o que tinham alegado;
— finalmente, acabaram por nada referir sobre o assunto e os juízes passaram a não dar também qualquer valor a tal omissão, embora a obrigatoriedade da discriminação fáctica continuasse a constar, formalmente, da lei.

Por isso, o CPC de 95 veio acabar, muito acertadamente, com uma "obrigação" para as partes (mais concretamente, para os advogados) que a experiência quotidiana forense tinha demonstrado ser absolutamente inútil [449, 450].

---

[449] Esta foi a verdadeira razão, no nosso entender, da abolição da obrigatoriedade da discriminação fáctica, e não, propriamente, "o novo esquema de saneamento e condensação", como refere Lopes do Rego (*Comentários...*, p. 317).

[450] Obrigação que também já "desaparecia" nos AP's de CPC de 1988 e de 1990 (cfr. os arts. 361.º e 381.º do primeiro trabalho e os arts. 362.º e 386.º do segundo).

O diploma perfilhou (como adiante veremos) outras relevantes medidas de colaboração dos advogados com o juiz na fixação da matéria com relevo para o desfecho da lide.

7.11.2. A Manutenção Corrigida da Forma Articulada

O CPC de 95 não introduziu alterações de vulto relativamente à forma articulada propriamente dita [451]. Por isso, aludiremos a tal matéria rapidamente.

Com efeito, o n.º 2 do art. 151.º veio confirmar que a articulação se mantém como obrigatória relativamente aos factos que interessem à fundamentação do pedido e da defesa e apenas nas acções em que tal fórmula não seja dispensada.

Duas breves notas a este propósito:

– Em primeiro lugar, dir-se-á que como o novo diploma deixou de usar as expressões especificação e questionário, preferindo as "matéria considerada assente" e "base instrutória" [cfr., designadamente, os arts. 508.º-A, n.º 1, al. e), 508.º-B, n.º 1, al. a) e 511.º, n.ºs 1 e 2 do CPC], a redacção do n.º 2 do art. 151.º teve que adaptar-se aos efeitos desta nova terminologia.

Por isso, desapareceu do texto da lei a articulação "dos factos susceptíveis de serem levados à especificação e ao questionário" e passou a constar a articulação "dos factos que interessem à fundamentação do pedido e da defesa". Está, naturalmente, certa a adaptação feita.

– Em segundo lugar, dir-se-á que o novo texto assenta numa regra inversa à prevista no CPC de 39.

---

[451] Continuando a mesma a justificar-se, quer por razões de clareza expositiva, quer pelas vantagens evidentes que proporciona à tarefa facticamente selectiva. Em todo o caso, M. Teixeira de Sousa (*Apreciação...*, p. 391) pugnou pela extinção deste ónus de articular, o qual, no seu entender, "conduz normalmente à prolixidade das alegações e, muitas vezes, à indesejável repartição de um único facto por vários artigos". A experiência de muitos anos de advocacia leva-nos a discordar, respeitosamente, da opinião do professor. Se o advogado se esforçar por alegar cada facto em cada artigo (e essa deve ser a orientação que deve presidir à elaboração das peças), fará, com certeza, um articulado escorreito, enxuto, claro e não repetitivo. E não é só esse advogado que tira vantagens. É também o advogado da parte contrária e o próprio juiz da causa que lêem e apreciam tal peça.

Aí, como vimos, a forma articulada só era obrigatória nas acções em que a lei expressamente a exigisse, o que, teoricamente, permitia concluir que a regra era a da não obrigatoriedade da forma, apenas excepcionada, portanto, nas causas em que a lei a impusesse. Hoje, como se vê, a regra é a contrária, na medida em que a articulação dos factos é sempre obrigatória, só não o sendo nos casos em que a lei a dispensa.

Assim, houve necessidade de adaptar a este novo entendimento a tramitação dos processos ordinário, sumário e sumaríssimo. E por isso é que não há qualquer artigo relativo àquelas duas primeiras formas de processo declarativo comum que dispense a forma articulada (e isso continua também a acontecer por força da sabida necessidade selectiva dos factos que perdurou no CPC de 95 em ambas essas forma de processo [452] – embora noutros moldes, como adiante veremos), o mesmo não sucedendo relativamente ao processo sumaríssimo, pois que ficou a constar do art. 793.º do diploma que o autor não tem necessidade de submeter qualquer fundamento constante da sua petição inicial à forma articulada.

Uma nota deve ainda ser dada a este propósito:

– é que no art. 794.º do CPC de 95 não ficou a constar a mesma desnecessidade para o réu que contesta, e como o n.º 2 do art. 151.º refere que a forma articulada só não é obrigatória nos casos em que a lei a dispensa poderíamos ser levados a concluir que ela se impunha aos demandados em processo sumaríssimo.

É evidentemente desajeitada esta conclusão, até porque não há razões para que a forma não seja exigida ao autor e o seja ao réu [453].

Em todo o caso, não teria havido inconveniente se num artigo só se tivesse "dito" que, no processo sumaríssimo, não era exigida a forma articulada, ou então, tendo-se feito essa referência para o demandante, parece que a mesma também poderia ter sido feita para o demandado, redigindo-se, porventura, o n.º 2 do art. 794.º da seguinte forma: – "A

---

[452] Note, no entanto, a possibilidade de, em processo sumário, o juiz se abster de fixar a base instrutória, nos termos da parte final do art. 787.º.1, com a redacção que lhe foi dada pelo DL n.º 375-A/99, de 20 de Setembro.

[453] Neste sentido, também, Lebre de Freitas (*A acção declarativa...*, p. 314, em nota de rodapé) e F. Ferreira Pinto (*Lições...*, *2.ª Edição*, p. 462), acrescentando que seria incompreensível que a uma petição não articulada se tivesse que seguir uma contestação articulada.

contestação, que não necessita de se submeter à forma articulada, é notificada ao autor".

Esta nossa "perturbação" não tem, no entanto – e em bom rigor – razão de ser. Na verdade, estando o autor expressamente dispensado de submeter a exposição dos factos à forma articulada, dispensado do mesmo está também o réu, por força da aplicação do novo art. 3.º-A do CPC de 95, que refere que deve assegurar-se, ao longo de todo o processo, "um estatuto de igualdade substancial das partes, designadamente no exercício de faculdades, no uso de meios de defesa ou na aplicação de cominações ou de sanções processuais".

8. Diversidades na Tramitação da Acção Declarativa Comum desde o Início da Instância até a Abertura da Instrução:
– O Despacho Pré-Saneador

8.1. *Nota Prévia*

Como é sabido, antes da entrada em vigor do CPC de 95, quando findavam os articulados, passava-se para a fase da "Audiência preparatória e despacho saneador"[454], sendo o processo concluso ao juiz para os seguintes efeitos:

a) Ou para designar dia e hora para uma audiência preparatória, após o que se seguiria o proferimento do despacho saneador;
b) Ou para ser lavrado directamente este último despacho, o qual, em ambos os casos, podia ser (genericamente) de três espécies:
   b.1. de abstenção do conhecimento do mérito da causa e de consequente absolvição do réu da instância, quando o juiz verificasse a procedência de alguma excepção dilatória[455];
   b.2. de conhecimento imediato do mérito da causa, ora porque procedesse alguma excepção peremptória, ora porque o processo contivesse já todos os elementos necessários a tal decisão;

---

[454] Continuamos a reflectir, essencialmente, acerca da tramitação da acção declarativa comum ordinária, como se sabe.

b.3. de constatação da não verificação das duas primeiras espécies de despacho anteriormente referidas e de consequente selecção dos factos com interesse para o desfecho da lide, agrupando aqueles que se mostrassem já assentes na chamada "especificação" e aqueles que se mostrassem controvertidos no designado "questionário".

Nas duas primeiras hipóteses de despacho saneador referidas, o processo terminava imediatamente [456] e só na terceira hipótese é que o processo continuava, evidentemente, para a fase da instrução, discussão e consequente julgamento e decisão da causa (cfr. os arts. 512.º a 516.º do CPC de 39 e os arts. 508.º a 512.º do CPC de 61).

Deixámos dito que, nesta segunda fase processual, o juiz podia logo lavrar o despacho saneador, sem necessidade prévia de realização da audiência preparatória.

Nem sempre foi assim, porém.

Na vigência do CPC de 39, a audiência preparatória era obrigatoriamente marcada sempre que tivesse sido deduzida alguma excepção (excepto a que derivasse da nulidade de todo o processo [457]), ou sempre que o juiz se julgasse habilitado a conhecer do mérito da causa (cfr. a primeira parte do art. 512.º respectivo), destinando-se tal audiência a propiciar uma discussão entre as partes precisamente acerca da excepção suscitada ou do anunciado conhecimento imediato daquele mérito.

Com a entrada em vigor do CPC de 61, aligeiraram-se os casos de obrigatoriedade de marcação da diligência.

Com efeito, no n.º 1 do art. 508.º desse diploma veio referir-se que a audiência preparatória só tinha, obrigatoriamente, de realizar-se quando se afigurasse possível ao juiz conhecer imediatamente do mérito da causa [458], passando a ser facultativa a audiência para discutir quaisquer excepções, incluindo a própria nulidade de todo o processo (cfr. o n.º 3 do mesmo art. 508.º) e tivessem essas excepções sido ou não suscitadas pelas partes.

---

[455] E já se sabe que devemos fazer raciocínio idêntico (mas inverso) relativamente à reconvenção.

[456] Sem embargo, naturalmente, da admissibilidade de recurso desse desfecho e da medida "algo excepcional" contida no art. 269.º dos CPC de 39 e de 61.

[457] Nulidade que resultava (como hoje, de resto) da ineptidão da petição inicial (cfr. o art. 193.º do CPC de 39).

[458] Da causa original, ou da causa reconvencional, insista-se.

Esta "banalização" da audiência preparatória teve toda a justificação, pois aquela que se realizava para discutir excepções dilatórias, por exemplo, não fazia sentido em todos aqueles casos em que tais excepções já tivessem sido amplamente discutidas pelas partes nos articulados e não se suscitassem ao juiz quaisquer dúvidas sobre as mesmas.

É claro que em relação às excepções peremptórias, a situação não era exactamente a mesma, na medida em que a procedência delas acarretava (e acarreta) a improcedência da acção. Por isso, sempre que o juiz perspectivasse um tal desfecho para a lide, era obrigatória a designação de dia e hora para a audiência preparatória, não tanto para, simplesmente, se discutir uma excepção, mais antes porque a procedência dela implicava que o juiz se sentisse habilitado a conhecer do mérito da causa, embora (em bom rigor) a discussão devesse incidir, naturalmente, sobre a própria excepção peremptória.

Com a Reforma Intercalar de 1985, a "banalização" da audiência preparatória ainda mais se acentuou, na medida em que a diligência passou a ser sempre facultativa (cfr. os n.ºˢ 1 e 3 do art. 508.º do CPC de 61, com a redacção que lhe foi dada pelo DL n.º 242/85, de 9 de Julho).

Recordamo-nos de ter ouvido um dos autores dessa reforma (o professor Antunes Varela), pouco antes da entrada em vigor do diploma, em intervenção tendente à explicação e publicitação dele, afirmar que iria terminar a obrigatoriedade de uma diligência que a experiência forense demonstrara ser, as mais das vezes, completamente irrelevante.

Com efeito, os juízes e os advogados jamais valorizaram a audiência preparatória prevista nos códigos anteriores ao de 1995.

Assistimos e participámos em muitas dessas diligências, em que era dada a palavra aos advogados das partes e estes, as mais das vezes, se limitavam a oferecer o merecimento dos autos, utilizando essa frase-chave tradicional do processo (civil e penal), desvirtuando, por completo, os objectivos idealizados pelo legislador para a dita audiência preparatória.

Mas, não foram só os advogados os responsáveis por esse indiferença forense perante as audiências preparatórias.

Também os juízes tiveram a sua culpa. Foram muitas as vezes em que assistimos à marcação de dia e hora para a realização de tal diligência, por força de o juiz anunciar que se sentia habilitado a conhecer do mérito da causa [459] e, na audiência, constatar-se que tal desígnio jamais estivera

---

[459] Foi apenas o CPC de 61 que passou a exigir dos juízes o anúncio do motivo da realização da audiência preparatória no despacho que a marcava (cfr. o n.º 4 do art. 508.º desse diploma, não alterado pela Reforma Intercalar de 1985).

na mente do julgador. O que se verificava é que o juiz, tão simplesmente, havia querido "aproximar" as partes, na tentativa de que elas, motivadas pelo receio de a anunciada decisão sobre o mérito da causa lhes ser desfavorável, celebrassem uma transacção que pusesse fim a processo. Não nos devemos sentir apreensivos por relatarmos aquilo a que, muitas vezes, assistimos (e que toda a gente sabe, de resto), mesmo quando as audiências preparatórias assim marcadas derivavam da vontade de excelentes magistrados, com os quais tivemos o privilégio de trabalhar.

Portanto, tendo a experiência forense demonstrado a irrelevância e o desvirtuamento das audiências preparatórias, nada melhor do que acabar com a obrigatoriedade da sua realização. Foi o que se fez no referido DL n.º 242/85, de 9 de Julho, culminando, dessa forma, um processo histórico-legislativo evolutivo (ou regressivo?) que se iniciara a seguir ao CPC de 39.

Na verdade – e como pudemos constatar –, nesse primeiro diploma, a audiência preparatória era obrigatória em duas situações.

No CPC de 1961, passou a ser obrigatória apenas numa delas.

Finalmente, com o DL n.º 242/85, tal diligência passou sempre a ser facultativa.

Ora, acontece que o CPC de 95 alterou substancialmente toda a temática que acabou de se abordar, quer a que diz respeito à realização ou não de uma audiência no fim dos articulados, quer a que diz respeito ao despacho saneador, quer ainda a que diz respeito à própria intervenção e possibilidade de actuação do juiz e das partes nesta segunda fase da tramitação da acção.

Veremos adiante essas alterações, sendo certo que delas extrairemos diversas conclusões tendentes à constatação da anunciada atenuação do dispositivo e do (também anunciado) aumento dos poderes do tribunal, no âmbito da apresentação em juízo da matéria de facto integradora do litígio.

8.2. *O Despacho Pré-saneador. Casos em que é Obrigatório:*

8.2.1. Para Suprir a Falta dos Pressupostos Processuais Susceptíveis de Sanação

Uma das alterações mais importantes introduzidas pelo CPC de 95 consiste no já anunciado despacho pré-saneador, o qual é proferido, como se disse, apenas no fim dos articulados, sendo embora (anuncie-se, desde já) um despacho eventual e não inevitável. Ou melhor, há casos em que ele é obrigatório, outros há em que ele é facultativo e, finalmente, outros casos há em que ele não deve, sequer, ser proferido.

Atentemos na primeira situação que implica o proferimento obrigatório desse despacho. É a que consta da alínea a) do n.º 1 do art. 508.º do CPC.

Assim, o despacho deve ser obrigatoriamente proferido quando o juiz tenha que providenciar pelo suprimento de alguma ou algumas excepções dilatórias, nos termos do n.º 2 do art. 265.º do diploma, removendo dessa forma obstáculos formais que impeçam a apreciação do mérito da causa.

Para o efeito, deve ele, espontânea e oficiosamente, determinar a realização dos actos necessários à regularização da instância, ou convidar as partes a praticá-los quando estiver em causa alguma modificação subjectiva da instância, ou seja, quando se torne necessária a provocação de intervenção de terceiros, para satisfação de um litisconsórcio necessário detectado.

O n.º 2 do art. 265.º do CPC constitui uma das medidas mais importantes (quanto a nós) do novo diploma, por impedir a (infelizmente mais vulgar do que desejável) anterior "perseguição" e descoberta por parte dos juízes das excepções dilatórias no processo, a consequente abstenção do conhecimento do mérito da causa e a absolvição dos réus da instância, não cumprindo assim os magistrados a missão essencial para que estavam (e estão) vocacionados, qual fosse (e seja) a jurisdicional e efectiva resolução dos litígios [460].

---

[460] Sobre a tendência anunciada dos juízes para "descobrir" as excepções dilatórias, não podemos deixar de recordar a irónica crítica de Calamandrei (*op. cit.*, ps. 181-183): "Os juízes também, como todos os homens, preferem normalmente mover-se seguindo as vias do menor esforço. Se uma causa que apresenta questões difíceis pode ser resolvida *in limine* com uma excepção processual que poupe o trabalho de entrar no mérito, já é um ganho. Todavia, há certas ocasiões em que os juízes apreciam as questões difíceis... Percebi isso certa vez, quando fui ao cartório retirar, durante a fase de instrução, os autos de uma causa, muito grave e complicada, da qual eu era defensor. Desde o início, a causa fôra confiada ao juiz X, de modo que, na estante em que o escrivão costuma manter guardados os autos dos processos em curso, aquela pasta deveria encontrar-se no compartimento daquele juiz. Só que a encontrei no compartimento do juiz Y. Espantou-me aquela mudança, porque a lei estabelece o princípio da «imutabilidade do juiz de instrução»... .Pedi a explicação daquilo ao escrivão. Ele respondeu: – o juiz Y está para passar pelo escrutínio e procura causas difíceis, que lhe dêm ocasião de escrever sentenças doutas, a fim de se valer delas como títulos para a

Apesar de tudo, o conteúdo terminológico do segmento normativo referido não é, no nosso entender, o mais perfeito, porquanto dele pode, precipitadamente, retirar-se que as partes só são convidadas a praticar actos tendentes à regularização da instância quando esteja em causa alguma modificação subjectiva, o que, em bom rigor, não corresponde à verdade.

De facto, ao abrigo da aplicação combinada das normas constantes da alínea *a*) do n.º 1 do art. 508.º e do n.º 2 do art. 265.º do CPC, o juiz pode convidar as partes a praticar actos tendentes à regularização da instância, mesmo quando não esteja em causa aquela modificação, designadamente (e por exemplo) para que o autor venha constituir mandatário judicial, no caso de o patrocínio judiciário ser obrigatório [461]. Com efeito, sendo a falta de constituição de advogado (nesse caso) uma excepção dilatória [cfr. a al. h) do art. 494.º do CPC] [462], não se vê porque motivo

---

promoção. Então, ao saber que a causa confiada ao colega X estava cheia de belas questões, pediu-lhe que a cedesse a ele... . Esse episódio trouxe-me à mente um dos mais surpreendentes fenómenos da natureza, o das migrações das enguias. Estas, guiadas por misteriosos instintos de amor e de reprodução, são levadas em certas estações a subir os rios em busca de águas doces e tranquilas, e em outras a descer de volta para o mar, em busca de sal. Os juízes também têm os seus instintos sazonais: – normalmente preferem a água doce das causas estagnadas; mas, quando se aproxima a estação das promoções, entram em cio e o instinto força-os a migrar, procurando questões difíceis, em direcção às águas agitadas das causas salgadas".

[461] E também, por exemplo, quando o autor tenha instaurado determinada acção sem demonstrar ter obtido a necessária autorização ou deliberação.

[462] O mesmo não sucedendo, é claro, com a falta de constituição obrigatória de advogado por parte do réu. A falta de patrocínio judiciário obrigatório passivo não constitui uma excepção dilatória, sob pena de estar encontrada a maneira de os demandados serem sempre absolvidos da instância. Bastava que não aquiescessem ao convite formulado pelo juiz tendente ao suprimento do vício. Assim, ao contrário do patrocínio judiciário obrigatório que impende sobre o autor, que constitui, de facto, um pressuposto processual da acção, o patrocínio judiciário obrigatório que impende sobre o réu constitui um pressuposto processual de admissibilidade da contestação. Neste sentido, M. Teixeira de Sousa (*As partes...*, p. 45). Desta forma, se o réu for convidado [que não ao abrigo da aplicação combinada da al. a) do n.º 1 do art. 508.º com o n.º 2 do art. 265.º do CPC, já se disse, mas sim nos termos do art. 33.º do mesmo diploma] a suprir o vício cometido e não corresponder satisfatoriamente a tal convite, ficará sem efeito a sua defesa. Isto partindo do princípio de que ele só se defendeu, porque se tiver sido formulado também um pedido reconvencional – por termos de o "tratar" como o pedido original – parece que, nesse caso, já serão de aplicar igualmente (e conjuntamente com o art. 33.º) aqueles dois segmentos normativos acima indicados. Ou seja, tendo o réu violado o patrocínio judiciário obrigatório, podem ocorrer três situações: 1.ª – Se ele só se defendeu, o juiz lavra um despacho, ao abrigo do art. 33.º, a fim de que o

não podem aplicar-se-lhe as adequadas regras constantes do n.º 2 do art. 265.º e da alínea a) do n.º 1 do art. 508.º. A não ser assim, de resto, entrar-se-ia em contradição com o consagrado no art. 33.º do diploma.

Portanto, a interpretação que devemos fazer do n.º 2 do art. 265.º do CPC é a seguinte: – as violações do pressupostos processuais sanáveis (excepto quando esteja em causa a dita mudança subjectiva da instância) podem (e devem) ser supridas oficiosamente pelo juiz, determinando ele para o efeito a realização dos actos que se mostrem adequados. Destes actos, podem fazer parte convites aos litigantes para assumir qualquer "postura" ou realizar qualquer diligência processual (como a referida satisfação do patrocínio judiciário obrigatório por parte do autor), ou outros actos que não envolvam quaisquer convites às partes [como, por exemplo, a interpelação dos representantes dos incapazes que estejam, erradamente, a litigar por si próprios, para assim se sanar a falta de capacidade judiciária deles (cfr. o art. 24.º do CPC)].

Se, por outro lado, o que está em causa é, exclusivamente, a referida mudança subjectiva da instância, a única iniciativa que o juiz pode (e deve) tomar consiste no convite às partes para que estas pratiquem os actos tendentes à regularização da instância, qual seja a provocação da intervenção dos terceiros que se mostre adequada à satisfação do litisconsórcio necessário [463]. Bem se compreende que, nestes casos, deva competir apenas às partes decidir contra quem querem ou não querem litigar. Pode acontecer, por qualquer motivo (e por exemplo), que o autor – que instaurou a acção apenas contra um réu, quando o deveria ter feito contra dois ou três – não queira litigar contra estes. E se não quer, não

---

advogado seja constituído em prazo certo e se este convite não for satisfeito, ficará sem efeito a defesa apresentada; 2.ª. – Se ele se defendeu e deduziu também um pedido reconvencional, o juiz lavra uma espécie de despacho misto, ao abrigo do art. 33.º e da aplicação combinada da alínea a) do n.º 1 do art. 508.º com o n.º 2 do art. 265.º, e se este convite (também à constituição de advogado) não for satisfeito, fica sem efeito a defesa, por um lado, devendo ainda o juiz, relativamente ao pedido reconvencional, abster-se de conhecer do seu mérito e absolver o reconvindo da instância; 3.ª. – Se o réu só deduziu uma reconvenção (não se defendendo, portanto), aplica-se só a alínea a) do n.º 1 do art.º 508.º e o n.º 2 do art. 265.º e no caso de o réu reconvinte não aquiescer ao convite de constituição de advogado, será o autor (como na segunda parte da hipótese anterior) absolvido da instância reconvencional. Sobre o tema, pronunciou-se já Paula Costa e Silva (*op. cit.*, p. 217).

[463] Neste sentido, também, J. Pereira Batista (*op. cit.*, ps. 29-30, em nota de rodapé).

quer [464]. O juiz convidá-lo-á a corrigir o vício, cumprindo esta nova missão que o CPC de 95 lhe confiou. Mas, se o autor não aquiescer a tal convite, o juiz não poderá deixar de absolver o desacompanhado réu da instância, por insanada ilegitimidade plural, ao abrigo da alínea d) do n.º 1 e do n.º 3 do art. 288.º do CPC.

Portanto, somos da opinião de que o texto do n.º 2 do art. 265.º do CPC devia ter sido corrigido, adoptando-se o seguinte [465]: "O juiz providenciará, mesmo oficiosamente, pelo suprimento da falta dos pressupostos processuais susceptíveis de sanação, determinando a realização dos actos necessários à regularização da instância ou, quando a sanação dependa de qualquer acto que deva ser realizado pelas partes, convidando estas a praticá-lo" [466].

8.2.2. Para Convidar as Partes a Suprir as Irregularidades dos Articulados

O despacho pré-saneador também é obrigatoriamente proferido quando o juiz constate a irregularidade de algum (ou alguns) dos articulados espontaneamente apresentados pelas partes, ora porque careçam de requisitos legais indispensáveis [467], ora porque não tenham sido acompanhados

---

[464] Afonso de Melo (*op. cit.*, p. 33) preconizara (já antes do CPC de 95) a possibilidade oficiosa de o juiz provocar a intervenção de terceiros, a fim de ser sanada a violação do litisconsórcio forçoso. O mesmo referiu, posteriormente, Paula Costa e Silva (*op. cit.*, p. 216) Pelas razões expostas, concordamos com o que ficou consagrado no novo diploma.

[465] E adaptando-se, para o efeito, o ensinamento de M. Teixeira de Sousa (*Estudos sobre o Novo Processo Civil*, p. 302).

[466] Neste sentido, também, Paula Costa e Silva (*op. cit.*, p. 216).

[467] Hoje, os requisitos legais indispensáveis são, por exemplo, alguns daqueles cuja falta, se tivesse sido notada, teria motivado a recusa de recebimento da peça pela secretaria (v.g., a falta de assinatura), ou ainda outro motivos essencialmente formais, como o desrespeito pela "forma articulada", quando esta seja obrigatória (cfr. o n.º 2 do art. 151.º do CPC), o desrespeito pela discriminação das excepções (cfr. a parte final do art. 488.º do CPC), a não indicação do valor da reconvenção (cfr. o n.º 2 do art. 501.º do CPC), a não submissão a registo das acções a que alude o art. 3.º do Código de Registo Predial (cfr. ainda, a este propósito, o n.º 3 do art. 501.º do CPC), etc. Não pode mais hoje utilizar-se o exemplo da falta do patrocínio judiciário obrigatório do autor, pois (como vimos) o suprimento dessa excepção dilatória concretiza-se nos termos da alínea a) do n.º 1 do art. 508.º e do n.º 2 do art. 265.º (e do art. 33.º) e não, propriamente, ao abrigo da alínea b) do n.º 1 deste art. 508.º do CPC. Decididamente, não concordamos

de determinados documentos absolutamente essenciais ou de que a lei faça depender o prosseguimento da causa [468] – cfr. a alínea b) do n.º 1 e o n.º 2 do art. 508.º do CPC.

Neste caso, o despacho pré-saneador constitui um autêntico convite ao aperfeiçoamento do (ou dos) articulados, a que podemos chamar de irregulares, no sentido de que a (ou as) partes venham completar as suas peças com o que lhes falta, isto é, com a satisfação dos tais requisitos legais ou a junção dos tais documentos [469].

---

com Paula Costa e Silva (*op. cit.*, p. 224), quando esta refere que os requisitos legais a que o n.º 2 do art. 508.º se refere são unicamente os constantes do art. 474.º e quando acrescenta (como pode concluir-se do texto citado) que o único articulado que assim pode ser irregular (por falta de requisitos legais) é a petição inicial. Tal opinião parece esquecer o seguinte: 1.º – Que o art. 474.º é aplicável, analogicamente (embora com adaptações), aos demais articulados; 2.º. – Que a alínea b) do n.º 1 e o n.º 2 do art. 508.º se referem ao convite que o juiz dirige às partes (e não apenas ao autor), tendente ao aperfeiçoamento dos articulados (e não apenas da petição inicial).

[468] São os "determinados documentos" a que os CPC de 39 e 61 aludiam, a propósito das petições iniciais irregulares, nos arts. 482.º e 477.º, respectivamente. É vulgar utilizarem-se os seguintes exemplos: – a certidão de casamento numa acção de divórcio, as certidões de nascimento dos menores numa acção de regulação judicial do exercício do poder paternal, prevista no art. 150.º da LTM, aprovada pelo DL n.º 314/78, de 27 de Outubro – e não propriamente no CPC como, certamente por lapso, escreveu Luso Soares (*Direito...*, p. 42) –, os documentos referidos nos arts. 1098.º e 1419.º do CPC, etc. Há-de notar-se, todavia, que tais exemplos não são hoje inteiramente felizes, porquanto as acções que eles envolvem são todas especiais e, na maioria delas, mantém-se previsto o despacho liminar incidente sobre a petição inicial. Assim acontece nas acções de divórcio (litigioso ou por mútuo consentimento) e na regulação do poder paternal, por exemplo. Outrotanto parece não suceder, porém, na revisão de sentença estrangeira. Ora, nos casos em que há despacho liminar a proferir sobre a petição inicial, deve aceitar-se que ele seja de deferimento da peça (como se prevê no n.º 4 do art. 234.º), de indeferimento da peça (como se prevê no n.º 1 do art. 234.º-A) e de convite ao aperfeiçoamento da peça, apesar de não haver norma expressamente aplicável para o efeito. Neste sentido, M. Teixeira de Sousa (*Estudos sobre o Novo Processo Civil*, ps. 234-235) e A. Abrantes Geraldes (*Temas...*, ps. 244-246). Portanto, em bom rigor, na maioria dos exemplos citados, o convite ao aperfeiçoamento deve ser concretizado imediatamente a seguir à petição inicial. Em todo o caso, somos da opinião de que, por exemplo, se numa acção de divórcio litigioso o autor não juntou com a petição inicial a respectiva certidão de casamento e o juiz não deu, então, por isso e despachou favoravelmente a peça, poderá, no fim dos articulados, ser lavrado o despacho pré-saneador que vimos tratando, tendente ao suprimento da irregularidade, nos termos do n.º 2 do art. 508.º do CPC, aplicado subsidiariamente por força do n.º 1 do art. 463.º do mesmo diploma.

[469] Portanto, dentro do conceito de "articulados irregulares", podemos distinguir os "articulados irregulares propriamente ditos" (aqueles que careçam de requisitos legais indispensáveis) e os "articulados documentalmente insuficientes".

No fundo, o CPC de 95 "estendeu" a ambos os litigantes (e até a todos os articulados) a "filosofia" que as primeiras partes do art. 482.º do CPC de 39 e do n.º 1 do art. 477.º do CPC de 61 previam só para o autor e para a petição inicial, para além de não ficarem (agora) dúvidas acerca da obrigatoriedade deste despacho [470] e de se ter aperfeiçoado o conceito de documento, cuja falta é motivadora do proferimento daquele: – tal conceito envolve os documentos essenciais às pretensões manifestadas, isto é, os documentos sem os quais as pretensões não podem nunca proceder [471], bem como os documentos que a lei concretamente exija para o prosseguimento da acção [472].

E o que sucederá se o convite ao aperfeiçoamento a que nos vimos referindo não for acatado?

Na vigência dos códigos anteriores – e porque tal convite só "atingisse" o autor e a sua petição inicial – vimos que o juiz deveria então lavrar o tal despacho de indeferimento subsequente da petição inicial, recusando assim o prosseguimento da acção.

O que acontece é que, agora, o convite pode dirigir-se a ambas as partes e a qualquer articulado.

Somos da opinião de que o despacho subsequente ao não suprimento das irregularidades variará consoante o "infractor" seja o autor ou o réu, consoante o tipo de irregularidade cometida e até consoante o articulado de que se trate.

Assim, se a irregularidade não suprida disser respeito à própria petição inicial e for, por exemplo, uma das constantes do art. 474.º, entendemos que o juiz deve abster-se de conhecer do mérito da causa e

---

[470] Compare-se a natureza imperativa das expressões "o juiz profere" (do preâmbulo do n.º 1 do art. 508.º do CPC) e "o juiz convidará" (do intróito do n.º 2 do mesmo artigo) com a facultatividade expressamente consagrada no n.º 3 (ainda do mesmo artigo).

[471] Neste sentido, adaptadamente, Castro Mendes (*Direito...*, Vol. III, p. 63), utilizando o exemplo da certidão de casamento necessariamente junta nas acções de divórcio. Seria inimaginável que o divórcio pudesse vir a ser decretado sem se mostrar junta aos autos a certidão de casamento.

[472] Como é o exemplo já referido do art.º 1098.º do CPC, porque a lei expressamente determina que só com essa junção aos autos é que o réu é citado para deduzir oposição, ou seja, tal documento é imprescindível ao prosseguimento da acção de revisão de sentença estrangeira. Paula Costa e Silva (*op. cit.*, p. 225) integra o exemplo no conceito de "documento essencial", o que (no nosso modesto entender) não é correcto.

absolver o réu da instância [473, 474]. E esta absolvição da instância, que implica naturalmente a extinção da mesma [475], encontra apoio normativo na alínea a) do artigo 287.º do CPC, ou seja, no chamado "julgamento formal da lide" [476], determinando-se ainda a condenação do demandante, obviamente, no pagamento das custas da acção.

Na verdade, se o autor, apesar de convidado para o efeito, não satisfaz um determinado requisito que a lei lhe impõe (v.g., não assina a petição inicial), o desfecho da acção não pode deixar de ser um desfecho meramente formal, caracterizado pela impossibilidade de o juiz conhecer do mérito da causa.

Se, porém, a irregularidade consiste na falta de um documento, cuja junção a lei exige para o prosseguimento da causa, a não aquiescência ao convite provoca precisamente esse resultado: – o não andamento da causa, ou seja, a suspensão da instância, ao abrigo da alínea d) do n.º 1 do art. 276.º [477].

Por outro lado, se a irregularidade consistir na falta de junção de determinado documento essencial para prova de determinado facto, a consequência da não aquiescência ao convite não pode ser outra senão a consideração posterior do facto como não provado, com as derivadas que daí podem resultar para a decisão sobre o mérito da causa. Note-se que, nesse caso, a acção pode ter seguimento (ao contrário da hipótese anterior). E se a acção pode ter seguimento, ela deve prosseguir, sujeitando-se o autor às consequências resultantes da falta do documento essencial. Mas

---

[473] Não parecendo adequado, obviamente, indeferir-se uma petição inicial após os articulados que lhe são subsequentes terem sido já apresentados.

[474] F. Ferreira Pinto (*Lições...*, 2.ª *Edição*, p. 355) também perfilha, no caso, a abstenção do conhecimento de mérito da causa e a absolvição do réu da instância, mas com base na nulidade de todo o processo. No nosso entender, esta opinião não é perfilhável porquanto a nulidade de todo o processo deriva da ineptidão da petição inicial e a irregularidade não suprida em apreço em nada se relaciona com a ineptidão, nem é enquadrável nos casos que a determinam (constantes do n.º 2 do art. 193.º do CPC). Sobre a ineptidão da petição inicial, versaremos mais adiante.

[475] Neste sentido, similarmente, M. Teixeira de Sousa (*Estudos sobre o Novo Processo Civil*, p. 304).

[476] Orientação adaptada de J. Alberto dos Reis (*CPC Anotado*, Vol. I, p. 393). Neste sentido, também (e novamente), M. Teixeira de Sousa (*Estudos sobre o Novo Processo Civil*, p. 304).

[477] Neste sentido, F. Ferreira Pinto (*Lições...*, 2.ª *Edição*, p. 355) e Paula Costa e Silva (*op. cit.*, p. 228).

[478] Neste sentido, M. Teixeira de Sousa (*Estudos sobre o Novo Processo Civil*, p. 303).

se a irregularidade cometida consistir, por exemplo, na falta de um registo obrigatório de determinada acção, parece que, nesse caso, a instância deve ser declarada suspensa [478].

As consequências da não satisfação do convite são, pois, diversas, mesmo apenas perante a chamada "petição inicial irregular".

O mesmo se diga quando se detectar uma "contestação irregular".

Com efeito, se o réu não aceder ao convite que lhe é feito, tendente ao aperfeiçoamento da peça, podem ocorrer também algumas situações distintas que convém analisar [479]:

- assim, se a contestação envolve apenas matéria de defesa e lhe faltam os requisitos legais [480], a peça tem de ser considerada sem efeito, entrando o réu consequentemente em revelia e sofrendo as consequências normais daí emergentes. Mas, se a irregularidade cometida consistir na falta de junção de um documento essencial [481], as consequências da não aquiescência ao convite também não podem ser outras que não as que se prendem com o possível conhecimento imediato do mérito da causa e a condenação do réu no pedido. Mas se, por exemplo, a irregularidade cometida atingir apenas uma parte concreta da defesa (v.g., a falta de discriminação separada das excepções), entendemos que todo o resto da matéria defensional invocada não deve ser prejudicado pelo não suprimento da irregularidade [482].
- por outro lado, se a contestação abrange também um pedido reconvencional, depende da parte que é afectada pela irregularidade. Se for apenas a defesa, considerar-se-á esta sem efeito (com as ressalvas referidas), mas entendemos que isso não pode, em princípio, prejudicar também o pedido reconvencional [483]. Se

---

[479] Não bastando, salvo o devido respeito, referir que, nesse caso, a contestação deve ser desentranhada do processo e que igual consequência sofrem os demais articulados irregulares (à excepção da petição inicial) que não forem corrigidos ao abrigo do n.º 2 do art. 508.º, como referiu F. Ferreira Pinto (*Lições...*, 2.ª *Edição*, p. 355).

[480] Adaptadamente, por exemplo, alguns dos constantes do art. 474.º do CPC.

[481] E os "documentos essenciais" não são agora, evidentemente, os fundamentais para a procedência da acção, mas antes os imprescindíveis ao êxito da defesa.

[482] Cfr., para este efeito, o tema tratado *supra* sob a epígrafe "7.6. – A DISCRIMINAÇÃO DAS EXCEPÇÕES. JUÍZOS APRECIATIVOS" e, concretamente, a matéria relativa às consequências da falta dessa discriminação.

[483] E dizemos "em princípio" porque pode acontecer, por exemplo, que a reconvenção se fundamente nos factos que o réu invocou como defesa [cfr. a parte final da

a irregularidade não sanada atinge apenas a reconvenção (cfr., por exemplo, a parte final do n.º 2 e o n.º 3 do art. 501.º [484]), só esta também é que ficará "prejudicada", o mesmo não ocorrendo, portanto, em relação à defesa apresentada.

Se a irregularidade não suprida disser respeito aos outros articulados possíveis, ficarão os mesmos, em princípio, também sem efeito (isto é, considerar-se-ão os mesmos como não apresentados [485]), "afectando-se" ora o pedido original, ora o reconvencional, consoante a irregularidade diga respeito àquele ou a este pedido [486].

Resta aludir ao prazo que deve ser dado à parte para o suprimento da irregularidade cometida. Não estabelecendo a lei a exacta duração do mesmo, antes referindo que é ao juiz que compete a sua fixação, isso só pode querer significar que o prazo não tem de ser o consagrado no n.º 1 do art. 153.º do CPC. Ele será aquele que o juiz, casuística, prudente e razoavelmente, fixar, não deixando naturalmente o magistrado de olhar para o requisito legal que se mostra insatisfeito, ou para a espécie de documento que não se mostra junto aos autos e tendo naturalmente em conta as previsíveis facilidade ou dificuldade de suprir tais irregularidades.

---

al. *a*) do n.º 1 do art. 274.º do CPC] e estando esta inquinada da forma que vimos, pode muito bem suceder o mesmo à reconvenção.

[484] E comparem-se as diferenças de tratamento entre a "acção não registada" e a "reconvenção não registada".

[485] Não defendemos, portanto, o desentranhamento de tais articulados e a devolução dos mesmos à parte, porque dessa forma ficava a constar do processo o despacho sancionador da irregularidade cometida e não também esta, o que não é, no nosso entender, aconselhável.

[486] E tal "afectação" pode até ser completa também, implicando o imediato conhecimento do mérito da causa. Imagine-se que a irregularidade diz respeito à réplica após o réu ter formulado um pedido reconvencional. Isso pode equivaler à falta de defesa do reconvindo. Ou imagine-se que a irregularidade diz respeito também à réplica e que, nesta, o autor modificou o pedido. Esta "nova" pretensão poderá ter o efeito anteriormente analisado de absolvição do réu da instância. Ou imagine-se ainda que a irregularidade diz respeito à tréplica, após o pedido ter sido alterado. Neste caso, a defesa que o réu tenha apresentado nesse articulado poderá não ser considerada. Depende, pois, das situações.

8.3. *O Despacho Pré-saneador*. Casos em que é Facultativo: – para Convidar as Partes a Completar Articulados Facticamente Insuficientes e (ou) a Corrigir Articulados Facticamente Imprecisos

Facultativamente, o despacho pré-saneador pode ser proferido para que o juiz convide as partes a suprir insuficiências ou imprecisões que existam na matéria de facto exposta nos articulados espontaneamente apresentados por elas, fixando-se prazo para apresentação de novos articulados completadores ou correctores do (ou dos) articulados anteriores, a que podemos passar a chamar, genericamente, de articulados imperfeitos – cfr. o n.º 3 do art. 508.º do CPC [487].

Dentro destes articulados imperfeitos, estão, pois, abrangidos os articulados facticamente insuficientes, isto é, aqueles cuja exposição fáctica não é bastante e ainda os articulados facticamente imprecisos, isto é, aqueles cuja exposição fáctica não é exacta, nem concreta.

Daí que o despacho convidativo seja ora para completar as insuficiências, ora para corrigir as imprecisões.

Ora, é precisamente este o despacho que mais relevância tem para o núcleo essencial do trabalho que estamos a realizar. Ao contrário de anteriormente (como já se explicitou abundantemente), pode agora o juiz "interferir" na exposição do litígio fáctico, sugerindo ao autor e (ou) ao réu a apresentação de novas peças completadoras ou correctoras das espontânea e inicialmente apresentadas. Ou seja, o juiz deixou de ser o tal "estranho" relativamente a esta questão, que assistia à apresentação do litígio sem grande poder de intervenção.

O que anteriormente se lhe reconhecia era apenas a possibilidade (e o dever) de, depois de os factos terem sido apresentados e impugnados pelas partes, seleccionar aqueles que, já assentes ou ainda não assentes, interessassem para o desfecho da lide. Portanto, se podia, seguramente, dizer-se que nestas fases introdutórias do processo e em relação aos factos, a missão do juiz era essencialmente (ou quase exclusivamente) selectiva, agora a sua missão é também "colaboradora" da clareza,

---

[487] A propósito da facultatividade (ou não) deste despacho, Lebre de Freitas (*Revisão...*, p. 429, em nota de rodapé) escreveu o seguinte: "Melhor fôra, se as mentalidades do nosso foro tivessem atingido a maturidade há muito alcançada pelos intervenientes na prática forense alemã, que ao juiz fosse imposto um *dever*, ainda que a sua violação não pudesse, como precisamente acontece na Alemanha, fundar um recurso".

exactidão, completamento ou concretização do litígio fáctico. Por isso, anteriormente dissemos que o juiz deixou de ser o puro árbitro de um litígio, tal como este era exclusivamente apresentado pelas partes. Ele é hoje também um árbitro que se "intromete" no litígio, que recomenda novas exposições, mais completas, mais claras e, por isso, beneficiadoras das anteriormente apresentadas [488]. O juiz tem, pois, hoje um papel eminentemente activo e dinamizador como, de resto, está expresso no preâmbulo do CPC de 95.

Assim, se o juiz entender que os factos expostos pelas partes (ou alguns deles, evidentemente) se mostram insuficiente ou imprecisamente alegados, poderá sugerir a apresentação de novos articulados onde se completem, precisem (ou concretizem) tais deficiências.

Vimos que o CPC de 95 "estendeu" a ambas as partes e a todos os articulados o regime que os anteriores diplomas previam para o autor e para a sua petição inicial, quando esta fosse verdadeiramente irregular.

O que acontece é que, agora, o legislador do novo diploma não se limitou igualmente a "estender" a ambas as partes e a todos os articulados o regime que os anteriores diplomas previam para o demandante e para a petição inicial que fosse meramente deficiente.

O CPC de 95 fez, na verdade, essa "extensão", mas – além disso – ampliou sobremaneira o regime, na medida em que não ficou expresso que para este convite ser possível se torna necessário que a insuficiência ou imprecisão (abstracção, confusão ou desordenação) evidenciadas na exposição fáctica seja de molde a comprometer o êxito da acção, como previam os arts. 482.º do CPC de 39 e 477.º do CPC de 61. Basta, portanto, que o juiz entenda que há insuficiências ou imprecisões fácticas, isto é, que "faltam" factos ou que os que lá estão não são claros, nem precisos, independentemente de ser já visível (ou, pelo menos, detectável) que essa imperfeição seja ou não potencializadora do insucesso das pretensões manifestadas.

Parece, todavia, evidente que (pelo menos, as mais das vezes) as deficiências a que alude o n.º 3 do art. 508.º do CPC podem "tocar" no

---

[488] Também no ordenamento francês está prevista semelhante hipótese (cfr. o art. 8.º do *Code de Procedure Civile*). Como referiu Gérard Couchez (*op. cit.*, p. 184), o juiz pode não se contentar com a apresentação dos factos, tal como ela foi espontaneamente feita pelos interessados. Nesse caso, aquele art. 8.º concede ao juiz um poder discricionário (uma simples faculdade) de convidar as partes a fornecer as "explicações de facto" que considere necessárias.

desfecho da lide, ou a lei não se referisse a situações de insuficiência ou imprecisão fácticas. Com efeito, sendo insuficientes ou imprecisos os factos, o mais certo é que o articulante imperfeito possa ver prejudicada a sua pretensão exactamente por causa disso.

Então, o que terá levado o legislador do novo diploma a suprimir a referência à "susceptibilidade de comprometimento do êxito da acção"[489]?

Estamos convencidos do seguinte: – o que hoje justifica a elaboração deste despacho de convite ao aperfeiçoamento não é tanto a potencialidade de inêxito referida e a consequente salvaguarda da economia processual, mas antes esta nova possibilidade de actuação do juiz, este novo pensamento acerca do seu papel relativamente à apresentação do litígio fáctico. O que está hoje na base deste despacho é, fundamentalmente, a tal colaboração do juiz com as partes e com o próprio litígio e também (muito naturalmente) a possível aproximação da decisão final do processo à verdade.

Em todo o caso (e objectivamente), ao suprimir do texto da lei a dita susceptibilidade de inêxito, o novo diploma veio consagrar a possibilidade de este despacho de convite ao aperfeiçoamento ser proferido pelo juiz mesmo em casos (que se admite não serem muitos) em que não seja visível tal susceptibilidade.

Por isso, podemos concluir que o CPC de 95 não se limitou a "estender" a ambas as partes este despacho de convite ao aperfeiçoamento. Na verdade, ele também ampliou o próprio "campo" das imperfeições susceptíveis da formulação do convite.

Mas, analisemos mais duas ou três notas a propósito desta "novidade" legislativa:

Em primeiro lugar, esclarecer-se-á que este convite ao aperfeiçoamento não se dirige apenas à deficiente alegação dos factos, em si mesma. Ele abrange também, no nosso entender (e como já deixámos subentendido), a própria impugnação[490]. O juiz pode, assim, convidar as partes a serem também mais completas, esclarecidas ou exactas na impug-

---

[489] Que teria sempre que ser corrigida e adaptada também ao réu. Poderia ter-se falado na "susceptibilidade de comprometimento do êxito das pretensões".

[490] O que constitui também uma ainda maior ampliação do campo de aplicação deste convite ao aperfeiçoamento, porquanto dirigindo-se ele apenas (como anteriormente se dirigia) ao autor e à petição inicial, é óbvio que ele só se destinava à alegação dos factos em si mesma, porque os demandantes, nessas peças, jamais impugnavam fosse o que fosse (nem mesmo nas acções de simples apreciação negativa, relembre-se).

nação dos factos. Quando a lei se refere ao suprimento das "insuficiências ou imprecisões na exposição ou concretização da matéria de facto alegada", abrange não apenas (e evidentemente) a alegação propriamente dita, mas também a "impugnação dessa matéria alegada". De resto, aquelas insuficiências ou imprecisões tanto podem ocorrer na alegação, como na impugnação dos factos, e não encontramos motivos para que o despacho de convite ao aperfeiçoamento diga apenas respeito àquela e não também a esta. Se o objectivo é completar, clarificar, aperfeiçoar ou beneficiar a envolvência fáctica da lide, não se compreenderá que o aperfeiçoamento não vise a impugnação dos factos em si mesma [491].

A esta conclusão chegamos, de resto, também se conjugarmos o n.º 3 com o n.º 5 deste art. 508.º do CPC, na medida em que este último segmento normativo "fala-nos" das possíveis alterações introduzidas pelo réu na sua defesa, na sequência do convite ao aperfeiçoamento que vimos abordando, "remetendo-nos" até para o art. 490.º do CPC, isto é, para a própria impugnação dos factos.

Mas não se retire do que ora se deixou dito que compete ao juiz sugerir ao réu, por exemplo, a impugnação de determinado facto alegado pelo autor que não haja sido, de todo em todo, refutado na contestação. Os poderes do juiz não chegam a tanto. O ónus de impugnação, embora aligeiradamente (como vimos), mantém-se. A impugnação tem que estar manifestada e só no caso de tal manifestação ser insuficiente ou imprecisa é que se justifica este despacho de convite ao aperfeiçoamento.

Uma outra questão que merece particular interesse é a ponderação acerca do não acatamento pelas partes do convite ao aperfeiçoamento. Ou seja, o que sucederá se o autor ou o réu (ou ambos, já agora) não se apresentarem a completar ou corrigir os seus articulados imperfeitos no prazo que lhes for fixado [492]?

---

[491] Daí que preferíssemos a substituição da expressão "da matéria de facto alegada", constante do n.º 3 do art. 508.º do CPC, pela expressão "da matéria de facto", tal como, de resto, se optou na alínea c) do n.º 1 do art. 508.º-A do diploma. Assim se evitariam possíveis dúvidas acerca da questão.

[492] E a duração deste prazo, tal como sucede no n.º 2 do art. 508.º do CPC, deve depender do critério casuístico do julgador. Os completamentos e as correcções que se mostrem necessárias podem ser muitas ou poucas, podem ou não ser fáceis de materializar, etc. Reconhece-se, todavia, que a não fixação exacta da duração do prazo encontra mais razão de ser perante os articulados irregulares do que perante estes articulados imperfeitos.

Cremos que as partes não podem ser alvo de quaisquer consequências concretas imediatas, muito menos de quaisquer sanções [493].

A razão de ser desta opinião é a mesma que, durante décadas, sustentou a inexistência de consequências para o autor que, apesar de convidado a corrigir a sua petição meramente deficiente, não acatava tal "recomendação".

Se as partes querem permanecer na obscuridade fáctica, se insistem (pela sua passividade) na imprecisão e na insuficiência de alegação (ou da impugnação), isso constituirá as mais das vezes (como se disse) um risco para as suas pretensões, um risco que elas querem (preferem, porventura) correr, não podendo o juiz (por mais poderes que se lhe reconheçam e por muito que se atenue o dispositivo) contrariar a intencional posição da parte perante o litígio fáctico [494].

Por outro lado, estas possíveis correcções e completamentos dos articulados (através da consequente apresentação de novos articulados, a que podemos passar a chamar de "judicialmente estimulados" [495]) devem naturalmente respeitar o princípio do contraditório, como se refere no n.º 4 do art. 508.º do CPC, possibilitando-se à parte contrária a refutação dos esclarecimentos, aditamentos ou correcções prestados, o que implica que, além dos tais articulados judicialmente estimulados a que acima se aludiu, devam ainda ser admitidos outros, para apresentação das respostas que se mostrem necessárias.

Acresce ainda que as alterações à matéria de facto introduzidas pelas partes nos articulados judicialmente estimulados (quaisquer que elas sejam, quer as derivadas de completamentos, quer as derivadas de correcções) têm de respeitar os arts. 273.º, 489.º e 490.º do CPC, como se prescreve no n.º 5 do art. 508.º do mesmo diploma.

---

[493] O que, de resto, se retira indirectamente do n.º 4 deste art. 508.º do CPC, pois que nele se refere a mera possibilidade de as partes acederem ao convite. Com efeito, em tal segmento normativo escreveu-se que "se a parte corresponder ao convite a que se refere o número anterior...", o que demonstra claramente que a parte pode não corresponder a tal convite, sem que daí resultem quaisquer "sanções" processuais.

[494] Neste sentido também, resumidamente, Paula Costa e Silva (*op. cit.*, p. 234).

[495] Há, assim, hoje, quatro espécies de articulados: -os normais (petição inicial e contestação); -os eventuais (réplica e tréplica); -os supervenientes; -os judicialmente estimulados (na fase do saneamento e antes da audiência preliminar). Esta nossa classificação (seguida por A. Montalvão Machado/Paulo Pimenta, em *O novo...*, 120), foi apelidada, por Lebre de Freitas (*A acção declarativa...*, p. 31, em nota de rodapé), de "classificação quadripartida".

Com efeito, se a modificação for introduzida pelo autor, não poderá ele, por exemplo, alterar o pedido ou a causa de pedir nessa peça estimulada, porque tais alterações continuam a ser permitidas apenas na réplica, o que demonstra que as modificações que o n.º 3 do art. 508.º veio permitir se circunscrevem a meros aperfeiçoamentos de imprecisões ou insuficiências e não também a autênticas transformações de factos. Se a modificação for introduzida pelo réu, não poderá ele apresentar novas vias defensionais, absolutamente diferentes das carreadas na contestação (sob pena de se violar o princípio da concentração da defesa na contestação – que se mantém no novo diploma [496]), nem impugnar o que na contestação, puramente, não haja impugnado. Ou seja, as modificações permitidas constituirão também (e apenas) o aperfeiçoamento de alguma insuficiência ou imprecisão e não também uma absoluta inovação da defesa.

Finalmente, acrescentar-se-á que o n.º 6 do art. 508.º do CPC veio consagrar a não admissibilidade de recurso do despacho de convite ao aperfeiçoamento, quer dos articulados irregulares, quer dos articulados imperfeitos [497]. Se a parte não concordar com o convite, deve simplesmente não o satisfazer, ficando a aguardar as consequências dessa omissão. Umas vezes, tal omissão nada gera de imediatamente desfavorável (como vimos), continuando o processo a sua tramitação normal; outras, essa omissão implica, de facto, consequências desfavoráveis para a parte (ainda que formais, por vezes), as quais hão-de constar, evidentemente, de um qualquer despacho que, a seguir, é proferido pelo juiz, sendo que desse despacho poderá (então, sim) interpor-se recurso (se o valor da causa permitir, é claro) para o tribunal superior.

Nesta conformidade, a não admissibilidade de recurso prevista pelo n.º 6 do art. 508.º do CPC em nada prejudica a parte que não concorda

---

[496] Note-se, em todo o caso, a alteração acertadamente introduzida na antiga excepção a esse princípio, designada por "defesa antecipada", a propósito da arguição da nulidade da citação. Hoje, tal nulidade deve ser arguida no prazo indicado para a contestação e não em cinco dias, como anteriormente (cjg. os n.ºs 2 do arts. 198.º dos CPC de 61 e de 95).

[497] Somos da opinião de que no n.º 6 do art. 508.º devia ter-se feito referência não só às irregularidades dos articulados e às suas insuficiências, mas também às chamadas "imprecisões fácticas", motivadoras de despacho convidativo à beneficiação do respectivo articulado, por não encontrarmos razão para qualquer diferenciação de tratamento. Só assim, de resto, é que o n.º 6 deste artigo se relacionaria, correcta e completamente, com o n.º 3 do mesmo dispositivo, onde a distinção entre "articulados insuficientes" e "articulados imprecisos" foi referida por duas vezes.

com o convite ao aperfeiçoamento, mesmo nos casos em que a não satisfação deste ocasiona imediatos efeitos desfavoráveis, na medida em que a parte pode interpor recurso do despacho subsequente a essa não satisfação [498]. No fundo, se o recurso a que alude o n.º 6 do art. 508.º fosse aceite, isso potencializaria a admissibilidade de dois recursos tendentes à apreciação da mesma questão.

* * *
*

É tempo de abordarmos um tema que tem motivado vacilações na doutrina e em relação ao qual anunciámos que iríamos emitir a nossa opinião.

Consiste ele no seguinte: – *A ineptidão da petição inicial é sanável, ao abrigo do "espírito correctivo" inovadamente reconhecido pelo novo CPC?*

Para a resolução da questão, temos que organizar o raciocínio da forma como passa a expor-se:

a) A ineptidão da petição inicial resulta da ocorrência de uma das seguintes sete situações (cfr. o n.º 2 do art. 193.º do CPC):

1.ª Quando falte a indicação do pedido;
2.ª Quando falte a alegação da causa de pedir;
3.ª Quando o pedido indicado seja ininteligível;
4.ª Quando a causa de pedir alegada seja ininteligível;
5.ª Quando o pedido esteja em contradição com a causa de pedir [499];

---

[498] Era esta já a orientação que seguíamos na vigência dos anteriores diplomas, a propósito da não satisfação do convite, por parte do autor, para completar ou corrigir a petição inicial verdadeiramente irregular ou meramente deficiente. Neste sentido, E. Lopes-Cardoso (*CPC Anotado*, p. 307) e imensos arestos dos tribunais, entre os quais os Acs. do STJ de 19.1.1993 (*Col. Jur.*, Acórdãos do STJ, 1993, Vol. I, p.64) e da RE de 10.11.1982 (*BMJ*, 323.º, p.448). Em sentido contrário (portanto, no sentido de ser admitido recurso do despacho de convite ao aperfeiçoamento, pronunciaram-se Anselmo de Castro (*DPC Declaratório*, Vol. III, p. 205), Varela/Bezerra/Nora (*Manual...*, p. 264 – em nota de rodapé) e igualmente muitas decisões dos nossos tribunais, entre elas, os Acs. do STJ de 4.11.1986 (*BMJ*, 361.º, p. 456) e da RC (*BMJ*, 216.º, p. 207).

[499] Não basta, pois, a inexistência de um nexo lógico de causa/efeito entre a causa de pedir e o pedido. Isso implica a inviabilidade da pretensão e não a ineptidão da petição inicial.

6.ª Quando se aleguem, cumuladamente, causas de pedir incompatíveis [500];

7.ª Quando se formulem, cumulativamente, pedidos substancialmente incompatíveis.

b) Tais vícios geram a nulidade de todo o processo (cfr. o n.º 1 daquele art. 193.º);

c) A nulidade de todo o processo constitui uma excepção dilatória [cfr. a al. b) do art. 494.º];

d) Tal nulidade (e excepção) é do conhecimento oficioso (cfr. o art. 202.º e, *a contrario*, o art. 495.º);

e) Tal nulidade (e excepção) deve ser apreciada no despacho saneador, se antes o juiz não a houver apreciado [501]. Não havendo saneador, pode dela conhecer-se até à sentença final (cfr. o n.º 2 do art. 206.º);

f) Finalmente, alguns dos vícios que geram a ineptidão da petição inicial são sanáveis (cfr., pelo menos, para já, o art. 202.º e o n.º 3 do art. 193.º).

Estes são os dados normativos que podemos utilizar para responder à pergunta anteriormente formulada.

Poderemos acrescentar-lhes outros?

Ou seja, à questão em apreço poderemos aplicar o art. 508.º e a sua "filosofia correctiva"?

E, sendo a resposta a esta questão afirmativa, interroguemo-nos por mais três vezes:

– Nesse caso, a petição inicial inepta pode ser considerada um articulado irregular, susceptível do convite formulado ao abrigo do n.º 2 do art. 508.º?

– Ou pode antes ser considerado um articulado imperfeito, passível do convite elaborado ao abrigo dos n.ºs 3, 4 e 5 do mesmo art. 508.º?

---

[500] Motivo que não constava expressamente no CPC de 61, mas que a doutrina já admitia. Em todo o caso, a jurisprudência não era unânime na aceitação dessa recomendação doutrinária. Atente-se no seguinte aresto: "A alegação de factos contraditórios entre si não implica, só por si, a ineptidão da petição inicial" – Ac. da RC de 1.10.1991 (*BMJ*, 410.º-893).

[501] Partiremos do princípio normal de que o processo só vai concluso ao juiz, pela primeira vez, no fim dos articulados.

– Ou ainda (e, se for preferível, previamente): – por a ineptidão da petição inicial constituir uma excepção dilatória susceptível de sanação, pode o juiz promover a regularização da instância, nos termos combinados da alínea a) do n.º 1 do art. 508.º e do n.º 2 do art. 265.º?

A ineptidão da petição inicial foi, desde sempre, considerada como uma nulidade absoluta, uma nulidade de todo o processo.

Detectado o vício no despacho liminar, deveria o juiz, pura e simplesmente, indeferir a petição inicial, nos termos do n.º 1 do art. 481.º do CPC de 39 e da alínea *a*) do n.º 1 do art. 474.º do CPC de 61.

Se a ineptidão só fosse notada numa fase posterior, consideravam-se inquinados todos os actos posteriores à petição (por dela dependerem absolutamente), sendo os mesmos anulados, como determinavam o art. 201.º do CPC de 39 e o n.º 2 do mesmo art. 201.º do CPC de 61. Era inepta a petição, era nulo todo o processo [502]. Nesse caso, o despacho do juiz não podia ser outro que não o de abstenção do conhecimento do mérito da causa e de consequente absolvição do réu da instância, proferido ao abrigo do n.º 2 do art. 293.º do CPC de 39 e da alínea *b*) do n.º 1 do art. 288.º do CPC de 61.

Acontece que ambos os diplomas em análise se referiam já à possibilidade de a nulidade de todo o processo ser sanada [cfr. no CPC de 39: – a al. *a*) e o § 1.º do art. 499.º e o art. 202.º; no CPC de 61: – a al. *a*) do n.º 1 e o n.º 2 do art. 494.º e o art. 202.º].

Mas, a única sanação possível da ineptidão era a que constava do § 1.º do art. 193.º do CPC de 39 e do n.º 3 do mesmo art. 193.º do CPC de 61.

De resto, o CPC de 39 referia expressamente que a sanação haveria de ser feita "nos termos que vão indicados nos lugares respectivos" (cfr. o citado § 1.º do art. 499.º). E o lugar respectivo da ineptidão da petição inicial era, exactamente, o art. 193.º.

Assim, a sanação dava-se quando o réu alegava que faltava ou era ininteligível o pedido ou a causa de pedir, mas fosse visível que ele

---

[502] Escreveu J. Alberto dos Reis (*Comentário...*, Vol. 2.º, p. 395) que "Uma vez que a nulidade resulta de vício inerente à petição, é claro que esta tem de ser anulada; mas anulada a petição, todo o processo fica sem base nem suporte. Todos os actos e termos do processo dependem absolutamente da petição, porque sem ela não se concebem, não têm sentido nem razão de ser".

interpretara convenientemente a petição inicial. Nesse caso, tinha toda a lógica que a excepção invocada não devesse ser julgada procedente, valorizando-se acertadamente o fundo, em detrimento da forma. Note-se, no entanto, que esta situação só era naturalmente ocorrível nos casos de ineptidão previstos nas alíneas a) e b) do art. 193.º do CPC de 39 e na alínea *a*) do n.º 2 do mesmo art. 193.º do CPC de 61. Neste caso, estávamos perante uma sanação tácita da excepção [503].

Acontece que a jurisprudência foi "desenvolvendo" a questão e começou a admitir (embora controversamente) uma outra hipótese de sanação da ineptidão.

Assim, quando o vício derivasse da ininteligibilidade da causa de pedir, ou da contradição entre esta e o pedido, podia o autor clarificar a situação ou afastar a contradição na réplica. Sendo este um articulado normal até à Reforma Intercalar de 1985 (e servindo ele para permitir a introdução de alterações na causa de pedir), podia o mesmo ser perfeitamente utilizado para o efeito [504]. E note-se que esta hipótese de sanação também só era possível perante algumas situações geradoras de ineptidão da petição inicial. Neste caso, estávamos perante uma sanação expressa da excepção.

Depois da Reforma Intercalar de 1985 e apesar da eventualização da réplica, a jurisprudência manteve semelhante opinião, tendo o STJ, inclusivamente, votado Assento nesse sentido [505]. Em nome da prevalência do fundo sobre a forma, da economia processual, e desde que fosse assegurado ao réu o contraditório na tréplica, a ineptidão podia assim ser sanada. Mas, qual ineptidão? – A que derivasse da **simples** ininteligibilidade da causa de pedir, dizia-se no Assento.

Ora, hoje (tal como anteriormente), é admitida a sanação tácita da ineptidão prevista na alínea a) do n.º 1 do art. 193.º do CPC (cfr. o respectivo n.º 3 [506]), bem como (embora mais discutivelmente) a sanação

---

[503] A arguição do réu devia, pois, ser desatendida. "A ineptidão ficava «de certo modo» sanada, não havendo, por isso, que absolver o réu da instância", como escreveu J. Alberto dos Reis (*CPC Anotado*, Vol. I, p. 394).

[504] Neste sentido, o Ac. do STJ, de 13.3.1964 (*BMJ*, 135.º-377).

[505] O Assento n.º 12/94, de 26.5.1994 (*DR,* I-A, de 21.7.1994, republicado com correcções no *DR,* I-A, de 12.8.1994). Em sentido contrário, pronunciara-se a RL, por Ac. de 12.4.1984 (*Col. Jur.*, 1984, 2.º-129).

[506] A jurisprudência tem referido que a audição do autor a que alude o n.º 3 deste art. 193.º só deve ocorrer se for necessária. Se o juiz não precisar disso para concluir com segurança que o réu interpretou convenientemente a petição inicial, tal audição é

expressa da ininteligibilidade da causa de pedir na réplica [507]. São, por assim dizer, sanações operadas pelas partes nos articulados: – uma, tacitamente (mas indesejavelmente) aceite pelo réu; outra, expressamente materializada pelo demandante.

Mas, a questão que hoje se coloca consiste em saber se, nos casos em que a ineptidão não é sanada pelas partes (da forma como vimos), o poderá ser na sequência de convite feito pelo juiz nesse sentido.

Será, pois, de aplicar o art. 508.º?

E se for, *deverá a petição inicial inepta ser considerada como um articulado irregular, passível do convite referido no n.º 2 desse artigo?*

Entendemos que a resposta a esta última questão deve ser negativa.

A ineptidão da petição inicial constitui um vício de conteúdo, derivado de qualquer uma daquelas sete situações concretas que anteriormente referimos. Tais situações, todas elas, estão ligadas ao objecto do processo (à causa de pedir, ou ao pedido) e não representam, seguramente, uma simples irregularidade como as que geram a aplicação do n.º 2 do art. 508.º do CPC. Uma petição irregular é uma petição falheira de requisitos formais (meros requisitos formais) previstos na lei, ou falheira de determinados documentos. Em nenhum destes dois casos cabe uma petição inicial inepta. O vício dela constante pode nem sequer derivar da falta de coisa alguma, como acontece nas cumulações de causas de pedir e de pedidos incompatíveis, ou na contradição entre o pedido e a causa de pedir. Só por aqui já se podia concluir que não estávamos perante um articulado irregular. Mas, nem mesmo naqueles casos em que a petição inicial é inepta por lhe faltar o pedido ou a causa de pedir se pode dizer que estamos perante um articulado irregular, pois tais vícios são, manifestamente, de conteúdo (como se disse) e os que implicam o convite ao aperfeiçoamento previsto no n.º 2 do art. 508.º são meramente formais.

Não equivalendo, por outro lado, a ineptidão da petição inicial à falta de qualquer documento, logo somos levados a concluir que:

---

dispensável. Neste sentido, ainda que indirectamente, o Ac. do STJ, de 19.12.1989 (*AJ*, 4.º/89, p. 15). Não era isto que resultava da lição de J. Alberto dos Reis (*Comentário...*, Vol. 2.º, ps. 379-380), dela se extraindo que a audição do autor era indispensável para se confirmar a conveniente interpretação da petição inicial feita pelo réu. A letra da lei não deixa "espaço" para outra interpretação, segundo supomos.

[507] Se, na réplica, se pode alterar a causa de pedir, pode tornar-se perceptível o que, manifesta e inicialmente, era incompreensível – é este o argumento. E, por esta ordem de ideias, também será de admitir, na réplica, a sanação da ineptidão derivada da ininteligibilidade do pedido.

– tal peça não é um articulado irregular;
– não é aplicável ao caso em apreço o convite ao suprimento previsto no n.º 2 do art. 508.º do CPC [508].

E poderá a petição inepta ser considerada um articulado imperfeito e, por isso, ser passível do convite a que se refere o n.º 3 do art. 508.º?
Entendemos também que não.

Para explicarmos a nossa opinião, devemos recordar o conceito de articulado imperfeito, a fim de verificarmos se qualquer um dos sete motivos geradores da ineptidão da petição inicial é nele enquadrável.

Ora, como vimos, um articulado imperfeito é aquele que é facticamente insuficiente ou facticamente impreciso. São duas situações distintas, como sabemos.

A primeira situação geradora da ineptidão da petição inicial (a falta de pedido) em nada se relaciona com a insuficiência ou a imprecisão fácticas. O vício em questão atinge o pedido e não os factos em que ele se baseia.

O mesmo se diga, com toda a segurança, do 3.º motivo (ininteligibilidade do pedido) e do 7.º motivo (cumulação de pedidos incompatíveis) geradores da ineptidão da petição inicial. São vícios, tal como o primeiro, que afectam a pretensão concreta de tutela jurisdicional formulada e não a base fáctica em que ele assenta.

Restam, pois, o 2.º (falta de causa de pedir), o 4.º (ininteligibilidade da causa de pedir), o 5.º (oposição entre o pedido e a causa de pedir) e o 6.º motivos (alegação de duas causas de pedir incompatíveis).

Comecemos pela falta da causa de pedir.

Se ela houver de ser um facto único e isolado, um facto exacto que o autor, pura e simplesmente, omitiu, não há (decisivamente) solução correctiva possível, ao abrigo do n.º 3 do art. 508.º. O convite ao suprimento aí previsto consiste num apelo a um completamento de algo que é insuficiente [509], ou a uma correcção de algo que é impreciso [510] e não,

---

[508] Ao contrário do que preconizou J. João Baptista (*Processo Civil I. Parte Geral...*, p. 360). Também A. Abrantes Geraldes (*Temas...*, p. 188) levanta a hipótese de se aplicar o n.º 2 do art. 508.º a uma petição inicial inepta que careça de concretização fáctica, o que certamente se deve a lapso de escrita. É suposto que o autor se tenha querido referir ao n.º 3 desse artigo e não propriamente ao n.º 2.

[509] E "insuficiente" é aquilo que existe, mas que não é o bastante. Não aquilo que, pura e simplesmente, não existe.

[510] E só é "impreciso" também aquilo que existe, embora não concreta, nem claramente. O que não existe não é impreciso.

propriamente, para que o autor alegue aquilo que, puramente, não alegou. Defendemos oportunamente (e agora reafirmamos) que as alterações introduzidas nos articulados na sequência do convite que vimos recordando sempre haveriam de constituir (e apenas) um simples aperfeiçoamento de alguma insuficiência ou imprecisão e não também uma absoluta inovação fáctica na acção ou na defesa. De resto, o n.º 4 do art. 508.º do CPC, ao referir que as modificações introduzidas nos factos (na sequência do convite ao aperfeiçoamento consagrado no n.º 3 do mesmo artigo) têm que respeitar o estabelecido no art. 273.º, isso só pode querer significar que a causa de pedir já tem que se mostrar alegada pelo autor, antes de tal convite ao aperfeiçoamento. O que resulta do n.º 4 do art. 508.º é que a causa de pedir não pode ser alterada ou ampliada por este meio. Ora, só alterável ou ampliável o que existe.

Sendo, porém, a causa de pedir complexa, isto é, constituída por vários elementos e tendo o autor alegado apenas algum ou alguns deles, aí já poderá haver lugar ao despacho pré-saneador de convite para que o demandante venha completar a insuficiência fáctica em que incorreu, apresentando para o efeito um dos tais articulados judicialmente estimulados, a que depois responderá o réu, nos termos do n.º 4 do referido art. 508.º. Só que neste caso não estaremos perante a ineptidão da petição inicial. Para que uma petição seja assim inepta, no caso, torna-se necessário que, puramente, não haja causa de pedir, e não apenas que lhe falte um ou outro dos seus elementos integradores. Ou seja, quando a causa de pedir é complexa e estão alegados alguns dos seus elementos, mas não todos, não pode afirmar-se que falta a causa de pedir. O mesmo é dizer que a petição inicial, por essa circunstância omissiva, não é inepta. Será uma petição imperfeita (completável nos termos do n.º 3 do art. 508.º), mas não uma petição inepta. E neste momento estamos a tratar do potencial suprimento das ineptidões...

Quanto à ininteligibilidade da causa de pedir, a situação é relativamente diferente.

Nesta hipótese, a causa de pedir (simples ou complexa) foi alegada. Não falta, nem se mostra insuficiente. Apenas não é compreensível. É impossível de compreender[511]. Ora, poder-se-ia pôr a hipótese de essa

---

[511] De resto, nas alíneas *a*) e *b*) do art. 193.º do CPC de 39, correspondentes à alínea *a*) do n.º 2 do actual art. 193.º, dizia-se que a petição era inepta quando não pudesse saber-se qual era o pedido ou a causa de pedir (ora porque faltassem, ora porque fossem imperceptíveis, acrescentava a doutrina). Tal orientação já derivava do

imperceptibilidade derivar da circunstância de a causa de pedir estar imprecisa ou inconcretamente alegada e nesse caso, poderia justificar-se um despacho de convite ao aperfeiçoamento, não propriamente para que o autor viesse completar fosse o que fosse, antes para que viesse corrigir a imprecisão que poderia ter tornado incompreensível a causa de pedir.

Acontece que somos da opinião de que o conceito de "ininteligibilidade" é de muito maior dimensão do que o conceito de "imprecisão". O que é ininteligível é o que não se percebe, de todo. O que é impreciso é o que não se percebe bem. É o que é vago, ou obscuro. E a jurisprudência (mais adequada e mais moderna) tem entendido que uma causa de pedir obscura ou imprecisa não é o mesmo do que uma causa de pedir ininteligível [512].

Portanto, uma petição inicial cuja causa de pedir está imprecisamente alegada também não é inepta. Será um articulado imperfeito, facticamente impreciso (também corrigível nos termos do n.º 3 do art. 508.º), mas não uma petição inepta. E neste momento, insiste-se, estamos a tratar do potencial suprimento das ineptidões das petições iniciais.

Relativamente à contradição entre a causa de pedir e o pedido, também poderá dizer-se que tal vício não é de molde a podermos caracterizar uma tal petição como um articulado imperfeito, susceptível de poder ser beneficiado ao abrigo do n.º 3 do art. 508.º.

CPC de 1876, cujo § único do art. 130.º referia o seguinte: "Não pode julgar-se inepto o requerimento, quando da narração ou da conclusão puder depreender-se qual é o pedido e fundamento da acção".

[512] Porque considera que tal obscuridade ou imprecisão não são de tal modo relevantes que impliquem a completa ininteligibilidade. Neste sentido, o Ac. da RC de 25.6.1985 (*BMJ*, 348.º-479). Confundindo as duas situações, cfr. o já referido Ac. do STJ de 13.3.1964 (*BMJ*, 135.º-377). Em tempos mais remotos, a doutrina e a jurisprudência tendiam a considerar a obscuridade da causa de pedir como geradora da ineptidão da petição inicial, mas só aquela que impedisse, manifestamente, que pudessem depreender-se quais os fundamentos da pretensão. Neste sentido, J. Alberto dos Reis (*CPC Anotado*, Vol. I, p. 309). É claro que a ser assim, tal obscuridade era total, de molde a gerar a completa ininteligibilidade. Atente-se num curioso aresto contemporâneo do CPC de 1876, coligido por F. José de Medeiros (*op. cit.*, p. 149): "...Nos termos precisos do § único do artigo 130.º do código do processo civil, o requerimento, em que se deduzir a acção, só é inepto, quando da narração ou da conclusão não poder deprehender-se qual é o pedido e fundamento d'aquella. É claro isto como o sol sem nuvens. D'este modo só a obscuridade do pedido ou dos seus fundamentos, de forma a não se saber o que se quer e porque se quer, produzirá aquella ineptidão..."

Uma contradição não é, seguramente, uma insuficiência ou uma imprecisão na exposição da matéria de facto. Os factos estão completamente expostos e precisamente alegados. O que acontece é que o pedido formulado representa o resultado oposto àquele que devia ter sido deduzido, tendo em consideração os factos carreados para os autos na petição. Há uma pura contraditoriedade entre a causa e o efeito e não uma qualquer insuficiência ou imprecisão fácticas.

E o mesmo se diga, finalmente, da alegação de causas de pedir incompatíveis. Também as mesmas existem completa e claramente alegadas. A incompatibilidade em questão gera a ineptidão da petição, mas não é por isso que a peça pode ser considerada como imperfeita.

Nesta conformidade, somos da opinião de que uma petição inicial inepta não constitui nem um articulado irregular, nem um articulado imperfeito. O mesmo é dizer que não são aplicáveis ao caso nem o n.º 2, nem o n.º 3 do art. 508.º do CPC.

Mas, gerando a ineptidão da petição inicial uma falta de um pressuposto processual [513], relativo ao objecto da causa (concretamente), não poderá a mesma ser sanada?
Ou melhor, ao caso em apreço terá aplicação a adequada combinação entre a alínea a) do n.º 1 do art. 508.º e o n.º 2 do art. 265.º?
Supomos também que não, atento o tendencial insuprimento de uma nulidade absoluta como esta [514, 515].

---

[513] Como é entendido por toda a doutrina, designadamente por Anselmo de Castro (*DPC Declaratório*, Vol. II, ps. 219 e ss.) e Lebre de Freitas (*Introdução...*, p. 18, em nota de rodapé).

[514] Neste sentido, também parece estar A. Abrantes Geraldes (*Temas...*, ps. 56, 220, em nota de rodapé e 225). O autor trata esta excepção dilatória como absolutamente insuprível. Nessa medida, parece contradizer-se, salvo o devido respeito, com a opinião que também manifestou (*Temas...*, p. 188), da qual já anteriormente demos conta. Seja como for, A. Abrantes Geraldes (em *Temas...*, II Vol., ps. 64-65 e 79) acaba por concluir que, salvo os casos conhecidos de sanação, a ineptidão da petição inicial é, de facto, insanável.

[515] Paula Costa e Silva parece defender (salvo o devido respeito, não correctamente) o convite à sanação da ineptidão da petição inicial através de dois despachos diferentes: – o consagrado na alínea a) do n.º 1 do art. 508.º, por o vício consistir numa excepção dilatória (*op. cit.*, p. 217) e, ao mesmo tempo, o consagrado no n.º 2 do mesmo art. 508.º (*op. cit.*, p. 226), soluções que parecem inconciliáveis.

Não é crível que os legisladores do novo diploma tenham levado a tanto os seus desígnios de potencializarem a sanação de todas e quaisquer excepções dilatórias.

Bem sabemos que o CPC de 95 consagrou uma acertadíssima prevalência do fundo sobre a forma, "determinando" aos julgadores a realização de todas as diligências tendentes à desobstaculização formal dos processos, a fim de se poderem proferir as desejadas (e esperadas) decisões de mérito. Em todo o caso, supomos que a nulidade de todo o processo é insanável.

Seguramente que é insanável na hipótese da falta pura do pedido ou da causa de pedir. Não defendemos anteriormente a completa inaplicação ao caso do art. 508.º, n.º 3, para agora perfilharmos solução diametralmente oposta. Convidar o autor, no fim dos articulados (e ao abrigo do n.º 2 do art. 265.º), a vir alegar a causa de pedir que, puramente, não existia, ou a vir formular um pedido que, de todo em todo, não se mostrava apresentado, equivaleria a um verdadeiro retrocesso da acção, muito provavelmente com a necessidade de elaboração de uma (absolutamente) nova petição inicial e (muito mais do que provavelmente) uma (absolutamente) nova contestação.

Não foi isto, decerto, que os legisladores do novo diploma terão pretendido. "Salvar" os processos pode ser desejável e foi o que ficou consagrado. Permitir o absoluto retrocesso deles ao seu início seria intolerável.

Porém, completar uma causa de pedir já é aceitável, como vimos. Para isso aponta o n.º 3 do art. 508.º, permitindo-se que o autor acrescente mais factos aos que já a integravam. Só que não é o incompletamento da causa de pedir que gera a ineptidão da petição inicial. É a pura falta da causa de pedir. Uma petição inicial incompleta é uma articulado imperfeito, como vimos. Mas uma petição inicial inepta não é um petição incompleta...

E idêntica solução há-de preconizar-se para a ininteligibilidade do pedido ou da causa de pedir.

No caso, é "inimaginável" aquilo que o autor pretende, ou os factos em que ele se baseia para assim peticionar.

Permitir a sanação deste vício através da aplicação do n.º 2 do art. 265.º do CPC equivaleria ao mesmo retrocesso processual de que anteriormente demos conta e à mesma necessidade de, novamente, peticionar e contestar.

Mas, também já se aceita que uma causa de pedir venha ser esclarecida, atenta a sua imprecisão, ao abrigo do n.º 3 do art. 508.º. Só que (mais uma vez) uma imprecisão é uma inconcretização. E uma ininteligibilidade é muito mais do que isso, como se procurou demonstrar. É o que, decididamente, não se percebe. Uma petição inicial inepta, por ininteligibilidade da causa de pedir, não é uma petição inicial imprecisa [516].

E à mesma conclusão chegamos quando analisamos a ineptidão derivada da alínea b) do n.º 2 do art. 193.º.

Se há uma manifesta contradição entre o pedido e a causa de pedir, não há solução. Se os factos alegados haveriam de potencializar um resultado jurídico antagónico daquele que foi elaborado, não há "remédio". A sanação possível deste vício passaria sempre por uma de duas coisas: – ou a inevitabilidade de alegação de factos completamente novos (e já agora, muito provavelmente, completamente diferentes e antagónicos dos alegados), ou a formulação de um novo pedido do qual o réu sempre haveria de, inovadamente, ter de se defender, pois que ele se defendera de outro. Lá estaríamos nós a permitir o indesejado e inadmissível retrocesso processual.

Resta falar na hipótese de a nulidade derivar da incompatibilidade de causas de pedir ou de pedidos.

Poderia pensar-se que o novel art. 31.º-A do CPC, apesar de ter sido idealizado e redigido para o suprimento das coligações ilegais – cfr. até a respectiva epígrafe –, pudesse ser aplicado, analogicamente, à situação em análise, tendo sempre por base a alínea a) do n.º 1 do art. 508.º e o n.º 2 do art. 265.º. No art. 31.º-A, estaria referido o procedimento concreto tendente ao suprimento da excepção. Assim, verificando o juiz (no fim dos articulados, já se sabe) que a petição inicial apresentada era inepta, por terem sido, por exemplo, cumulados dois pedidos incompatíveis, devia o autor ser convidado a vir escolher um deles, sob pena de o réu ser absolvido da instância relativamente aos dois. Se o autor aquiescesse ao convite, considerar-se-ia sem efeito o pedido assim "desprezado", continuando, porém, a acção para apreciação do pedido assim "escolhido", sanando-se, dessa forma, a excepção dilatória em que consistia a ineptidão da petição inicial.

Acontece, porém, que o referido art. 31.º-A é, de facto, analogicamente aplicado à cumulação de pedidos, mas apenas à cumulação indevida, e não também à cumulação incompatível.

---

[516] Portanto, a imperfeição (incompletamento ou imprecisão) da causa de pedir é sanável. A falta ou ininteligibilidade dela, não. Neste sentido, parece estar Lebre de Freitas (*Introdução...*, p. 132, em nota de rodapé).

A cumulação indevida é aquela que não é admitida por ocorrer qualquer um dos obstáculos da coligação. O que impede a coligação (cfr. os arts. 30.º e 31.º do CPC) impede a cumulação (cfr. o n.º 1 do art. 470.º). Por isso, os casos que geram a coligação ilegal são os mesmos que geram a cumulação indevida. E, hoje, admitindo-se o suprimento da coligação ilegal, através do "mecanismo" consagrado no art. 31.º-A, deve também ser de admitir o suprimento da cumulação indevida, nos mesmos termos consagrados nesse preceito [517].

Mas, a cumulação incompatível é bem diferente.

Ela acontece quando o autor formula dois pedidos substancialmente incompatíveis. Quando pede ao mesmo tempo, por exemplo, que se declare a validade e a nulidade de determinado negócio jurídico.

A cumulação de pedidos assim incompatíveis gera a ineptidão. A cumulação indevida de pedidos não gera a ineptidão. Esta, hoje, é sanável. Aquela, não.

Aliás, o n.º 4 do art. 193.º do CPC refere que a ineptidão derivada da incompatibilidade das causas de pedir ou dos pedidos deve sempre subsistir ainda que um dos pedidos fique sem efeito por incompetência do tribunal ou por erro na forma de processo.

Ora, se a nulidade não é assim sanável, também não o é por simples "desejo" da parte (manifestado na sequência de um convite do juiz) de abandono de um dos pedidos.

Assim, somos da opinião de que o vício em questão é demasiadamente rigoroso para poder ser sanado. As únicas hipóteses de sanação são a referida sanação tácita (a que também poderíamos chamar de "sanação natural") e a jurisprudencialmente aceite sanação expressa (na réplica) da ininteligibilidade da causa de pedir [518]. Ao fim e ao cabo, sanações espontaneamente concretizadas pelas partes.

E, nesta conformidade, defendemos que a alínea a) do n.º 1 do art. 508.º e o n.º 2 do art. 265.º do CPC não são aplicáveis ao caso [519], não obstante a ineptidão da petição inicial constituir uma excepção dilatória sanável em alguns casos.

---

[517] Neste sentido, Lebre de Freitas (*Introdução...*, p. 142, em nota de rodapé).
[518] E, porventura, também da ininteligibilidade do pedido.
[519] Salvo o devido respeito, parece que não basta referir, sem mais considerandos, que a nulidade de todo o processo é sanável nos termos do art. 508.º, como fez F. Ferreira Pinto (*Lições...*, 2.ª *Edição*, p. 296).

Nem se compreenderia que o legislador tivesse sido tão rigoroso a propósito das alterações fácticas introduzidas a convite do juiz (cfr. o n.º 5 do art. 508.º) – só meros completamentos ou concretizações do já alegado – e, desta forma, permitisse a alegação pura de novos e relevantíssimos factos (não se esqueça o conceito de causa de pedir).

Seria um contra-senso inaceitável e injustificável...

Mas, têm-nos tentado contrariar esta opinião, formulando-nos a seguinte pergunta:

- Qual a verdadeira razão de se permitir a sanação da (pelo menos, de uma) ineptidão da petição inicial na réplica e não também no (oportunamente estudado) articulado judicialmente estimulado?

Supomos que a resposta é simples:

- É que a réplica constitui o último momento processual em que são de admitir alterações no pedido ou na causa de pedir, nos termos do art. 273.º do CPC [520]. A partir dela, exerce pleno domínio o princípio da estabilidade da instância, previsto no art. 268.º do mesmo diploma.

Permitir, em plena fase de pré-saneador (já depois, portanto, da petição e da réplica, se a esta houvesse lugar), que:

- se alegassem causas de pedir até então inexistentes;
- se formulassem pedidos também até então não formulados;
- se alterassem a causa de pedir ou o pedido, de modo a abolir uma qualquer contradição entre ambos;
- se alterassem, substituíssem, ou suprimissem causas de pedir ou pedidos, para evitar incompatibilidades, permitir tudo isso (dizíamos) equivaleria a autorizarmos profundas mutações no pedido e (ou) na causa de pedir depois da réplica – o que a lei proíbe –, a autorizarmos uma clara violação do princípio da estabilidade da instância – que a lei consagra, a perfilharmos verdadeiros retrocessos processuais e, enfim, a desvirtuarmos o conceito de nulidade de todo o processo, que o professor Alberto dos Reis considerou como um vício insanável [521].

---

[520] Por isso é que a sanação expressa pelo autor não é possível em processo sumário e, muito menos, em processo sumaríssimo.

[521] J. Alberto dos Reis (*Comentário...*, Vol. 2.º, p. 519). No velho CPC de 1876, dizia-se expressamente que a ineptidão da petição inicial constituía uma nulidade insu-

Sendo assim, no fim dos articulados, se o juiz considerar que se está perante esta nulidade, o despacho saneador não poderá ser outro que não o de abstenção do conhecimento do mérito da causa e de absolvição do réu da instância, nos termos da alínea b) do n.º 1 do art. 288.º do CPC.

8.4. *Juízos Apreciativos*

Os juízos apreciativos que agora se vão fazer incidem sobre todo o despacho pré-saneador, como resulta da lógica do respectivo índice.

Ao não aceitarmos completamente (como não aceitámos) a abolição do despacho liminar, parece que também teríamos agora que discordar deste despacho pré-saneador, pelo menos, da forma como ele ficou consagrado.

Não acontecerá assim, como demonstraremos.

Parece que é incontroverso que o despacho em análise é excelente, quando é proferido para os efeitos previstos no n.º 2 o art. 265.º do diploma [522].

Ele representa uma vitória clara do fundo sobre a forma e impede que alguns juízes tenham "vontade" de, sistematicamente, procurar violações de pressupostos processuais, para, assim, se absterem de julgar.

Ninguém de bom senso pode defender outra coisa...

Também parece indiscutível o acerto deste despacho quando ele "funciona" como convite às partes para o aperfeiçoamento dos articulados que se mostrem verdadeiramente irregulares (excepto, evidentemente, a petição inicial, que – no nosso entender – deveria ter já merecido a referida apreciação liminar).

A questão mais discutida versa sobre o despacho pré-saneador de convite ao aperfeiçoamento dos articulados imperfeitos, no sentido de

---

prível (cfr. o n.º 1 do respectivo art. 130.º). Ainda hoje, Lebre de Freitas (*A acção declarativa...*, p. 43) preconiza que tal ineptidão representa, de facto, uma nulidade insanável. Seguindo a orientação do texto, cfr. A. Montalvão Machado/Paulo Pimenta (*O novo...*, p. 111).

[522] Embora as medidas preconizadas neste segmento normativo possam ser determinadas em qualquer estado do processo e não necessariamente (e muito menos exclusivamente) no fim dos articulados espontaneamente apresentados pelas partes, reconhece-se que este é, na maioria das vezes, o momento técnica e processualmente mais oportuno.

que as partes completem ou corrijam as insuficiências ou imprecisões fácticas em que hajam caído.

Temos ouvido uma boa meia dúzia de argumentos contrários à admissibilidade de tal despacho:

1.º Em primeiro lugar, diz-se que sendo ele proferido, precisamente, ao abrigo dos n.ᵒˢ 3, 4 e 5 do art. 508.º do CPC, vai potencializar-se, dessa forma, um aumento drástico do número dos articulados, ao contrário da tendência historicamente manifestada na Reforma Intercalar de 1985 de diminuir o seu número.

Como vimos oportunamente [523], essa reforma diminuiu, vantajosamente, de cinco para quatro o número dos articulados possíveis [524] e de quatro para dois o número dos articulados normais.

Com a medida agora preconizada nos n.ᵒˢ 3, 4 e 5 do art. 508.º do CPC, manter-se-ão (é certo) os dois articulados normais, mas os possíveis, ao todo, não serão quatro, mas sim oito. Na verdade, para além das petição, contestação, réplica e tréplica, pode o juiz convidar ambas as partes ao referido completamento ou correcção fácticas, apresentando cada uma delas, portanto (se ambas acederem ao convite), mais um articulado e como tem que respeitar-se o contraditório (cfr. a parte final do n.º 4 do art. 508.º, conjugando-a com o n.º 3 do art. 3.º), cada uma delas poderá, depois, responder ao que a outra completou ou corrigiu. Ou seja, com o novo sistema, o processo pode conter mais quatro articulados do que anteriormente (são os já referidos "articulados judicialmente estimulados").

A crítica tem alguma consistência.

Porém, não deixaremos de referir que este despacho, as mais das vezes, não há-de ser proferido.

Já o deixámos subentendido, a propósito de outras questões: – os advogados portugueses não primam por, invariavelmente, alegarem insuficiente ou imprecisamente os factos.

Como regra, portanto, o juiz não sentirá necessidade de proferir este despacho.

Mas se, numa dada situação excepcional, o juiz entender, para benefício do litígio em si mesmo, que é conveniente o aperfeiçoamento

---

[523] Cfr., a propósito, a matéria tratada *supra* sob a epígrafe "4.6. – OS ARTICULADOS APÓS A ENTRADA EM VIGOR DO DECRETO-LEI N.º 242/85, DE 9 DE JULHO".

[524] Não contamos agora, evidentemente, com os "articulados supervenientes".

do próprio articulado, não vemos razões de vulto que nos levem a não aceitar o despacho tendente ao respectivo convite.

Por outro lado, não se pense que a apresentação do articulado judicialmente estimulado representa algo de muito difícil ou excessivamente trabalhoso, na medida em que nele não se torna necessário repetir o que esteja suficiente e claramente alegado. Basta, pois, completar o que falta e (ou) corrigir a imprecisão detectada [525].

Portanto, apesar de serem novos articulados, eles constituirão simples completamentos ou correcções, as quais se concretizarão, a maioria das vezes, através de meia dúzia de linhas.

Assim, apesar de se reconhecer alguma consistência à crítica, somos da opinião de que os defeitos que a medida, neste âmbito, gera (o aumento do número de articulados) são bem menores do que as vantagens que ela também propicia (o completamento e a limpidez dos factos integradores do litígio).

2.º A segunda crítica que pode fazer-se ao despacho de convite ao aperfeiçoamento dos articulados imperfeitos prende-se com a primeira (que acabámos de refutar).

Diz-se que o aumento do número dos articulados e o consequente prolongamento temporal que eles proporcionam (não só para permitir a apresentação dos articulados subsequentes ao despacho de convite ao aperfeiçoamento, como também para permitir as competentes respostas) viola relevantemente o princípio da economia e da celeridade processuais, permitindo-se, dessa forma, que uma acção se "eternize" neste momento ainda inicial da sua "caminhada".

A crítica em si mesma também é verdadeira [526].

Já o afirmámos publicamente. O CPC de 95 não foi essencialmente elaborado para minorar a lentidão da tramitação das acções e, consequentemente, a tardia aplicação da justiça. O aumento de todos os prazos ajuda, desde logo, a prová-lo.

O que acontece é que o peso deste prolongamento possível da tramitação da acção foi considerado pelo legislador do novo diploma como menor do que a dimensão do "bem" que se pretendeu alcançar com a medida. Os cidadãos que litigam em juízo podem sair prejudicados se

---

[525] Neste sentido, Lebre de Freitas (*Revisão*..., p. 479).
[526] É possível que o processo possa atrasar-se cerca de um mês, por força destes articulados judicialmente estimulados.

esta não se mostrar consagrada. Dissemos (e relembramos agora) que as insuficiências e (ou) as imprecisões fácticas, na enorme maioria dos casos, são de molde a poder comprometer o êxito das pretensões. E se é assim, também é irrelevante que o processo dure mais umas semanas ou até um mês.

3.º A terceira crítica é de natureza corporativa. Queixam-se os advogados que, desta forma, os juízes estarão a exercer uma missão tutelar sobre eles e, afinal, sobre os seus próprios constituintes, "intrometendo-se" no modo de exposição dos factos e, no fundo, na técnica desses profissionais do foro.

Mais dizem os advogados que eles próprios, melhor do que os juízes, sabem muito bem como articular. Articular é próprio deles. Dos juízes, o que é próprio é sentenciar, acrescentam...

E os mais "melindrados" ainda aduzem: – Objectivamente, o convite ao aperfeiçoamento de insuficiências ou imprecisões fácticas constitui também e, afinal, um atestado de insuficiência ou de imprecisão técnicas passado ao advogado, e é penoso que a lei assim o admita e consagre. A que propósito há-de ficar convencionado que um juiz é tecnicamente mais capaz do que um advogado, perguntar-se-á...

Não partilhamos da crítica.

Em primeiro lugar, o convite ao aperfeiçoamento pode até nem derivar exactamente de uma insuficiência ou de uma imprecisão cometidas pelo advogado. Que é como quem diz: – A insuficiência ou a imprecisão podem ser até do próprio juiz, ou melhor, da sua inteligência. E como é ele quem vai julgar a causa, para bem defender os interesses do seu constituinte, o melhor será o advogado satisfazer esse convite e, assim, beneficiar aquela... inteligência.

Mas, mesmo que a imperfeição seja imputável aos advogados, a que propósito hão-de eles manifestar um tão indiscutível complexo de inferioridade?

Há um argumento que, supomos, liquida a questão.

Em vez de se perguntar aos advogados o que acham eles da medida, pergunte-se aos cidadãos. Questione-se o próprio litigante, no início de uma acção, sobre o seguinte: – Se o seu advogado alegar em juízo os factos que lhe relatou de forma insuficiente ou imprecisa e se isso puder contribuir para o insucesso da sua pretensão, aceita ou não que o juiz intervenha, para o efeito de o convidar ao completamento ou correcção dessa exposição?

Estamos certos de que a resposta seria invariavelmente afirmativa. Mesmo para aqueles que estivessem a litigar contra cidadãos patrocinados por advogados notoriamente inaptos (como também os há, com certeza). A cautela assim o aconselharia...

4.º A quarta crítica consiste no seguinte: – Quem garante que a aquiescência ao convite produz resultados satisfatórios?

Quem garante que a concretização do completamento ou da correcção melhora, efectivamente, a apresentação do litígio?

Dirão até alguns que a experiência pode ter demonstrado (por aplicação prática da segunda parte do n.º 1 do art. 477.º do CPC de 61) que a questão fáctica pode até ficar mais confusa e menos explícita, na medida em que derivando o convite (como se aceita que normalmente derive) da deficiente alegação dos factos pelas partes, normalmente, quem alega mal uma vez, alega mal mais vezes ou alega até sempre mal.

Antes de mais, refira-se que esta não será a regra, logicamente.

Depois, acrescente-se que é, evidentemente, impossível garantir seja o que for. Tenta-se a beneficiação do articulado, apontando-se-lhe as exactas insuficiências ou obscuridades. O normal e mais frequente será que, aquiescendo-se ao convite, aquelas (insuficiências) se completem e estas (obscuridades) se dissipem.

Portanto, esta crítica concreta carece de fundamento lógico.

5.º Em quinto lugar e por outro lado, diz-se que há-de ser muito difícil encontrar na prática a exacta "fronteira fáctica" necessária ao respeito pela primeira parte e, sobretudo, pela segunda parte do n.º 5 deste art. 508.º do CPC. No plano teórico das coisas e no âmbito da defesa, já o dissemos: – ao aceder ao convite que lhe é feito, o réu apenas pode aperfeiçoar alguma insuficiência ou imprecisão da sua defesa e não também inovar a defesa, isto é, trazer novos meios defensionais que não haja invocado na contestação. Mas, na prática quotidiana dos tribunais, não deixará de ser muito difícil detectar com exactidão até que ponto é que o melhoramento introduzido não constitui, pelo contrário, uma violação do princípio da concentração da defesa ou do ónus de impugnação dos factos na contestação, e isso não deixará de ser inúmeras vezes suscitado pelo autor, levantando-se então uma questão técnica que até então não existia e propiciando-se, dessa forma, novos requerimentos, novos despachos, novos recursos, etc. Aí teremos, mais uma vez, o processo a complicar a sua própria tramitação e a atrasar a sua própria "vida".

Esta crítica é de fundo.

Decididamente, ou se aceita a atenuação da dimensão do dispositivo, em nome e em busca da verdade, ou não se aceita.

Aqui, não há, portanto, que argumentar.

Para aqueles que, como nós, estão a favor das finalidades subjacentes à medida em análise, esta é de manter.

Para aqueles que preferem ficar antolhados por um rígido dispositivo, com base no qual o juiz nada mais faz para além de arbitrar a causa e de aferir da veracidade dos factos espontaneamente alegados pelas partes, a medida é de abolir.

Só que, neste caso, os perfilhadores de tal abolição deverão também, por uma questão de coerência, manifestar-se contra os novos poderes cognitivos do tribunal, que hoje se estendem até a factos essenciais não alegados pelas partes nos articulados. E a essa manifestação é que não temos assistido.

Também nesse caso, pode ser difícil verificar com clareza se o princípio da concentração da defesa na contestação ou o ónus de impugnação se mostram, ou não, desrespeitados.

Quer dizer, abolir a medida por causa da referida dificuldade de detecção da tal "fronteira fáctica" devia implicar também a abolição dos novos poderes cognitivos do tribunal, no que, decisivamente, não condescendemos.

Não é justo que o cidadão veja naufragar a sua pretensão, não porque se tenha chegado à conclusão de que lhe não assiste razão, outrossim porque se tenham verificado algumas deficiências na exposição dos factos.

Isso é fazer prevalecer a forma e a técnica sobre o fundo da questão. É obstaculizar a procura da verdade.

6.º Um sexto argumento tendente à abolição do despacho que vimos analisando prende-se com a desnecessidade do mesmo.

Dizem os críticos que ele é manifestamente escusado, tendo precisamente em consideração os novos poderes cognitivos do tribunal.

Se, embora controladamente, o juiz pode vir a conhecer de factos essenciais que sejam completadores ou concretizadores dos que hajam sido espontaneamente alegados pelas partes (cfr., para já, o n.º 3 do art. 265.º do CPC) e que resultem da instrução da causa, nessa fase processual tudo se completará, tudo se concretizará e tudo se esclarecerá.

Daí que seja desnecessário este despacho prévio de convite à apresentação de articulados aperfeiçoadores.

Não é verdadeiro este argumento.

Não é seguro que os tais factos essenciais (indispensáveis, pois) completadores ou concretizadores dos espontaneamente alegados pelas partes surjam da instrução da causa. É até provável que não surjam. Na posse da base instrutória, os litigantes procurarão "arranjar" testemunhas (e requerer outros meios de prova) precisamente para a matéria de facto assim seleccionada como controvertida e, portanto, insiste-se, não é seguro que os tais factos indispensáveis "apareçam" na instrução da causa.

Mas, mesmo que assim fosse, é seguramente mais vantajoso que os factos sejam já assim alegados, numa fase prévia à selecção fáctica, do que, exclusivamente, poderem os mesmos resultar da dita instrução da causa. Assim se satisfará, com mais rigor, o contraditório, assim se providenciará pela maior clarividência na apresentação do litígio (e o momento dessa apresentação é este), assim se evitarão (mais vezes) surpresas na audiência final de discussão e julgamento, e assim se colaborará com a "continuidade" desta audiência, como teremos ainda a oportunidade de demonstrar.

Portanto, em termos liminarmente conclusivos, defendemos a manutenção do despacho pré-saneador, como segundo despacho a proferir, eventualmente, no processo, quer para providenciar pelo suprimento das excepções dilatórias até então não detectadas, quer para convidar ao aperfeiçoamento de articulados irregulares ou deficientes.

Repare-se, no entanto, que, como regra, só há dois articulados, a petição inicial e a contestação. Mantendo-se o despacho liminar incidente sobre a petição inicial e assumindo-se ele (também) como um despacho de convite ao aperfeiçoamento de petições iniciais irregulares ou imperfeitas, bem poderia dizer-se que este eventual despacho pré-saneador também "funcionava" apenas (e potencialmente) como um despacho de convite ao aperfeiçoamento de contestações irregulares ou imperfeitas [527].

---

[527] É claro que se houvesse mais articulados (os ditos eventuais), este segundo despacho devia ser "remetido" para o fim deles, sob pena de termos que passar a defender o exagero inverso: – a admissibilidade de um despacho por cada articulado que fosse apresentado. Em todo o caso, houve quem o defendesse. Nesse sentido, Teresa S. Anselmo Vaz (*op. cit.*, p. 894). Mais restritivamente, admitindo apenas a conclusão do processo ao juiz, logo após a contestação, só no caso de haver reconvenção, para que o juiz a pudesse indeferir ou mandar corrigir, pronunciara-se a RC, por Ac. de 6.10.1981 (*CJ*, 1981, 4.º-27). Mas, a maioria da doutrina e da jurisprudência, na vigência dos anteriores diplomas, não admitia que – como regra – o processo fosse concluso ao juiz, na fase dos articulados, a não ser para o despacho liminar incidente sobre a petição inicial. Neste sentido, Anselmo de Castro (*DPC Declaratório*, Vol. III, p. 223, em nota de rodapé) e os Acs. da RC, de 25.6.1991 (*CJ*, 1991, p. 94) e da RP, de 30.4.1985 (*BMJ*, 346.º-346). Sobre o tema, descritivamente, Paulo Pimenta (*op. cit*, ps. 487-489).

Assim se manteriam algumas das virtudes do "velho" despacho liminar, designadamente as que obstavam à "autorização" (que o novo código concede) da tramitação, durante toda a fase dos articulados, de uma acção fatalmente inquinada, assim também se consagraria (como o novo código consagrou) um tratamento igual das partes e dos seus articulados, assim se colaboraria com a celeridade processual, porque convidando-se liminarmente o autor a aperfeiçoar uma petição imperfeita, logo o réu, na contestação, de tudo (petição inicial propriamente dita e petição inicial completada ou corrigida) se poderia defender (e não apenas no fim dos articulados, como resposta ao articulado judicialmente estimulado), assim se poderia corrigir, salutarmente logo no início da acção (e não apenas no fim dos articulados), a maioria das violações dos pressupostos processuais, na medida em que não se esquece que, como regra, quem as comete é precisamente o autor, etc.

Aplaudimos, pois, embora criticamente, a medida que analisámos.

9. Diversidades na Tramitação da Acção Declarativa Comum desde o Início da Instância até à Abertura da Instrução:
– A Audiência Preliminar

9.1. *Nota Prévia*

Na introdução do tema anterior, recordámos que, antes da entrada em vigor do CPC de 95, havia a possibilidade de, no fim dos articulados, ser marcada uma audiência preparatória ora para se discutirem excepções (dilatórias ou peremptórias), ora porque o juiz se julgasse habilitado já a conhecer do mérito da causa.

E recordámos ainda que a história demonstrou que tais audiências preparatórias jamais conseguiram "impor-se" no quotidiano forense, por culpa de juízes e advogados, que sempre as desvirtuaram ou as consideraram manifestamente irrelevantes.

Na verdade, a evolução histórica da figura, desde o CPC de 39 até à Reforma Intercalar de 1985 (quase 50 anos), evidenciou como o legislador se foi "conformando" com tais constatados desvirtuamento e irrelevância:
– no primeiro desses diplomas, a audiência preparatória tinha, obrigatoriamente, de realizar-se quando ocorressem duas situações concretas

(quando tivesse sido deduzida qualquer excepção, ou quando o juiz se sentisse habilitado a conhecer de imediato do mérito da causa); – no CPC de 61, a audiência preparatória passou a ser obrigatória apenas quando ocorresse a segunda das situações referidas; – com a Reforma Intercalar de 1985, a audiência preparatória passou a ser sempre, pura e simplesmente, facultativa.

Havia, pois, uma opção a tomar no CPC de 95 entre as duas seguintes hipóteses: – abolir, sem mais, qualquer audiência no final dos articulados; – ou reestruturar a figura, concedendo-lhe uma missão muitíssimo mais relevante do que aquela que a anterior audiência preparatória exercia.

Foi esta segunda a hipótese "materializada" pelo novo diploma, consagrando-se desta forma a Audiência Preliminar prevista nos arts. 508.º-A e seguintes [528].

Tal audiência – que (já aqui se anunciou) constitui regra da tramitação do processo ordinário, é possível na do sumário e impossível na do sumaríssimo – tem inúmeros objectivos a perseguir [529, 530] e alguns deles estão intimamente relacionados com o núcleo essencial do trabalho que vimos realizando. Seja como for, para que o estudo da figura não fique incompleto, atentemos em todos esses objectivos, sem embargo de prestarmos mais atenção aos mais relevantes para o trabalho [531].

---

[528] Por isso, em completo rigor, e salvo o devido respeito, não pode dizer-se (como disse F. Ferreira Pinto, *Lições...*, 2.ª *Edição*, p. 356) que a actual audiência preliminar "corresponde" à antiga audiência preparatória.

[529] Os quais devem ser indicados no despacho em que se designa dia e hora para a realização da diligência, nos termos da primeira parte do n.º 3 do art. 508.º-A.

[530] Para além de ser também nela, como sabemos, que se apresentam os factos supervenientes que ocorram ou cheguem ao conhecimento da parte até ao encerramento da diligência, nos termos do n.º 3 do art. 506.º do CPC, e se responde às excepções deduzidas pela parte contrária no último articulado admissível, ao abrigo do n.º 4 do art. 3.º do mesmo diploma. Na audiência preliminar, pode também ter lugar o depoimento de parte, nos termos do n.º 3 do art. 556.º do CPC.

[531] No art. 301.º do *Progetto di «Codice Tipo» di Procedure Civile per l'America Latina* está também prevista uma audiência preliminar a realizar no fim dos articulados, com finalidades semelhantes às constantes do art. 508.º-A do nosso diploma.

9.2. A Audiência Preliminar. Objectivos Principais

9.2.1. A Tentativa de Conciliação das Partes

Na audiência preliminar [cfr. a al. *a*) do n.º 1 do art. 508.º-A], deve tentar-se (antes de mais) a conciliação das partes, tendo em vista a solução de equidade mais adequada aos termos do litígio, de acordo com o art. 509.º do diploma [532]. Portanto, ao contrário do regime anterior (e comparando só para este efeito a audiência preliminar do CPC de 95 com a audiência preparatória do CPC de 61), pelo menos, formalmente, esta diligência pode ser marcada apenas para tentar a conciliação das partes [533]. De outra maneira, não se compreenderia a referência constante do corpo do n.º 1 do art. 508.º-A à possibilidade de esta audiência poder ter lugar para "... algum ou alguns dos fins seguintes".

Todavia, se a audiência preliminar for marcada apenas para tentar a conciliação das partes, ela assumir-se-á mais como uma verdadeira "tentativa de conciliação" e, nessa conformidade, parece que o juiz não poderá mais marcar a realização de uma diligência exclusivamente para esse fim, nos termos da parte final do n.º 1 do art. 509.º do CPC [534, 535]. Nem mesmo se ela for requerida conjuntamente pelas partes, como se prevê igualmente no n.º 1 do art. 509.º, pois que, nesse caso, se tal requerimento fosse deferido, as partes acabavam por ser, de facto, convocadas duas vezes para o mesmo efeito [536]. E foi precisamente esta duplicidade de

---

[532] Tem plena actualidade, pois, o ensinamento de J. Alberto dos Reis (*CPC Anotado*, Vol. III, ps. 178-179) acerca desta matéria: – "em cada caso particular o juiz procurará fazer triunfar aquela solução que, sem se prender com a observância estrita das regras de direito, estabeleça o equilíbrio mais justo e mais humano entre os interesses em conflito".

[533] O que não era possível, como se disse, na referida audiência preparatória, pois que os motivos que levavam à marcação dela eram apenas os constantes dos n.ºs 1 e 3 do art. 508.º do CPC de 61. Na vigência desse diploma, como que se "aproveitava" a audiência para (também) tentar a conciliação das partes. Formalmente, pelo menos, a audiência preparatória não podia ser marcada, exclusivamente, para esse fim, embora a experiência demonstrasse que, muitas vezes, o que o juiz pretendia, objectivamente, era a aproximação das partes, tendo em vista a obtenção de um acordo.

[534] Neste sentido, também, Paula Costa e Silva (*op. cit.*, p. 237).

[535] De resto, M. Teixeira de Sousa (*Apreciação...*, p. 398) entende até que a tentativa de conciliação, por nada ter a ver, especificamente, com a fase da condensação, devia estar prevista nas disposições gerais e comuns do código e não, propriamente, no art. 509.º.

[536] Neste caso, o que as partes devem fazer é celebrarem no processo, espontaneamente, uma transacção

convocatórias (e a correspondente duplicidade de diligências absolutamente iguais) que o legislador de 1995 quis continuar a impedir.

Assim, no âmbito do código novo, competirá ao juiz ponderar acerca da oportunidade processual de tal tentativa de conciliação. Se ele entender que a oportunidade se verifica logo no fim dos articulados, poderá então marcar uma audiência preliminar para esse fim, sendo certo que neste caso – e se a conciliação não se concretizar – fica esgotada a possibilidade de ser marcada nova diligência exclusivamente para esse objectivo conciliatório.

Será tudo, pois, (também) uma questão de "habilidade" técnica por parte do juiz. Como a realização da audiência preliminar constitui uma regra do processo ordinário e ela só pode ser dispensada em alguns casos concretos, não será difícil ao juiz "encontrar" mais um qualquer dos outros vários motivos que a potencializam e, cumulativamente, tentar a conciliação das partes nessa diligência. Dessa forma (e como vimos) não fica esgotada a possibilidade de, numa fase mais adiantada da acção, ser marcada uma tentativa de conciliação, ora porque o juiz, *sponte sua*, a determine, ora porque as partes, conjuntamente, a requeiram.

Naturalmente que os juízes e os advogados "desejam" a conciliação [537]. O que se entende é que a marcação exclusiva de uma segunda tentativa de conciliação (após uma outra primeira, também exclusiva, se ter gorado), constituiria uma pura repetição de um acto judicial, nociva à célere tramitação da acção.

E acresce a isto que o impedimento de tal duplicidade em nada prejudica uma futura e potencial conciliação, porquanto esta pode ser tentada e ter lugar em qualquer outro estado do processo e não apenas em diligências especialmente marcadas para o efeito, como sabemos.

Importa ainda salientar, a este propósito, que o n.º 4 do art. 509.º do CPC trouxe uma "novidade" legislativa que alguns juízes já utilizavam, embora sem cobertura legal expressa para o efeito [538].

Refere aquele segmento que se a conciliação se frustrar (total ou parcialmente) deverão ficar transcritos em acta os fundamentos invocados pelas partes que justificam a persistência do litígio.

---

[537] Cfr. a alínea f) do n.º 1 do art. 83.º do Estatuto da OA (aprovado pelo DL n.º 84/84, de 16 de Março, posteriormente alterado pela Lei n.º 33/94, de 6 de Setembro).

[538] Mas também sem norma que o impedisse, o que permitia concluir que tal conduta dos magistrados não era ilegal.

Bem sabemos que os objectivos do legislador foram os relacionados com a economia de esforços processuais e até com a delimitação dos termos fácticos e (ou) jurídicos do litígio, a que adiante aludiremos [539]. O que acontece é que a transcrição dos motivos que "afastam" as partes equivale (ainda que indirectamente) à detecção e à concretização dos motivos que as "aproximam", isto é, à detecção e à concretização das questões em que elas, porventura, cedam (ou aceitem ceder). Dir-se-á que esta conclusão, em si mesma, não tem qualquer inconveniente e que é até vantajosa, por constituir mais um passo para uma futura e hipotética consensualização das partes e, no fundo, por restringir o litígio àquilo que realmente as separa.

São verdadeiras estas possíveis virtudes do n.º 4 do art. 509.º do CPC. Mas do que estamos convencidos é de que tal segmento normativo pode gerar, indirecta e previamente, um receio para as partes e para os seus advogados de verem assim "espelhadas" possíveis cedências de que mais tarde se arrependam. Por isso, não será de estranhar que as partes e os seus advogados "entrem" para esta tentativa de conciliação com uma postura não tão aberta e tão franca como seria desejável, por se sentirem naturalmente inibidas e receosas de cederem demais, ou até de... falarem demais [540].

Resta dizer que a audiência preliminar marcada para este efeito é perfeitamente facultativa, podendo o juiz, pois, pura e simplesmente dispensá-la, sem terem de se verificar quaisquer condicionalismos ou se mostrarem satisfeitos quaisquer requisitos. Basta que o magistrado não considere oportuna a tentativa de conciliação nesta fase do processo.

9.2.2. A Discussão sobre as Excepções Dilatórias que ao Juiz Cumpra Apreciar

Na primeira parte da alínea *b)* do n.º 1 do art. 508.º-A do CPC prevê-se que a audiência preliminar pode também ser marcada para proporcionar uma discussão entre as partes, sobre matéria de facto e de

---

[539] E também para "evitar que a falta de conciliação se fique a dever a motivos fúteis ou insignificantes", como fundamenta M. Teixeira de Sousa (*Estudos sobre o Novo Processo Civil*, p. 309).

[540] Partilhando da mesma preocupação, Abílio Neto (*CPC Anotado, 13.ª...*, p. 228).

direito, a propósito de qualquer excepção dilatória que ao juiz cumpra apreciar [541].

Por isso, antes de mais, torna-se necessário saber quais são essas excepções. São, precisamente, as que hajam sido formalmente suscitadas pelas partes nos articulados e aquelas de que o juiz possa (e deva) conhecer oficiosamente (cfr., para o efeito, o art. 495.º do CPC).

No nosso entender, a audiência para este efeito deve ter lugar nas três seguintes hipóteses [542]:

1.ª Quando a ou as excepções tenham sido suscitadas (e respondidas) pelas partes nos articulados espontaneamente apresentados, mas o juiz pretenda ver a ou as questões mais aprofundada e vantajosamente debatidas, por entender que as mesmas foram tratadas de forma não totalmente suficiente ou esclarecida naqueles articulados;

2.ª Quando o juiz se proponha apreciar uma qualquer excepção dilatória de conhecimento oficioso, embora a mesma não haja sido, formalmente, suscitada pelas partes nos articulados. Assim se dará cabal cumprimento ao n.º 3 do art. 3.º do CPC, que desenvolveu e "apurou" o princípio do contraditório e que aponta para o tendencial desaparecimento das tão faladas "decisões-surpresa";

3.ª E, finalmente, quando uma excepção dilatória tenha sido suscitada por uma das partes naquele que era o último articulado espontaneamente previsto (e, por isso, permitido) na lei e, portanto, a parte contrária não tenha disposto de peça para a apresentação da consequente resposta (cfr. o n.º 4 do art. 3.º do CPC). Assim (e como já oportunamente demonstrámos [543]) terminam aqueles articulados que a lei não previa, mas que a doutrina idealizara para assegurar o contraditório [544].

---

[541] Este era também um dos motivos que podia justificar a marcação da audiência preparatória nos anteriores diplomas. Só que, então, formalmente, essa audiência podia ser marcada também para proporcionar a discussão sobre excepções peremptórias.

[542] Lopes do Rego (*Comentários...*, p. 344) parece defender que a audiência preliminar marcada para este efeito só pode ocorrer nas duas últimas hipóteses referidas no texto.

[543] Cfr. *supra* o tema "7.9.- A RESPOSTA EM AUDIÊNCIA A EXCEPÇÕES E A ABOLIÇÃO DOS ARTICULADOS IDEALIZADOS PELA DOUTRINA".

[544] E o princípio previsto no n.º 4 do art. 3.º do CPC é igualmente aplicável, como sabemos, quando a excepção suscitada tenha sido peremptória. Um exemplo da

Importa salientar que a audiência preliminar que tenha sido exclusivamente marcada para este efeito pode ser dispensada pelo juiz, mas agora apenas quando a sua realização tenha por fim a discussão de excepções dilatórias que as partes já hajam debatido nos articulados, como se refere na primeira parte da alínea *b*) do n.º 1 do art. 508.º-B do CPC [545], o que equivale por dizer que nos casos anteriormente referidos em segundo e terceiro lugares (das hipóteses de marcação da diligência para este efeito) a realização da audiência preliminar não pode, naturalmente, ser dispensada, porquanto, num deles, a suscitação da excepção era feita, oficiosamente, pelo tribunal e, no outro, apenas uma das partes a deduzira, não tendo sido possível à outra responder-lhe, isto é, debatê-la.

Na primeira hipótese apresentada, porém, competirá ao tribunal decidir sobre a realização (ou não) da audiência preliminar, sendo certo que na situação concretamente exposta seria, com certeza, de toda a conveniência que ela se realizasse, a fim de que o tribunal pudesse ficar mais esclarecido acerca da ou das excepções dilatórias suscitadas e não se esquecendo, sobretudo, que elas podem implicar uma inevitabilidade processual indesejável: – a decisão formal da causa e, por isso, a não obtenção da justa composição do litígio.

9.2.3. A Discussão sobre a Possibilidade de o Juiz Conhecer Imediatamente do Mérito da Causa

A terceira finalidade da audiência preliminar consiste na promoção de uma discussão de facto e de direito entre as partes quando o juiz tencione conhecer, no todo ou em parte, do mérito da causa [cfr. a segunda

---

situação que vimos referindo, em processo ordinário, pode ser o seguinte: – na réplica ter havido uma alteração do pedido por parte do autor e, na tréplica, ter-se o réu defendido dessa modificação através de uma qualquer excepção. Por não haver mais articulados (eventuais) para além da tréplica, a resposta do autor a tal excepção deverá ocorrer nesta audiência preliminar.

[545] A matéria desta alínea b) deveria constituir, no nosso modesto entender, a alínea *a*) dos mesmos número e artigo [e inversamente a da al. *a*) deveria passar a constituir a al. *b*)], por uma questão de lógica, de coerência e de correspondência com a ordem utilizada no n.º 1 do art. 508.º-A, e até por uma questão processualmente cronológica, na medida em que as matérias constantes daquele segmento normativo precedem, naturalmente, a selecção da matéria fáctica controversa com interesse para o desfecho da lide.

parte da al. *b*) do n.º 1 do art. 508.ºA do CPC]⁵⁴⁶, seja porque lhe pareça que o processo fornece já todos os elementos de facto e (ou) de direito necessários a uma conscienciosa decisão sobre o fundo da questão, seja porque entende que procede uma qualquer excepção peremptória.

A audiência preliminar, nestes casos, encontra algumas razões históricas no receio por parte do legislador de que se esteja perante uma qualquer precipitação do juiz, tão estranha é a possibilidade de este, sem actividade instrutória, poder emitir já um sério juízo de raciocínio decisório acerca do mérito da causa.

Por outro lado, assim também se evitam as já aqui referidas "decisões-surpresa", na medida em que o juiz ouve a discussão entre as partes e desta poderá até surgir qualquer elemento novo que ele não houvesse ponderado (a tal potencial precipitação) que o leve a reflectir um pouco mais sobre a questão em debate e a chegar até à conclusão de que, afinal, o mérito da causa não pode ser já apreciado.

Por isso, a parte final do n.º 3 deste art. 508.º-A refere (à semelhança do que já ocorria na vigência do anterior diploma, para a audiência preparatória) que o despacho que marque esta audiência preliminar não constitui caso julgado sobre a possibilidade de apreciação imediata do mérito da causa, sob pena de poderem ser completamente inúteis a audiência preliminar e o próprio debate que nela se promove.

Também a audiência preliminar marcada exclusivamente para este efeito pode ser dispensada, mas apenas quando a apreciação do mérito da causa revista manifesta simplicidade, como se refere na parte final da alínea *b*) do n.º 1 do art. 508.º-B do novo diploma, o que constitui um preceito um pouco mais rigoroso do que o equivalente no CPC de 61 para a audiência preparatória (na versão que foi dada a esse diploma pela Reforma Intercalar de 1985), na medida em que nessa altura tal audiência era sempre facultativa, o que permitia que o juiz, imediatamente a seguir aos articulados, pudesse logo conhecer do mérito da causa, sem prévia audição das partes numa diligência marcada para o efeito, quer a apreciação desse mérito fosse manifestamente simples, quer se revestisse de toda a complexidade.

---

⁵⁴⁶ Este era também um dos motivos, como se sabe, que podia justificar a marcação da audiência preparatória nos anteriores diplomas.

9.2.4. A Discussão Tendente à Delimitação dos Termos do Litígio e (ou) ao Suprimento das Insuficiências ou Imprecisões Fácticas que ainda Subsistam ou que agora se Evidenciem

As discussões que agora se anunciam constituem o quarto e o quinto objectivos essenciais da audiência preliminar, como se refere na alínea c) do n.º 1 do art. 508.º-A do CPC, e a apreciação das mesmas torna-se fundamental para o trabalho que vimos realizando.

Vimos já que o CPC de 95, ao consagrar a possibilidade de o juiz convidar as partes ao completamento e à correcção dos articulados que se mostrem imperfeitos, demonstrou uma atenuação da força do dispositivo e um indiscutível aumento dos poderes do tribunal, a propósito da apresentação do litígio fáctico em juízo.

Como vimos, até à entrada em vigor do novo diploma – e excepto uma rara excepção – o juiz limitava-se a assistir, serenamente, ao desenrolar dos articulados, cabendo exclusivamente às partes (por força do dispositivo) a responsabilidade de expor o litígio em tribunal.

O CPC de 95 motivou, de resto (e a este propósito), uma interessante conclusão a que se chega com alguma facilidade: – é que agora, em situações normais, o juiz não assiste sequer ao desenrolar dos articulados, na medida em que o processo só chega às suas mãos, pela primeira vez, após a apresentação de tais peças. O que acontece é que ele não assiste ao desenrolar dos articulados espontaneamente apresentados pelas partes não propriamente porque tenha ficado ainda mais distante da apresentação do litígio, outrossim porque, inversamente, se lhe reconheceu a possibilidade de, no fim de tais articulados espontâneos, intervir ou interferir nessa mesma apresentação. E tal intervenção ou interferência faz-se da forma relevante que oportunamente apreciámos, sugerindo às partes o suprimento das insuficiências ou imprecisões fácticas detectadas e convidando-as a apresentar novas peças articuladas para o efeito.

Mas, não só. A atenuação da rigidez do dispositivo e o aumento dos poderes do tribunal, neste âmbito, não se ficaram por aqui.

Quis o novo legislador que, no fim dos articulados, possa o juiz convocar os litigantes para uma audiência preliminar, a fim de que:

a) aí se discutam as posições das partes com vista à delimitação dos termos do litígio;
b) aí se supram as insuficiências ou imprecisões na exposição da matéria de facto que ainda subsistam; e
c) aí se supram as insuficiências ou imprecisões na exposição da matéria de facto que se tornem patentes na sequência do debate referido na primeira destas alíneas.

Ora, é mais do que suposto – tendo em consideração a "filosofia" trazida pelo CPC de 95 a este propósito – que o juiz participe (e não apenas assista) nesta diligência e neste debate, não para se colocar de um dos lados da relação processual contra o outro (naturalmente), antes para se colocar ao lado da prossecução da delimitação do objecto da lide e ao lado do completamento e da clarividência alegatória ou impugnatória das partes, sugerindo e apelando (evidentemente) para o suprimento das insuficiências ou imprecisões que ainda subsistam ou que, inovadoramente (na sequência do debate tendente à referida delimitação dos termos do litígio), agora se evidenciem [547].

Nem de outra maneira poderia ser, sob pena de se entrar em contradição com o próprio n.º 3 do art. 508.º do CPC. Por outro lado, no preâmbulo do DL n.º 329-A/95, escreveu-se que esta audiência preliminar deveria constituir um amplo espaço de debate aberto e corresponsabilizante entre as partes, seus mandatários e o próprio tribunal, de forma a que os contornos da causa ficassem concertada e exaustivamente delineados.

Como estamos a verificar, os poderes do juiz (neste âmbito) não se restringem ao convite/"recomendação" para que as partes apresentem novos articulados tendentes ao completamento ou à correcção das deficiências notadas. Eles abrangem também (no caso daquela recomendação não ser aceite satisfatoriamente [548]) a designação de dia e hora para uma audiência preliminar onde tais tarefas sejam concretizadas.

Além disso (e como já ficou referido), o juiz pode também marcar a audiência preliminar apenas porque preveja (ou admita) ser possível delimitar mais exacta e precisamente os termos do litígio. Neste caso, não está em causa qualquer deficiência das partes na exposição fáctica do litígio. O que pode suceder é que o juiz entenda que, no meio da "multidão" de factos normalmente alegados e impugnados (e alegados e impugnados

---

[547] Atente-se na diversidade das expressões utilizadas pelo legislador nas alíneas b) e c) do n.º 1 deste art. 508.º-A. Na primeira dessas alíneas, refere-se que a audiência tem por fim "facultar às partes" a discussão de determinadas questões, isto é, permite-se a ocorrência de uma discussão entre as partes a que o juiz assiste e sobre a qual medita. Na segunda dessas alíneas, refere-se que a audiência tem por fim "discutir as posições das partes... e suprir...", o que só pode querer significar que o juiz participa também nessa discussão e no próprio suprimento (pelo menos, em termos de convite, já se sabe).

[548] Embora a lei não se refira expressamente a esta condição, ela parece estar implícita. Na verdade, estamos seguros de que se as partes tiverem correspondido, satisfatória e eficazmente, ao convite para completar ou corrigir os seus articulados, se torna evidentemente desnecessária a audiência preliminar para esse efeito.

suficiente e precisamente), possam as partes (neste amplo debate aberto) concertar mais concretamente o objecto do litígio, reduzindo-o, porventura, a uma ou duas questões essenciais.

Tentemos desenvolver o raciocínio e explanar as diversas situações que, no nosso entender, se podem verificar, a propósito da conjugação do n.º 3 do art. 508.º com a alínea c) do n.º 1 do art. 508.º-A do CPC:

1.ª No caso de as partes terem alegado e impugnado os factos eficientemente, isto é, no caso de elas terem apresentado os seus articulados sem imprecisões ou insuficiências fácticas (ou melhor dizendo, no caso de o juiz assim o entender), é mais do que óbvio que não se justifica nem o despacho pré-saneador proferido ao abrigo do n.º 3 do art. 508.º do CPC, nem a marcação da audiência preliminar para o efeito referido na segunda parte da alínea c) do n.º 1 do art. 508.º-A do mesmo diploma. Neste caso, também é provável que o objecto fáctico do litígio esteja perfeitamente delimitado e que, por isso, não seja igualmente de marcar a audiência preliminar para os efeitos previstos na primeira parte da mesma alínea;

2.ª Se, porém, o juiz entender que alguma das partes (ou ambas) alegou ou impugnou factos de forma insuficiente ou imprecisa, nesse caso deverá (poderá) ele convidar tal parte à apresentação de um articulado aperfeiçoador (o dito articulado judicialmente estimulado), previsto nos n.ºs 3, 4 e 5 daquele art. 508.º.

Nesse caso, poderão colocar-se agora várias hipóteses:

2.ª a. Se a parte aceder ao convite e corresponder à expectativa do juiz, isto é, se ela suprir satisfatoriamente, através do novo articulado, a ou as imperfeições anteriormente exibidas, não se tornará, evidentemente, necessário marcar a audiência preliminar para o efeito previsto naquela segunda parte da alínea c) do n.º 1 do art. 508.º-A;

2.ª b. Se, porém, a parte aceder ao convite, mas não conseguir suprir satisfatoriamente as imperfeições fácticas detectadas, nesse caso a audiência preliminar poderá ser marcada para o efeito referido [549]. Só assim se compreende a referência

---

[549] Em sentido não coincidente com o texto, M. Teixeira de Sousa (*Estudos sobre o Novo Processo Civil*, p. 304), referindo que não deve ser concedida à parte uma segunda oportunidade de suprimento das insuficiências ou imprecisões fácticas detectadas. No sentido do texto, Paula Costa e Silva (*op. cit.*, p. 239).

feita naquela alínea c) do n.º 1 do art. 508.º-A do CPC à supressão das insuficiências ou imprecisões na exposição da matéria de facto *que ainda subsistam*;

2.ª c. Se a parte não aceder pura e simplesmente ao convite [550], somos da opinião de que o juiz não deve, nesse caso, marcar a audiência preliminar para os efeitos completadores ou correctivos que se referiram na hipótese anterior [551].

3.ª Independentemente, porém, da eficiência dos articulados, pode o juiz entender, supor ou desejar que é possível, por consenso, delimitar os termos (fácticos) do litígio, reduzindo-os, porventura, a uma ou duas questões essenciais, simplificando dessa forma o litígio em si mesmo e potencializando uma mais rápida aproximação à sua pretendida justa composição. Nesse caso, o juiz pode convocar as partes para a audiência a que se refere a primeira parte da alínea que vimos analisando, proporcionando um debate para o efeito (e no qual, pelos vistos, o magistrado também intervém) [552]. E se deste debate surgirem mais insuficiências ou imprecisões fácticas, será no decurso da própria diligência que se promoverão os respectivos suprimentos.

São, pois, vários, os poderes de que o tribunal hoje goza, em relação à apresentação dos factos integradores do litígio:

a) o poder de convidar ambas as partes a beneficiarem todos os articulados apresentados;

---

[550] Como já demonstrámos, as partes não são obrigadas a apresentar os ditos articulados judicialmente estimulados.

[551] Com efeito, a admissibilidade de tal audiência é, no mínimo, duvidosa. Se as partes não acederam ao convite prévio que lhes foi feito para apresentarem os ditos articulados facticamente beneficiadores, isso pode quer significar que elas não querem, ou não podem, completar ou corrigir os articulados espontâneos. A audiência preliminar poderia constituir, neste caso, uma autêntica inutilidade ou uma pura repetição de um convite que, anteriormente, já se não aceitara, ou até uma tentativa inadmissível de contrariar a posição processual fáctica que a parte pretende assumir. Neste sentido, Lebre de Freitas (*A acção declarativa...*, p. 149). Em sentido contrário ao exposto (admitindo, portanto, a audiência para este efeito, apesar de as partes não terem, pura e simplesmente, acedido ao convite), J. João Baptista (*Processo Civil I. Parte Geral...*, p. 362).

[552] Dessa forma, também se poderá dar um passo determinante para a consensualização da selecção fáctica pretendida pela alínea e) do n.º 1 do art. 508.º-A do CPC.

b) o poder de convocar as partes para uma audiência preliminar tendo exactamente em vista a concretização desse benefício, no caso de ele ter sido materializado, mas não satisfatoriamente, na sequência do convite referido na alínea anterior;
c) o poder de convocar as partes para uma audiência preliminar, tendo em vista a exacta delimitação dos termos do litígio.

Fica demonstrada, assim, a atenuação da dimensão do princípio do dispositivo e, inversamente, o indiscutível e relevante aumento dos poderes do tribunal.

Mas, continuemos a analisar a audiência marcada para os efeitos referidos na segunda parte da alínea c) do n.º 1 do art. 508.º-A.

Como procurámos demonstrar, essa audiência pode ser perfeitamente dispensável. Para tanto, basta que as partes tenham alegado e impugnado convenientemente os factos, ou que, não o tendo feito, hajam respondido satisfatoriamente ao convite de completamento ou correcção que lhes foi dirigido pelo juiz, ou que não hajam, sequer, respondido (pura e simplesmente) a tal convite.

E acontece até que somos da opinião de que a audiência pode também ser perfeitamente dispensada, sem terem de verificar-se quaisquer condicionalismos, mesmo na hipótese de as partes terem acedido ao convite, mas não terem ainda completado ou corrigido, convenientemente, a imperfeita exposição original dos factos.

Com efeito, o juiz pode muito bem entender, por exemplo, que é inútil continuar a tentar melhorar o imelhorável, guardando tal tarefa (mas por outra via) para a instrução do processo. O juiz pode, pois, marcar a audiência para este efeito, mas pode, também, não a marcar. Como é mais do que natural que existam outros motivos para a realização da diligência, não se vê qualquer inconveniente em que o magistrado a aproveite (também) para os efeitos (repetidamente completadores ou correctivos) a que vimos aludindo. Mas só isso...

De resto, se considerámos como facultativo o despacho pré-saneador de convite ao aperfeiçoamento de articulados imperfeitos, igualmente temos agora de considerar como facultativa a audiência preliminar que possa ser marcada, exclusivamente, para idêntico efeito, até porque é possível (e desejável) que a exposição dos factos tenha "melhorado" (após a correspondência ao convite) e que, por isso, as imperfeições ou deficiências não sejam, hoje, tão graves ou relevantes.

E se dizemos que a audiência preliminar prevista para os efeitos da segunda parte da alínea c) do n.º 1 do art. 508.º é dispensável sem restrições, diremos o mesmo a propósito da sua realização para os efeitos previstos na primeira parte da mesma alínea. Ou seja, a audiência tendente à delimitação dos termos do litígio também é perfeitamente facultativa. Só haverá lugar a ela se o juiz a considerar vantajosa para a futura tramitação da acção, isto é, se o juiz prefigurar que é possível fixar mais exactamente os precisos limites e contornos do litígio, com isso conseguindo até dar um passo importante na perseguição da simplicidade e da economia processuais.

9.2.5. O Proferimento do Despacho Saneador

O sexto objectivo da audiência preliminar consiste no proferimento do despacho saneador, o qual deve ser ditado directamente pelo juiz para a acta da audiência [cfr. a al. d) do n.º 1 do art. 508.º-A e a primeira parte do n.º 2 do art. 510.º do CPC].

Trata-se, portanto (e em princípio, como veremos), de um despacho oral, proferido para os fins seguintes:

- **1.º Para conhecer das excepções dilatórias e das nulidades processuais** que hajam sido suscitadas pelas partes, ou que, em face dos elementos constantes dos autos, o juiz deva apreciar oficiosamente, nos termos da alínea a) do n.º 1 do art. 510.º do CPC.

Tendo em conta a matéria relacionada com as excepções dilatórias (sem dúvida, a mais relevante), podem agora suceder diversas situações:

- Se as partes não tiverem formalmente suscitado quaisquer excepções dilatórias e o juiz igualmente concluir que não lhe compete, neste momento processual, apreciar qualquer uma das que pode, oficiosamente, conhecer, então esta primeira parte do despacho saneador pode hoje ser singelíssima. Somos da opinião de que bastará ao juiz referir, genericamente, com uma única e simples frase, que não foram invocadas, nem lhe compete conhecer quaisquer excepções dilatórias (e também de nulidades, já se disse)[553], ao contrário do que sucedia nos diplomas anteriores, na vigência

---

[553] Neste sentido, também, Lopes do Rego (*Comentários...*, p. 350).

dos quais o juiz devia correr, uma a uma, as excepções dilatórias expressamente consagradas na lei [cfr. o ponto 1.º do art. 514.º do CPC de 39 e a al. *a*) do n.º 1 do art. 510.º do CPC de 61], referindo sistematicamente (e obrigatoriamente por escrito) que o tribunal não era absolutamente incompetente, que não se verificava a nulidade de todo o processo, que as partes não se mostravam destituídas de personalidade e de capacidade judiciárias, que não eram ilegítimas, etc.

Na verdade, sempre considerámos tal parte do despacho saneador como algo de absolutamente inútil e penoso, porquanto sempre também desejámos que, não tendo sido suscitadas pelas partes quaisquer excepções dilatórias, nem se oferecendo ao juiz a apreciação oficiosa delas, bastaria que neste despacho se referisse exactamente isso e de uma só vez [554].

– Mas, pode uma das partes ter formalmente suscitado uma excepção dilatória, à qual a outra parte respondeu em articulado próprio [555]. Neste caso, temos de relacionar a matéria agora em apreço com uma outra que já foi oportunamente abordada, concretamente a respeitante à alínea a) do n.º 1 do art. 508.º e ao n.º 2 do art. 265.º do CPC. É que, nesta situação exacta, podem ocorrer também duas ou mais hipóteses:

– Se o juiz entender, no fim dos articulados espontâneos (portanto, antes ainda desta audiência preliminar) que a arguição da excepção tem consistência, mas que o vício dela derivado pode ser suprido, nesse caso, deverá o juiz determinar a realização dos actos necessários à regularização da instância (ou convidar a parte a praticá--los), como prescrevem os referidos arts. 508.º, n.º 1, al. *a*) e 265.º, n.º 2 do CPC. Conseguido tal objectivo neste momento de pré-saneamento, deve agora o juiz, no despacho saneador, limitar-se a relatar, sumariamente, os passos processuais que foram dados para o efeito e, em conclusão, afirmar que a excepção dilatória invocada se mostra suprida, podendo o despacho prosseguir para os demais fins que ainda analisaremos [556]. Não conseguido tal

---

[554] Afonso de Melo (*op. cit.*, p. 34) chegou mesmo a preconizar, antes do CPC de 95, a eliminação do "burocrático" despacho saneador em termos genéricos.

[555] Deixemos agora de parte a hipótese de a excepção ter sido suscitada no último articulado admitido por lei, para mais fácil desenvolvimento do raciocínio.

[556] E é claro que, neste caso, deve ainda o juiz ditar, singelamente, para a acta da audiência preliminar que não foram invocadas nem que lhe cumpre apreciar quaisquer outras excepções dilatórias.

objectivo (por a parte não ter correspondido ao convite tendente ao suprimento do vício, por exemplo) o juiz não tem outro "remédio" que não seja, no dito despacho saneador, absolver o demandado da instância, dando previamente conta dos referidos passos e omissões processuais e julgando procedente a excepção dilatória suscitada. Imaginemos, por exemplo, que o juiz entendeu (tal como o réu suscitou) que a acção devia ter sido instaurada contra três réus e não apenas contra o único demandado pelo autor. Já se sabe que, no fim dos articulados espontâneos, o autor é convidado a suprir esse vício (qual seja o da violação do litisconsórcio necessário e da consequente ilegitimidade do réu "desacompanhado"), isto é, o autor terá sido convidado a provocar a intervenção dos outros dois interessados. Se ele não aceder a esse convite, sofre, natural e necessariamente, as consequências (formais) dessa sua conduta omissiva;

– Se, por outro lado, o juiz entender, no fim dos articulados espontâneos, que a arguição da excepção tem consistência, mas que o vício dela derivado é absolutamente insuprível (v.g., a incompetência absoluta do tribunal [557]), então decerto que não se dará cumprimento à alínea a) do n.º 1 do art. 508.º do CPC (por manifesta inutilidade) e o despacho saneador não poderá deixar de constituir igualmente uma decisão formal de abstenção de conhecimento do mérito da causa e de absolvição da instância;

– Se, pelo contrário, o juiz entender, no fim dos articulados espontâneos, que a arguição da excepção não tem qualquer consistência, então também não se aplicará (evidentemente) a alínea a) do n.º 1 do art. 508.º do CPC e, no despacho saneador, fundamentadamente, deve o magistrado julgar a excepção dilatória improcedente, podendo assim o despacho e a audiência "prosseguirem" para os seus outros fins [558];

---

[557] Sem embargo do preceituado no n.º 2 do art. 105.º do CPC.

[558] E constituindo-se assim (como nos casos anteriores), logo que o despacho transite em julgado (art. 677.º do CPC), caso julgado formal relativamente à questão concretamente apreciada, nos termos da primeira parte do n.º 3 do art. 510.º do diploma. Este segmento normativo não existia nos anteriores diplomas e, por isso, a jurisprudência e a doutrina dividiam-se. Uns autores entendiam que se não fosse interposto recurso do despacho saneador gerava-se caso julgado formal de todo o conteúdo do despacho, mesmo que o juiz não tivesse concretamente decidido, uma a uma, as excepções dilatórias. Neste sentido, Paulo Cunha (op. cit., Tomo II, p. 30), L. Pereira de Melo (op.

– Finalmente, podem as partes não ter formalmente suscitado qualquer excepção dilatória, mas o juiz entender que (no caso) se verifica, por exemplo, uma das que ele pode conhecer oficiosamente, a qual tenha, no seu entender, igualmente consistência suficiente. Nesse caso, podem ocorrer exactamente as situações que anteriormente se descreveram, tendentes ao suprimento do vício. Mas, se este for insanável e, portanto, não houver que aplicar a alínea *a*) do n.º 1 do art. 508.º e o n.º 2 do art. 265.º do CPC, no decurso da audiência que estamos a analisar, sempre o despacho saneador haveria de ser precedido da discussão a que alude a primeira parte da alínea *b*) do n.º 1 do art. 508.º-A do CPC. Na verdade, sendo visível que vai proceder uma excepção dilatória que não foi debatida pelas partes nos articulados, aquela discussão não poderia deixar de realizar-se.

2.º Para conhecer imediatamente do mérito da causa, se for caso disso (evidentemente), como se refere na alínea *b*) do n.º 1 do art. 510.º do CPC.

Na verdade, depois de "ultrapassadas" as dificuldades (meramente potenciais e indesejáveis) derivadas das excepções dilatórias, deve o juiz, igualmente no despacho saneador, verificar se pode já conhecer do mérito, total ou parcialmente, da causa original ou da reconvencional, por o processo lhe fornecer já todos elementos necessários para o efeito.

Assim, por exemplo, se determinados factos alegados pelo autor, que não hajam sido minimamente impugnados pelo réu (e, como tal, hajam sido considerados confessados) forem o bastante para o juiz poder já julgar a acção materialmente procedente, nesse caso o despacho saneador como que "transforma" numa verdadeira sentença de mérito, sendo como tal, de resto, considerado (cfr. a parte final do n.º 3 do art. 510.º do CPC).

O mesmo se diga a propósito da reconvenção, por exemplo, mas inversamente. Se determinados factos constitutivos do direito invocado

---

cit., p. 11) e M. J. Gonçalves Salvador (*op. cit.*, ps. 14-15). No sentido do que veio a perfilhar-se no CPC de 95, isto é, de apenas se gerar o caso julgado relativamente às questões concretamente apreciadas no despacho, J. Alberto dos Reis (*CPC Anotado*, Vol. III, p. 199) – depois de ter defendido a tese oposta –, Manuel de Andrade (*op. cit.*, p. 184, em nota de rodapé), Anselmo de Castro (*DPC Declaratório*, Vol. II, ps. 266-272) e Varela/Bezerra/Nora (*Manual...*, ps. 394-395).

por essa via não houverem sido refutados pelo autor no articulado próprio para o efeito (a réplica, como sabemos), também o juiz poderá (e deverá, se for caso disso) condenar já o autor/reconvindo nesse pedido reconvencional, assumindo-se novamente o despacho saneador como uma verdadeira sentença.

E o mesmo se diga ainda, por exemplo, quando o juiz verifica que procede já uma determinada excepção peremptória (por também não ter sido impugnada, por exemplo), ora deduzida contra o pedido original, ora contra o pedido reconvencional. Se o estado da causa assegura já ao juiz uma visível procedência de tal excepção, mais uma vez o despacho saneador constituirá uma autêntica sentença de mérito, tendo em consideração os efeitos consagrados na parte final do n.º 2 do art. 487.º e no n.º 3 do art. 493.º do CPC.

Importa recordar, a propósito do que fica dito, que nestas hipóteses, em princípio, antes deste despacho saneador (que, como se disse, é proferido oralmente e ditado pelo juiz para a acta da audiência preliminar) ocorreu já a discussão entre os litigantes a que alude a parte final de alínea b) do art. 508.º-A do CPC, a não ser que a simplicidade da questão a tenha dispensado [cfr. a parte final da al. b) do n.º 1 do art. 508.º-B do CPC].

Se, pelo contrário, o estado da causa não fornece a possibilidade de conhecer já do seu mérito (como acontecerá normalmente, admite-se), somos da opinião de que, nesse caso, bastará ao juiz fazer uma breve referência a isso mesmo, concluindo-se o próprio despacho saneador com tão singela frase.

Portanto, hoje, o despacho saneador (o que é proferido oralmente e ditado directamente pelo juiz para a acta da audiência) é constituído apenas por dois capítulos, um destinado aos efeitos previstos na alínea a) do n.º 1 do art. 510.º do CPC (isto é, às excepções dilatórias e às nulidades) e outro destinado aos fins previstos na alínea b) daqueles mesmos número e artigo (isto é, ao conhecimento do mérito da causa), dele não fazendo propriamente parte, pois, como até aqui, a selecção da matéria de facto pertinente, quer a considerada como assente, que a controvertida.

A propósito do que fica dito, analisemos a seguinte hipótese:

– Admitamos que findam os articulados, não se mostra propícia qualquer tentativa de conciliação, inexistem excepções dilatórias, a alegação e a impugnação dos factos não carecem de aperfeiçoamentos, não há que tentar delimitar o objecto do litígio, mas o juiz sente-se seguro (já) para conhecer do mérito da causa.

Neste caso, a audiência preliminar não tinha de ser marcada nem ao abrigo da alínea *a*), nem ao abrigo da primeira parte da alínea *b*), nem ao abrigo da alínea *c*), nem (evidentemente) ao abrigo da alínea *e*) do n.º 1 do art. 508.º-A do CPC.

Todavia, como regra, ela teria de ser marcada para os efeitos da parte final da alínea *b*) desses mesmos número e artigo, a fim de que o juiz pudesse ouvir a discussão entre as partes, de facto e de direito, tendo em consideração a anunciada tendência para o conhecimento imediato do mérito da causa.

Mantivesse ou não o juiz essa tendência, após a referida discussão, deveria ser proferido então, na mesma audiência preliminar, o despacho saneador, pelo que podia seguramente dizer-se que tal diligência fôra marcada não apenas para os efeitos da parte final da alínea *b*) do n.º 1 do art. 508.º-A do CPC, mas também para os efeitos da alínea *d*) de tais número e artigo.

O que acontece, porém, é que, nos termos da parte final da alínea *b*) do art. 508.º-B, a audiência marcada para aquela discussão entre as partes pode ser dispensada quando a simplicidade da questão o justifique.

Ora, se neste caso não for marcada a audiência preliminar para permitir a aludida discussão (e esta só se justificava, teoricamente, pela circunstância de o juiz ter anunciado que se sentia habilitado a conhecer já do mérito da causa), também é óbvio que aquela diligência não deve ser marcada apenas para ser proferido o despacho saneador/sentença material. Não faz sentido que a manifesta simplicidade da questão dispense a discussão das partes e a mesma simplicidade não dispense a convocação delas para, no fundo, virem a uma diligência tão simplesmente "ouvir" uma sentença[559].

Neste caso, o despacho saneador/sentença é naturalmente proferido por escrito e no prazo de vinte dias (cfr. o preâmbulo do n.º 1 do art. 510.º do CPC).

Em face do exposto, somos da opinião de que podem suceder as seguintes hipóteses concretas, a propósito do tendencialmente anunciado conhecimento do mérito da causa por parte do juiz no despacho saneador [deixemos, pois, agora, as als. *a*), 1.ª parte da *b*) e *c*) do n.º 1 do art. 508.º-A]:

---

[559] Aliás, nunca fará sentido que a audiência preliminar seja marcada apenas para ser lavrado o despacho saneador. Neste sentido, Paula Costa e Silva (*op. cit.*, p. 240).

1.ª hipótese: – O conhecimento do mérito da causa não se reveste de manifesta simplicidade.

Neste caso, a audiência preliminar tem de ser marcada para propiciar a discussão entre as partes. A audiência será, pois, obrigatória. Mas tendo em consideração que, após ouvir a discussão, o juiz pode "recuar" nessa sua tendência para conhecer do mérito da causa (relembre-se a parte final do n.º 3 deste art. 508.º-A), no despacho em que se designa dia e hora para tal audiência, deve o juiz dar a conhecer os seus potenciais desígnios e marcar a audiência para os efeitos da 2.ª parte da alínea *b*), da alínea *d*) e, eventualmente, para os efeitos da alínea *e*) do n.º 1 do art. 508.º-A do CPC.

É que esse recuo pode muito bem suceder e, por isso, o despacho saneador (neste âmbito) resumir-se-á a uma singela frase, através da qual o juiz refere que, afinal, o estado do processo não lhe permite conhecer já do mérito da causa, ao contrário do que anunciara e, por isso, a audiência preliminar "avançará" para a selecção da matéria de facto pertinente, para a indicação dos meios de prova, etc [560]. Só assim os advogados das partes estarão preparados para essas eventualidades.

Se naquele despacho designativo de dia e hora para a audiência, o juiz se limitar a comunicar que ela se destina à discussão referida e ao despacho saneador, podem as partes fundamentadamente referir que não tendo sido convocadas para mais nada, a audiência não poderá prosseguir para a selecção da matéria de facto e para os efeitos previstos no n.º 2 do art. 508.º-A. Daí a necessidade de ser lavrado o despacho designativo de dia e hora para a audiência preliminar que se idealizou [561];

2.ª hipótese: – O conhecimento do mérito da causa reveste-se de manifesta simplicidade.

Neste caso, PODE ser dispensada a audiência preliminar e a discussão que ela proporcionaria e, na sequência disso, o despacho saneador é proferido por escrito (nos termos directos do n.º1 do art. 510.º do CPC).

---

[560] E, por isso, a audiência também deve ser marcada, eventualmente, para os efeitos do n.º 2 deste art. 508.º-A.

[561] A não ser que se entenda, por os advogados saberem (ou não deverem desconhecer) da possibilidade de o juiz "recuar" a propósito do anunciado conhecimento imediato do mérito da causa, que eles têm de ir "preparados" para a eventualidade da audiência se poder destinar à selecção da matéria de facto e aos objectivos referidos no n.º 2 deste art. 508.º-A. Embora reconheçamos a consistência desta reflexão, mantemos a opinião manifestada no texto.

Portanto, como regra, o despacho saneador deve ser oralmente proferido e no decurso da audiência preliminar.

Só não acontecerá dessa forma – além da hipótese excepcional referida – se a complexidade das questões a abordar assim o "recomendar" e o juiz decidir que ele deve ser lavrado com mais tempo e serenidade.

Nesse caso, a audiência suspende-se, o juiz lavra o despacho em vinte dias (naturalmente por escrito), continuando a audiência para as restantes finalidades que se devem perseguir em data logo marcada aquando da suspensão (cfr. a parte final do n.º 2 do art. 510.º)[562].

Evidentemente que tal não ocorrerá se o despacho saneador for tão simples como já o idealizámos. Do género: "I. – Não foram invocadas excepções dilatórias, nem cumpre conhecer oficiosamente de alguma. Também não se verificam nulidades. II. – O estado do processo não permite um imediato conhecimento do mérito da causa".

9.2.6. A Selecção da Matéria de Facto Relevante

Eis o sétimo objectivo da audiência preliminar: – a selecção da matéria de facto com relevo para o desfecho da lide, quer a que se considere assente, quer a que constitua a base instrutória, como se refere na alínea e) do n.º 1 do art. 508.º-A do CPC.

Esta é, seguramente, uma das inovações mais controversas do novo CPC. Ao contrário do que durante décadas se verificou, não será mais o juiz, sozinho, quem irá seleccionar os factos pertinentes para o desfecho da lide. Ou melhor, embora tal função continue a competir-lhe, o seu exercício deverá satisfazer determinados requisitos. Um, já anteriormente existente; outro, é absolutamente inovador. Comecemos por aquele:

a) A tarefa selectiva em apreço só acontece se o réu tiver contestado a acção. Não contestando, podem suceder duas situações: – ou a revelia é operante e a falta de contestação implica que os factos alegados na petição inicial se considerem como confessados, como anteriormente ao CPC de 95. Nesse caso, o processo passa imediatamente para uma fase simples de discussão escrita, sendo, depois, proferida a sentença, julgando-se a causa conforme for de direito (cfr. os arts. 483.º e 484.º do CPC, sobre os quais já

---

[562] Cfr., a propósito, o inovado art. 155.º do CPC, que tem causado alguma polémica nos nossos tribunais.

reflectimos); – ou a revelia é inoperante, por estarmos perante um dos casos excepcionais das três últimas alíneas do art. 485.º e, nesse caso, os factos alegados pelo autor subentendem-se controvertidos, devendo sobre os mesmos incidir a instrução (cfr. a terminologia adequadamente utilizada no art. 513.º do novo diploma, em confronto com a do CPC de 61). Neste caso, em que a acção continua para apuramento de factos, apesar da falta de contestação, há despacho saneador mas não há a tarefa facticamente selectiva que vimos analisando. A instrução incidirá directamente sobre os factos constantes da petição inicial. O mesmo é dizer que a audiência preliminar marcada para os efeitos da alínea *e*) do n.º 1 do art. 508.º-A do CPC só pode ter lugar se tiver sido apresentada a contestação. Ora, já antes do CPC de 95 (mas apenas desde a Reforma Intercalar de 1985) também só eram elaboradas a especificação e o questionário se tivesse havido contestação e a acção houvesse de prosseguir (cfr. o n.º 1 do art. 511.º do CPC de 61, com a redacção que lhe foi dada pelo DL n.º 242/85, de 9 de Julho). Portanto, quanto a este requisito não há relevantes diferenças a assinalar;

b) Mas, a tarefa facticamente selectiva está hoje envolvida pelo novo condicionalismo a que anteriormente se fez referência, qual seja o relativo ao prévio debate (entre juiz, autor e réu, ou melhor e certamente, entre juiz e advogados) que tem de ocorrer. Por isso, dissemos que essa missão deixou de ser exercida, isoladamente, pelo juiz. Pretende-se que advogados e magistrado, num espírito de entreajuda processual, seleccionem em conjunto, num debate que se pretende seja profícuo e célere, os factos com relevo para o desfecho da lide [563]. Os operadores judiciários que vamos inquirindo, bem como aqueles que vamos ouvindo em alguns debates em que temos participado, ainda se mostram bastante receosos, para não dizer, desconfiados, acerca da eficácia do novo sistema. Suspeita-se mesmo que um advogado não imbuído do novo espírito de colaboração para que o diploma apela, possa "amarrar" a audiência preliminar, com requerimentos e mais requerimentos, com argumentações e mais argumentações, de modo a retirar eficácia à diligência. Dir-se-á que, as mais das vezes, os advogados estarão de acordo, porque em relação à

---

[563] Como já defendia, antes do CPC de 95, Afonso de Melo (*op. cit.*, p. 36).

maioria dos factos eles estão em desacordo. Quer dizer, haverá acordo quanto ao desacordo, não sendo, portanto, difícil, nem demorada, a selecção da base instrutória. Aceitamos o argumento, que é relevante. O futuro dirá, todavia, se as reservas manifestadas são ou não acertadas. É claro que numa acção com peças de centenas e centenas de artigos (e, por isso, centenas e centenas de factos), o debate selectivo vai ser, no mínimo, complicado. Aguardemos, esperançadamente...

Somos, por outro lado, da opinião de que o espírito colaborador a que aludimos incide não apenas sobre os advogados, mas também sobre o juiz. Este deve estar aberto e, em princípio, seleccionar ora para a matéria considerada como assente, ora para a base instrutória, os factos que as partes, de acordo, assim tenham pretendido ver seleccionados [564]. O espírito de sintetização do juiz, relativamente à selecção apenas dos factos com interesse para o desfecho da lide, pode, pois, ceder um pouco, hábil e inteligentemente, perante o acordo manifestado pelas partes, "convocando-se" (por exemplo) para a base instrutória determinado facto que, porventura, fosse duvidoso se seria ou não seleccionado pelo juiz, se tal missão continuasse a ser realizada, exclusivamente, por ele.

Mas, tal cedência implicará que o juiz tenha de seleccionar um facto, mesmo que seja manifesta a sua irrelevância, só porque as partes, no debate, nisso "acordaram"?

Evidentemente que não. Em casos de manifesta falta de interesse para o desfecho da lide, é óbvio que "a vontade selectiva do juiz se sobreporá à das partes".

E o mesmo se diga se o debate não surtir o objectivo pretendido. Se as partes (naturalmente, referimo-nos essencialmente aos advogados) permanecerem em absoluto desacordo quanto à selecção de determinado facto, quanto à sua inserção na matéria considerada como assente, ou quanto à sua inserção na base instrutória, prevalecerá, evidentemente, a decisão do juiz. Por isso, dissemos que a missão facticamente selectiva continua a ser executada por ele, mas com outros condicionalismos.

Importa, por outro lado, acrescentar que na alínea *a*) do n.º 1 do art. 508.º-B do CPC se previu a hipótese de a audiência preliminar marcada

---

[564] Num espírito similarmente adaptado ao que já se desejara com a Reforma Intercalar de 1985 (tendo em consideração o texto do n.º 1 do art. 464.º-A do CPC de 61) e com o DL n.º 211/91, de 14 de Julho.

para o efeito selectivo da base instrutória poder ser dispensada, mas apenas quando a simplicidade da causa o justifique ⁵⁶⁵, ⁵⁶⁶.

Daqui podemos ainda tirar outra conclusão. É que, neste caso, se a audiência preliminar não houver de ser marcada para qualquer dos efeitos previstos nas alíneas *a)*, *b)* e *c)* do n.º 1 do art. 508.º-A do CPC, também se dispensaria logicamente a sua realização para efeitos de proferimento verbal do despacho saneador, ou seja, para os efeitos previstos na alínea *d)* dos mesmos número e artigo. Com efeito, se não há excepções dilatórias sobre que ponderar, se o estado da causa não permite conhecer já do respectivo mérito e se a simplicidade daquela permite prescindir da audiência preliminar para os efeitos facticamente selectivos, parece não fazer sentido nenhum que tal audiência tenha de realizar-se apenas para que as partes venham ouvir o tal singelíssimo despacho saneador do género do que oportunamente referimos.

Por isso é que o n.º 2 do art. 508.º-B do CPC veio referir que, não havendo lugar à audiência preliminar, no despacho saneador que o juiz elabora por escrito (cfr. novamente o n.º 1 do art. 510.º), será incluída a selecção da matéria de facto com interesse para o desfecho da lide, quer a considerada assente, que a controvertida.

Duas outras subsequentes conclusões se podem retirar daqui:

1.ª a primeira é a de que neste caso (e só neste) competirá isoladamente ao juiz a dita tarefa facticamente selectiva, ao contrário da situação normal prevista na lei, na medida em que essa tarefa é executada sem qualquer debate prévio em que participem os advogados das partes, como se verificou;

2.ª a segunda é a de que neste caso (e, em bom rigor, também só neste) é que pode dizer-se que do despacho saneador faz parte também a dita selecção dos factos com interesse para o desfecho da lide, quer os assentes, quer os controvertidos, ou seja, este despacho saneador deverá ter quatro e não dois (como anteriormente referimos) capítulos, muito se aproximando assim da "situação" anteriormente prevista no CPC de 61 ⁵⁶⁷.

---

⁵⁶⁵ Dispensa contra a qual pugnara Lebre de Freitas (*Revisão...*, p. 470).

⁵⁶⁶ Concordamos inteiramente com Paula Costa e Silva (*op. cit.*, p. 259), quando esta refere que a simplicidade que permite a dispensa da realização da audiência preliminar não é, propriamente, a "simplicidade da causa" em si mesma, mas antes a "simplicidade da tarefa facticamente selectiva". Se a audiência era marcada, precisamente, para este efeito selectivo, poderá a mesma ser dispensada se a tarefa correspondente for facilmente executada.

⁵⁶⁷ Neste sentido, descritivamente, Pais de Sousa (*op. cit.*, p. 43).

Por outro lado, não compreendemos completamente que na alínea *a*) do n.º 1 do art. 508.º-B se tenha feito referência apenas à fixação da base instrutória e não também à selecção da matéria de facto considerada como assente. Com efeito, prevendo-se na alínea *e*) do n.º 1 do art. 508.º--A a realização da audiência preliminar para a selecção de ambas as matérias de facto (a assente e a controvertida), parece que teria sido mais curial que na alínea *a*) do n.º 1 do art. 508.º-B se tivesse previsto a dispensa daquela audiência quando "destinando-se ela à selecção da matéria de facto relevante, a simplicidade da causa o justificasse"[568, 569]. Pode suceder que esta pequena disfuncionalidade (pelo menos, para nós) se tenha ficado a dever à circunstância de, na primeira versão do CPC de 95, em preceito algum se prever a selecção formal da matéria de facto considerada como assente, nem no segmento correspondente à actual alínea *e*) do n.º 1 do art. 508.º-A [era a al. *d*) dos mesmos número e artigo], nem no correspondente à actual alínea *a*) do n.º 1 do art. 508.º--B (era o n.º 5 do art. 508.º-A), nem no correspondente ao actual n.º 2 do art. 511.º (era o mesmo n.º 2 do art. 511.º, mas com outro texto), nem noutros segmentos. Ora, pode ter sucedido (dissemos acima) que tal omissão não tenha sido correctamente corrigida na versão final do Código [570], ao contrário do que aconteceu em relação a todos os outros artigos e números em que essa correcção se mostrou necessária.

---

[568] A não ser que se aceite, como M. Teixeira de Sousa (*Estudos sobre o Novo Processo Civil*, p. 305) que, ao fixar-se a base instrutória, delimita-se, negativamente, a matéria considerada como assente.

[569] A deficiente terminologia da lei levou F. Ferreira Pinto (*Lições..., 2.ª Edição*, p. 370) a cometer, salvo o devido respeito, um erro interpretativo, ao referir que se a simplicidade da causa permitir a dispensa da marcação da audiência preliminar que se houvesse de realizar apenas para fixar a base instrutória, no despacho a que ele chama de preliminar (mas que mais não é, no caso, do que o próprio despacho saneador, integrador da execução da tarefa facticamente selectiva, como dissemos) o juiz só selecciona os factos controvertidos e não também os que considere assentes, a não ser que a acção tenha sido contestada. Esta conclusão não tem justificação razoável. Sobre a questão, veja-se a correcta interpretação de M. Teixeira de Sousa (*Estudos sobre o Novo Processo Civil*, ps. 305-306).

[570] Omissão que também se terá verificado, mais visivelmente, no n.º 6 do art. 506.º do mesmo diploma, à qual já aludimos (cfr. a matéria tratada *supra* sob a epígrafe "7.10. – A NOVA TRAMITAÇÃO DOS ARTICULADOS SUPERVENIENTES. JUÍZOS APRECIATIVOS").

9.2.7. A Dedução das Reclamações Contra a Selecção da Matéria de Facto e a Decisão a Proferir sobre as mesmas

Seleccionados os factos relevantes para o desfecho da lide, será ainda na audiência preliminar que as partes (ou uma delas, bem entendido) podem (e devem) apresentar as suas reclamações a tal selecção, ora porque entendam que ela foi deficiente, ora porque entendam que ela foi excessiva, ora (finalmente) porque a considerem obscura, nos termos combinados da alínea *e*) do n.º 1 do art. 508.º-A com o n.º 2 do art. 511.º do CPC.

Torna-se imperioso analisar com algum cuidado este novo objectivo da audiência preliminar.

Se no referido debate que antecedeu a selecção da matéria de facto não ocorreram divergências entre as partes acerca da "convocação" dos factos, quase bem pode dizer-se que aquela selecção resultou mais de um "acordo" a que as partes e o tribunal chegaram do que, propriamente, de uma decisão selectiva emanada do exercício da função jurisdicional, no sentido clássico da expressão. A ser assim, podemos também acrescentar que se terão materializado os objectivos do legislador, no sentido de que a audiência preliminar, para este efeito, constitua uma profícuo debate de excelentes resultados. É evidente que, neste caso, as partes não apresentarão quaisquer reclamações relativamente à dita selecção fáctica. É inimaginável que as partes estejam de acordo quanto à selecção dos factos e, depois, manifestem o seu desacordo, reclamando.

Portanto, em bom rigor, as reclamações só serão apresentadas pelas partes se não tiver havido acordo (no dito debate prévio) quanto à selecção dos factos com interesse para o desfecho da lide, quer os considerados com assentes, quer os que constituam a base instrutória. Entendemos, entretanto, que perante este desacordo, o juiz deve tentar aproximar as partes, condescendendo aqui e ali, na perseguição daquilo que se pretende:
– a conciliada tarefa selectiva.

Mas se, de todo em todo, o acordo não for conseguido, não restará ao juiz senão decidir (por despacho ditado para a acta), ora seleccionando, ora não seleccionando determinado ou determinados factos e, no primeiro caso, ora os integrando na matéria considerada como assente, ora os "convocando" para a referida base instrutória. É neste condicionalismo – o de ter que se proferir um despacho/decisão selectivo ou não de factos (e selectivo ora para a matéria assente, ora para a controversa), por força de as partes nisso não terem acordado – que podem surgir as ditas reclamações.

E tais reclamações apresentam as seguintes características:

- Devem ser logo ditadas pelo reclamante para a acta da audiência;
- Podem ter como base qualquer invocada deficiência selectiva, ou seja, o reclamante pode entender que determinado ou determinados factos deveriam ter sido (e não foram) seleccionados pelo juiz. No fundo, neste caso, a parte tentará demonstrar, no requerimento/reclamação, a relevância e o interesse do ou dos factos em apreço, de modo a poder convencer o juiz da necessidade (ou, ao menos, da vantagem) da "convocação" deles. Entendemos, pois, que aqui a expressão "deficiência" equivale a "insuficiência";
- As reclamações podem também ter como base qualquer excesso selectivo. Agora, o sentido da reclamação é inverso do anterior. A parte desejará, no caso, que este ou aquele facto seleccionado seja "desconvocado". Para tanto, deverá demonstrar no dito requerimento/reclamação a inutilidade desse facto, ou melhor, a sua falta de relevo para o desfecho da lide;
- As reclamações também podem ainda versar sobre qualquer obscuridade selectiva. Esta acontecerá quando os factos "convocados" ou deixados de "convocar" pelo juiz, na dita decisão/selecção, configurem para a parte reclamante uma situação pouco explícita, pouco perceptível, numa palavra, uma situação fáctica pouco clara;
- Importa ainda, por fim, referir que as reclamações tanto podem dirigir-se à selecção da matéria considerada como assente, como à selecção da base instrutória, como se alcança do n.º 2 do art. 511.º do CPC [571].

Apresentada a reclamação na audiência preliminar, deve o juiz conceder a palavra à parte contrária, a fim de, só dessa forma, se dar cabal cumprimento ao princípio do contraditório, e para que essa parte possa "defender" a decisão selectiva (se for caso disso), ou melhor, para que ela possa pugnar pela improcedência da reclamação.

---

[571] Acresce que o mesmo espírito de cooperação para a eficaz, célere e justa composição do litígio, que é exigido, inovadamente, aos advogados portugueses (e sobre o qual anteriormente reflectimos), é aqui também de exercitar. Manifestando algum receio, sobretudo nos casos mais complexos, e idealizando uma inevitável continuação da audiência preliminar noutro dia, por força de eventuais "abundantes" reclamações, ou a não marcação, sequer, da diligência por causa disso, pronunciou-se J. João Baptista (*Processo Civil I, Parte Geral...*, p. 365).

Só após tal "resposta" da parte contrária é que competirá ao juiz decidir sobre a reclamação, dando ou não razão (parcial ou totalmente) à parte que a suscitou e procedendo, no caso afirmativo, às alterações que se mostrem adequadas na selecção dos factos.

Importa esclarecer que este despacho pelo qual se decide uma reclamação apenas pode ser impugnado no recurso que se vier a interpor da decisão final, nos termos do n.º 3 do art. 511.º do CPC, à semelhança do que já acontecia no CPC de 61, desde a entrada em vigor do DL n.º 242/85, de 9 de Julho (cfr. o n.º 5 do respectivo art. 511.º).

Acontece que vimos oportunamente que a selecção da matéria de facto pode não fazer-se nesta audiência preliminar.

Com efeito – e a título excepcional, em processo ordinário – se a simplicidade da causa (nos termos já enunciados) o justificar, o juiz pode dispensar a marcação da audiência preliminar para esse efeito.

Nesse caso – e também como já aqui foi dito – o despacho saneador, que é elaborado por escrito pelo juiz, conterá as ditas selecções fácticas, as quais podem ser concretizadas por simples remissão para os articulados (cfr. o n.º 2 do art. 508.º-B do diploma) [572].

Por força de tal decisão exclusiva do juiz e por inexistência de audiência preliminar, o legislador "remeteu" a dedução das reclamações a que vimos aludindo para o início da audiência final [573], o que – anuncie-

---

[572] E parece que só neste caso é que a selecção dos factos com relevo para o desfecho da lide se pode fazer através dessa remissão para os articulados e não também no caso normal de tal selecção derivar do debate em audiência preliminar, quer do directo "acordo" concretizado nesse sentido entre juiz e advogados, quer da decisão daquele, por inconcretização desse "acordo". E esta limitação parece-nos perfeitamente compreensível, tantas eram as dificuldades práticas sentidas pelos advogados quando, na vigência do CPC de 61 (e após a Reforma Intercalar de 1985), em plena audiência final, se "guiavam" por essa selecção por remissão, para inquirirem as testemunhas. Agora, a selecção materializada dessa maneira só poderá ocorrer quando a simplicidade da causa o justifique, pelo que as dificuldades dos advogados também não serão muitas, com toda a certeza. Do que se deixou dito, podemos concluir, portanto, que a simplicidade da causa (ou melhor, a simplicidade da selecção fáctica) pode provocar as duas seguintes conclusões: – a dispensa da realização da audiência preliminar e a selecção judicial por simples remissão para os articulados dos factos relevantes para o desfecho da lide, sendo certo que esta segunda conclusão a que chegámos nunca pode ocorrer se não ocorrer também a primeira.

[573] E não logo após a notificação do despacho que fixa a base instrutória (que, no caso, é o despacho saneador, insiste-se), como refere F. Ferreira Pinto (*Lições...*, 2.ª Edição, p. 370), opinião que se fica a dever, salvo o devido respeito, a novo lapso interpretativo do autor.

-se desde já – pode equivaler a uma delonga inesperada desta audiência e implicar até o seu próprio adiamento.

Em todo o caso, como se aceita que esta situação só pode ocorrer quando a "simplicidade da causa" tenha dispensado a audiência preliminar, também se aceita que as reclamações não possam ser assim tantas (ou tão complicadas) que impliquem uma grave violação da célere tramitação da acção [574].

No caso em análise, será também no início da audiência final que a parte contrária poderá responder às reclamações apresentadas, bem como será nessa altura que o juiz as deve decidir, aplicando-se igualmente o n.º 3 do art. 511.º do CPC.

9.3. *A Audiência Preliminar. Objectivos Complementares*

Os objectivos da audiência preliminar que vamos agora enunciar são apenas complementares, o que equivale por dizer que os mesmos não podem determinar, só por si, a realização da audiência. Constituem antes fins secundários dessa diligência e não propriamente fins menores, como já lhes ouvimos chamar em tribunal.

Constam os mesmos do n.º 2 do art. 508.º-A do CPC. A saber:

– É ainda na audiência preliminar (naturalmente, se o processo houver de prosseguir e depois de seleccionada a matéria de facto relevante) que as partes devem indicar os seus meios de prova, aí igualmente se decidindo sobre a admissão e a preparação das diligência probatórias, requeridas pelas partes ou oficiosamente determinadas, salvo se alguma das partes, com fundadas razões, requerer a sua indicação ulterior, fixando-se logo prazo para o efeito [cf. a al. *a)* do n.º 2 do art. 508.º-A]. Portanto – e como regra –, os advogados das partes devem já ir preparados para a audiência preliminar com a indicação dos meios de prova de que a parte disponha, mesmo sem saberem, previamente, quais os factos que vão constituir a base instrutória. Isto pode implicar, muitas vezes, que uma potencial indicação escrita prévia de tais meios de prova tenha de ser alterada. Por isso, somos da opinião de que a indicação dos meios de prova (a que alude a primeira

---

[574] Dando conta desta mesma reflexão, Paula Costa e Silva (*op. cit.*, p. 261).

parte da alínea que vimos analisando) pode fazer-se ou através de escrito previa ou momentaneamente elaborado nesse sentido, ou por declaração verbal ditada para a acta da audiência preliminar. Por outro lado, importa detectar que não tendo havido lugar à audiência preliminar e tendo, por isso, o despacho saneador (incluidor da base instrutória, já se sabe) sido elaborado por escrito pelo juiz, compete à secretaria notificar as partes do mesmo e de que, nesse caso, dispõem de quinze dias para a apresentação do rol de testemunhas, requererem outras provas, ou alterarem os requerimentos probatórios que hajam feito nos articulados, nos termos do n.º 1 do art. 512.º do CPC [575, 576];

– É na audiência preliminar também que se designa, sempre que for possível [577], logo a data da realização da audiência final, por "acordo de agendas", como começa a referir-se em juízo, por aplicação combinada da alínea b) do n.º 2 do art. 508.º-A com o n.º 1 do art. 155.º do CPC, assim acabando muitos dos adiamentos

---

[575] A este propósito, é importante detectarmos a desejadíssima alteração introduzida pelo art. 512.º-A do diploma, ao permitir que o rol de testemunhas possa ser alterado ou aditado até vinte dias antes da data em que se realize a audiência de julgamento (portanto, no nosso entender, abrange mesmo as hipóteses de adiamento desta audiência), notificando-se, nesse caso, a parte contrária para usar, querendo, de igual faculdade, no prazo de cinco dias. Note-se, todavia, que se o rol de testemunhas não tiver sido apresentado em tempo [isto é, ou na audiência preliminar, ou no prazo concedido ao abrigo da parte final da al. a) do n.º 2 do art. 508.º-A, ou nos termos do art. 512.º] não mais pode o mesmo ser apresentado, pois que a lei só fala em alteração ou aditamento do rol. Ora, só se modifica ou acrescenta uma coisa que já existe. Apesar desta restrição, concordamos inteiramente com a operada flexibilização da apresentação destas provas, pois que ela potencializa, relevantemente, a aproximação da decisão à verdade (não esquecemos que entre o momento da apresentação original da prova e o da audiência final de julgamento medeiam, às vezes, muitos e muitos meses), não desrespeita o contraditório e não prejudica a "pontual realização da audiência", como já antes do novo CPC preconizava Lopes do Rego (*Direito probatório...*, p. 21).

[576] Note que a falta de uma das partes ou do seu mandatário não constitui motivo de adiamento da audiência preliminar, como refere o n.º 4 do art. 508.º-A, com a redacção que lhe foi dada pelo DL n.º 375-A/99, de 20 de Setembro. Neste caso, a audiência realiza-se com o juiz e a parte (e mandatário) que tiver comparecido. A parte faltosa poderá então apresentar o seu requerimento probatório nos cinco dias subsequentes àquele em que se realizou a audiência preliminar. Entendemos que a audiência marcada só não se realiza se faltarem ambas as partes e os seus mandatários, pois que não é lógico que o juiz reúna consigo próprio.

[577] Note a alteração introduzida na alínea b) do n.º 2 do art. 508.º-A pelo DL n.º 375-A/99, de 20 de Setembro

daquelas audiências, perfeitamente perversos para a celeridade processual. Não havendo audiência preliminar, a marcação da audiência final obedece ao consagrado no n.º 2 do art. 512.º, aplicando-se igualmente a "concertação" prevista no referido art. 155.º do diploma [578, 579];

— Finalmente, a audiência preliminar serve ainda para as partes (ou uma delas, evidentemente) requererem a gravação da audiência final [580] ou a intervenção do tribunal coletivo, nos termos da alínea c) do n.º 2 do art. 508.º-A, com a redacção que lhe foi dada pelo DL n.º 375-A/99, de 20 de Setembro, e sendo certo que, se aquela primeira audiência não tiver lugar, o requerimento tendente à aludida gravação ou à intervenção do tribunal colectivo deverá ser apresentado no prazo de quinze dias contados da notificação do despacho saneador, ao abrigo da parte final do n.º 1 do art. 512.º do CPC, igualmente com a redacção que lhe foi dada pelo DL n.º 375-A/99, de 20 de Setembro [581]. A gravação da audiência final, nos termos e nas condicionantes dos arts. 522.º-B e 522.º-

---

[578] Este artigo mereceu, de início, várias críticas dos operadores judiciários. Sugerindo a sua revisão, no sentido de o adequar às realidades, a fim de o mesmo não ser bloqueador, cfr. Pais de Sousa e Cardona Ferreira (*op. cit.*, p. 207).

[579] Para evitar marcações de audiências de julgamento com vários meses de antecedência (e até, às vezes, mais de um ano), o DL n.º 184/2000, de 10 de Agosto, veio dispor, no seu art. 1.º, que a marcação das audiências de discussão e julgamento não pode ser feita com uma antecedência superior a três meses, e que em cada dia só podem ser marcadas as audiências que, efectivamente, o tribunal tenha disponibilidade de realizar. Os objectivos deste novo diploma são louváveis mas, em muitos casos, irrealistas, na medida em que há tribunais (e muitos) em que é impossível respeitar os três meses acima referidos.

[580] A. Abrantes Geraldes (*Temas...*, II Vol., p. 203) refere, com propriedade, que "o requerente não tem de justificar os motivos por que solicita a gravação da audiência, a qual, obviamente, pode assentar ns intenção de assegurar a possibilidade de reapreciação da matéria de facto controvertida, com fundamento em factores objectivos (*v.g.* importância do processo, complexidade da matéria de facto) ou subjectivos (cautelas quanto ao modo como as testemunhas, partes ou peritos vão depor, dúvidas quanto à capacidade dos juízes de apreciarem e valorarem a matéria de facto, desconfianças quanto à forma de motivação da decisão da matéria de facto provada e não provada, etc.".

[581] Note, de novo, que a falta de uma das partes ou do seu mandatário não constitui motivo de adiamento da audiência preliminar, como refere o n.º 4 do art. 508.º-A, com a redacção que lhe foi dada pelo DL n.º 375-A/99, de 20 de Setembro. Neste caso, a audiência realiza-se com o juiz e a parte (e mandatário) que tiver comparecido. A parte faltosa poderá então requerer a gravação ou a intervenção do tribunal colectivo nos cinco dias subsequentes àquele em que se realizou a audiência preliminar.

-C do CPC (este último artigo com a redacção que lhe foi dada pelo DL n.º 183/2000, de 10 de Agosto), pode ser requerida por qualquer das partes ou oficiosamente determinada pelo juiz. Sendo requerida por alguma das partes, isso implica que não haja lugar à intervenção do tribunal colectivo. Ou seja, o requerimento tendente à gravação preclude o direito de requerer a intervenção do colectivo. Não sendo requerida a gravação (ou sendo a mesma ordenada oficiosamente), podem as partes, em conjunto, requerer a intervenção do tribunal colectivo na audiência de discussão e julgamento da causa, conforme se regula, conjugadamente, nos arts. 508.º-A, n.º 2, alínea c), 512.º, n.º 1, parte final, 646.º, n.º 1 (com a redacção dada pelo DL n.º 183/2000, de 15 de Agosto) e 646.º, n.º 2, alínea c).

Quer isto significar que a intervenção do tribunal colectivo, nas acções ordinárias, deixou de ser regra.

Antes do CPC de 95, tal intervenção constituia, de facto, a regra, só excepcionada nos casos previstos no n.º 2 do art. 646.º do CPC de 61.

Com a entrada em vigor do CPC de 95, se uma das partes requeresse a gravação da audiência final, a parte contrária tinha de se conformar com a intervenção do tribunal singular.

Depois disso, o DL n.º 375-A/99, de 20 de Setembro, alterou o texto do n.º 1 do art. 646.º do CPC, de tal modo que a intervenção do tribunal colectivo só tinha lugar se alguma das partes o requeresse

Com a entrada em vigor do DL n.º 183/2000, de 15 de Agosto (e com a nova redacção do n.º 1 do art. 646.º), só há lugar à intervenção do colectivo quando qualquer uma das partes não haja requerido a gravação da audiência de discussão e julgamento, e quando as partes (ambas as partes) requeiram essa intervenção na audiência preliminar ou, não havendo lugar a esta, no prazo a que alude o art. 512.º, n.º 1 [582].

Quer dizer: – Embora não muito salutarmente, hoje, na tramitação da acção ordinária, a regra é a intervenção do tribunal singular, e não a do colectivo, na audiência de discussão e julgamento da causa.

---

[582] Insista-se na referência ao n.º 4 do art. 508.º-A, com a redacção que lhe foi dada pelo DL n.º 375-A/99, de 20 de Setembro.

9.4. *Juízos Apreciativos*

No mínimo, é ainda ousado arriscar uma opinião sobre o possível sucesso ou insucesso da audiência preliminar, isto é, sobre a utilidade e a eficácia que a diligência pode vir a ter no quotidiano forense.

É que não é difícil concordar-se (como fizemos até agora) com questões que, de antemão, se sabe que vão resultar, que há muito eram preconizadas pela doutrina e que têm uma indiscutível justificação, como o tendencial aumento de todos os prazos processuais, a hipótese de prorrogação do prazo da defesa, a abolição das condenações de preceito, a maleabilização do ónus de impugnação dos factos, a pacificação de antigas controvérsias manifestamente prejudiciais para a jurisprudência, a consagração de um poder/dever imposto ao juiz de, oficiosamente, envidar todos os esforços tendentes ao suprimento da violação dos pressupostos processuais, o desaparecimento de muitos rigorismos técnicos desusados, etc.

Por outro lado, também não é difícil emitir uma opinião favorável ou desfavorável sobre inovações introduzidas pelo novo diploma, cujas vantagens ou inconvenientes são perfeitamente previsíveis, como acontece com a abolição do despacho liminar, com o reconhecimento de um poder de o juiz convidar as partes a melhorarem, facticamente, os seus articulados, etc. Nestes casos, elencam-se, com segurança, as virtudes e os inconvenientes das medidas e, depois, opta-se. É uma pura questão de opinião. Conhecem-se, por exemplo, as razões que levaram o legislador a acabar, por via de regra, com o despacho que, liminarmente, incidia sobre a petição inicial e também se conhecem perfeitamente os eventuais prejuízos que essa abolição pode acarretar. A uns, a medida agrada; a outros, porventura, não. Em sede académica, a questão pode perdurar sob discussão; em sede de prática forense, não. Logo que a medida entra em vigor é para aplicar e ser respeitada.

Mas, quanto aos efeitos desta audiência preliminar, é bem mais difícil irmos ao futuro, pois que o êxito da medida depende, em grande parte, da forma como os operadores judiciários a receberem, ou melhor, a quiserem receber [583].

---

[583] Sem embargo de se considerar exagerado (diga-se desde já) o poder de o juiz insistir com as partes, nesta diligência, para o suprimento de insuficiências ou imprecisões **que ainda subsistam**, como se refere na alínea *c*) do n.º 1 do art. 508.º-A do diploma.

Sabemos que a mesma proporcionou resultados satisfatórios em outros países e reconhecemos a validade dos argumentos utilizados pelo legislador do novo diploma a propósito da figura em análise, os quais constam, de resto, do preâmbulo do DL n.º 329-A/95.

Com efeito, aí se diz que esta audiência deve constituir um pólo aglutinador de todas as medidas organizativas do mesmo processo, deve traduzir-se no tal amplo espaço de debate aberto para que os contornos da causa (fácticos e até jurídicos) fiquem perfeitamente delimitados e deve servir ainda (quando a acção deva prosseguir) para que se proceda à selecção comparticipada dos factos com interesse para o desfecho da lide.

Não queremos deixar de reconhecer os esforços do legislador para criar uma diligência moderna, com objectivos ambiciosos, tendente até a uma inovada e vantajosa consensualização constante do processo.

Subjacente a todo este esforço está um apelo, sobretudo aos advogados portugueses, para que exerçam o seu mandato com a menor litigiosidade técnica possível e, afinal, com mais "voluntariedade". O advogado deverá deixar de ver a parte contrária àquela que representa como (também) uma sua adversária, deverá assumir uma conduta profissional sistematicamente tendente à não conflitualização técnica do processo, deverá ver no advogado da parte contrária o seu colega de profissão que, em conjunto consigo próprio e com o tribunal, participa e, por isso, colabora activamente para a justa composição do litígio [584].

É uma duplicação exagerada. Por isso se ouve dizer, com certa frequência, que parece ter havido no subconsciente do legislador um juízo presuntivamente negativo acerca da competência dos advogados portugueses ou, ao menos, um juízo presuntivamente negativo acerca da capacidade de articular de tais operadores judiciários. Criticando também a duplicação acima referida, Pais de Sousa e Cardona Ferreira (*op. cit.*, p. 42).

[584] É, pois, necessário, distinguir claramente o conflito (material e objectivo) subjacente da acção e a chamada "conflitualização técnica do processo". Esta deve ser, a todos os títulos, abolida. Aquele deve, obviamente, manter-se em toda a sua dimensão. Recordem-se as sempre curiosas palavras de Calamandrei (*op cit.*, ps. 122-123): "A balança é o símbolo tradicional da justiça, porque parece representar materialmente, com um dispositivo mecânico, aquele jogo de forças psíquicas que faz o processo funcionar. Nele, para que o juiz, após algumas oscilações, se detenha na verdade, é necessário que intervenha a disputa de duas teses extremas contrapostas, assim como os dois pratos da balança, para se poderem contrapesar, devem carregar o peso na extremidade de cada braço. Quanto mais as forças contrapostas se distanciam do centro do jogo (ou seja, da imparcialidade do judicante), mais o aparelho se torna sensível, e mais exacta a medida. Assim, os advogados, ao puxar cada um o mais que pode para o seu lado, criam o equilíbrio que o juiz persegue. Quem quisesse criticá-los por sua

O que acontece é que muitos dos magistrados e dos advogados que vimos ouvindo ainda estão muito cépticos a propósito desta "novidade" do CPC de 95.

Os operadores judiciários relembram-nos a verdadeira azáfama em que se movimentam os advogados [585], o número exagerado de processos que estão distribuídos a cada juiz (o que implica uma sobregarga imensa da sua agenda e a chamada "pressa judiciária" constante), as reduzidas e deficientes (e até em muitos casos indignas) instalações de que dispõem os tribunais, com gabinetes impróprios, sobrelotados e, por isso, "acotovelados" [586, 587], etc.

Ora, tudo isto pode prejudicar a eficácia da diligência.

Os advogados saem teoricamente "penalizados", pois passam a contar com duas extensas audiências em cada processo, a audiência preliminar

---

parcialidade deveria criticar o peso por pesar no prato da balança". O professor e advogado italiano reflectia, quando assim escrevia, sobre o tal conflito material subjacente ao litígio. Temos ouvido alguns advogados portugueses maldizerem o debate tendente à consensualização da selecção da matéria de facto, previsto na nova alínea e) do n.º 1 do art. 508.º-A, argumentando que, nessa medida, o CPC de 95 esqueceu que a toda a acção corresponde um conflito e que, por isso, é impossível de pôr em prática o espírito conciliador para que o diploma apela, na medida em que os advogados só defenderão bem os interesses dos seus constituintes se mantiverem em toda a tramitação da acção o anterior espírito "bélico". No nosso entender, tais profissionais do foro confundem, como acima se desejou que não acontecesse, o dito conflito material subjacente ao litígio com a nefasta "conflitualização técnica do processo".

[585] Reproduzamos, a propósito, as experientes palavras de V. da Gama Fernandes (*op. cit.*, p. 24): "E se a vida, duma forma geral, é hoje, para a maioria dos mortais, uma coisa que nos ultrapassa e atrás da qual temos muitas vezes de correr para não ficar pelo caminho, a advocacia é, dentro da vida, uma espécie de maratona difícil, em que os «esfalfados» atletas, que somos nós, mal têm tempo para lançar, de fugida, uma olhadela para os espectadores desprevenidos das bermas, já que isso das metas é uma ambição desfeita e distante... Profissão feita de nervos, de cérebro, de emoções contínuas, de indignações e de perplexidades, um misto de fugazes alegrias e de desilusões sem remédio, a advocacia é uma constante labareda que nos consome a pouco e pouco, um recalcar de amarguras, de sobressaltos, de vigílias, um desperdício de energias e de saúde...".

[586] Dando conta destes mesmos e de outros receios, M. Teixeira de Sousa (*Apreciação...*, p. 396). Por isso, já há quem defenda a regra da facultatividade da audiência preliminar em processo ordinário. Neste sentido, Pais de Sousa e Cardona Ferreira (*op. cit.*, p. 25).

[587] Sobre as condições de trabalho dos juízes portugueses e a possível "comparticipação" disso na morosidade da justiça no nosso país, pronunciou-se J. A. Carmona da Mota (*op. cit.*, p. 28).

e a audiência final, quando até agora, em condições normais, só intervinham nesta última.

Repare-se que, sendo a audiência preliminar uma regra do processo ordinário e tomando em consideração aquilo que nela é exigido aos advogados, estes – para bem executarem as suas funções – têm de se preparar convenientemente para tal diligência, designadamente reflectindo sobre a selecção dos factos, analisando potenciais excepções suscitadas ou de conhecimento oficioso, o que tudo lhes vai impor um reestudo minucioso dos articulados.

Imaginemos uma hipótese normal de uma vulgar acção declarativa comum ordinária, em que o litígio nela subjacente não é tão simples que justifique a dispensa da audiência preliminar. E imaginemos ainda que esta acção reúne os condicionalismos habituais de todos os pleitos, designadamente que não há excepções dilatórias que o juiz deva apreciar, que a acção não fornece todos os elementos seguros para que o juiz possa, desde logo, conhecer do mérito da causa, que não há que delimitar os termos do litígio e que não subsistem quaisquer insuficiências ou imprecisões na exposição da matéria de facto.

Neste caso, o juiz – porque não adivinha o "estado de alma" das partes, a propósito da sua predisposição para uma transacção –, deve ordenar a realização da audiência preliminar para os seguintes efeitos:

– para tentar a conciliação das partes, nos termos da alínea *a*) do n.º 1 do art. 508.º-A;
– para proferir o despacho saneador, nos termos da alínea *d*) dos mesmos número e artigo;
– para ser seleccionada, após debate, a matéria de facto relevante, quer a que se considere assente, quer a que venha a constituir a base instrutória, nos termos da alínea *e*) dos mesmos número e artigo;
– para a indicação dos meios de prova, nos termos da alínea *a*) do n.º 2 do mesmo artigo;
– e para a designação da data da realização da audiência final, nos termos da alínea *b*) do mesmo n.º 2 do art. 508.º-A [588].

---

[588] Admitimos que o juiz, no caso em apreço, após anunciar (no despacho referido no n.º 3 do art. 508.º-A) as três finalidades principais da audiência preliminar, possa aludir apenas, genericamente, às "finalidades complementares constantes do n.º 2 do art. 508.º-A do CPC", não tendo, necessariamente, que as reproduzir naquele despacho. Por outro lado, mesmo em relação aos objectivos principais da audiência preliminar, aceitamos que o juiz (no dito despacho) possa referir-se apenas às alíneas (embora,

Neste caso concreto, ainda que o mesmo não seja muito complicado, os advogados têm de estudar, cuidadosamente, os articulados, os que eles próprios escreveram e os que foram elaborados pela parte contrária, a fim de poderem ter uma ideia exacta acerca dos factos que, potencialmente, sejam relevantes e, dentro destes, quais os que devem ser "arrumados" na matéria considerada como assente e quais os que devem ser integrados na base instrutória, não sendo naturalmente curial, nem aconselhável, que tais advogados cheguem à audiência preliminar esquecidos dos articulados e nela comecem uma tarefa de recordação que se pretendia tivesse sido prévia [589]. Se a azáfama dos advogados os levar ao menosprezo pela diligência, o debate para que apela a alínea e) do n.º 1 do art. 508.º-A será inútil e os objectivos dos legisladores sairão gorados.

Os advogados não podem ter a tendência para "confiarem" no trabalho do juiz, solicitarem-lhe (por acordo) que continue a diligência sem eles – seleccionando ele (magistrado) os factos relevantes –, deixarem de imediato a indicação dos meios de prova e marcarem, por acordo de agendas, a data da audiência final.

Muito menos podem sentir-se tentados a, por acordo, faltarem ambos (bem como os seus constituintes) à diligência, o que, por não constituir motivo de adiamento da audiência (cfr., de novo, o n.º 4 do art. 508.º-A) equivalia a remeter para o juiz a exclusividade da tarefa selectiva dos factos e, no fundo, acarretava a aplicação do n.º 2 do art. 508.º-B e do n.º 1 do art. 512.º do CPC.

Estamos convencidos de que, nesses casos, os juízes passarão a desmerecer também a diligência, à semelhança do que aconteceu com a audiência preparatória, e passarão a ter a tendência para, em processo sumário, nunca considerarem complexa a causa e, em processo ordinário, considerarem-na sempre muito simples, dispensando, dessa forma, mais

---

agora, uma a uma) do n.º 1 do mesmo art. 508.º-A. Tudo dependerá dos objectivos da audiência. É claro, por exemplo, que se ela for marcada para discutir esta ou aquela excepção, as partes têm de saber, exactamente, de que excepção se trata, não bastando, nesse caso, que o despacho designativo de dia e hora para a realização da diligência possa fazer referência tão somente à alínea respectiva daquele art. 508.º-A, n.º 1.

[589] E a mesma cautela deve ser assumida pelo juiz da causa. Não faz sentido que ele inicie a audiência sem, previamente, ter estudado convenientemente os articulados e, quiçá, elaborado um esboço (sujeito a correcção) facticamente selectivo, como recomendam F. Ferreira Pinto (*Lições...*, 2.ª *Edição*, p. 361) e Pais de Sousa e Cardona Ferreira (*op. cit.*, p. 27). A. Abrantes Geraldes (*Temas...*, Vol. II, p. 92) recomenda mesmo que esse esboço ou guião deve também ser preparado pelos advogados.

do que frequente e desejavelmente, a audiência preliminar, desvirtualizando por completo a figura e fazendo naufragar os objectivos dos legisladores [590].

O sucesso da diligência está, pois, apenas nas mas mãos dos operadores judiciários [591].

Era naturalmente bom que a iniciativa (retirando-se dela, no entanto, a insistência na supressão de insuficiências ou imprecisões fácticas) fosse um êxito, até porque com ela se dá um passo decisivo para a celeridade processual. Não se esqueça que é em tal diligência que as partes "juntam" a sua prova e que é, também nela, que se marca logo dia para a audiência final, o que constitui, além do mais, uma vantagem substancial em comparação com a situação anteriormente prevista.

Se a nova audiência preliminar "falhar", estamos convencidos de que não haverá outro "remédio" que não seja recuar na história e abolir, de vez, a audiência prevista para o fim dos articulados, respeitando-se dessa forma, de resto, a evolução que a experiência demonstrou ser verdadeira.

A ser assim, teríamos que pugnar pelo seguinte: – Findos os articulados que, espontaneamente, as partes apresentassem, o processo deveria ser novamente concluso ao juiz [592], afigurando-se-lhe agora uma de duas possibilidades:

---

[590] O que está já a acontecer em diversos tribunais do país, mesmo sem que os advogados tenham começado a desmerecer a audiência. Ou seja, muitos juízes portugueses estão já a considerar muito simples as acções ordinárias e nada complexas as sumárias, assim não designando dia e hora para a audiência preliminar. Se esta tendência não se inverter, bem poderá dizer-se que os juízes não deram tempo para que os advogados liquidassem a audiência preliminar. Liquidaram-na eles próprios. A experiência demonstrou-nos como os juízes são avessos aos contactos com os advogados e, sobretudo, com as partes, sempre em nome da isenção e imparcialidade com que desejam exercer as suas funções. Esse argumento pode, de facto, existir. Mas, não só. Recordemos, mais uma vez, as irónicas palavras de Calamandrei (*op. cit.*, ps. 216-217): "...talvez essa tendência do juiz a evitar o mais possível o colóquio directo com as pessoas que deve julgar também contenha certa dose de preguiça, quem sabe de orgulho. As páginas escritas, que permanecem inertes onde você as coloca, entregues à poeira e à cesta dos papéis, são menos inquietantes do que o interlocutor vivo que escruta você com olhos indiscretos. Além disso, o juiz, enquanto permanece isolado detrás do cómodo empíreo do papel autenticado, ainda pode nutrir a ilusão de que é um semideus infalível; mas, quando se rebaixa a chamar as partes diante de si, é difícil não perceber, posto face a face com os homens, que, sob a sua toga augusta, também ele é um homem".

[591] Bem como, afinal, o sucesso do próprio Código de Processo de Civil de 1995, como antes dele anunciou Lebre de Freitas (*Em Torno da Revisão...*, p. 18).

[592] Não se esqueça que defendemos a manutenção do despacho liminar incidente sobre a petição inicial.

a) Ou de elaboração de um despacho pré-saneador, nos termos da alínea *a)* do n.º 1 do art. 508.º do CPC, para os exactos efeitos do n.º 2 do art. 265.º do mesmo diploma, ou para convidar as partes ao aperfeiçoamento de articulados (que não a petição inicial, claro está) que fossem verdadeiramente irregulares. Nesta situação, se todos os vícios fossem sanados, deveria o juiz, de seguida, lavrar um despacho saneador puramente selectivo dos factos com interesse para o desfecho da lide, quer os assentes, quer os controvertidos. Se, por outro lado, a instância não fosse regularizada (para utilizarmos a adequadíssima expressão referida no n.º 2 do art. 265.º do CPC), ou os articulados irregulares não fossem completados com os requisitos legais ou com os documentos que se mostrassem em falta, as partes "sofreriam" naturalmente as consequências de que já demos conta ao longo deste trabalho [593], utilizando o juiz o despacho saneador precisamente para esse efeito;

b) Ou de elaboração imediata (no silêncio do gabinete do juiz [594]) do próprio despacho saneador, o qual deveria ser lavrado à imagem do que está previsto no n.º 1 do art. 510.º do CPC. E se ele não equivalesse ao julgamento formal da lide (por ter sido detectada qualquer violação de um pressuposto processual absolutamente insanável), nem a uma sentença de mérito (no caso de ser já possível conhecer do fundo da questão), em tal despacho devia ser integrada a selecção dos factos com interesse para o desfecho da lide, quer os já assentes, quer os ainda controvertidos (já se sabe) [595].

No fundo – e como há-de reparar-se –, em face da **indesejável** "falência" da audiência preliminar, preconizaríamos a consagração de um regime relativamente próximo daquele que estava previsto no CPC de 61, embora algo corrigido e, sobretudo, bastante beneficiado com algumas das inovações trazidas pelo CPC de 95.

---

[593] Cfr. a matéria tratada *supra* sob a epígrafe "8.2.- O DESPACHO PRÉ-SANEADOR. CASOS EM QUE É OBRIGATÓRIO".

[594] Para utilizarmos uma curiosa expressão utilizada por Antunes Varela (*A Reforma...*, *RLJ* n.º 3870, p. 261, em nota de rodapé).

[595] M. Teixeira de Sousa (*Apreciação...*, p. 401) também manifestou a opinião de que a tarefa facticamente selectiva devia pertencer ao juiz.

Assim, pugnaríamos:

a) Pela manutenção de um despacho liminar no processo, logo a seguir à apresentação da petição inicial, de modo a que se reconhecesse que, para alguém poder ser judicialmente "incomodado" por outrém, era necessária uma mínima apreciação liminar pela qual o juiz averiguasse, se bem que não definitivamente (é claro), da possibilidade de a acção ter seguimento;
b) Pelo reconhecimento de uma intervenção operante e eficaz do juiz no suprimento dos vícios sanáveis, quer liminarmente, quer antes do despacho saneador, desanimando-o de um defeito que alguns magistrados, durante anos, evidenciaram, de "andarem à procura" de vícios e irregularidades técnicas, não propriamente para as sanarem, mas antes para, com base nelas, desencadearem a fatalização imediata e formal das acções;
c) Pelo desaparecimento da audiência prévia, preparatória ou preliminar, conforme se lhe quisesse chamar, que a história demonstrara ter pouca ou nenhuma utilidade;
d) Pela manutenção da tarefa facticamente selectiva como uma missão tranquila, isolada e hábil do homem que vai julgar a causa, tarefa essa que, naturalmente, se sujeitaria à reclamação das partes com base em qualquer deficiência, excesso ou obscuridade.

10. Súmula da Tramitação Normal da Acção Declarativa Comum, desde o Início da Instância até a Abertura da Instrução

Após a reflexão sobre tantas inovações introduzidas pelo CPC de 95 no âmbito da exposição da matéria da facto, tendentes à detecção de alterações na correlação de forças entre a dimensão do dispositivo e os poderes do tribunal, parece agora haver vantagens em analisar a linear e normal tramitação da acção declarativa comum, desde o início da instância até à abertura da instrução, a fim de sintetizarmos e simplificarmos esta parte do trabalho.

Referir-nos-emos fundamentalmente (e mais uma vez) ao processo ordinário, alertando, a final, apenas para as diferenças que aquela tramitação sofre se forem de aplicar os processos sumário ou sumaríssimo.

Por outro lado, aludiremos tão somente aos aspectos mais relevantes dessa tramitação.

Atentemos, em primeiro lugar, na fase dos "Articulados":

a) Ao autor compete elaborar a petição inicial, nos termos do art. 467.º do CPC, na qual o demandante alegará, além do mais, os factos que servem de fundamento à acção, isto é, os factos constitutivos do direito que ele deseja invocar, formulando ainda nessa peça uma pretensão concreta de tutela jurisdicional, a qual deve derivar, consistentemente, daqueles factos e envolver, exactamente, aquele direito;

b) Essa petição deve naturalmente ser entregue ou remetida na secretaria judicial do tribunal que for competente para a causa [596], sendo que aquela secretaria só pode recusar o recebimento da peça se ocorrer alguma das circunstâncias previstas no art. 474.º do CPC [597];

c) Sendo a petição inicial recebida, considera-se proposta a acção e iniciada a instância, nos termos do art. 267.º do CPC;

d) De seguida, incumbe à secretaria, sem necessidade de qualquer despacho judicial, proceder às diligências tendentes à citação do réu, ao abrigo do art. 479.º e nos termos previstos nos n.ºs 1 a 3 do art. 234.º, ambos igualmente do CPC [598, 599];

e) Citado que se mostre o demandado, deve este apresentar a sua contestação no prazo de trinta dias contados dessa interpelação, como se dispõe no n.º 1 do art. 486.º do diploma [600];

---

[596] Cfr. o previsto em todo o art. 150.º do diploma. Note as alterações introduzidas neste artigo pelo DL n.º 183/2000, de 10 de Agosto, das quais resulta, além do mais, que, obrigatoriamente a partir de 1 de Janeiro de 2003 (e facultativamente, a partir de 1 de Janeiro de 2001), a petição inicial (bem como os demais articulados, alegações e contra-alegações) devem ser apresentados em suporte digital.

[597] E não esquecendo que a recusa tem de ser fundamentada e por escrito, podendo o autor apresentar uma nova petição inicial no prazo de dez dias ou apresentar uma reclamação para o respectivo juiz, tendente à obtenção de despacho que imponha o recebimento da peça, conforme está previsto nos arts. 475.º e 476.º do CPC.

[598] Relembrem-se os casos em que, mais do que controversamente, se consagrou a citação do réu por via postal simples (cfr. a redacção dos arts. 236.º-A e 238.º do CPC, na versão trazida pelo DL n.º 183/2000, de 10 de Agosto).

[599] Por outro lado, não se esqueçam os casos em que, excepcionalmente, há despacho de citação (cfr. o n.º 4 do art. 234.º CPC).

[600] E sendo certo que este prazo, como os demais, é contínuo, apenas se suspendendo nas férias judiciais, nos termos do n.º 1 do art. 144.º.

f) O prazo referido pode ser excepcionalmente prorrogado por período não superior a outros tantos trinta dias, se o advogado do réu requerer essa prorrogação com base na ocorrência de qualquer motivo ponderoso que impeça ou dificulte anormalmente a organização da defesa e desde que o juiz defira tal requerimento, nos termos do n.º 5 daquele mesmo art. 486.º;

g) Na contestação – através da qual o réu se opõe à pretensão do autor – pode o demandado defender-se por impugnação, contradizendo os factos alegados pelo autor [601] (ou alegando que eles não podem produzir o efeito jurídico pretendido pelo demandante), ou defender-se por excepção (aduzindo quer excepções dilatórias, quer peremptórias), nos termos do art. 487.º do CPC e sendo que, neste caso, as excepções devem ser especificadas separadamente, como determina o art. 488.º do mesmo diploma;

h) É também na contestação que o réu pode reconvir contra o autor, satisfeitos que se mostrem os requisitos processuais e objectivos indispensáveis à admissibilidade da reconvenção (os quais constam dos arts. 98.º e 274.º do CPC) [602];

i) A apresentação da contestação é notificada ao autor, por meio de carta registada dirigida ao mandatário deste, remetendo-se-lhe igualmente cópia daquela peça, nos termos combinados do n.º 1 do art. 492.º, da parte final do n.º 2 do art. 152.º e do n.º 1 do art. 254.º, todos do CPC [603];

j) Se o réu se tiver defendido apenas e a defesa apresentada comportar tão somente matéria de impugnação, findam os articulados e o processo entra de imediato na fase do "Saneamento ou Condensação";

k) Se, porém, o réu tiver deduzido alguma excepção, tiver formulado algum pedido reconvencional, ou a acção for de simples apreciação negativa, pode o autor apresentar a réplica, no prazo de quinze

---

[601] Ora invocando a negação directa, ora a negação indirecta, ora a figura do simples desconhecimento (já se sabe), mas em todo o caso tomando uma posição impugnatória definida perante todos eles, sob pena de os mesmos se considerarem como confessados, nos termos do art. 490.º do CPC.

[602] E sendo também certo que a reconvenção deve ser expressamente identificada na contestação e deduzida separadamente da defesa, como determina o n.º 1 do art. 501.º.

[603] E sendo certo que esta notificação postal se presume feita no terceiro dia posterior ao do registo, nos termos do n.º 2 do mesmo art. 254.º.

dias no primeiro caso e no de trinta dias nos segundo e terceiro casos, e sendo certo que tais prazos se contam da data da notificação da apresentação da contestação, ao abrigo do art. 502.º do diploma;
l) Tais prazos podem igualmente ser prorrogados, nos termos do art. 504.º, por períodos de tempo não superiores aos previstos para os próprios prazos e nos mesmos termos e com os mesmos fundamentos que a lei consagrou para a hipótese da prorrogação da contestação;
m) Na réplica, deve o autor responder às excepções suscitadas, defender-se da reconvenção (ora por impugnação, ora por excepção, tal como o réu se pudera defender do pedido original [604]) e, nas acções de simples apreciação negativa, impugnar os factos constitutivos que o réu tenha alegado e aduzir os factos impeditivos ou extintivos do direito invocado pelo demandado;
n) Podendo replicar, pode igualmente o autor modificar o pedido e (ou) a causa de pedir, nos termos do art. 273.º do CPC, apenas se permitindo a modificação simultânea se esta não implicar convolação para relação jurídica diversa da controvertida, como determina o n.º 6 desse artigo;
o) A apresentação da réplica é notificada ao advogado do réu, competindo, porém, tal tarefa ao mandatário do autor, nos termos previstos nos arts. 229.º-A e 260.º-A do CPC (artigos "introduzidos" no Código pelo DL n.º 183/2000, de 10 de Agosto [605]);
p) Se a réplica tiver sido apresentada apenas para responder às excepções suscitadas pelo réu contra o pedido original, findam os articulados, entrando de imediato o processo na referida fase do "Saneamento ou Condensação";
q) Se a réplica tiver sido apresentada por se estar perante uma acção de simples apreciação negativa, findam igualmente os articulados,

---

[604] E igualmente especificando separadamente as excepções, quando as deduza.
[605] Os advogados portugueses, em uníssono, manifestaram-se contra o DL n.º 183/2000, particularmente contra o regime da citação por via postal simples, o da notificação das testemunhas igualmente por via postal simples e o das notificações entre mandatários. O autor destas linhas e outros deputados da Assembleia da República pediram, em vão, a apreciação parlamentar do diploma, o qual, embora padeça desses males, contém virtudes incontroversas, como sejam a apresentação dos articulados, alegações e contra-alegações escritas em suporte digital, a audição das testemunhas residentes fora do círculo judicial não por carta precatória, como até aqui, mas sim por teleconferência, e outras.

podendo o réu responder aos factos impeditivos ou extintivos do direito por si invocado (que hajam sido alegados pelo autor na réplica) na audiência preliminar (cfr. o n.º 4 do art. 3.º);

r) Se a réplica tiver sido apresentada como defesa à reconvenção e nela o autor apenas se tiver defendido por impugnação, findam igualmente os articulados;

s) Se, porém, na réplica/contestação à reconvenção, o autor tiver deduzido quaisquer excepções, pode o réu apresentar a tréplica (para responder às mesmas) no prazo de quinze dias contados da data da notificação da apresentação da réplica, nos termos do n.º 2 do art. 503.º do CPC;

t) A tréplica é também admitida (e no mesmo prazo de quinze dias) se na réplica o autor tiver modificado o pedido e (ou) a causa de pedir, a fim de que o réu se possa defender das alterações introduzidas, ao abrigo do n.º 1 do mesmo art. 503.º;

u) O prazo anteriormente referido pode igualmente ser prorrogado, nos termos e requisitos anteriormente referidos;

v) Se, nesta defesa apresentada na tréplica [perante as alterações introduzidas pelo autor no pedido e (ou) na causa de pedir], o réu deduzir quaisquer excepções, o autor só pode responder-lhes na audiência preliminar (cfr. o n.º 4 do art. 3.º do CPC);

w) A tréplica deve ser notificada pelo advogado do réu ao advogado do autor, nos termos referidos na alínea o);

x) Resta acrescentar que os factos constantes de todos os articulados se devem submeter à chamada "forma articulada", por a lei não prescindir dela na tramitação da acção ordinária (cfr. o n.º 2 do art. 151.º do CPC).

Findos os articulados, entra o processo na fase do "Saneamento". Atentemos nesta:

y) Antes de mais, importa esclarecer que só agora (como regra geral, já se sabe) é que o processo vai, pela primeira vez, concluso ao juiz para despacho;

z) Tal despacho pode constituir um verdadeiro despacho pré-saneador obrigatório, se o juiz detectar a falta de algum pressuposto processual susceptível de sanação, nos termos da alínea a) do n.º 1 do art. 508.º do CPC;

a') Nesse caso e nesse despacho, ou o juiz oficiosamente determina a realização dos actos tendentes à regularização da instância (que é, como quem diz, tendentes à sanação do vício), ou convida as partes a praticá-los, nos termos combinados daquela alínea anteriormente referida com o n.º 2 do art. 265.º do diploma;

b') Se não forem detectadas faltas de pressupostos processuais, pode ainda ser lavrado uma outra espécie de despacho pré-saneador (que é igualmente obrigatório) quando o juiz considere irregular algum dos articulados espontaneamente apresentados pelas partes. Tal despacho é proferido ao abrigo da alínea *b*) do n.º 1 e do n.º 2 do art. 508.º;

c') Através desse despacho, o juiz convida as partes a suprir as irregularidades detectadas, ora satisfazendo determinados requisitos legais que faltem, ora juntando documentos essenciais ou de que a lei faça depender o prosseguimento da causa;

d') Não havendo irregularidades a suprir, pode ainda ser lavrado um (terceiro) despacho pré-saneador (que, agora, é facultativo), quando o juiz entenda que algum (ou alguns) dos articulados espontaneamente apresentados pelas partes é facticamente insuficiente ou impreciso;

e') Nesse caso, o despacho pré-saneador é de convite para que as partes venham apresentar novos articulados (a que chamámos, por isso, de "judicialmente estimulados"), a fim de serem completadas aquelas insuficiências ou corrigidas aquelas imprecisões, nos termos do n.º 3 do mesmo art. 508.º;

f') Apresentado este articulado judicialmente estimulado (no prazo que for determinado pelo juiz), poderá a outra parte responder-lhe, para satisfação do contraditório (cfr. o n.º 4 do mesmo art. 508.º), apresentando novo articulado para o efeito;

g') Em todo o caso, as "alterações" introduzidas nesse articulado estimulado não podem ser de molde a permitir que o autor altere o pedido ou a causa de pedir, nem que o réu viole o princípio da concentração da defesa na contestação, nem o do ónus de impugnação, os quais devem igualmente ser cumpridos nessa primeira peça defensional (cfr. o n.º 5 do mesmo art. 508.º);

h') Dos despachos de convite para que as partes venham suprir as irregulares dos articulados, completar os articulados facticamente insuficientes ou corrigir os facticamente imprecisos não cabe recurso, mesmo que o valor da causa exceda a alçada da primeira instância (cfr. o n.º 6 do mesmo art. 508.º);

i') Se não for necessário suprir quaisquer excepções dilatórias (por estas inexistirem ou não se evidenciarem, no momento), nem quaisquer irregularidades dos articulados (por estarem satisfeitos todos os requisitos legais e juntos os devidos documentos) e nem tão pouco houver necessidade de completar ou corrigir quaisquer articulados imperfeito (por a matéria de facto não se mostrar insuficiente ou imprecisamente alegada ou impugnada), então o primeiro despacho que o juiz profere é o de designação de dia e hora para a audiência preliminar prevista no art. 508.º-A do CPC de 95;

j') Esta audiência destina-se a algum ou alguns dos seguintes fins principais:

j'.1. Tentar a conciliação das partes;

j'.2. Facultar às partes a discussão de facto e de direito, nos casos em que ao juiz cumpra apreciar qualquer ou quaisquer excepções dilatórias;

j'.3. Facultar às partes a discussão de facto e de direito, quando o juiz tencione conhecer imediatamente do pedido, total ou parcialmente;

j'.4. Discutir as posições das partes com vista à delimitação dos termos do litígio;

j'.5. Suprir as insuficiências ou imprecisões que ainda subsistam na exposição da matéria de facto;

j'.6. Proferir o despacho saneador;

j'.7. Seleccionar, após debate (e se a acção tiver sido contestada), os factos relevantes que se considerem assentes e aqueles que irão constituir a chamada "base instrutória";

j'.8. Deduzir as reclamações (que as partes pretendam apresentar) a essa selecção;

j'.9. Decidir essas reclamações (cfr., para todo o efeito, o n.º 1 do art. 508.º-A);

k') Complementarmente, se houver lugar à audiência preliminar, ela serve ainda para:

k'.1. Apresentar os meios de prova;

k'.2. Decidir sobre a admissibilidade e a preparação das diligências probatórias;

k'.3. Designar, sendo possível, a data da realização da audiência final;

k'.4. Requerer a gravação desta audiência ou a intervenção do tribunal colectivo;

l') Mas, a audiência preliminar pode também ser dispensada [606]. Assim acontece quando (cfr. o n.º 1 do art. 508.º-B do CPC):

l'.1. Ela se destine à discussão de excepções dilatórias que as partes já hajam debatido nos articulados;

l'.2. Ela se destine à discussão do mérito da causa, por ser possível ao juiz dele já conhecer e a sua apreciação revista manifesta simplicidade;

l'.3. Ela se destine à selecção da matéria de facto relevante, sendo tal tarefa selectiva suficientemente simples.

m') Se não houver lugar à audiência preliminar, o primeiro despacho que o juiz profere no processo é o próprio despacho saneador, nos termos do art. 510.º do CPC, nele se seleccionando a matéria de facto que se mostre relevante, quer a considerada assente, quer a que se mostre controvertida (cfr. o n.º 2 do art. 508.º-B e o n.º 1 do art. 511.º);

n') Neste caso, a secretaria notifica as partes não só do despacho saneador, como também de que têm o prazo de quinze dias para apresentarem o rol de testemunhas e requererem outras provas (ou para alterarem os requerimentos probatórios que hajam feito nos articulados), bem como para, querendo, requererem a gravação da audiência final ou a intervenção do tribunal colectivo (cfr. o n.º 1 do art. 512.º);

o') Ainda neste caso de inexistência de audiência preliminar, as reclamações à selecção da matéria de facto devem ser apresentadas no início da audiência final, a elas respondendo, então, também, a parte contrária (para salvaguarda do contraditório) e sendo, então, também, as mesmas aí decididas (cfr. a parte final do n.º 2 do art. 508.º-B).

---

[606] Acrescente-se que, pela circunstância de a realização da audiência preliminar constituir uma regra da tramitação do processo ordinário, o despacho que designa dia e hora para essa realização não é sindicável, ao contrário do que sucede em relação ao despacho que dispensa a audiência (que poderá ser incluído no próprio despacho saneador), o qual é passível de recurso para o tribunal superior.

Como vimos, com a entrada em vigor do CPC de 95 – e como regra, insiste-se –, o despacho que, liminarment,e o juiz profere no processo pode ser um de seis:

- *o de oficiosa determinação da realização dos actos tendentes ao suprimento de determinadas excepções dilatórias [cfr. a al. a) do n.º 1 do art. 508.º e a primeira parte do n.º 2 do art. 265.º do CPC];*
- *o de convite às partes para elas praticarem determinados actos tendentes ao suprimento de outras excepções dilatórias [cfr. a al. a) do n.º 1 do art. 508.º e a segunda parte do n.º 2 do art. 265.º do CPC];*
- *o de convite às partes para elas suprirem quaisquer irregularidades dos articulados, satisfazendo determinados requisitos legais ou juntando determinados documentos [cfr. a al. b) do n.º 1 e o n.º 2 do art. 508.º do CPC];*
- *o de convite às partes para elas aperfeiçoarem alguns articulados que se mostrem imperfeitos, apresentando novos articulados supridores das insuficiências ou das imprecisões detectadas na exposição da matéria de facto [cfr. a al. b) do n.º 1 e os n.ºs 3, 4 e 5 do art. 508.º do CPC];*
- *o de designação de dia e hora para a audiência preliminar (cfr. o art. 508.º-A do CPC);*
- *o próprio despacho saneador (cfr. o n.º 2 do art. 508.º-B e o art. 510.º do CPC), consagrando-se assim a original (ainda que excepcional) possibilidade de o despacho liminar do processo ser, afinal, o despacho saneador.*

Por outro lado, o momento de apresentação das provas, o do requerimento tendente à gravação da audiência final ou à intervenção do tribunal colectivo, o da apresentação das reclamações contra a selecção da matéria de facto relevante, etc., variam também consoante se realize ou não a audiência preliminar.

* *
*

Atentemos agora rapidamente nas características das tramitações das acções declarativas comuns sumária e sumaríssima (desde o início da instância até à abertura da instrução) que mais se "afastam" do que anteriormente se deixou dito. Comecemos pelo processo sumário:

a) O prazo da contestação é de vinte dias (cfr. o art. 783.º do CPC), podendo o mesmo ser prorrogado até ao limite máximo de outros tantos vinte dias, nos termos e com os fundamentos sabidos;

b) Se o réu, na contestação, tiver deduzido alguma excepção, tiver formulado algum pedido reconvencional, ou a acção for de simples apreciação negativa, pode o autor apresentar um articulado designado por "resposta" no prazo de dez dias no primeiro caso e no de vinte dias nos segundo e terceiro casos, contados tais prazos da data da notificação da contestação (cfr. os arts. 785.º e 786.º do diploma);

c) Tais prazos são igualmente prorrogáveis por períodos de tempo não superiores aos dos próprios prazos;

d) Em caso algum há mais articulados, pelo que as respostas a apresentar pelo réu às excepções deduzidas pelo autor contra a reconvenção ou aos factos impeditivos ou extintivos por este suscitados contra o direito invocado por aquele nas acções de simples apreciação negativa devem ser apresentadas na audiência preliminar ou, se a esta não houver lugar, na audiência final (cfr. o n.º 4 do art. 3.º);

e) Findos os articulados, só há lugar à audiência preliminar se a "complexidade da causa"[607] ou a necessidade de fazer actuar o princípio do contraditório (cfr. novamente o n.º 4 do art. 3.º do CPC) assim o determinarem, como se refere no n.º 1 do art. 787.º do mesmo diploma. Portanto, em processo sumário (e como já referimos) a regra é a inexistência de audiência preliminar[608];

f) Aliás, se a selecção da matéria de facto controvertida se revestir de simplicidade, o juiz pode abster-se de fixar a base instrutória, como se refere na parte final do n.º 1 do art. 787.º, com a redacção que lhe foi dada pelo DL n.º 375-A/99, de 20 de Setembro;

f) Havendo audiência preliminar, respeita-se o art. 508.º-A do CPC, com as seguintes alterações:

---

[607] Ou melhor, a complexidade da tarefa facticamente selectiva, como se sabe.

[608] Ao contrário do que sucede em processo ordinário, em que alguns dos casos que podem dispensar esta audiência derivam da simplicidade da causa, em processo sumário – e como regra, já se disse – não há lugar à audiência preliminar, devendo esta ser marcada apenas quando a complexidade da causa o determine. Portanto, ali, a simplicidade dispensa o que é a regra; aqui, a complexidade determina a realização do que não é a regra.

- As partes (ou uma delas, naturalmente) só podem requerer a gravação da audiência final se o valor da causa for superior ao da alçada da primeira instância, como se prevê no n.º 2 do art. 791.º;
- Jamais há lugar á intervenção do tribunal colectivo;

g) Se não houver audiência preliminar, nem necessidade de elaboração de despacho saneador, o juiz ordena a notificação das partes para o efeito, adaptadamente, do disposto no n.º 1 do art. 512.º (cfr. o n.º 3 do art. 787.º) [609].

Quanto ao processo sumaríssimo, há a realçar o seguinte:

a) Na petição inicial, deve o autor oferecer logo as respectivas provas (cfr. o art. 793.º do CPC), ao contrário do que sucede nas anteriores formas de processo declarativo comum, em que tal oferecimento imediato é facultativo (cfr. o n.º 2 do art. 467.º do CPC);

b) A contestação deve ser apresentada no prazo de quinze dias, contados da citação, devendo também o réu oferecer logo as respectivas provas (cfr. o n.º 1 do art. 794.º);

c) A petição e a contestação não carecem de se submeter à forma articulada (cfr. o n.º 1 do art. 793.º, aplicável a ambas as peças);

d) Não há lugar, em caso algum, a qualquer outro articulado, pelo que as respostas às excepções deduzidas pelo réu serão apresentadas na própria audiência final (cfr. o n.º 4 do art. 3.º);

---

[609] A terminologia utilizada no n.º 3 deste artigo não foi a melhor. Na verdade, nele se alude ao caso "de não ter havido saneamento e condensação do processo". Ora, cremos que saneamento há sempre, quanto mais não seja para lavrar o despacho através do qual se refira a desnecessidade de elaboração, por parte do juiz, do saneador, a sua abstenção de proceder à selecção da matéria de facto, e, finalmente, para dar cumprimento ao n.º 1 do art. 512.º. E este imaginário despacho, por mais simples que seja, é uma componente própria da fase do saneamento. Não é, certamente, um articulado, nem faz parte, evidentemente, da instrução. Em sentido contrário ao agora defendido, sustentando que se passa directamente da fase dos articulados para a da instrução, Lopes do Rego (*Comentários...*, p. 525). Acresce que o texto do n.º 3 do art. 787.º contém ainda outra imprecisão: -ao prever a notificação das partes para "o efeito do disposto no n.º 1 do artigo 512.º", o legislador esqueceu que um desses efeitos não tem aqui aplicação, qual seja, precisamente, o que diz respeito à possibilidade de as partes requererem a intervenção do tribunal colectivo.

e) Não há lugar, também em caso algum, à audiência preliminar, porque a seguir à contestação é logo designado dia para a audiência final (cfr. o n.º 2 do art. 795.º);

f) Não há despacho saneador, nem selecção da matéria de facto relevante, recaindo a produção das provas directamente sobre os factos constantes dos articulados.

g) Não há, obviamente, possibilidade de requerer a intervenção do tribunal colectivo, nem a gravação da audiência final.

B) NO ÂMBITO DA COGNIÇÃO DA MATÉRIA DE FACTO

11. Anúncio Genérico das Alterações Fundamentais Introduzidas no Tema

O Código de Processo Civil de 1995 introduziu relevantes alterações no âmbito dos poderes cognitivos do tribunal, ou seja, no âmbito dos factos de que o tribunal pode servir-se para decidir.

Como oportunamente recordámos, antes do novo diploma, o princípio do dispositivo exercia uma imensa influência nesta matéria. Ele impunha que o juiz só pudesse basear a sua decisão – exclusiva e rigorosamente – nos factos que as partes houvessem carreado para o processo, nos termos dos arts. 664.º dos CPC de 39 e de 61.

E esta limitação só não era exigida relativamente aos factos notórios, aos factos de conhecimento jurisdicional prévio do tribunal, aos factos que demonstrassem um uso anormal do processo pelas partes, ou quando se estivesse perante um processo de jurisdição voluntária, por todas as razões que, então, invocámos[610].

Acresce ainda que se admitia – embora a lei não a previsse expressamente – a possibilidade de o tribunal se basear nos chamados factos instrumentais (ainda que não alegados pelas partes), ou seja, nos factos que permitissem inferir a existência dos factos essenciais, esses sim, inevitavelmente articulados pelos litigantes.

Fora destes casos, como se disse, o tribunal só podia servir-se dos factos que as partes tivessem carreado para o processo. E a fundamentação era esta: – as partes deviam ser consideradas os melhores defensores dos seus próprios interesses e, por isso, ninguém melhor do que elas saberia quais os factos que deviam (e quais os que não deviam) ser trazidos ao processo.

Havia assim uma autêntica "incompatibilidade psicológica entre o ofício de julgar e o de buscar elementos de defesa das partes", no dizer de Chiovenda[611].

Estava, pois, consagradíssima a supremacia do dispositivo na questão. Inversamente (e mais uma vez), a essa supremacia correspondiam diminutos poderes do tribunal.

---

[610] Cfr. a matéria tratada *supra* em "5.1.- O DOMÍNIO DO DISPOSITIVO SOBRE O PODER COGNITIVO DO TRIBUNAL CONSAGRADO NO DIREITO PROCESSUAL CIVIL. EXCEPÇÕES AO PRINCÍPIO".

[611] Chiovenda (*op. cit.*, Tomo II, p. 191).

E a regra era de tal forma rigorosa que se a mesma fosse violada, isto é, se o juiz utilizasse factos não alegados pelas partes como sustentáculo da sua decisão, esta deveria ser considerada, pura e simplesmente, nula, ao abrigo do n.º 4 do art. 668.º do CPC de 39 e da alínea d) do n.º 1 do mesmo artigo do CPC de 61.

O CPC de 95, como já se anunciou (e veremos pormenorizadamente adiante), alterou, significativamente, esta matéria.

Por um lado, consagrou finalmente a possibilidade de o juiz utilizar os referidos factos instrumentais que resultem da instrução e discussão da causa, apesar de as partes não os terem alegado.

Por outro lado, permitiu que os poderes cognitivos do tribunal se estendam até a factos essenciais que, igualmente, não hajam sido anteriormente alegados pelas partes, verificados que se mostrem, porém, determinados requisitos.

Ora, estes novos poderes do tribunal resultam, mais uma vez, da pretendida aproximação do resultado judicial à verdade (material), mostrando-se assim afastados do "caminho" seguido pelo juiz alguns dos engulhos tradicionalmente derivados do dispositivo.

Em vez de se partir, portanto, para a pura e simples confirmação da verdade dos factos alegados em juízo, parte-se agora para a descoberta da realidade objectiva subjacente à lide, em consonância com aquilo que já se referiu no tema anterior e não se esquecendo que isso deriva de um hodierno pensamento (em constante evolução) sobre a nova função exercida pelo processo civil, a nova missão do julgador, os novos objectivos da sentença, etc.

Portanto, à semelhança daquilo que, normativamente, concretizou a propósito da exposição da matéria de facto, o CPC de 95 procedeu, no âmbito da cognição da mesma, a uma atenuação da influência do dispositivo e a um relevante aumento dos poderes do tribunal.

Tal aumento não quer significar, como já se deixou subentendido, que se tenha consagrado para o direito processual civil um autêntico princípio da livre investigação dos factos, tal como aquele que a disciplina instrumental penal perfilha. Como se disse, a possibilidade de conhecimento jurisdicional de factos essenciais não alegados anteriormente pelas partes depende da verificação de alguns requisitos. Ou seja, não são quaisquer factos essenciais não alegados anteriormente pelas partes que o juiz pode conhecer. São apenas alguns e determinados factos essenciais...

Por tudo isto pode hoje dizer-se que o princípio da disponibilidade do objecto da lide se encontra também algo mitigado (embora não abandonado, como verificaremos), o que se demonstrara já, de resto, da análise da evolução do n.º 1 do novo art. 264.º.

Com efeito – e como vimos –, a versão original do CPC de 95 previa para esse segmento normativo o seguinte texto: "As partes definem o objecto da lide através da dedução das suas pretensões e da alegação dos factos que integram a causa de pedir e as excepções".

Foi precisamente (ou também) com o objectivo de realçar os novos poderes cognitivos do tribunal que agora se anunciam que a versão final do diploma suprimiu, desse n.º 1 do art. 264.º, a referência à circunstância de serem as partes a definir o objecto do litígio.

Será a regra, bem o sabemos. É às partes que caberá, por via dela, a alegação e a impugnação espontânea dos factos que integram o litígio. Bem como, também por via dessa regra, será neles que o juiz se baseará para decidir. Mas aquela referência normativamente explícita ao princípio da disponibilidade do objecto não podia seguramente manter-se no novo CPC, atendendo não só à possível "intromissão" do juiz na exposição da matéria de facto (a que já aludimos), como também aos novos poderes cognitivos que ele, agora, detém.

Mas, o novo diploma não se ficou por aqui.

Para além de se terem consagrado esses novos poderes cognitivos do tribunal, ampliaram-se também os seus próprios poderes instrutórios.

Assim, no n.º 3 do art. 265.º institui-se que "Incumbe ao juiz realizar ou ordenar, mesmo oficiosamente, **todas** as diligências necessárias ao apuramento da verdade..., quanto aos factos de que lhe é lícito conhecer".

Ora, os factos de que lhe é lícito conhecer são, hoje (e para além dos instrumentais), os que as partes hajam alegado em altura e sede próprias [nos articulados, por via de regra, mas também na audiência preliminar, na sequência da discussão a que alude a al. c) do n.º 1 do art. 508.º-A] e ainda determinados factos essenciais que, apesar de não terem sido anteriormente alegados pelas partes, resultem da instrução e discussão da causa, como teremos a oportunidade de verificar.

Portanto, em comparação com os diplomas anteriores, o CPC de 95 reconheceu ao tribunal não só mais poderes cognitivos, como também mais poderes instrutórios propriamente ditos.

Tendo em consideração a "filosofia" do novo diploma, de permitir, através da consagração de renovados poderes ao tribunal, uma maior aproximação da decisão à verdade e tendo em consideração o próprio texto constante do n.º 3 do art. 265.º, não deverão mais os juízes ter qualquer receio de ordenar, espontânea e oficiosamente, todas as diligências probatórias que se mostrem adequadas à procura da verdade, ao contrário do que acontecia anteriormente [612].

Assim, os poderes instrutórios do tribunal podem (e devem [613]) sempre ser exercidos espontaneamente e não apenas subsidiariamente, como tendia a acontecer antes da entrada em vigor do novo diploma, na medida em que as diligências probatórias ordenadas pelo tribunal só eram habitualmente "despoletadas" após as partes não terem "conseguido" demonstrar, através dos meios de prova por si oferecidos, a verdade dos factos alegados.

Portanto, como síntese prévia a este tema, podemos reconhecer que os poderes instrutórios do tribunal também aumentaram no novo diploma, não só porque eles, hoje, podem "destinar-se" a mais factos do que outrora, como também porque podem (e devem) ser exercidos pelo tribunal espontânea e independentemente da iniciativa das partes.

Concretamente, mantiveram-se alguns dos poderes instrutórios que já anteriormente haviam sido consagrados (na sequência do "inquisitório moderado" referido por Pessoa Vaz) e alargaram-se e simplificaram-se outros desses poderes, da forma como, sumariamente, passa a expor-se:

    a) Consagrou-se expressa e claramente a possibilidade de a prestação de depoimento de parte derivar de despacho espontâneo do juiz elaborado para o efeito, e não apenas de despacho sucedâneo ao requerimento da parte contrária, ou da comparte, de modo a evitarem-se as dúvidas que existiam na vigência dos anteriores diplomas (cfr. o n.º 1 do art. 552.º);

    b) Manteve-se o dever impendente sobre as partes e terceiros de cooperarem com o tribunal para a descoberta da verdade, respondendo ao que for perguntado, submetendo-se às inspecções necessárias, facultando o que for requisitado e praticando os actos que forem determinados, dever este que, quando for desrespeitado, é "sancionado" com multa, independentemente dos

---

[612] Conduta de que demos conta, de resto, nas primeiras conclusões deste trabalho.

[613] Trata-se mesmo de um poder/dever e não de um poder discricionário. Doutra forma, o legislador não tinha começado o n.º 3 do art. 265.º com a expressão "incumbe ao juiz", ao contrário da correspondente expressão anterior "o juiz tem o poder de" (cfr. o n.º 3 do art. 264.º do CPC de 61). Neste sentido, também, Isabel Alexandre (*op. cit.*, p. 289). No ordenamento francês, por exemplo, e apesar de o mesmo ser bastante mais avançado do que o nosso no âmbito das matérias que estamos a tratar, mantém-se que o poder de o juiz ordenar oficiosamente todos os meios de prova para o apuramento da verdade é um poder discricionário, isto é, uma simples faculdade (cfr. o art. 10.º do *Code de Procedure Civile*). Neste sentido, Gérard Couchez (*op. cit.*, p. 184).

meios coercitivos que forem possíveis (cfr. os n.ᵒˢ 1, 2 e 3 do art. 519.º);
c) Institucionalizou-se um verdadeiro e eficaz dever de cooperação, que impende sobre as partes, representantes e mandatários, de prestarem ao tribunal todos os esclarecimentos sobre matéria de facto ou de direito que se afigurem pertinentes (cfr. os n.ᵒˢ 2 e 3 do art. 266.º);
d) Consagrou-se, claramente, que a omissão grave desse dever de cooperação implica a condenação do "infractor" como litigante de má-fé [cfr. a al. c) do n.º 2 do art. 456.º][614];
e) Permitiu-se que a requisição de informações, pareceres técnicos, plan-tas, fotografias, desenhos, objectos ou outros documentos necessários ao esclarecimento da verdade possa ser ordenada pelo tribunal, por sua iniciativa, ou na sequência de requerimento da parte formulado nesse sentido, acabando-se, dessa forma, com a restrição anteriormente consagrada de a parte, a este propósito, apenas poder sugerir tal requisição (e não também requerê-la), adoptando-se uma saudável medida desformalizadora que havia sido recomendada por Lebre de Freitas[615] (cfr. o n.º 1 do art. 535.º);
f) Manteve-se e beneficiou-se substancialmente a chamada prova pericial, quer a oficiosamente determinada, quer a requerida pelas partes (cfr. os arts. 568.º a 591.º);
g) Mantiveram-se as apreensões oficiosas de documentos (cfr. o art. 532.º) e as inspecções oficiosamente determinadas (cfr. o art. 612.º);
i) Permitiu-se que o tribunal inquira (deva inquirir) oficiosamente pessoas não arroladas como testemunhas, ou testemunhas de cujo depoimento a parte apresentante desistira, sempre que, no decurso da acção (e não apenas na sequência de um depoimento de outra testemunha, como até agora) haja razões para presumir que aquela tem conhecimento de factos importantes para a boa decisão da causa (cfr. o n.º 1 do art. 645.º e o n.º 2 do art. 619.º), o que foi bem recebido pela doutrina[616] e há muito estava consa-

---

[614] O que constitui mais uma excelente inovação do CPC de 95.
[615] Lebre de Freitas (*Revisão...*, p. 472).
[616] Nesse sentido, Lebre de Freitas (*Revisão...*, p. 139). O magistrado Rui Rangel (*op. cit.*, ps. 31-32) já havia preconizado também esta modificação.

grado já, por exemplo, no Código de Zurique (cfr. o respectivo § 142, II)[617].

Mas, deixemos as actividades instrutórias oficiosamente determinadas[618] e voltemos ao tema epigrafado, a fim de analisarmos as inovações trazidas pelo CPC de 95, a propósito dos poderes cognitivos do tribunal.

12. Os Novos Poderes Cognitivos do Tribunal

12.1. *A Consagração Legal do Conhecimento dos Factos Instrumentais não Alegados pelas Partes*

Como constatámos, os CPC de 39 e de 61 não previam expressamente a possibilidade de o juiz conhecer dos factos instrumentais não alegados pelas partes que resultassem da instrução e discussão da causa.

Havia sido a doutrina que influenciara decisivamente a jurisprudência nesse sentido. Mas, aquela sentira algumas dificuldades, sobretudo, técnicas, face à ausência de normas exactamente reguladoras daquele conhecimento, ou face à aplicação de normas indirectamente relacionadas com ele, designadamente a propósito da quesitação (ou não) de tais factos instrumentais, do momento de tal quesitação (para os que a defendiam), da possível apresentação (ou não) de provas autónomas sobre eles, do momento desta apresentação, etc.

Opinámos no sentido, que nos pareceu ser o mais adequado, de que a partir do CPC de 61, passou a existir (embora controversamente) cobertura para o seguinte:

---

[617] Dando conta dessa referência, Walter J. Habscheid (*op. cit.*, p. 125). No código alemão, o juiz só admite as testemunhas indicadas pelas partes (cfr. o respectivo § 373). Curiosamente, no diploma brasileiro, o juiz pode ordenar oficiosamente, ou a requerimento da parte, a inquirição de testemunhas não anteriormente arroladas que tenham sido referidas nas declarações da parte ou das testemunhas (cfr. o § 1 do respectivo art. 418.º).

[618] Actividades que se relacionam, extremamente, com a matéria a tratar. Recorde-se que também reflectimos (embora da mesma forma resumida) sobre os poderes instrutórios do tribunal na vigência dos diplomas anteriores ao CPC de 95 e fizemo-lo exactamente no tema correspondente ao que agora se aborda (cfr. "5.1. – O DOMÍNIO DO DISPOSITIVO SOBRE O PODER COGNITIVO DO TRIBUNAL, CONSAGRADO NO DIREITO PROCESSUAL CIVIL").

– que os factos instrumentais alegados pelas partes podiam ser originariamente quesitados. Só havia vantagens nisso. A prática jurisprudencial assim o demonstrou;
– quanto aos factos instrumentais não alegados, o juiz só podia atentar neles, antes de mais, se os mesmos resultassem da instrução da causa;
– por outro lado, estes sempre haveriam de se mostrar necessários para "despoletar" o processo lógico ou psicológico de conhecimento dos factos essenciais, cumprindo assim a sua própria vocação;
– para além disso, tais factos deviam também ser quesitados;
– que esta quesitação podia ocorrer logo que o juiz se apercebesse da utilidade da averiguação desses factos, e não apenas depois do encerramento da discussão da matéria de facto;
– que em relação a tais factos sempre haveria de respeitar-se o contraditório;
– que as partes podiam apresentar novos meios de prova potencialmente incidentes sobre os novos quesitos;
– e que se estes quesitos fossem elaborados no decurso da audiência de discussão e julgamento, esta podia interromper-se, se alguma das partes pretendesse organizar a apresentação de novos meios de prova.

Pois bem. O CPC de 95 não só consagrou a possibilidade de conhecimento destes factos instrumentais não alegados, como regulou todas as questões sobre as quais, anteriormente, a doutrina divergia. E fê-lo, salvo erro, de modo a podermos dizer que as conclusões a que, oportunamente, chegáramos (e que acima reproduzimos) estavam genericamente certas.

Com efeito, o n.º 2 do art. 264.º do novo diploma veio referir que "O juiz só pode fundar a decisão nos factos alegados pelas partes, sem prejuízo do disposto nos artigos 514.º e 665.º[619] e da consideração, mesmo oficiosa, dos factos instrumentais que resultem da instrução e discussão da causa".

---

[619] Permanecem, pois, excepcionados os factos notórios, os factos de conhecimento jurisdicional prévio do tribunal e os factos que permitam concluir por um uso anormal do processo pelas partes e todos os que se tornem necessários nos processos de jurisdição voluntária. Nessa conformidade – e porque tais excepções não foram alteradas pelo novo diploma – devemos considerar aqui como reproduzido todo o texto que, oportunamente, se redigiu neste trabalho a propósito de tal matéria.

Portanto, não pode haver dúvidas acerca dos factos instrumentais não alegados pelas partes de que o juiz se pode servir [620]: – são os que resultam da instrução e discussão da causa, mais propriamente apenas da instrução, se considerarmos que a discussão da causa a que aqui se alude é a que se resume ao debate previsto na alínea e) do n.º 3 do art. 652.º e nele não é suposto que possam surgir quaisquer novos factos principais ou instrumentais [621, 622].

Por outro lado, é lógico que tais factos devem mostrar-se relevantes para o desfecho da lide, ou seja – e no caso concreto –, mostrar-se necessários para a prova (indiciária) dos factos essenciais. Com efeito, se através de qualquer prova directa, o juiz se sentir perfeitamente ciente (e consciente) da veracidade de um facto principal, escusa ele, logicamente, de lançar mão destes factos instrumentais que se evidenciem da instrução da causa. Seria mesmo uma estultícia processual...

Acresce que tais factos instrumentais devem ser "convocados" para a base instrutória, o que, no nosso entender, resulta expressamente da alínea f) do n.º 1 do art. 650.º do CPC – que remete para todo o art. 264.º e não apenas para algum ou alguns dos seus números – e demonstra a pertinência (embora específica ou indirecta, já se sabe) destes factos, na medida em que de tal "base" só pode constar matéria de facto relevante [cfr. a al. e) do n.º 1 do art. 508.º-A] [623, 624].

---

[620] No âmbito dos factos instrumentais, Lebre de Freitas (*Introdução...*, p. 136) distingue entre "factos probatórios" e "factos acessórios". Aqueles, são os que servem de base ao juízo dedutivo levado a cabo pelo juiz para chegar à realidade dos factos principais. Estes, "são os que jurídica ou naturalmente permitem ou vedam ao juiz tirar da realidade dos factos probatórios a conclusão acerca da realidade dos factos principais, ou aumentam ou diminuem a probabilidade dessa conclusão". Atente-se nos exemplos de uns e outros desses factos instrumentais que nos são fornecidos por Lebre de Freitas (*Introdução...*, ps. 136-137 e em nota de rodapé).

[621] Neste sentido, implicitamente, Lebre de Freitas (*Introdução...*, p. 135) e também, embora sobre outro tema, A. Abrantes Geraldes (*Temas...*, p. 57).

[622] Embora não esqueçamos o regime previsto nos n.ºs 1 do art. 506.º e 2 do art. 507.º do CPC, acerca dos factos supervenientes alegáveis até ao encerramento da discussão da matéria de facto, da produção de prova que sobre eles pode incidir e da possibilidade de dela se evidenciarem estes factos instrumentais, nem também o regime previsto no n.º 2 do art. 523.º do diploma, que permite a apresentação de documentos até ao encerramento dessa discussão da matéria de facto e deles também se poderem evidenciar os referidos factos instrumentais. Mas, mesmo nestes casos, não seria da discussão que resultavam os factos instrumentais. Antes resultavam de determinadas produções probatórias (instrução, pois) realizadas contemporaneamente com ela, discussão.

[623] Neste sentido, A. Abrantes Geraldes (*Temas...*, p. 53, em nota de rodapé). Não exactamente neste sentido, referindo que, por regra, os factos instrumentais não têm de

Por outro lado, aquela alínea *f*) do n.º 1 do art. 650.º veio fixar um limite temporal até ao qual o juiz pode "seleccionar" estes factos instrumentais: – é até ao encerramento da discussão (da matéria de facto, já se sabe). Encerrado este "episódio" processual, o tribunal recolhe para proceder ao julgamento e não poderá já "regressar" para anunciar o seu desejo de selecção dos referidos factos instrumentais que, anteriormente, não tivessem sido considerados. Está correcta, hoje, esta opção do legislador [625]. Em primeiro lugar, porque está conforme com o limite temporal previsto para a apresentação de articulados supervenientes e de documentos (cfr. o n.º 1 do art. 506.º e o n.º 2 do art. 523.º), o qual se aceita que constitua a última hipótese de "germinação" de factos instrumentais que se tornem necessários. Em segundo lugar, porque assim ganha verdadeiro e correspondente sentido a terminologia utilizada na segunda parte do n.º 1 do art. 653.º do CPC, onde se refere que, encerrada a discussão, o tribunal só pode voltar à sala de audiências quando não se julgue suficientemente esclarecido. Ora, anunciar a potencialidade da existência de novos factos (instrumentais ou não) e proporcionar novas produções probatórias (sobre essas novas questões) não constituirá, propriamente,

---

ser incluídos na base instrutória – excepto aqueles que, visando contrariar a presunção estabelecida por um meio com força probatória plena, integram as chamadas "excepções probatórias" – Lebre de Freitas (*Introdução...*, ps. 136-137). Este autor aceita, no entanto, que as dúvidas doutrinárias acerca do aditamento destes factos instrumentais à matéria seleccionada como relevante e controvertida (de que demos em conta em "5.1.4. – OS FACTOS INSTRUMENTAIS") podem reabrir-se. E, de facto, a querela parece manter-se. Por exemplo, Pais de Sousa e Cardona Ferreira (*op. cit.*, ps. 26 e 32) defendem que os factos instrumentais não eram anteriormente quesitáveis, nem são hoje convocáveis para a base instrutória, o que fica a dever-se, na nossa opinião, e salvo o devido respeito, a uma interpretação não perfeitamente exacta do conceito de facto instrumental: – para estes autores, tal facto é apenas o que é esclarecedor, ou clarificador, de um facto essencial. Também Lopes do Rego (*Comentários...*, p. 201) defende a não inclusão dos factos instrumentais na base instrutória.

[624] Quanto à convocação para a base instrutória dos factos instrumentais alegados pelas partes, a maioria da doutrina continua a defender que a mesma não é obrigatória, embora seja útil e vantajosa, atenta a função disciplinadora da actividade probatória desempenhada por aquela base. Neste sentido, Paula Costa e Silva (*op. cit.*, ps. 243 e 246) e Isabel Alexandre (*op. cit.*, p. 277). Em sentido contrário (já o dissemos), M. Teixeira de Sousa (*Estudos sobre o Novo Processo Civil*, p. 311).

[625] Ao contrário do que dissemos, a propósito do tema, em face da vigência do anterior CPC, quando admitimos que a quesitação dos factos instrumentais não alegados se pudesse fazer mesmo após o encerramento da discussão, utilizando – para dar consistência à opinião (e um tanto esforçadamente, reconhece-se) – o conteúdo da segunda parte do n.º 1 do art. 653.º daquele diploma.

uma simples procura de esclarecimentos, mais a mais se nos lembrarmos da definição e do alcance dos factos instrumentais: – são os que servem para indiciar a existência dos factos essenciais e não concretamente para permitir esclarecimentos. Por fim, dir-se-á ainda que os poderes cognitivos do tribunal que, relevantemente, lhe foram reconhecidos pelo novo diploma, tornam seguramente desnecessária a consagração da possibilidade de a selecção dos factos instrumentais não alegados pelas partes se fazer após o encerramento da discussão da matéria de facto. Com efeito, podendo hoje o juiz "participar" na exposição fáctica do litígio, em vários momentos e por diversas formas, e gozando ele da possibilidade de basear a sua decisão em factos (mesmo essenciais) não alegados pelas partes, por certo que, no caso, a oportunidade da dita selecção dos factos instrumentais não alegados será antes do encerramento da discussão e não, estranhamente, só depois dele.

Por isso é que a alínea *f)* do n.º 1 do art. 650.º do CPC refere que a "ampliação da base instrutória" motivada pela consideração oficiosa dos factos instrumentais (cfr., novamente, a parte final do n.º 2 do art. 264.º) só pode ocorrer até ao encerramento da discussão. Ela ocorrerá até (normalmente) antes do início dos próprios debates a que aludem a alínea *e)* do n.º 3 e o n.º 5 do art. 652.º.

Acresce que o novo diploma veio ainda consagrar que, perante esta ampliação da base instrutória, podem as partes indicar as suas provas concretamente tendentes à influenciação da convicção do julgador acerca desta nova matéria de facto seleccionada (assegurando-se, portanto, o contra-ditório [626]), desde que se respeitem os limites estabelecidos para a prova testemunhal (designadamente, os referidos no art. 632.º do diploma), sendo tais provas requeridas imediatamente, ou não sendo isso possível, no prazo de dez dias, como se refere no n.º 4 do art. 650.º. Se a ou as partes não prescindirem deste prazo para apresentação das novas provas, a audiência é suspensa antes dos debates anteriormente referidos, isto é, apenas nessa altura e não antes (como na vigência do anterior diploma chegámos a defender). Quer dizer, mesmo que a referida selecção fáctica ocorra logo após o início da audiência de discussão e julgamento, esta prossegue a sua "marcha" até ao momento em que se iniciariam os debates anteriormente aludidos. Sendo a lei idealizada e redigida para as chamadas hipóteses normais, daqui também se retira que, por via de regra (salva a tal hipótese de apresentação de articulados supervenientes no

---

[626] O que sempre estaria salvaguardado, face ao novo art. 3.º, n.º 3.

pleno momento em que já se iniciaram aqueles debates, ou de junção de documentos), a oportunidade última para o juiz "levantar" os factos instrumentais coincide com o fim da produção probatória propriamente dita e com o início dos debates. Por outro lado, a tramitação agora consagrada é tecnicamente mais adequada, na medida em que, como regra, a discussão sobre a matéria de facto só se iniciará depois de produzida toda a prova (a original e a relativa aos factos instrumentais resultantes da instrução), o que está mais de acordo com uma sequência lógica e cronológica que, certamente, se deseja (e não se verificava, decisivamente, na vigência do CPC de 39 e, frequentemente, na vigência do CPC de 61).

Portanto, para que o juiz possa fundamentar-se em factos instrumentais não alegados pelas partes, é preciso:
– que resultem da instrução ou discussão da causa, com as *nuances* referidas a propósito da segunda destas fases processuais;
– que se manifestem com relevo para a indiciação dos factos essenciais, isto é, que cumpram a função que lhes é própria, sob pena de deverem os mesmos ser considerados como irrelevantes;
– que sejam seleccionados pelo juiz para a base instrutória até ao encerramento da discussão da matéria de facto;
– que em relação a eles seja assegurado o contraditório;
– que as partes possam apresentar novas provas incidentes sobre eles;
– que se essas provas não puderem ser apresentadas de imediato e, por isso, a audiência de discussão e julgamento tiver que se suspender, essa sustação só ocorra no momento em que se iriam iniciar os debates dos advogados sobre a matéria de facto, dispondo as partes, nesse caso, de um prazo de dez dias para a apresentação das referidas provas (que não podem ultrapassar os limites estabelecidos para a prova testemunhal), reiniciando-se só então a audiência de discussão e julgamento da causa.

Há ainda uma outra questão que importa analisar, a propósito dos factos instrumentais não alegados pelas partes. Sabemos que, para decidir, o juiz pode tomá-los oficiosamente em consideração, para usarmos uma terminologia semelhante à redigida no n.º 2 do art. 264.º do CPC.

Mas, poderá o juiz conhecer desses factos apenas se a parte "beneficiada" o desejar e nessa conformidade o requerer, ou poderá o juiz partir *ex officio* para a descoberta dos mesmos, ordenando, sem mais, a realização das diligências probatórias que lhe seja lícito determinar e que se mostrem adequadas à situação?

Numa palavra: – o juiz deve fazer depender da vontade da parte o seu potencial conhecimento dos factos instrumentais, ou pode actuar de forma verdadeiramente inquisitória (e instrutória) em relação aos mesmos?

Quando tratámos o tema sob a vigência do anterior CPC e apesar de não dispormos de norma exactamente aplicável à questão, referimos já o seguinte:

- que o juiz não devia invariavelmente "desconfiar" da existência dos factos instrumentais e partir do nada para a investigação dos mesmos. Pelo contrário, eles haveriam de despontar, por alguma forma, da instrução da causa. Em todo o caso, ele tinha poderes inquisitórios em relação a tais factos;
- por outro lado, era evidente que o juiz podia exercer *sponte sua* os poderes instrutórios que a lei lhe reservava.

Ora, a "história" do n.º 2 do actual art. 264.º parece relevante para a questão suscitada.

Na primeira versão do novo CPC, publicada em 1995, referiu-se que "O juiz só pode fundar a decisão nos factos alegados pelas partes, sem prejuízo do disposto nos artigos 514.º e 665.º e da possibilidade de investigar, mesmo oficiosamente [627], os factos meramente instrumentais quando resultem da instrução e julgamento da causa".

Tendo desaparecido da versão final do diploma a referência expressa à "possibilidade de investigar" oficiosamente os factos instrumentais, logo alguns operadores judiciários foram levados a concluir o seguinte: – que, na versão final do CPC, se pretendeu afastar o exercício de quaisquer poderes espontaneamente inquisitórios do tribunal sobre os factos instrumentais. O juiz poderia realmente conhecer deles apenas se as partes (ou melhor, a parte interessada) manifestasse o desejo de "usufruir" de tal benefício.

Entendemos que não. Somos da opinião de que o tribunal goza de poderes inquisitórios (e obviamente, dos habituais poderes instrutórios), embora não partindo do nada, insiste-se, relativamente aos factos instrumentais [628].

---

[627] E o Projecto de CPC publicado (previamente) em Fevereiro de 1995 referia-se à "indagação oficiosa" dos factos instrumentais.

[628] Seguindo-se, assim, a orientação de M. Teixeira de Sousa (*Estudos sobre o Novo Processo Civil*, ps. 74-75).

Os argumentos que utilizamos são simples.

Antes de mais, deve dizer-se que o CPC de 95, quer na sua versão original, quer na sua versão final, jamais fez depender da verificação de quaisquer condições ou circunstâncias o conhecimento desses factos. E se fosse outra a intenção, por certo que não se deixaria de ter previsto, como sucedeu nos casos do n.º 3 do mesmo art. 264.º, que tal conhecimento judicial ficava dependente da manifestação de vontade da parte nesse sentido.

Por isso, entendemos que a versão final do n.º 2 do art. 264.º do CPC visou apenas (essencialmente) melhorar a terminologia utilizada na versão original do diploma.

Assim, deixou de se fazer referência expressa à investigação oficiosa dos factos instrumentais apenas por manifesta desnecessidade [629]. Ao referir que o juiz pode tomar em consideração oficiosa tais factos, sem fazer depender essa consideração de quaisquer condicionalismos, está tudo dito. Até porque (já o vimos) o n.º 3 do art. 265.º do código refere que incumbe ao juiz realizar (ou ordenar) oficiosamente todas as diligências necessárias ao apuramento da verdade, quanto aos factos de que lhe seja lícito conhecer. Ora, sendo-lhe lícito conhecer, sem os condicionalismos referidos, dos factos instrumentais, deve também ser-lhe permitido, por conjugação dos dois segmentos normativos anteriormente citados, o exercício dos poderes instrutórios que habitual e relevantemente a lei lhe confere (poderes que, hoje, são autênticos deveres, como também já vimos).

A diferença de tratamento normativo entre o conhecimento judicial dos factos referidos no n.º 3 do art. 264.º e o conhecimento destes factos instrumentais encontra suficiente razoabilidade, como oportunamente procuraremos demonstrar, de tal modo que pode perfeitamente justificar-se que o conhecimento daqueles factos esteja dependente da vontade expressamente manifestada pela parte interessada nesse sentido.

É esse importante tema (o "tratado" no n.º 3 do art. 264.º) que abordaremos de seguida.

---

[629] E o que é desnecessário no texto de um artigo é para retirar. Assim o recomenda a boa técnica legislativa. O que está a mais, prejudica. A versão final do n.º 2 do art. 264.º também substituiu a expressão "factos meramente instrumentais" por "factos instrumentais", por o advérbio utilizado ser igualmente desnecessário. Onde nos parece que as correcções não foram apenas terminológicas foi na origem do conhecimento desses factos, pois que na versão inicial do diploma constava (inadequadamente) que eles haveriam de resultar da instrução e do julgamento da causa, o que era, no mínimo, estranho e parecia colidir com a alínea *f)* do n.º 2 do art. 650.º, que não foi alterada pela versão final do CPC.

12.2. *O Conhecimento de Factos Essenciais que Resultem da Instrução da Causa*

Mas, o CPC de 95 trouxe, no âmbito da matéria que vimos analisando, uma importantíssima alteração.

Consagrou, finalmente, a possibilidade de o juiz da causa conhecer não só dos factos instrumentais não carreados para os autos pelas partes, mas também (e até) de factos verdadeiramente essenciais que as partes não houvessem oportunamente alegado.

Ora, antes do início da audiência de discussão e julgamento – e abstraindo-nos, agora, dos articulados supervenientes –, os factos alegados pelas partes são, hoje, os seguintes:

a) Os factos constantes dos articulados espontâneos;
b) Os factos constantes dos articulados judicialmente estimulados, se o juiz usar o poder que lhe confere o n.º 3 do art. 508.º, e as partes aquiescerem ao convite que lhes é formulado;
c) Os factos alegados na audiência preliminar, ao abrigo da alínea *c)* do n.º 1 do art. 508.º-A, na sequência de convite que igualmente é feito às partes nesse sentido pelo juiz da causa.

Além destes, **pode o tribunal basear-se ainda em outros factos essenciais** [630], ainda que não alegados pelas partes (portanto), **quais sejam os que se assumam como complemento ou concretização de outros que as partes hajam oportunamente carreado para os autos, resultem da instrução e discussão da causa, a parte interessada manifeste vontade de deles se aproveitar e tenha sido facultado à parte contrária o exercício do contraditório**, como se refere no anunciado n.º 3 do art. 264.º.

Portanto, não há dúvidas de que o poder cognitivo do tribunal se mostra hoje bem mais dimensionado do que anteriormente, mas ele só pode ser exercido se ocorrerem, cumulativamente, todas as condicionantes que acabaram de se referir [631].

---

[630] Não esquecendo que estes são os directamente fundamentais e indispensáveis ao êxito da acção ou da defesa, isto é, os integrativos da previsão da norma aplicável à pretensão ou à excepção.

[631] Verificamos, por isso (e desde já), que se trata de um poder cognitivo processual e subjectivamente controlado, e não de um poder cognitivo absoluto. Em outros ordenamentos, esse poder do tribunal vai mais além. Por exemplo, em França, o juiz

Analisemos, cuidadosamente, estes novos factos essenciais de que o tribunal pode conhecer, bem como os requisitos indispensáveis a tal conhecimento.

Antes de mais, **são factos não alegados pelas partes que sejam fundamentais quer à procedência ou improcedência da acção, quer à procedência ou improcedência da reconvenção**, como originária e expressamente se referia na primeira versão do CPC de 95, mas que, depois – e mais uma vez por manifesta desnecessidade – deixou de constar do texto final do n.º 3 do art. 264.º. Ao referir-se aos "factos essenciais à procedência das pretensões formuladas ou das excepções deduzidas" está tudo dito, nessa frase se abrangendo, evidentemente, quer o pedido original, quer o pedido reconvencional.

Depois, são factos que não podem ser verdadeiramente distantes dos alegados pelas partes.

Mas bastará que esses factos simplesmente se relacionem com os alegados pelas partes?

Seguramente que não.

A lei refere que eles **devem constituir um complemento ou uma concretização dos factos articulados pelos litigantes**. Daí que possa começar a falar-se em "factos complementares" e em "factos concretizadores".

Atentemos, então, na distinção entre os factos essenciais alegados pelas partes e esses outros factos, também essenciais, complementares ou concretizadores, que apesar de não terem sido anteriormente carreados para os autos pelos litigantes, podem ser do conhecimento do tribunal, sem embargo de reconhecermos que tal distinção será mais fácil de detectar na prática casuística do foro do que, propriamente, em sede teórica.

---

pode conhecer de todos os factos com relevo para o desfecho da lide, desde que eles surjam dos autos e se respeite o contraditório e ainda que as partes não os hajam especialmente invocado como apoio das suas pretensões (cfr. o art. 7.º do *Code de Procedure Civile*, especialmente o 2.º §). Portanto, em França, os requisitos condicionantes do conhecimento judicial de factos não alegados são menores do que aqueles que o novo CPC português consagrou. No Brasil, foi-se ainda mais além. No art. 131.º do respectivo Código de Processo Civil referiu-se que "O juiz apreciará livremente a prova, atendendo aos fatos e circunstâncias constantes dos autos, ainda que não alegados pelas partes; mas deverá indicar, na sentença, os motivos que lhe formaram o convencimento". Cfr., a propósito deste último requisito, o ponto II do art. 458.º do diploma brasileiro, para onde nos remete Juarez de Oliveira (*op. cit.*, p. 40).

Os factos essenciais alegados pelas partes (normalmente nos articulados) são aqueles cuja falta torna inviável a acção ou a excepção. Se o autor não os alegar na petição inicial, por exemplo, bem poderá dizer-se que a pretensão formulada é claramente infundada e, por isso, manifestamente inviável. Se numa petição inicial de uma acção de divórcio litigioso não são expostos os factos que permitam supor que o réu violou um dos quaisquer deveres conjugais a que está obrigado (cfr. o art. 1672.º do CC) pode desde logo concluir-se que a acção está, inevitavelmente, votado ao insucesso. E neste caso não há solução possível.

Mas, pode suceder que o autor não exponha os factos de modo a poder garantir-se, à partida, aquela inviabilidade manifesta.

Admitamos – no exemplo referido do divórcio – que a autora alega, na petição inicial, que o réu abandonou, sem qualquer motivo, o lar conjugal, violando, dessa forma, o dever de coabitação a que estava obrigado.

Antes de mais, existe causa de pedir (o abandono do lar) e não havendo, como não há, ininteligibilidades, contradições, nem incompatibilidades, pode concluir-se que a petição não é inepta. Por outro lado, a pretensão formulada não é manifestamente inviável.

Mas, para a acção poder vir a proceder, bastará que se prove o referido abandono do lar?

Seguramente que não. O n.º 1 do art. 1779.º do CC refere que o divórcio só pode ser decretado se a violação dos deveres conjugais for de tal modo grave ou reiterada que impeça a continuação da vida em comum entre os litigantes.

Ora, embora tenha formulado uma pretensão que não era manifestamente inviável (por ter alegado o concreto abandono do lar por parte do réu – convenhamos que tal abandono pode ser gerador do decretamento do divórcio), a autora não alegou os factos que permitam concluir por aquela gravidade ou reiteração comprometedora da continuidade da vida em comum [632].

Ora, são precisamente estes os factos que são complementares do abandono do lar. Estes factos (v.g., a ausência de quaisquer notícias do réu há já longos meses, o abandono acompanhado do transporte de todos os bens próprios e objectos de uso pessoal do réu, numa manifestação nítida de pretender quebrar o vínculo conjugal, de tal modo que não seja

---

[632] Factos que podem variar, caso a caso, consoante a sensibilidade dos litigantes, o enquadramento social e cultural em que estes se inserem, etc.

curial exigir-se à autora uma hipotética re/continuação da vida em comum, atento o grau da sua sensibilidade pessoal, ou o modo habitual da vida que leva, por exemplo) é que são o complemento, concretamente, o completamento do facto essencial anteriormente alegado por ela (o referido abandono). Mas, note-se, que tais factos complementares também são essenciais ao sucesso da pretensão formulada. Se eles não se provarem, o tribunal não pode decretar o divórcio. O que acontece é que, mesmo que tais factos não tenham sido anteriormente alegados pela autora, o tribunal pode tomá-los em consideração e decretar o divórcio requerido, se estiverem verificados os requisitos legais que já anunciámos (e que ainda vamos analisar). Por isso, pode concluir-se, para já, o seguinte: – não se mostrando alegados pelas partes nos articulados quaisquer factos essenciais, a acção (ou a excepção) é naturalmente inviável; – não se mostrando alegados pelas partes nos articulados os factos complementares, a acção (ou a excepção), embora não inviável, é tendencialmente improcedente. A acção (ou a excepção) só procederá se, ao abrigo do n.º 3 do art. 264.º do CPC, chegarem ao conhecimento do tribunal (e puderem por este ser conhecidos) esses referidos factos complementares.

Até agora, como é bom de ver, referimo-nos tão somente aos chamados **factos complementares, que são, afinal, os factos completadores de uma causa de pedir (ou de uma excepção) complexa**, ou seja, uma causa de pedir (ou uma excepção) aglutinadora de diversos elementos, uns constitutivos do seu núcleo primordial (no caso, o abandono em si mesmo), outros constitutivos do seu núcleo... complementar (no caso, os que permitam concluir pela gravidade ou reiteração da violação do dever conjugal e, por isso, pela impossibilidade da continuação da vida em comum).

Deixemos, agora, o exemplo apresentado, até porque ele diz respeito a uma acção especial de divórcio litigioso, cuja tramitação contém diversas particularidades que a distanciam da tramitação do processo comum, designadamente, a existência de despacho liminar imediatamente incidente sobre a petição inicial (cfr. o n.º 1 do art. 1407.º do CPC), o qual pode influir no tema que vimos abordando.

Generalizemos, pois, a questão.

Se factos complementares são factos completadores essenciais, bem pode dizer-se que a petição inicial deles desacompanhada constitui o articulado insuficiente que oportunamente analisámos [633], que sobre ela

---

[633] Cfr. a matéria tratada *supra* em "8.3. – O DESPACHO PRÉ-SANEADOR. CASOS EM QUE É FACULTATIVO: – PARA CONVIDAR AS PARTES A COMPLETAR ARTICULADOS FACTICAMENTE INSUFICIENTES E (OU) A CORRIGIR ARTICULADOS FACTICAMENTE IMPRECISOS".

deveria ter sido lavrado o despacho de convite ao aperfeiçoamento previsto no n.º 3 do art. 508.º e que o autor "devia" ter aquiescido a esse convite e ter apresentado um articulado judicialmente estimulado para suprir tal insuficiência, alegando os referidos factos completadores que faltavam. Ou, na pior das hipóteses, já o juiz devia ter marcado a audiência preliminar para o suprimento dessa insuficiência, ao abrigo da alínea c) do n.º 1 do art. 508.º-A do CPC.

Só em parte é que estes juízos de raciocínio estão certos. É que o juiz não devia ter convidado o autor a apresentar um novo articulado beneficiado. Podia tê-lo feito, apenas. Por outro lado, a audiência preliminar para este efeito de suprimento de insuficiências fácticas também não é obrigatoriamente marcada. Com efeito, pode ter-se dado até o caso de, na fase do saneamento, não ter sido visível aquela insuficiência, ou não ter sido considerada como absolutamente relevante.

Por isso é que o legislador do novo diploma como que "guardou" no n.º 3 do art. 264.º esta última hipótese [634] de, por esta forma indirecta, serem completados os articulados facticamente insuficientes, se isso se mostrar absolutamente essencial para a procedência da acção ou da excepção. Não convidando as partes à apresentação de novos articulados. Não (também) determinando a realização de uma audiência tendente ao referido completamento. Antes reconhecendo ao tribunal a possibilidade (controlada, como ainda veremos melhor) de conhecimento dos factos em falta.

Dir-se-á que, tendo em consideração o poder convidativo do tribunal (previsto no n.º 3 do art. 508.º do CPC) e as finalidades da audiência preliminar, dificilmente haverá necessidade de os juízes exercerem estes poderes cognitivos sobre os factos complementares anteriormente não alegados, porquanto é mais do que certo que as insuficiências tenham já sido detectadas e, consequentemente, completadas.

É lógico este raciocínio. Em todo o caso, o legislador deixou esta última "válvula" para, mais uma vez, aproximar a decisão judicial à verdade.

E é de tal maneira lógico o raciocínio que alguns têm suposto que bastaria ter consagrado na lei estes novos poderes cognitivos do tribunal, como muito acertadamente se consagrou [e não também o convite ao aperfeiçoamento previsto no n.º 3 do art. 508.º, nem a audiência preliminar referida em parte da alínea c) do n.º 1 do art. 508.º-A]. Por nós, já o

---

[634] Uma "última oportunidade" de ampliação da matéria de facto, como refere A. Abrantes Geraldes (*Temas...*, p. 55).

dissemos. Defendemos (por várias razões descomprometidas) o convite à beneficiação fáctica dos articulados, bem como o reconhecimento destes novos poderes cognitivos do tribunal, sem embargo de termos considerado exagerada a possibilidade de a audiência preliminar poder ser marcada para o suprimento das insuficiências e imprecisões fácticas que as partes não hajam conseguido sanar nos articulados judicialmente estimulados.

Abordámos, até agora, os chamados factos complementares. Acontece que a lei também alude, como vimos, aos factos concretizadores.

Mais uma vez, não é fácil a distinção.

Os factos concretizadores também hão-de ser factos essenciais, cuja "falta" não implica a constatação da manifesta inviabilidade da acção (ou da excepção, já se sabe), mas antes a tendencial improcedência da pretensão. Nesse aspecto, são factos com características semelhantes (ou até iguais) às dos factos complementares.

Só que a "existência" dos factos complementares deriva, exclusivamente, de uma pura insuficiência, de uma pura falta. Faltava um facto, um facto determinante para a procedência da pretensão ou da excepção.

Somos da opinião, porém, de que os factos concretizadores são mais específicos. Não há, propriamente, uma pura falta de um facto. O que sucede é que o facto alegado não se mostra exposto de forma concreta, nem precisa, nem exacta. Quer dizer, há na mesma uma deficiência, mas não a que resulta da pura insuficiência de factos.

Ora, **os factos concretizadores previstos no n.º 3 do art. 264.º são os que pormenorizam a questão fáctica exposta, sendo que é exactamente essa pormenorização dos factos anteriormente alegados pelas partes que é fundamental para a procedência da acção (ou da excepção)** [635].

Ou seja, os factos complementares não pormenorizam. Acrescentam apenas. Completam.

Os factos concretizadores pormenorizam, minuciando ou particularizando os factos anteriormente alegados.

Voltando ao exemplo anteriormente referido do divórcio, não pode dizer-se que os factos que justificavam a impossibilidade da vida em comum sejam pormenorizantes do alegado abandono. São um imprescindível acrescento, mas não uma concretização, uma minuciação.

---

[635] Portanto, não se trata de uma qualquer pormenorização fáctica.

Admitamos, entretanto, outro exemplo (agora do lado passivo da relação jurídico-processual) para tentarmos demonstrar o que são factos concretizadores.

Imaginemos que um senhorio instaurou em tribunal uma acção de resolução de determinado contrato de arrendamento habitacional [ao abrigo da al. *d*) do n.º 1 do art. 64.º do RAU], alegando (como causa de pedir) que o réu fez diversas obras de construção civil no arrendado (as quais discrimina) que alteraram manifesta e relevantemente a estrutura e a configuração externa do prédio.

Citado, contestou o arrendatário, confirmando a realização e a natureza das obras, mas alegando que apenas as levara a cabo após prévio consentimento do autor. No caso, o réu confessa os factos alegados pela parte contrária, mas acrescenta-lhes um novo facto impeditivo da constituição válida do direito invocado pelo demandante, qual seja o referido consentimento. Ou seja, o réu defende-se por excepção, no caso uma excepção peremptória. A defesa assim apresentada não é manifestamente inviável. O réu alegou um facto essencial à defesa.

Mas, para que a excepção proceda, basta o que foi alegado pelo réu?

A resposta não pode deixar de ser negativa. A alínea anteriormente citada do RAU exige que o consentimento do senhorio (para validar as obras) seja dado por escrito. Ora, o réu alegou apenas que o autor dera o seu consentimento. Se numa acção como esta resultar da matéria de facto apurada apenas que o autor deu o consentimento para as obras, sem se particularizar que o consentimento foi escrito, a acção tem de proceder. Ora, a minuciação desta espécie de consentimento é que equivale ao facto concretizador.

O réu alegou apenas um facto essencial: – o consentimento. Mas, desta forma inconcretizada, tal facto não chega. Porém, se da instrução da causa resultar claro que esse consentimento foi dado por escrito, o tribunal pode tomar tal facto em consideração na sua decisão (e julgar a acção improcedente), verificados que se mostrem os demais requisitos necessários a tal conhecimento.

O consentimento é um facto. O seu oferecimento por escrito é uma concretização desse facto.

Mas é claro que tal oferecimento por escrito também constitui, em si mesmo (objectivamente) um facto. Mas não inteiramente um facto novo. Antes um facto que concretiza ou particulariza um anteriormente alegado. E só com esta concretização é que a excepção procede.

Bem vistas as coisas (e, mais uma vez, objectivamente) os factos concretizadores também completam os factos alegados. Só que tal

completamento é específico e não um apenas um simples (ainda que fundamental) completamento, como acontece com os referidos factos complementares.

E que em ambas as hipóteses há um completamento fáctico prova-o ainda a alínea *f)* do n.º 1 do art. 650.º do CPC, ao indirectamente referir que todas as situações previstas no art. 264.º (quer a que diz respeito aos factos instrumentais, quer a que se relaciona com os factos essenciais complementares e concretizadores) implicam uma "ampliação da base instrutória".

Por outro lado, tudo o que oportunamente se disse a propósito da prévia e possível aplicação ao caso do despacho pré-saneador de convite ao aperfeiçoamento do articulado facticamente insuficiente e da possível realização da audiência preliminar para o suprimento dessa imperfeição tem igualmente aqui aplicação, mas com as necessárias adaptações.

A situação que potencializa o conhecimento judicial dos factos concretizadores está ligada à imprecisão a que alude o n.º 3 do art. 508.º e a alínea *c)* do n.º 1 do art. 508.º-A do CPC. Um facto impreciso é um facto não concreto, não pormenorizado.

A correspondência entre as normas (508.º e 264.º), segundo supomos, pode fazer-se da seguinte forma:

1.º Um articulado facticamente insuficiente (que cabe na categoria dos "articulados imperfeitos", como sabemos) pode motivar a elaboração de um despacho pré-saneador de convite ao completamento (art. 508.º, n.º 3, primeira situação regulada) e (ou, nos termos constatados) à designação de dia e hora para a audiência preliminar tendente a tal suprimento [art. 508.º-A, n.º 1, al. *c)*]. Se esta imperfeição (insuficiência) fáctica for "fatal" para a procedência da acção (ou da excepção) pode ainda a mesma ser suprida com o conhecimento dos factos essenciais complementares (art. 264.º, n.º 3, primeira situação regulada);

2.º Um articulado facticamente impreciso (que também cabe na categoria dos "articulados imperfeitos") pode motivar a elaboração de um despacho pré-saneador de convite à correcção (art. 508.º, n.º 3, segunda situação regulada) e (ou) à realização da audiência preliminar tendente ao respectivo suprimento [art. 508.º-A, n.º 1, al. *c)*]. Se esta imperfeição (imprecisão) fáctica for "fatal" para a procedência da acção (ou da excepção) pode ainda a mesma ser suprida com o conhecimento dos factos essenciais concretizadores (art. 264.º, n.º 3, segunda situação regulada).

Tudo, pois, pode derivar do momento em que a insuficiência ou a inconcretização (ou imprecisão) são detectadas pelo tribunal. Mas, não apenas. Há uma pequena nota em que convém insistir. O suprimento das insuficiências ou imprecisões fácticas através da apresentação dos articulados judicialmente estimulados ou na própria audiência preliminar (completando-se ou corrigindo-se, assim, factos, na sequência de um "apelo" lançado nesse sentido pelo tribunal) não tem de constituir algo de absolutamente essencial para a procedência da acção ou da excepção. Sê--lo-á as mais das vezes, bem o sabemos. Mas não é inevitável que assim seja. Pelo contrário, o suprimento dessas insuficiências ou imprecisões (inconcretizações) fácticas através da "utilização" por parte do tribunal dos factos complementares ou concretizadores é absolutamente essencial para a procedência da acção ou da excepção.

E há ainda uma outra diferença: – é que o convite ao suprimento previsto no n.º 3 do art. 508.º podia abranger a alegação dos factos e a sua própria impugnação, ambas insuficientes ou imprecisas, enquanto que o conhecimento previsto no n.º 3 do art. 264.º se refere tão somente aos factos complementares ou concretizadores dos que houverem sido alegados pelas partes, em nada se relacionando, portanto, com a figura da impugnação.

Utilizemos mais um exemplo para tentarmos distinguir factos complementares de factos concretizadores.

Imaginemos uma acção de denúncia de um contrato de arrendamento, proposta por um senhorio com fundamento na sua necessidade habitacional, ao abrigo dos arts. 68.º e seguintes do RAU, na qual não se mostra alegado que o autor não dispõe, há mais de um ano, de casa própria ou arrendada, com as condicionantes geográficas referidas na alínea *b*) do n.º 1 do art. 71.º daquele diploma [636].

Tudo o mais está alegado. Os factos exactos de onde se alcança a carência habitacional do demandante, a propriedade do prédio despejando há mais de cinco anos, etc.

Neste caso, a acção não é manifestamente inviável, porque não é seguro que um senhorio, naquelas condições, não possa efectivamente denunciar o contrato de arrendamento e despejar o inquilino.

---

[636] O que constitui um requisito e, por isso, um facto constitutivo (embora negativo) do direito de denúncia. Neste sentido, Pires de Lima/Antunes Varela (*op. cit.*, Vol. I, p. 305).

Mas, sem se apurar que o demandante não tem casa própria ou arrendada, há mais de um ano, a acção não pode proceder. Falta, portanto, algo. Algo de claramente novo que não foi alegado.

Ora, essa inexistência de casa própria ou arrendada, há mais de um ano, com as referidas condicionantes geográficas, é que constitui um facto essencial complementar dos alegados pelo autor, de que o juiz pode deitar mão para decidir, apesar de não haver sido anteriormente alegado (e verificados os requisitos constantes do n.º 3 do art. 264.º do CPC).

Mas, imaginemos agora que o mesmo senhorio propôs a referida acção de denúncia contratual, alegando os factos necessários à procedência da causa, incluindo a circunstância de não ter casa própria, nem arrendada, há mais de um ano, mas, em relação a esta, limitou-se a referir o seguinte:
– que não tem casa própria ou arrendada **perto** do prédio despejando.

Ora, salvo melhor opinião, as condicionantes geográficas a que alude a alínea b) do n.º 1 do art. 71.º do RAU são rigorosas: – são as áreas das comarcas de Lisboa e Porto e suas limítrofes (se o prédio despejando aí se situa) e é a respectiva localidade, quanto ao resto de país (se o prédio despejando ali não se situa).

Portanto, parece que não bastará concluir-se que o autor senhorio não tem casa própria ou arrendada, há mais de um ano, perto do arrendado.

Para uns, perto serão vinte quilómetros, por exemplo; para outros, duzentos metros. E não é exactamente isso que está em causa, quando se analisa a referida alínea b) do n.º 1 do art. 71.º do RAU.

Então, o que falta?
– Uma pormenorização, uma concretização desse "perto".
Saber se nele cabem os condicionalismos geográficos referidos na lei.

Sem essa concretização, a acção – que não era inviável – não pode, no entanto, proceder.

Por isso, se resultar da instrução da causa tal elemento concretamente geográfico (e se estiverem respeitados os demais requisitos consagrados no n.º 3 do art. 264.º do CPC), o juiz pode tomá-lo em consideração, apesar de o mesmo não ter sido anteriormente alegado.

Analisadas as diferenças entre os factos essenciais alegados pelas partes e aqueloutros (também essenciais) que, apesar de não terem sido anteriormente alegados pelas partes, podem ser do conhecimento do tribunal, vejamos agora quais os requisitos legais concretamente indispensáveis a este conhecimento.

Em primeiro lugar, **tais factos complementares ou concretizadores hão-de "emergir" da instrução e discussão da causa**, isto é, hão-de ser descortinados e detectados no decurso destas fases processuais (*intra* processo, pois)[637].

De seguida, temos um requisito importantíssimo: **– para que o juiz possa considerar tais factos, é necessário que a parte interessada (a concretamente beneficiada com o efeito constitutivo, impeditivo, modificativo ou extintivo deles) manifeste vontade de deles se aproveitar**.

Mas, como há-de o tribunal saber se a parte interessada tem (ou não) vontade de se aproveitar de determinado facto complementar ou concretizador que resulta da instrução?

Somos da opinião de que isso pode ocorrer de duas formas: – Ora porque a parte, espontânea e autonomamente, manifesta vontade de aproveitar do facto que se evidencia, sugerindo a relevância deste ao tribunal[638]; ora porque o juiz interpela para o efeito essa parte, após o surgimento do respectivo facto na instrução[639].

Inicialmente, muitos tiveram dúvidas em aceitar a segunda hipótese que acabámos de enunciar. Chegou a supor-se que poderia não competir ao tribunal interpelar a parte a fim de saber se ela queria ou não aproveitar-se do facto. A "manifestação da vontade" a que, terminologicamente, a lei aludia podia querer apenas significar uma manifestação espontânea, não "aconselhada", nem "recomendada", como acontece se ela resultar de uma interpelação do tribunal nesse sentido. Nesse caso, apesar do facto complementar ou concretizador (anteriormente não alegado, evidentemente) poder começar a evidenciar-se da instrução da causa, o tribunal teria de aguardar pela posição da parte interessada (*cui interest*).

Tal opinião é, salvo o devido respeito, errada. A manifestação de vontade da parte tem de ocorrer, sem dúvida, mas pouco importa se ela é espontânea, ou subsequente a uma interpelação do tribunal nesse sentido.

De outra forma, entraríamos num insanável conflito (ou mesmo contradição) com tudo o que dissemos a propósito do convite que é feito às partes, através do despacho pré-saneador, para completarem ou corrigirem os articulados facticamente insuficientes ou imprecisos. Se então dissemos que o juiz podia convidar as partes para esse efeito

---

[637] E mais propriamente da instrução do que da discussão, pelas razões que já anteriormente se aduziram.

[638] A. Abrantes Geraldes (*Temas...*, p. 57) refere que a parte interessada deve formular requerimento destinado ao aproveitamento processual do facto.

beneficiativo dos articulados, temos agora igualmente de admitir que o juiz pode interpelar as partes para saber se elas querem ou não beneficiar do facto que se evidencia da instrução.

Na verdade, se nessa altura referimos que o convite podia ocorrer (embora em situações que se reconhece não serem muitas) mesmo que não fosse absolutamente evidente que a insuficiência ou a imprecisão fossem fatais para a pretensão, mais depressa temos agora de admitir semelhante convite (que, agora, consiste mais numa interpelação do que, propriamente, num convite) quando as insuficiências ou imprecisões fácticas que estão em causa são absolutamente fatais para a pretensão ou para a excepção.

O que importa, insiste-se, é que a parte deseje beneficiar do facto e manifeste ao tribunal esse desejo.

Também o despacho pré-saneador de convite ao aperfeiçoamento dos articulados imperfeitos podia não ser satisfeito. Nesse caso, bem também podíamos dizer que a parte não desejara alegar, nem beneficiar, portanto, de quaisquer outros factos para além dos alegados. A situação é agora semelhante.

Por isso, não pode afirmar-se (mais uma vez) que o dispositivo tenha sido abandonado pelo CPC de 95. Apenas se aligeiraram algumas das suas "amarras". Em relação aos factos essenciais da causa, mantém-se o princípio, embora modificado, o qual pode ser enunciado da seguinte forma: – Se são as partes que mais correctamente sabem quais os factos fundamentais às suas pretensões, também são elas que mais correctamente sabem quais os factos que devem ou não ser carreados para o processo e, de entre os não alegados que surjam da instrução da causa, quais os que devem ou não ser aproveitados.

Ao tribunal competirá apenas, mas em todo o caso, "providenciar até ao encerramento da discussão pela ampliação da base instrutória da causa, nos termos do disposto no artigo 264.º", como se refere na alínea *f)* do n.º 2 do art. 650.º.

De resto, desta alínea também se retira com toda a facilidade que a manifestação de vontade da parte em beneficiar de um facto essencial anteriormente não alegado pode constituir uma decorrência de uma advertência feita nesse sentido pelo tribunal [640]. De outra forma, não se compreenderia o recurso do legislador ao verbo "providenciar".

---

[639] Neste sentido, também, Pais de Sousa e Cardona Ferreira (*op. cit.*, p. 32).
[640] Neste sentido, também, J. Pereira Batista (*op. cit.*, p. 18).

Esta situação será, de resto, a habitual, sem embargo de termos perfilhado a opinião de que a manifestação de vontade da parte se pode fazer também de forma absolutamente espontânea. O que resta saber, nesse caso, é se o juiz considera o facto em questão como essencialmente complementar ou concretizador de outro ou outros anteriormente alegados [641].

E, concretamente, como é que a parte há-de manifestar a vontade de se aproveitar de tais factos complementares ou concretizadores?

Exprimindo-os, apresentando-os, ou melhor, alegando-os [642]. Seja na sequência de interpelação do tribunal, seja espontaneamente.

Ao alegar o facto, está a referida parte interessada (cui interest) a manifestar, claramente, a vontade de dele se aproveitar. Se o não alegar, a conclusão que deve tirar-se é, evidentemente, a inversa.

Neste âmbito, é, pois, fácil a distinção entre os factos complementares ou concretizadores e os factos instrumentais: – Destes, o juiz pode conhecer, independentemente da manifestação do desejo de aproveitamento pela parte beneficiada; Daqueles, o juiz só pode conhecer se a parte interessada quiser. Por isso, podemos referir que em relação aos factos instrumentais, vigora a oficiosidade do conhecimento. Tais factos são do conhecimento oficioso do tribunal. Basta que resultem da instrução da causa para poderem ser utilizados pelo tribunal. Pelo contrário, em relação aos factos complementares ou concretizadores, não vigora essa oficiosidade do conhecimento. O juiz só se pode servir-se deles **se** a parte quiser. Como anteriormente se disse, mantém-se o dispositivo, mas algo modificado ou mitigado, atento o novo poder alertador de que dispõe o tribunal.

Com efeito, ao interpelar a parte sobre o seu desejo de beneficiar do facto, o juiz está a alertá-la para o próprio facto. Está a exercer "funções" que até agora lhe estavam perfeitamente vedadas. Está mais uma vez a colaborar e a "participar" com o próprio litígio, ajudando ao seu completamento e à sua exactidão.

Resultando da instrução um (ou mais do que um) destes factos complementares ou concretizadores e manifestando a parte interessada desejo de dele se aproveitar, o procedimento que deve ser adoptado é em tudo igual ao constatado para os factos instrumentais não alegados.

---

[641] Se for o juiz a suscitar a questão da complementaridade ou da concretização fácticas, parece evidente que ele, nesse caso, já considera que o facto em questão se assume como essencial.

[642] Neste último sentido, Lebre de Freitas (*Introdução...*, p. 130).

Assim, **tais factos** podem "surgir" até ao encerramento da discussão, **devem ser incluídos na base instrutória, deve respeitar-se o contraditório** (isto é, sobre eles deve ser ouvida a parte não interessada nos mesmos), **podem as partes apresentar, imediatamente ou no prazo de dez dias, novos meios de prova** (desde que, em relação à prova testemunhal se respeitem os limites conhecidos) e **a audiência de discussão e julgamento deve ser suspensa, antes dos debates, quando uma qualquer das partes não prescinda do referido prazo**, tal como resulta, combinadamente, do n.º 3 do art. 264.º e da alínea f) do n.º 2 do art. 650.º do CPC.

Após todo o exposto, *elenquemos os factos em que o juiz pode sustentar a sua decisão*, sendo certo que os mesmos hão-de ser sempre relevantes, sejam essenciais ou instrumentais [643]:

1.ºs. *Nos factos essenciais e instrumentais alegados pelas partes nos articulados espontâneos;*
2.ºs. *Nos factos essenciais e instrumentais alegados pelas partes nos articulados judicialmente estimulados;*
3.ºs. *Nos factos essenciais e instrumentais alegados pelas partes na audiência preliminar marcada para os efeitos de parte da alínea c) do n.º 1 do art. 508.º-A;*
4.ºs. *Nos factos essenciais completadores ou concretizadores que, embora não carreados anteriormente pelas partes, resultem da instrução da causa, desde que aquelas manifestem o desejo de deles se aproveitarem;*
5.ºs. *Nos factos instrumentais (dos essenciais anteriormente alegados) que, embora não carreados pelas partes, resultem da instrução da causa, independentemente de qualquer desejo de aproveitamento manifestado pelos litigantes;*
6.ºs. *Nos factos instrumentais (dos completadores ou concretizadores aproveitados pelas partes que hajam surgido da instrução da causa) que, embora não carreados anteriormente pelos litigantes, resultem igualmente dessa instrução e também independentemente de qualquer desejo de aproveitamento manifestado pelas partes nesse sentido;*
7.ºs. *Nos factos notórios;*

---

[643] E restringindo a nossa apreciação apenas aos processos de jurisdição litigiosa.

**8.ºs. Nos factos de que o juiz tenha conhecimento jurisdicional prévio e que sejam documentalmente provados nos autos; e
9.ºs. Nos factos que permitam concluir pela convicção segura de que as partes se serviram do processo para praticar um acto simulado ou para conseguir um fim proibido por lei.**

13. Juízos Apreciativos

Já referimos que concordamos inteiramente com os poderes cognitivos do tribunal, tal como eles foram consagrados no CPC de 95.

Na introdução deste trabalho, referimo-nos às várias vezes em que constatámos insucessos processuais, não tanto porque não assistisse razão à parte, outrossim porque não constassem, rigorosa e exclusivamente, dos articulados espontaneamente apresentados pelos litigantes todos os factos necessários à procedência da pretensão.

E quando assim era, não havia remédio. O que não estivesse alegado nos articulados não podia ser, minimamente, considerado. E quantas vezes se ouviam os juízes determinar às testemunhas que se calassem, por as mesmas começarem a desviar-se (às vezes, milimetricamente) do que constava do questionário.

Este constituía uma peça absolutamente fundamental, pela qual se "guiavam" rigorosamente os juízes e os advogados, dela nunca podendo tais operadores judiciários "sair", ainda que a instrução da causa começasse a demonstrar novos factos com relevo para o desfecho da lide e ainda, pois, que fosse visível que a futura decisão se começava a afastar da verdade envolvida pelo processo.

Com o princípio consagrado no n.º 3 do art. 264.º e com a técnica referida na alínea *f*) do n.º 2 e nos n.ºˢ 3 e 4 do art. 650.º do CPC, deu-se um passo decisivo na aproximação da decisão judicial à verdade.

Reconhecendo ao juiz uma inteira liberdade de actuação na descoberta de novos factos, à semelhança do que ocorre na disciplina instrumental penal?

Evidentemente que não.

Tais poderes, a serem conferidos ao juiz, equivaleriam a uma verdadeira absolutização, potencialmente geradora de importantes e incorrectos desvios na resolução dos litígios.

Ora, o que se consagrou no CPC de 95 foi a possibilidade de o juiz atentar em factos que, apesar de não terem sido oportunamente alegados pelas partes, o próprio processo evidencie como relevantes para o desfecho da lide. Mas, não todos esses factos. Antes aqueles que constituam uma complementarização ou uma concretização de outros que as partes hajam oportunamente alegado, competindo casuisticamente ao julgador verificar a existência dessas complementarização ou concretização. Não hão-de ser, pois, quaisquer factos com relevo para o desfecho da lide, sob pena de poder desvirtuar-se por completo a (saudável) estabilidade da instância, de se permitir a discussão de questões distantes da que era envolvida pela lide e, enfim, de se potencializar uma "confusão" material e processual a todos os títulos indesejável.

Ninguém estará à espera que numa dada acção de despejo, com fundamento exclusivo na falta de pagamento de rendas, possa o juiz vir a atentar em determinadas obras ilicitamente realizadas no arrendado (que foram expostas e descritas por uma ou duas testemunhas, mas que não tinham sido minimamente alegadas pelo senhorio) e, com base nelas, decretar o despejo.

Entre a falta de pagamento de rendas e as referidas obras não há qualquer relacionamento, muito menos uma complementarização ou uma concretização, como a lei determina.

E insista-se neste ponto: – não basta também que entre os factos oportunamente alegados pelas partes e estes factos principais que o processo evidencia haja um simples nexo de relacionamento. Para o juiz atentar nestes, é necessário que o facto alegado constitua uma espécie de "base" fáctica e que o novo facto resultante da instrução represente um completamento ou uma pormenorização clarificadora dessa base.

E o mais importante é que não basta que os factos essenciais resultem da instrução da causa. É ainda indispensável que a parte interessada (a parte com eles beneficiada) manifeste o desejo de deles se aproveitar.

O juiz tem, pois, um novo e reforçado poder de intervenção, mas exactamente "controlado" pelas partes.

Sempre na esteira do velho princípio de que a parte é a melhor defensora de si própria, deve também ser ela quem melhor sabe quais são os factos que devem e quais são os que não devem sustentar a sua "posição" processual, assim se recusando uma intervenção puramente "tutelar" ou "paternalista" para a qual se sentiriam tentados (ou "vocacionados") alguns juízes.

O processo poderá ter saído do exclusivo domínio das partes. O juiz tem nele, hoje, uma intervenção operante e, as mais das vezes, eficaz, porque proporcionadora de resultados vantajosos para um acertado desfecho da lide.

O julgador está, sem dúvida, mais próximo da verdade envolta pelo litígio. Mas, não é o dono do processo. Este, cada vez mais lhe diz respeito, mas limitadamente.

A acção pode ter deixado de ser pertença exclusiva das partes, como se disse. Mas estas continuam a ser donas, completamente donas, da posição que pretendam assumir nos autos.

O processo pertence às partes, ao tribunal, à colectividade, se quisermos. O desfecho da lide constitui não só a resolução daquele litígio, mas também um contributo decisivo para a boa administração da justiça em geral e para a própria paz social. Tudo isso está correcto. Partilhamos, há muito, dessa publicização do processo civil. Mas, conforme a pretensão da parte é intocável, intocável deve ser também o conjunto dos factos em que ela deseja sustentar essa pretensão. Jamais faria sentido que o tribunal se arvorasse em defensor do alheio, contra a própria vontade do cidadão...

Oportunamente, defendemos que não deveria reconhecer-se ao juiz o "direito" de ser ele, espontânea e oficiosamente, a provocar a intervenção de terceiros para satisfazer algum litisconsórcio necessário que se mostrasse violado. Defendemos, por isso, o acerto da parte final do excelente art. 265.º, n.º 2 do CPC. As partes é que sabem contra quem querem ou não querem litigar. Não o tribunal.

A situação agora é semelhante. Se é a parte que formula a sua pretensão e a formula como quer e baseada no que quer, também deve ser ela a dominadora de toda essa envolvência fáctica até final da acção. Deve ser ela a querer ou não querer o aproveitamento dos tais factos essenciais que a instrução da causa evidencie.

Assim se conseguem alcançar vários acertados objectivos.

A saber:

– O reconhecimento de novos e acertados poderes a tribunal, sem que daí resulte a possibilidade de este enveredar pela execução de missões tutelares e paternalistas;
– Um abrandamento evidente da dimensão e da rigidez do dispositivo, sem que daí possa resultar que as partes percam o poder que têm de defender e "conduzir" os seus próprios interesses;
– Uma aproximação segura entre a decisão e a verdade, mas não obtida a todo o custo, muito menos contra a vontade das partes.

Por isso, demos o nosso inteiro aplauso à inovação.

O legislador foi prudente.

Um dos receios que muitos advogados nos fizeram chegar – derivado de uma primeira leitura do novo diploma, necessariamente apressada – consistiu no seguinte:

– Se os juízes se podem basear em factos não alegados pelas partes, podem também sentir-se sempre tentados a "descobrir" factos que sustentem, consistentemente, as suas decisões e vedem qualquer viabilidade de recurso [644].

Era precipitada esta dúvida. O risco anunciado mostra-se controlado. O juiz não poderá "descobrir" quaisquer factos que interessem à resolução de um determinado litígio. Só os factos complementares ou concretizadores dos que tenham sido alegados pelas partes e apenas se as partes o pretenderem. Os novos poderes cognitivos do tribunal mostram-se, pois, bem combinados com uma atenuação do dispositivo.

Atenua-se o dispositivo e aumentam-se os poderes do tribunal, sempre em busca da maior aproximação possível à verdade, mas a tudo isso se impõe a vontade soberana das partes acerca dos contornos fácticos em que assenta o litígio [645].

O CPC de 95 conseguiu, assim, um salutar equilíbrio entre os diversos valores do jogo processual.

Por isso, não podemos deixar de referir que o sistema consagrado é bem melhor do que aqueles que chegaram a estar previstos nos AP's de CPC de 1988 e 1990 [646], embora estes previssem, igual e expressamente, a possibilidade de o juiz conhecer dos factos instrumentais não alegados pelas partes (cfr. os n.ºˢ 1 e 2 do art. 8.º do primeiro desses trabalhos e os n.ºˢ 1 e 2 do art. 9.º do segundo).

Curiosamente, o sistema agora consagrado é mais arrojado do que o previsto no AP de CPC de 1988 e mais cauteloso e criterioso do que o previsto no AP de CPC de 1990. Está a meio termo. É um sistema que nos parece equilibrado, igualmente ambicioso, mas não exagerada, nem perigosamente.

Com efeito, no AP de CPC de 1988 escrevera-se que "Podem ainda ser considerados na decisão os factos essenciais que, embora não articula-

---

[644] Já Calamandrei (*op. cit.*, ps. 170-171) referia que "dá pena ver os juízes, às vezes, para porem os seus veredictos ao abrigo da reforma, esmerarem-se em passar por alto questões essenciais de direito, e dar à luz certas decisões tão pesadamente fundamentadas no facto, que parecem revestidas de uma desajeitada couraça destinada a impedir não só os golpes habilidosos dos advogados (o que pode ser bom), mas também (o que sem dúvida é ruim) o olhar indagador do Tribunal de Cassação".

[645] Por isso, e numa visão diferente da do texto, Lopes do Rego (*Comentários...*, p. 201) concluiu que a atenuação foi do princípio da preclusão, e não do princípio do dispositivo, perante o qual o CPC de 95 manteve "inteiro respeito".

[646] Desta opinião não partilha Paula Costa e Silva (*op. cit.*, p. 231).

dos, tenham sido invocados na instrução e discussão da causa, quando a parte por eles prejudicada os não tenha impugnado, devendo tê-lo feito".

Para além de ter, salvo o devido respeito, uma deficiente terminologia, o projecto de norma em apreço estava de tal maneira dimensionado que bem podia dizer-se que raramente o juiz exerceria quaisquer novos poderes cognitivos. Bastava que a parte prejudicada impugnasse os novos factos essenciais inovadamente alegados na instrução e discussão da causa para que estivesse vedada a possibilidade de o juiz os conhecer. Ora, evidentemente que a parte prejudicada não deixaria sempre de impugnar tais factos, liquidando assim um novo (mas apenas aparente, como se viu) poder cognitivo do tribunal. Quer dizer, no AP de 1988 "desenhava-se" um novo poder do tribunal. Mas, na prática, o tribunal nunca o exerceria. Ou melhor, o novo poder cognitivo do tribunal só seria exercido se houvesse acordo da parte prejudicada acerca da veracidade do novo facto essencial. Por isso, dissemos que o sistema perfilhado pelo CPC é mais ambicioso (efectivamente ambicioso) do que o projectado nesse trabalho.

Tendo detectado a inutilidade que referimos, o AP de CPC de 1990 veio consagrar o seguinte: "Podem, todavia, ser considerados factos essenciais à procedência da pretensão formulada pelo autor ou da excepção ou reconvenção deduzidas pelo réu, que só por manifesto lapso a parte interessada não tenha alegado, desde que à parte contrária tenha sido efectivamente facultada a produção de contraprova ou de prova do contrário".

Se o sistema anteriormente projectado teria sido inútil na prática, este revelava-se perigosíssimo, deixando ao critério puramente arbitrário de cada julgador a possibilidade (ou não) de exercer os seus novos poderes cognitivos.

Vejamos: – A circunstância de a parte não ter alegado determinado facto essencial (portanto, imprescindível ao êxito da sua pretensão) pode derivar, no nosso entender, de duas razões: – de a parte (ou o advogado) se ter esquecido de o alegar; – ou de a parte (ou o advogado) supor que o facto era irrelevante. Em bom rigor, só a primeira dessas razões é que estava contemplada no AP de CPC de 1990, pois que se a parte não alegasse o facto por não o querer alegar (por supor a sua irrelevância) é óbvio que não estaríamos perante um manifesto lapso.

O problema é que seria certamente muito difícil para o juiz descobrir o "estado de alma" da parte (ou do advogado) no momento em que se verificara a não alegação do facto.

Seria que a parte se tinha esquecido?

Ou seria que não tinha havido qualquer falha de memória e o facto não fôra alegado por ter sido considerado irrelevante?

Era dificílimo (insiste-se) descortinar uma resposta segura.
Como haveria de proceder o juiz para detectar o motivo da não alegação?
Perguntando à parte (ou ao advogado)?
Cremos que não. A resposta haveria de ser sempre a mesma: "– Esqueci-me de alegar. Tratou-se de um manifesto lapso".
Então, como detectar (ou não) este lapso?
Arbitrária e casuisticamente e, por isso, também, muito falivelmente.
Acresce que a já referida tendência tutelar e protectora de muitos juízes os levaria, mais vezes do que a lei teria pretendido, a considerar verificado o tal "manifesto lapso".

Mas, o problema do sistema previsto no AP de CPC de 1990 nem era só o que acaba de se referir. Era outro mais grave:

– De que novos factos essenciais podia o tribunal conhecer?
– De todos, mesmo que se alterasse ou ampliasse, por exemplo, a causa de pedir?

Não certamente, por força do princípio da estabilidade da instância que esse projecto de diploma também previa.
Então, o tribunal podia conhecer de todos os novos factos, excepto se houvesse essas alterações ou ampliações?
Quais, exactamente?
Desde que não houvesse uma alteração substancial da relação material (e jurídica) litigada?
E dessa forma, poderia violar-se, por exemplo, o princípio da concentração da defesa na contestação, que o projecto de diploma também consagrava?
Ora, era precisamente esta indeterminação da lei que era indesejável.
O AP de CPC de 90 não "fornecia" um critério, uma regra que permitisse "guiar" os juízes no exercício desse seu novo poder cognitivo. E quando assim fosse, bem perto poderíamos estar de exercícios desenfreados e perigosos...

Ora, foi exactamente isso que o CPC de 95 evitou, ao referir exactamente quais os factos essenciais que, apesar de não alegados, podem ser do conhecimento do julgador, quando é que eles podem "surgir" na acção, como deve ser respeitado o contraditório, como deve o juiz fazer depender esse seu conhecimento da vontade da parte, etc.
Tudo com critério, lógica e razoabilidade, parece-nos.

C) SEGUNDAS CONCLUSÕES

É tempo de elencarmos umas segundas conclusões, a propósito da dimensão do dispositivo e dos poderes do tribunal, no âmbito da exposição da matéria de facto e dos poderes cognitivos propriamente ditos, após a entrada em vigor do Código de Processo Civil de 1995.

Tais conclusões são de índole teórica e de índole prática. Comecemos pelas primeiras:

1.ª Muitas das alterações introduzidas pelo Código de Processo Civil de 1995 na apresentação e na cognição da matéria de facto integradora do litígio derivam de um novo e evolutivo pensamento acerca da primordial função exercida pelo processo civil, dos dimensionados objectivos visados pela sentença e, afinal, da própria missão que deve ser desempenhada pelo julgador;

2.ª Qualquer processo que penda em tribunal deve sempre perseguir um escopo, qual seja o da obtenção da justa composição do lití-gio, sendo que esta se atinge apenas e quando o juiz profere uma sentença de verdadeiro mérito, isto é, uma sentença através da qual se ponha termo ao conflito material;

3.ª Acontece que, hoje, a sentença a proferir em cada causa não representa apenas a resolução concreta de um determinado litígio. Ela constitui também um decisivo contributo para a boa administração da justiça em geral e, consequentemente, para a paz social.

4.ª Daí que a sentença deseje ser o "espelho" da verdade objectiva subjacente ao litígio e não apenas o "espelho" da verdade dos factos alegados em juízo pelas partes;

5.ª Assim, a justiça do Estado (como instituição) não está, hoje, exclusivamente ao serviço das partes. Essa justiça está também (e afinal) ao serviço da verdadeira... justiça e, nessa medida, o processo não pode mais ser considerado como pertença exclusiva dos litigantes. Ele interessa também ao tribunal, atentas as finalidades públicas que igualmente se perseguem;

6.ª O mesmo é dizer que se assiste ao desenvolvimento da chamada "publicização do processo civil", o que implica que a visão que hoje se tem dele é muito mais abrangente do que a anteriormente baseada na "pura relação privatística existente entre as partes";

7.ª É por isso também que podemos hoje dizer que o direito de que o cidadão goza de instaurar uma acção em tribunal não pode mais continuar a ser visto como um direito concreto à tutela jurídica do Estado, um direito à obtenção de uma sentença favorável (exercido exactamente contra o Estado), mas antes como um simples poder jurídico de provocar a actividade do tribunal, isto é, um mero direito abstracto à jurisdição, um direito cívico à administração da justiça, exercido não propriamente contra o Estado, mas antes perante ele;

8.ª E é também por isso que a expressão "direito à acção", tantas vezes utilizada no direito processual civil, deve ser substituída, preferencial e definitivamente, por "direito de acção";

9.ª Para a satisfação dos objectivos anteriormente referidos e, designadamente, para colaborar com a identificação entre a decisão e a verdade, o Código de Processo Civil de 1995 introduziu inúmeras medidas, a propósito da exposição da matéria de facto em juízo, as quais se consubstanciam, teoricamente, nos seguintes princípios:
– num reforço mais do que significativo dos poderes do tribunal;
– numa atenuação da rigidez do dispositivo;
– num aligeiramento de rigorosos ónus que anteriormente impendiam sobre as partes; e
– numa abolição ou simplificação de formalismos exacerbados.

10.ª Assim, embora se tenham mantido os articulados normais e eventuais anteriormente previstos na lei (e espontaneamente apresentados pelas partes), o juiz deixou de ser o tal "estranho" em relação à exposição da matéria de facto que integra o litígio;

11.ª Com efeito, foram-lhe concedidos novos e alentados poderes de "participação", quer na própria apresentação (alegação e impugnação), quer na delimitação fácticas do litígio, desta forma se lhe reconhecendo uma função indiscutivelmente mais operante e dinâmica do que aquela que, anteriormente, estava prevista;

12.ª E isso acontece porque o juiz não é mais o puro árbitro do litígio, tal como este é rigorosamente apresentado pelas partes. Ele é antes o solucionador de um conflito em cuja apresentação e delimitação fácticas também "participa", com o objectivo de completar, de esclarecer, enfim, de "ajudar" o conflito em si mesmo e, consequentemente, a sua adequada resolução;

*
* *

13.ª Para o efeito, o novo diploma veio reconhecer ao juiz o poder/ faculdade de convidar as partes (ambas as partes) a apresentarem novos articulados pretensamente completadores e (ou) correctores das insuficiências e (ou) imprecisões fácticas detectadas nos referidos articulados espontâneos;

14.ª E se após a aquiescência ao convite, que é facultativa, ainda subsistirem insuficiências e (ou) imprecisões na exposição da matéria de facto, competirá ao juiz e às partes, em colaboração recíproca, proceder ao suprimento de tais deficiências na chamada "Audiência Preliminar";

15.ª Sendo que é também nesta inovada audiência, por outro lado, que – para além de muitos outros objectivos – pode ter lugar a denominada "delimitação dos termos do próprio litígio", reduzindo-se o mesmo, porventura, a uma ou duas questões essenciais, simplificando-se, dessa forma, o conflito em si mesmo e potencializando-se uma rápida e eficaz aproximação à sua pretendida justa composição. Ora, nessa "tarefa" processual de delimitação participa também o juiz, exercendo, assim, poderes que jamais lhe haviam sido reconhecidos nos anteriores diplomas;

16.ª Nesta medida, é perfeitamente visível que a este aumento dos poderes do tribunal correspondeu proporcionalmente um abrandamento da "força" do dispositivo, bem podendo agora dizer-se que os rigorosos ónus de alegação genérica e específica dos factos que impendiam sobre as partes se mostram também eles hoje algo "atenuados";

* *

17.ª Por outro lado, ao reconhecer-se aquele papel mais operante e dinâmico do juiz da causa em relação à apresentação da matéria de facto, não pode mais continuar a assegurar-se que a alegação e a impugnação dos factos é feita, espontaneamente, pelas partes;

* *

18.ª E a missão dos articulados, embora não tendo sido descaracterizada, decresceu também na proporção da atenuação do dispositivo, porque os factos de que o juiz se pode, hoje, servir para decidir, embora essencialmente continuem a constar daquelas peças, podem também ser aduzidos na dita audiência preliminar e resultarem até da própria instrução da causa, como veremos a propósito das conclusões relativas aos novos poderes cognitivos do tribunal;

* *

19.ª Acresce que, ao abrandar a dimensão do dispositivo, abrandaram também alguns outros ónus que impendiam sobre as partes (que dependiam ou eram consequência do próprio princípio), e simplificaram-se ainda alguns rigorismos formais consagrados nos anteriores diplomas;

20.ª Foi assim que se reconheceu ao juiz um poder, mas agora um poder/dever, de desobstaculizar o processo, promovendo, espontânea e oficiosamente, a sanação possível da violação dos pressupostos processuais, o que resulta claramente de uma pretendida vitória do fundo sobre a forma, ou seja, de uma intencional supremacia concedida ao mérito da causa em detri-mento do formalismo da mesma;

21.ª Este poder/dever, bem como o poder/faculdade de convidar as partes à apresentação dos ditos articulados judicialmente estimulados deve ser exercido num despacho que o juiz profere no fim dos articulados espontâneos e antes da realização da já referida audiência preliminar;

22.ª A relevância e as finalidades deste despacho, bem como a intenção legislativa de que ele incidisse sobre ambas as partes e sobre todos os articulados espontâneos, determinaram a abolição do "velho" despacho liminar, o que sendo criticável em si mesmo por poder implicar trabalho, esforço e dispêndios inúteis, acaba por, coerentemente, ter de compreender-se;

23.ª Por outro lado – e ainda no âmbito do abrandamento dos rigorismos – o Código de Processo Civil de 1995 aumentou os prazos de que as partes dispunham para a apresentação dos seus articulados espontâneos, para além de ter consagrado a possibilidade de serem solicitadas (e concedidas) prorrogações desses mesmos prazos;

24.ª Aligeirou-se ainda (e substancialmente) o ónus de contestar, abolindo-se as chamadas "condenações de preceito", como há muito era desejado. A falta de contestação, em qualquer das formas de processo declarativo, implica hoje, tão-somente, a chamada confissão semi-plena, isto é, a confissão dos factos e não também a do direito;

25.ª Maleabilizou-se, entretanto, o próprio ónus de impugnação e impôs-se a discriminação separada das excepções, a fim de se evitarem dúvidas acerca da sua arguição;

26.ª Acabaram-se com algumas querelas doutrinárias prejudiciais para a prática forense (como a derivada da possibilidade ou impossibilidade de alteração simultânea do pedido e da causa de pedir) e aboliram-se formalismos exacerbados que a mesma prática demonstrara serem inúteis (como a obrigatoriedade da discriminação fáctica nos articulados);

27.ª Aboliram-se os articulados idealizados pela doutrina para responder a excepções, consagrando-se a admissibilidade de tal resposta na audiência preliminar ou, quando não houver lugar a esta, na audiência final, sempre que tenham sido apresentados já todos os articulados previstos na lei;

28.ª Numa única frase, e sem embargo de termos reflectido sobre muitas mais questões do que aquelas que agora convergem em juízos conclusivos, podemos referir que, no âmbito da exposição da matéria de facto, o Código de Processo Civil de 1995 aligeirou a dimensão do princípio do dispositivo, aumentou os poderes do tribunal, maleabilizou diversos ónus, pacificou a doutrina e simplificou alguns rigorismos formais. Tudo para que, em cada caso, a decisão judicial possa aproximar-se o mais possível da verdade;

*
* *

29.ª Igual desiderato foi determinante para as alterações introduzidas pelo novo diploma no âmbito dos poderes cognitivos do tribunal;

30.ª Assim, para além de se terem beneficiado, relevantemente, os já existentes poderes instrutórios do tribunal e de se continuar a admitir o conhecimento dos factos notórios, dos factos do conhecimento jurisdicional prévio e dos factos que permitam concluir por um uso anormal do processo pelas partes, previu-se expressamente (e regulou-se convenientemente) a possibilidade de o juiz conhecer dos factos instrumentais que não hajam sido alegados pelos litigantes, mas que resultem da instrução da causa;

31.ª Por outro lado, os novos poderes cognitivos do tribunal estendem-se ainda (e até) a factos verdadeiramente essenciais que as partes não hajam, também, carreado anteriormente para o processo;

32.ª Porém, para que o relevante poder cognitivo do tribunal referido na conclusão anterior possa ser exercido é necessário, cumulativamente, que:

– esses factos essenciais sejam complemento ou concretização dos anteriormente alegados pelas partes;
– resultem da instrução da causa;
– a parte interessada manifeste vontade de deles se aproveitar; e
– em relação a eles seja respeitado o contraditório.

33.ª Estes requisitos demonstram claramente que houve intenção apenas de atenuar a dimensão do dispositivo e não também de abandonar o princípio, na medida em que continuam a ser as partes a decidir quais os factos que devem constar e quais os que não devem constar do processo, ou melhor, continuam a ser as partes a decidir quais são os factos em que o juiz se pode basear para decidir, o que não pode deixar de estar ligado à ideia de que são elas as melhores defensoras de si próprias e as melhores tuteladores dos seus próprios interesses;

34.ª Aqui radica, pois, um dos motivos porque o princípio dispositivo jamais pode ser abandonado. Quando muito, em nome da busca da verdade, ele pode ser atenuado.

*
* *

35.ª O Código de Processo Civil de 1995 conseguiu um saudável equilíbrio entre a atenuação do dispositivo e o correspondente aumento dos poderes do tribunal.

IV. REFLEXÃO FINAL

É chegado o momento de terminarmos.

O tempo encarregar-se-á de demonstrar a eficácia (ou a falta dela) do Código de Processo Civil de 1995.

Uns, reconhecem-lhe virtudes; outros, apenas virtualidades. "Acarinhado" por muitos e "massacrado" por outros tantos, será a história que ditará a sorte do diploma.

Mas, não apenas.

O homem terá também a sua quota parte de responsabilidade. E que quota parte...

O novo código só terá sucesso se os juízes quiserem, se os advogados quiserem e se as partes quiserem. E se a estas é naturalmente mais custoso exigir uma nova "postura processual", atento o fervor e a paixão do litígio – pois que nele são directamente interessadas –, aos juízes e aos advogados pode e deve ser-lhes pedida, ao menos, uma nova "cultura judicial".

O advogado não é parte. É um profissional do foro. Um especialista.

O que hoje se lhe pede é que dispa as vestes do litígio técnico, que aceite uma intervenção operante do juiz, que admita com humildade profissional as sugestões deste, que partilhe com o colega da outra parte de um espírito de cooperação recíproca e, por fim, que colabore com o tribunal na descoberta da verdade e o auxilie em algumas das tarefas que, anteriormente, a este competiam em exclusividade. Ao "lutar" ao lado do tribunal pela justa composição do litígio, estará o advogado a cumprir a função pública que sobre ele incide, pois que – não se esqueça – ele é também um servidor da lei e da justiça. Cumulativamente, ao nunca esquecer a mais capaz defesa dos interesses do seu constituinte, objectiva e materialmente, estará o advogado a cumprir a sua função privada. E o exercício destas funções (a pública e a privada) não é, certamente, incompatível.

O juiz, por seu turno, deve deixar de ser a autoridade inatingível e inacessível, o árbitro quedo e silencioso que apenas sentencia com gravidade. Tem de assumir novas funções. Sair do pedestal exclusivamente decisório e "cair" no objecto concreto do litígio, colaborando com as partes, com os advogados e consigo próprio para uma competente, completa, escorreita e clara apresentação dos factos subjacentes ao litígio, pois que só assim se potencializará uma mais acertada decisão.

Mas, os poderes do juiz não se ficam por aqui. No âmbito da cognição fáctica, o novo diploma reconheceu-lhe relevantes possibilidades de actuação, assim se colaborando com a desejada aproximação das sentenças à verdade.

Por isso, ao longo de todo o processo, o juiz deve assumir-se como um elemento actuante no jogo processual, um árbitro que pugna não só pelo resultado, como também pelo bom resultado do jogo, para que ganhe quem, efectivamente, merece e não apenas quem, tecnicamente, for o melhor.

É preciso, porém, algum cuidado. O juiz não pode ser só imparcial. Tem de parecê-lo, também. Em todas as atitudes que tome e em todas as palavras que profira, como há muito escreveu Luís d'Oliveira Guimarães. Por isso, uma sua actuação descuidada ou exagerada pode comprometer essa aparência de isenção. Os novos poderes do tribunal devem, pois, ser exercidos com a parcimónia que se mostre adequada. Em todo o caso, exercidos sem receios.

O novo Código de Processo Civil alterou o estabelecido, "mexendo" em hábitos e privilégios. E só isso já é difícil...

Não vale a pena continuar a criticar o diploma. É mais do que evidente que ele contém algumas medidas não acertadas, algumas outras exageradas, e outras até injustificadas, como vimos ao longo do trabalho. Mas, também contém muitas (muitas mais) inovações correctas.

Irão estas diminuir a duração das acções em tribunal e, assim, apressar a acção da justiça, como há muito os portugueses reclamam?

Não. Não foram feitas para isso.

Irão elas proporcionar uma aproximação das decisões à verdade?

É possível. O novo Código de Processo Civil conseguiu, como se demonstrou ao longo do trabalho, um equilíbrio entre um relevante aumento dos poderes do tribunal e uma indiscutível atenuação da dimensão do dispositivo. Mas, embora o dispositivo não tenha permanecido incólume, ele continua a ser a trave mestra do processo civil. Trata-se de um novo dispositivo. Mas, continua a ser dele que brota a desejada imparcialidade do tribunal.

E por isso é que será sempre a vontade soberana das partes a sobrepor-se ao exercício dos novos poderes do tribunal e aos efeitos desse exercício.

Apliquemos, sem temores, o novo Código de Processo Civil e exploremos as inegáveis virtudes que ele contém, e estou certo de que o resultado não será negativo.

E se já tem sido necessário idealizar e redigir, a curto prazo, algumas alterações ao código, proceda-se, também sem receios, a essa tarefa.

Mas, com a cautela necessária, ao contrário do que sucedeu, recentemente, com a aprovação do DL n.º 183/2000, de 10 de Agosto.

Porque se uma reforma é, sem dúvida, um acto de coragem..., ela deve ser também um acto de serenidade e de prudência, virtudes que não foram demonstradas com a aprovação de tal diploma.

Ao inovarmos acertadamente, estaremos sempre a avançar e não a retroceder. E isso também é processo...

PRINCIPAIS ABREVIATURAS

Ac.	—	Acórdão
AP	—	Anteprojecto
BMJ	—	Boletim do Ministério da Justiça
CC	—	Código Civil
Col. Jur.	—	Colectânea de Jurisprudência
CP	—	Código Penal
CPC de 1876	—	Código de Processo Civil de 1876
CPC de 39	—	Código de Processo Civil de 1939
CPC de 61	—	Código de Processo Civil de 1961
CPC de 95	—	Código de Processo Civil de 1995
CPP	—	Código de Processo Penal
CRP	—	Constituição da República Portuguesa
DL	—	Decreto-Lei
DR	—	Diário da República
JR	—	Jurisprudência das relações
LOMP	—	Lei Orgânica do Ministério Público
LOTJ	—	Lei Orgânica dos Tribunais Judiciais
LTM	—	Lei Tutelar dos Menores
MP	—	Ministério Público
RAU	—	Regime de Arrendamento Urbano
RC	—	Tribunal da Relação de Coimbra
RE	—	Tribunal da Relação de Évora
RL	—	Tribunal da Relação de Lisboa
RLJ	—	Revista de Legislação e da Jurisprudência
RP	—	Tribunal da Relação do Porto
STA	—	Supremo Tribunal Administrativo
STJ	—	Supremo Tribunal de Justiça

BIBLIOGRAFIA

Nota: Apenas se citam as obras efectivamente consultadas e especi ficamente referidas no trabalho.
Por outro lado, os autores e as obras citam-se por ordem alfabética.
Finalmente, quando ao longo do trabalho, a seguir ao respectivo autor, se refere a expressão "*op. cit.*", isso quer significar que, desse mesmo autor, só foi consultada a obra indicada nesta bibliografia. Pelo contrário, nos casos em que foram consultadas mais do que uma obra do mesmo autor, elas são referidas pelas primeiras palavras do respectivo título, pelas iniciais deste, ou por qualquer outro elemento que permita a sua identificação.

ALEXANDRE, Isabel
—— *Aspectos do novo processo civil (A fase da instrução no processo declarativo comum)*, Lisboa 1997.
AMARAL, Jorge Augusto Pais do
—— *Direito processual civil*, Coimbra 1999
ANDRADE, Manuel A. Domingues de
—— *Noções elementares de processo civil*, Coimbra 1976.
ANDRADE, Manuel da Costa
—— *Sobre as proibições de prova em processo penal*, Coimbra 1992.
ANTUNES, Maria João
—— *Direito ao silêncio e leitura em audiência de declarações do arguido*, Sub Judice n..º 4, Lisboa 1992.
BAPTISTA, José João
—— *Acção executiva*, 6.ª edição, Lisboa 1997;
—— *Processo civil I. Parte geral e processo declarativo*, Lisboa 1996;
—— *Processo civil I (Teoria geral e processo declarativo com referências ao anteprojecto do novo código de processo civil)*, Lisboa 1990.
BATISTA, J. Pereira
—— *Reforma do processo civil. Princípios fundamentais*, Lisboa 1996.
BASTOS, Rodrigues
—— *Notas ao código de processo civil*, Lisboa 1984.

BETTIOL, Giuseppe
—— *Instituições de direito e de processo penal* (tradução de Manuel da Costa Andrade), Coimbra 1974.

BRITO, José Inácio Clímaco de Sousa e
—— *Identidade e variação do objecto em processo declarativo*, BMJ n.º 148.º (Julho-1965), Lisboa 1965.

BRITO, Wanda Ferraz de / SOARES, Fernando Luso / MESQUITA, Duarte Romeira
—— *Código de processo civil, actualizado e anotado*, 4..ª Edição, Coimbra 1985.

CABIEDES, Eduardo Gutiérrez de
—— *Estudios de derecho procesal*, Pamplona 1974.

CALAMANDREI, Piero
—— *Eles, os juízes, vistos por um advogado*, São Paulo 1995.

CAMPOS, João Mota de
—— *A convenção de Bruxelas de 27 de Setembro de 1968 sobre a competência judiciária, reconhecimento e execução das sentenças*, BMJ n.º 22, de 1985, Lisboa 1986.

CANÁRIO, António Colaço
—— *A reconvenção e a compensação em processo civil*, Lisboa 1983.

CARDOSO, João António Lopes
—— *Em processo sumário, a falta de resposta à reconvenção não implica condenação do reconvindo no pedido formulado pelo reconvinte*, Revista dos Tribunais, Ano 68.º (n.ᵒˢ 1609-1632), Porto 1950.

CARLOS, Adelino da Palma
—— *Linhas gerais do processo civil português*, Lisboa 1991.

CARNEIRO, José Gualberto de Sá
—— *Sobre o artigo 663.º do código de processo civil*, Revista dos Tribunais, Ano 59.º, Porto 1941;
—— *Anotação ao acórdão de 12 de Janeiro de 1944 do tribunal da Relação de Lisboa*, Revista dos Tribunais, Ano 62.º, Porto 1944.

CARNELUTTI, Francesco
—— *Diritto e processo*, Nápoles 1958.

CARVALHO, Orlando Vasconcelos
—— *A especificação e o questionário*, Separata n.º 1706 da Revista dos Tribunais, Porto 1957;
—— *Quesitos novos*, Revista dos Tribunais, Ano 82.º, Porto 1964.

CASANOVA, J. F. Salazar
—— *Princípio dispositivo e poderes de cognição do tribunal*, "Scientia Ivridica", T.XL (n.ᵒˢ 229/234), Braga 1991.

CASTRO, Artur Anselmo de
—— *A acção executiva singular, comum e especial*, Coimbra 1977;
—— *Direito processual civil declaratório*, Coimbra 1981/1982.

CHIOVENDA, Giuseppe
—— *Principios de derecho procesal civil*, tradução espanhola de Jose Casais y Santaló, Madrid 1977.
COELHO, António Baltazar
—— *Consequências da falta de resposta nos processos comum sumário e especial de despejo*, Revista dos Tribunais, Ano 92.º, Porto 1974.
COELHO, Trindade
—— *Incidentes em processo civil*, Lisboa 1903.
COSTA, Ary Elias da
—— *Guia do processo de execução*, 3.ª Edição, Porto 1979.
COUTURE, Eduardo J.
—— *Introdução ao estudo do processo civil*, tradução revista pelo autor de F. de Abranches Ferrão, Jornal do Foro, Lisboa 1952.
COUCHEZ, Gérard
—— *Procédure Civile*, Paris 1996.
CUNHA, Paulo
—— *Processo comum de declaração*, Apontamentos de Artur Costa e Jaime de Lemos, 2.ª Edição, Braga 1944.
DENTI, Vittorio
—— *L'inversione dell'onere della prova: rilievi introduttivi*, Rivista Trimestral di Diritto e Procedura Civile, Ano XLVI, n.º 3, Milano 1992.
DIAS, Jorge de Figueiredo
—— *Direito processual penal*, Coimbra 1974.
FARINHA, João de Deus Pinheiro
—— *Código de processo civil anotado*, Lisboa 1964.
FERNANDES, Vasco da Gama
—— *Advocacia, claros-escuros duma profissão*, Lisboa 1963.
FOYER, Jean
—— *Histoire de la justice*, Paris 1996.
FREITAS, José Lebre de
—— *A acção declarativa comum (à luz do código revisto)*, Coimbra 2000
—— *A acção executiva*, Coimbra 1993;
—— *A acção executiva à luz do código revisto*, 2.ª Edição, Coimbra 1997;
—— *A confissão no direito probatório*, Coimbra 1991;
—— *Acção executiva e caso julgado*, Revista da Ordem dos Advogados, Ano 53, II, Lisboa 1993;
—— *Direito processual civil II*, Lisboa 1980;
—— *Em torno da revisão do direito processual civil*, Revista da Ordem dos Advogados, Ano 55, I, Lisboa 1995;
—— *Inconstitucionalidades do código de processo civil*, Separata da Revista da Ordem dos Advogados, Ano 52, I, Lisboa 1992;
—— *Introdução ao processo civil. Conceito e princípios fundamentais à luz do código revisto*, Coimbra 1996.

—— *Revisão do processo civil*, Revista da Ordem dos Advogados, Ano 55, II, Lisboa 1995.

FREITAS, José Lebre de / REDINHA, João / PINTO, Rui
—— *Código de processo civil anotado, Volume 1.º*, Coimbra 1999.

GALVÃO, Francisco Castelo Branco / GALVÃO, Ana Maria Castelo Branco
—— *Processo civil (compilação de jurisprudência)*, Coimbra 1984.

GARCIA, Carlo Arellano
—— *Derecho procesal civil*, México 1993.

GERALDES, António Santos Abrantes
—— *Registo da prova*, Sub Judice, Justiça e Sociedade, Lisboa 1994;
—— *Temas da reforma do processo civil*, Coimbra 1997
—— *Temas da reforma do processo civil, II Volume*, (3.ª Edição), Coimbra 2000.

GIL, Fernando
—— *Neutralidade do facto e ónus da prova*, Sub Judice, Justiça e Sociedade, n.º 4, Lisboa 1992.

GUASP, Jaime
—— *Derecho procesal civil*, Madrid 1956.

HABSCHEID, Walter J.
—— *A função social do processo civil moderno e o papel do juiz e das partes na direcção e instrução do processo (direitos alemão e suíço)*, "Scientia Ivridica", Tomo XLI, n.ºs 235/237, Braga 1992.

LIMA, Pires de / VARELA, Antunes
—— *Código civil anotado*, 4.ª Edição Revista e Actualizada, Coimbra 1987.

LOPES, Luiz
—— *Dos poderes de instrução do juiz em processo civil*, "Scientia Ivridica", Braga 1968.

LOPES-CARDOSO, Eurico
—— *Código de processo civil anotado*, Coimbra 1962;
—— *Código de processo civil anotado*, 3.ª Edição, Coimbra 1967;
—— *Manual da acção executiva*, 3.ª Edição (Reimpressão), Coimbra 1992.

LOUREIRO, Pinto / D'ALMEIDA, Mário
—— *Código de processo civil nos tribunais (actualização e anotações)*, Coimbra 1918.

MACHADO, António Montalvão
—— *O tratamento na ordem interna portuguesa da exequibilidade das decisões judiciais e dos actos autênticos estrangeiros, segundo a convenção de Bruxelas*, Separata especial da "Scientia Ivridica", Tomo XLV, n.ºs 262//264, Braga 1996.

MACHADO, António Montalvão / PIMENTA, Paulo
—— *O novo processo civil*, 2.ª Edição, Porto 2000
—— *Processo civil*, Porto 1994/1995.

MAGALHÃES, Barbosa de
—— *Lições de processo civil e comercial*, Lisboa 1940.
MARQUES, José Frederico
—— *Manual de direito processual civil*, 7.ª edição revista e actualizada, S. Paulo 1980.
MARTINS, Alfredo Soveral
—— *Direito processual civil*, Coimbra 1995.
MELO, Luiz Pereira de
—— *Questões processuais resolvidas no despacho saneador*, "Scientia Ivridica", Braga 1968.
MELO, Afonso de
—— *Sobre o código de processo civil*, Sub Judice n.º 4, Justiça e Sociedade, Lisboa 1992.
MEDEIROS, Francisco José de
—— *Sentenças (direito e processo civil)*, Lisboa 1905.
MENDES, João de Castro
—— *Acção executiva*, Lisboa 1980;
—— *Direito processual civil*, Lisboa 1980;
—— *Do conceito de prova em processo civil*, Lisboa 1961;
—— *Sobre a admissibilidade da reconvenção em processo sumaríssimo*, Separata da Revista da Faculdade de Direito da Universidade de Lisboa, Vol. XVI, Lisboa 1964.
MÉNDEZ, Francisco Ramos
—— *Derecho procesal civil*, Barcelona 1980.
MOTA, J. A. Carmona da
—— *Justiça: um ano de crise*, Sub Judice, Justiça e Sociedade n.º 4, Lisboa 1992.
NETO, Abílio
—— *Código de processo civil anotado*, 3.ª Edição, Lisboa 1979;
—— *Código de processo civil anotado*, 11.ª Edição, Lisboa 1993;
—— *Código de processo civil anotado*, 13.ª Edição, Lisboa 1996;
—— *Código de processo civil anotado*, 14.ª Edição, Lisboa 1997.
NOSETE, Jose Almagro / SENDRA, Vicente Gimeno / DOMINGUEZ, Valentim Cortes / CATENA, Victor Moreno
—— *Derecho procesal*, Valencia 1991.
OLIVEIRA, Juarez de
—— *Código de processo civil: Brasil*, 26.ª Edição, S. Paulo 1996.
ORBANEJA, Emilio Gomes / QUEMEDA, Vicente Hercé
—— *Derecho procesal penal*, 10.ª Edição, Madrid 1987.
OSÓRIO, José
—— *Julgamento de facto*, Revista de Direito e de Estudos Sociais, Ano VII, Coimbra 1954.

PALMA, Maria Fernanda
—— *Responsabilidade política e responsabilidade penal*, Sub Judice, Justiça e Sociedade, n.º 6, Lisboa 1993.

PIMENTA, Paulo
—— *Reconvenção*, Boletim da Faculdade de Direito da Universidade de Coimbra, Vol. LXX (Separata), Coimbra 1994.

PINTO, Fernando B. Ferreira
—— *Lições de direito processual civil*, Porto 1992;
—— *Lições de direito processual civil*, 2.ª Edição, Porto 1997.

RANGEL, Rui Manuel de Freitas
—— *Registo da prova: A motivação das sentenças no âmbito da reforma do processo civil e as garantias fundamentais dos cidadãos*, Lisboa 1996.

REGO, Carlos Francisco de Oiveira Lopes do
—— *Comentários ao código de processo civil*, Coimbra 1999.
—— *Direito probatório — Algumas perspectivas para a sua reformulação no âmbito do processo civil*, Sub Judice n.º 4, Justiça e Sociedade, Lisboa 1992.

REIS, José Alberto dos
—— *Código de processo civil anotado*, 3.ª Edição, Coimbra 1982;
—— *Código de processo civil explicado*, Coimbra 1939;
—— *Comentário ao código de processo civil*, Coimbra 1945;
—— *Processo ordinário civil e comercial*, Coimbra 1907;
—— *Processos especiais*, Coimbra 1955/1956.

RODRIGUES, Manuel
—— *Lições de Direito Processual Civil*, Lisboa 1945.

ROSENBERG, Leo
—— *Tratado de derecho procesal civil*, tradução espanhola de Angela Romera Vera, Buenos Aires 1955.

ROXIN, Claus / ARZT, Gunter / TIEDEMANN, Klaus
—— *Introducción al derecho penal y al derecho penal procesal*, versão espanhola, notas e comentários de Luis Arroyo Zapatero e Juan-Luis Gómes Colomer, Barcelona 1988.

SALVADOR, Manuel Júlio Gonçalves
—— *Valor do despacho saneador*, Separata da "Justiça Portuguesa", Lisboa 1962.

SANTIAGO, Rodrigo
—— *Reflexões sobre as «declarações do arguido» como meio de prova no código de processo penal de 1987*, Revista Portuguesa de Ciência Criminal, Lisboa 1994.

SANTOS, Gil Moreira dos
—— *Noções de processo penal*, Porto 1994.

SATTA, Salvatore
— *Manual de derecho procesal civil* (tradução espanhola de Santiago Santís Melendo y Fernando de La Rúa), Buenos Aires 1971.
SERRA, Adriano Paes da Silva Vaz
— *Provas (direito probatório material)*, Lisboa 1962.
SILVA, Eugénio
— *Dicionário anotado do código de processo civil*, 2.ª Edição, Vila Nova de Famalicão 1944.
SILVA, Germano Marques da
— *Curso de processo civil executivo*, Lisboa 1995;
— *Curso de processo penal*, Lisboa 1993/1994.
SILVA, Helena Tomás Chaves da
— *O ónus da prova e os processos cominatórios plenos*, Lisboa 1992.
SILVA, João Calvão da
— *Cumprimento e sanção pecuniária compulsória*, Separata do Volume XXX do Suplemento ao Boletim da Faculdade de Direito da Universidade de Coimbra, Coimbra 1995;
— *Estudos de direito civil e processo civil (Pareceres)*, Coimbra 1996.
SILVA, Paula Costa e
— *Aspectos do novo processo civil (Saneamento e condensação no novo processo civil: A fase da audiência preliminar)*, Lisboa 1997.
SOARES, Fernando Luso
— *Direito processual civil*, Coimbra 1980;
— *O processo penal como jurisdição voluntária*, Coimbra 1981.
SOBRINHO, Elísio de Cresci
— *Dever de veracidade das partes em processo civil*, Lisboa 1992.
SOUSA, António Pais de / FERREIRA, J. O. Cardona
— *Processo Civil*, Lisboa 1997.
SOUSA, Manoel de Almeida e
— *Segundas linhas sobre o processo civil*, Lisboa 1817.
SOUSA, Miguel Teixeira de
— *A exequibilidade da pretensão*, Lisboa 1991;
— *Apreciação de alguns aspectos da «revisão do processo civil — projecto»*, Revista da Ordem dos Advogados, Vol. II, Ano 55, Lisboa 1995;
— *As Partes, o objecto e a prova na acção declarativa*, Lisboa 1995;
— *Comentário à convenção de Bruxelas*, Lisboa 1994;
— *Estudos de processo civil*, Lisboa 1979;
— *Estudos sobre o novo processo civil*, Lisboa 1996;
— *Introdução ao processo civil*, Lisboa 1993;
— *Sobre a teoria do processo declarativo*, Coimbra 1980.
STEFANI, Gaston / LEVASSEUR, George
— *Procédure pénale*, 12.ª Edição, Paris 1984.

TELLES, Inocêncio Galvão
—— *Direito das obrigações*, 3.ª Edição, Coimbra 1980.
VARELA, Antunes / BEZERRA, J. Miguel / NORA, Sampaio
—— *Manual de processo civil*, Coimbra 1985.
VARELA, Antunes
—— *A reforma do processo civil português — Principais inovações na estrutura do processo declarativo ordinário*, Revista de Legislação e de Jurisprudência, n.ºs 3870-3872, Coimbra 1997.
VAZ, Alexandre Mário Pessoa
—— *Atendibilidade de factos não alegados*, Separata do Boletim da Faculdade de Direito da Universidade de Coimbra, Vols. XIX a XXI, Coimbra 1980.
VAZ, Teresa Sapiro Anselmo
—— *Novas tendências do processo civil no âmbito do processo declarativo comum (alguns aspectos)*, Revista da Ordem dos Advogados, Ano 55, Lisboa 1995.
VICENTE, Dário Moura
—— *Aspectos do novo processo civil (A competência internacional no código de processo civil revisto: aspectos gerais)*, Lisboa 1997.

ÍNDICE

Prefácio – 2.ª Edição 7

Prefácio – 1.ª Edição 9

I. INTRODUÇÃO

II. O DISPOSITIVO E OS PODERES DO TRIBUNAL ANTES DA ENTRADA EM VIGOR DO NOVO CÓDIGO DE PROCESSO CIVIL

a) NO ÂMBITO DA APRESENTAÇÃO DA MATÉRIA DE FACTO 19

   1. A Exclusividade de Alegação dos Factos pelas Partes 19

      1.1. *O ónus de Alegação Genérica dos Factos* 19
      1.2. *O Ónus de Alegação Específica dos Factos* 22

         1.2.1. *Nota Liminar* 22
         1.2.2. *O Ónus de Alegação Específica dos Factos no Código de Processo Civil de 1939* 25
         1.2.3. *O Ónus de Alegação Específica dos Factos no Código de Processo Civil de 1961* 27
         1.2.4. *O Ónus de Alegação Específica dos Factos após a Entrada em Vigor do Código Civil de 1966* 29

   2. A Espontaneidade de Alegação dos Factos pelas Partes 41

   3. Os Ónus de Contestar, de Impugnar e de Impugnar Especificadamente 46

      3.1. *O Ónus Genérico de Contestar e os Regimes da Revelia* 46
      3.2. *O Ónus de Impugnação e o Ónus de Impugnação Especificada* 60

   4. Os Articulados 65

      4.1. *A Função Essencial dos Articulados* 65
      4.2. *A Técnica Formal de Alegação dos Factos nos Articulados* 76
      4.3. *Os Articulados no Código de Processo Civil de 1939* 79
      4.4. *Os Articulados no Código de Processo Civil de 1961* 89
      4.5. *Os Articulados após a Entrada em Vigor do Decreto-Lei n.º 47.690, de 11 de Maio de 1967* 94

386   O Dispositivo e os Poderes do Trib. à Luz do Novo Cód. de Proc. Civil

    4.6. **Os Articulados após a Entrada em Vigor do Decreto-Lei n.º 242/85, de 9 de Julho** 96
    4.7. **Breve referência à questão, a propósito da diversidade de formas do processo declarativo comum** 107

b) NO ÂMBITO DA COGNIÇÃO DA MATÉRIA DE FACTO 113

    5. **A Dicotomia Histórica entre a Influência do Dispositivo na Temática e a Livre Investigação dos Factos** 113

        5.1. **O Domínio do Dispositivo sobre o Poder Cognitivo do Tribunal, Consagrado no Direito Processual Civil. Excepções ao Princípio** 113
            5.1.1. *Os Factos Notórios* 132
            5.1.2. *Os Factos do Conhecimento Jurisdicional Prévio do Tribunal* 134
            5.1.3. *Os Factos Instrumentais* 135
            5.1.4. *Os Factos Demonstrativos de um Uso Anormal do Processo pelas Partes* 143
            5.1.5. *Os Factos com Interesse para as Providências a Tomar nos Processos de Jurisdição Voluntária* 144

        5.2. **A *Livre Investigação dos Factos*, Consagrada no Direito Processual Penal** 147

c) PRIMEIRAS CONCLUSÕES 153

III. O DISPOSITIVO E OS PODERES DO TRIBUNAL DEPOIS DA ENTRADA EM VIGOR DO NOVO CÓDIGO DE PROCESSO CIVIL

a) NO ÂMBITO DA APRESENTAÇÃO DA MATÉRIA DE FACTO 159

    6. **Anúncio Genérico das Alterações Fundamentais Introduzidas no Tema** 159

    7. **Diversidades na Tramitação da Acção Declarativa Comum desde o Início da Instância até à Abertura da Instrução: – Os Articulados** 165
        7.1. *Nota Prévia* 165
        7.2. *A Abolição do Despacho Liminar Proferido Sobre a Petição Inicial. Juízos Apreciativos* 167
        7.3. *O Aumento e a Prorrogação do Prazo da Contestação. Juízos Apreciativos* 176
        7.4. *Os Novos Regimes da Revelia. Juízos Apreciativos* 188
            7.4.1. *A Operância da Revelia das Pessoas Colectivas em Geral* 188
            7.4.2. *A Abolição das Condenações de Preceito* 190
            7.4.3. *Outras Alterações* 192
        7.5. *A Maleabilização do Ónus de Impugnação. Juízos Apreciativos* 196
        7.6. *A Discriminação das Excepções. Juízos Apreciativos* 200

7.7. *O Aumento e a Prorrogação dos Prazos dos Articulados Eventuais. Juízos Apreciativos* 209
7.8. **A Alteração Simultânea do Pedido e da Causa de Pedir na Réplica.** *Juízos Apreciativos* 213
7.9. **A Resposta em Audiência a Excepções e a Abolição dos Articulados Idealizados pela Doutrina.** *Juízos Apreciativos* 221
7.10. **A Nova Tramitação dos Articulados Supervenientes.** *Juízos Apreciativos* 228
7.11. **Outras Diversidades** 235

    7.11.1. *A Abolição da Discriminação Fáctica* 235
    7.11.2. *A Manutenção Corrigida da Forma Articulada* 240

8. **Diversidades na Tramitação da Acção Declarativa Comum desde o início da Instância até à Abertura da Instrução: – O Despacho--Saneador** 242

    8.1. *Nota Prévia* 242
    8.2. *O Despacho Pré-saneador. Casos em que é Obrigatório* 245

        8.2.1. *Para Suprir a Falta dos Pressupostos Processuais Susceptíveis de Sanação* 245
        8.2.2. *Para Convidar as Partes a Suprir as Irregularidades dos Articulados* 249

    8.3. *O Despacho Pré-saneador. Casos em que é Facultativo: – Para Convidar as Partes a Completar Articulados Facticamente Insuficientes e (ou) a Corrigir Articulados Facticamente Imprecisos* 255
    8.4. *Juízos Apreciativos* 274

9. **Diversidades na Tramitação da Acção Declarativa Comum desde o Início da Instância até à Abertura da Instrução: – A Audiência Preliminar** 281

    9.1. *Nota Prévia* 281
    9.2. *A Audiência Preliminar. Objectivos Principais* 283

        9.2.1. *A Tentativa de Conciliação das Partes* 283
        9.2.2. *A Discussão sobre as Excepções Dilatórias que ao Juiz Cumpra Apreciar* 285
        9.2.3. *A Discussão sobre a Possibilidade de o Juiz Conhecer Imediatamente do Mérito da Causa* 287
        9.2.4. *A Discussão Tendente à Delimitação dos Termos do Litígio e (ou) ao Suprimento das Insuficiências ou Imprecisões Fácticas que ainda Subsistam ou que agora se Evidenciem* 289
        9.2.5. *O Proferimento do Despacho Saneador* 294
        9.2.6. *A Selecção da Matéria de Facto Relevante* 301
        9.2.7. *A Dedução das Reclamações Contra a Selecção da Matéria de Facto e a Decisão a Proferir sobre as mesmas* .. 306

9.3. *A Audiência Preliminar. Objectivos Complementares* 309
9.4. *Juízos Apreciativos* 313

10. **Súmula da Tramitação Normal da Acção Declarativa Comum, desde o Início da Instância até à Abertura da Instrução** 320

b) NO ÂMBITO DA COGNIÇÃO DA MATÉRIA DE FACTO 333

11. **Anúncio Genérico das Alterações Fundamentais Introduzidas no Tema** 333

12. **Os Novos Poderes Cognitivos do Tribunal** 338

    12.1. *A Consagração Legal do Conhecimento dos Factos Instrumentais não Alegados pelas Partes* 338
    12.2. *O Conhecimento de Factos Essenciais que Resultem da Instrução da Causa* 346

13. **Juízos Apreciativos** 360

c) SEGUNDAS CONCLUSÕES 366

IV. REFLEXÃO FINAL

Principais Abreviaturas 375
Bibliografia 377
Índice Geral 385

O DISPOSITIVO E OS PODERES
DO TRIBUNAL
À LUZ DO NOVO CÓDIGO
DE PROCESSO CIVIL